2001년 9월 11일,
세계무역센터에 비즈니스 회의를 하러 갔다가
우리 삶에서 홀연히 사라져버린
나의 절친한 친구 퍼트리셔Patricia의 남동생
에디 칭Eddie Ching에게 이 책을 바칩니다.

시장을 이긴 16인의 승부사에게 배우는

진입과 청산 전략

Entries & Exits
: Visits to Sixteen Trading Rooms

알렉산더 엘더의 주식, 선물, 옵션 투자기술의 결정판!

Entries & Exits

VISITS TO SIXTEEN TRADING ROOMS

시장을 이긴 16인의 승부사에게 배우는

진입과 청산 전략

알렉산더 엘더 지음 | 황선영 옮김

이레미디어

Contents

01

셰리 해스켈 Sherri Haskell

사물을 바라보는 논리적인 방법 · 30

02

프레드 슈츠만 Fred Schutzman

컴퓨터가 대신 트레이딩을 해줄 수 있다 · 58

Dear Reader,

Whenever you enter a trade, you should have two goals. The first goal, of course, is to make money – but no trader wins in every trade. The second goal is to become a better trader. Both winning and losing trades offer useful lessons to those who pay attention.

In writing this book, I interviewed different traders: men and women, Americans and foreigners, short-term traders and long-term investors, people who trade stocks, futures, and currencies. I asked each of them to show me two trades: one winning and one losing. They explained their trades to me, and I added my comments. Both winning and losing trades contain useful lessons. Learning from today's losing trade will help you avoid mistakes in the future. Some of the best lessons come from losing trades.

All markets are set up so that the majority of participants must lose – and their losses pay for winners' profits. Studying your trades and other peoples' trades in this book can help you become a consistent winner – a member of the successful minority.

Trading is a lonely business. You may read books, go to classes, join a group, but in the end you are alone in front of your trading screen. Keeping good records and reviewing them allows you to become your own teacher.

I hope you benefit from the lessons in this book. It is essential for you to keep good records of your trades. When I teach classes, I always say to my students: "Show me a trader with good records, and I'll show you a good trader. Show me a trader with poor or nonexistent records, and I'll show you an average trader. And that will be a very sad sight because an average trader loses money."

All traders in this book kept excellent records.

I am a professional trader, and I begin every day by getting up early and completing my records for all trades from the previous day. Of course, I have a spreadsheet with all my trades, but I also keep a visual diary, with entry and exit charts for all my trades. This visual diary helps me identify my own winning patterns and avoid repeating losses.

In this book you'll see many trading diaries and learn from them. I hope this will inspire you to keep your own trading diary. It will help you develop discipline and become a better trader.

I wish you success!

Dr Alexander Elder
Spiketrade.com
January 2024

친애하는 독자 여러분께

거래에 진입할 때는 두 가지 목표가 있어야 한다. 첫째는 당연히 수익을 올리는 것이다. 하지만 어느 트레이더든 모든 거래에서 수익을 올리지는 못한다. 둘째는 실력이 더 뛰어난 트레이더가 되는 것이다. 거래에 주의를 기울인다면 트레이딩으로 돈을 벌 때나 잃을 때나 귀중한 교훈을 얻을 수 있다.

나는 이 책을 쓰면서 여러 트레이더와 면담했다. 남자, 여자, 미국인, 외국인, 단기 트레이더, 장기 트레이더, 주식 트레이더, 선물 트레이더, 외환 트레이더 등 다양한 사람들을 만났다. 나는 그들에게 수익을 올린 거래와 손실이 난 거래, 그렇게 두 종류의 거래 사례를 보여달라고 부탁했다. 그들이 거래가 어떻게 진행됐는지 설명해주면 나는 코멘트를 덧붙였다. 수익이 난 거래든 손실이 난 거래든 유용한 교훈을 담고 있다. 오늘의 실패한 거래를 통해서 배우면 다음에 실수하지 않는 데 도움이 된다. 돈을 잃은 거래 덕택에 정말 귀중한 교훈을 얻을 때도 있다.

모든 시장은 참가자 대다수가 돈을 잃도록 만들어져 있다. 그 돈으로 승자들에게 수익을 제공하는 방식이기 때문이다. 자신의 거래뿐만 아니라 이 책에 실린 다른 사람들의 거래도 자세히 들여다보면 수익을 꾸준히 올리는 승자가 될 수 있을 것이다. 그러면 성공하는 소수 중 한 명으로 거듭나는 셈이다.

트레이딩은 외로운 활동이다. 투자에 관한 책을 읽고, 수업을 듣고, 스터디 그룹에 참여하더라도 결국에는 모니터에 띄운 트레이딩 프로그램 앞에 혼자 앉게 된다. 트레이딩 기록을 꼼꼼하게 관리하고 거래를 성실히 검토하면 더 나은 트레이더가 될 수 있다.

독자 여러분이 이 책을 읽고 도움을 많이 받길 바란다. 트레이딩 기록을 꼼꼼하게 관리하는 것이 중요하다. 나는 학생들을 가르칠 때 항상 이렇게 말한다. "트레이딩 기록을 잘 관리하는 트레이더가 곧 좋은 트레이더이며, 기록을 제대로 관리하지 못하거나 아예 관리하지 않는 트레이더가 곧 평범한 트레이더입니다. 평범한 트레이더는 처지가 굉장히 안 좋습니다. 돈을 잃기 때문이죠."

이 책에서 소개한 트레이더는 모두 거래를 꼼꼼하게 기록해뒀다.

나는 전문 트레이더다. 그래서 매일 아침 일찍 일어나서 그 전날 이루어진 거래에 관한 기록을 전부 작성한다. 물론 트레이딩 기록이 담긴 스프레드시트도 있지만, 나는 모든 거래의 진입 차트와 청산 차트를 붙인 노트를 따로 관리한다. 이 노트는 나만의 수익 창출 패턴을 알아내는 데 도움이 된다. 손실로 이어지는 실수를 반복하지 않도록 돕기도 한다.

이 책에서 여러분은 다양한 트레이딩 기록을 살펴보고 배움의 기회를 얻을 것이다. 여기 소개하는 여러 트레이더에게 영감을 받아서 여러분도 거래 노트를 만들길 바란다. 거래 노트를 잘 활용하면 자신만의 투자 규칙을 정하고 더 나은 트레이더가 될 수 있다.

독자 여러분의 성공을 진심으로 기원한다!

알렉산더 엘더 박사
스파이크트레이드닷컴(Spiketrade.com)
2024년 1월

여러분은 지금부터 16명의 개인 트레이더를 만나게 될 것이다. 이 중에는 트레이딩을 본업으로 하는 사람도 있고, 반직업적으로 하면서 프로 트레이더가 되려고 애쓰는 사람도 있다. 이들은 성별, 국적, 트레이딩 분야, 선호하는 기법 등이 서로 다르지만 몇 가지 특징을 공유한다. 그중에서 가장 중요한 것은 트레이딩에 전념한다는 점이다. 대부분의 아마추어(프로 트레이더들이 버는 돈은 대체로 이들에게서 나온다)가 아드레날린이 솟구칠 때의 쾌감을 좇는 반면 이들은 매우 진지한 태도로 트레이딩에 임한다.

이제부터 여러분이 만날 사람들은 자신의 트레이딩 기법을 소개하고 실제 트레이딩 사례를 공유하는 데 기꺼이 동의했다. 대체 왜 동의한 것일까? 트레이딩 하는 방법을 아는 사람이 왜 조용히 수익을 올리지 않고 다른 사람들에게 비법을 전수하려는 것일까? 트레이딩의 비밀은 비밀이 없다는 것이다. 돈을 주고 사거나 훔쳐서 컴퓨터에 입력해 돈을 벌 수 있는 마법 같은 공식은 없다. 성공하려면 규율을 엄격하게 적용할 줄 알아야 하고, 노력해야 하며, 약간의 재주도 있어야 한다. 이 책에 실린 트레이더들은 다른 트레이더의 성공이 자신의 성공에 악영향을 끼치지 않는다는 사실을 알기 때문에 자신의 트레이딩 방식을 공개할 의사가 있는 것이다. 이들 중 다수가 험난한 길을 걸어온 만큼 초보자들에게 친절을 베풀려는 마음도 물론 존재한다.

트레이딩 분야는 대단히 다양하다. 의사가 의학의 모든 분야에서 전문가가 될 수 없듯이, 트레이더 역시 모든 면에서 전문적일 수는 없다. 많은 초보 트레이더가 한꺼번에 주식, 선물, 옵션에 투자하거나 그것을 데이 트레이딩하려고 안간힘을 쓴다. 하지만 이 책을 읽고 나면 성공한 트레이더들은 거의 모두 자신에게 맞는 한 가지 분야를 골라 그것에 전념한다는 사실을 알게 될 것이다.

사람은 좋아하는 일에 전념할 때 성공하게 마련이다. 이 책을 읽으면서 마음에 드는 트레이딩 기법이나 관심을 끄는 개념을 발견할지도 모른다. 흥미로운 영역을 찾을 경우 그것을 파고들어 두둑한 수익을 올리기 바란다. 내가 이 책을 쓴이유는 여러분이 혼자 고민하는 것을 멈추고 다른 트레이더들의 경험에서 여러분의 스타일에 어울리는 아이디어를 발견해 보다 자신감 있고 실력이 향상된 트레이더가 되어 트레이딩 룸으로 돌아가도록 돕기 위함이다.

이 트레이더들을 만난 방법

이 책을 집필하기 8년 전 나는 카리브 해로 휴가를 떠난 적이 있다. 그런데 일주일도 채 지나기 전에 지루해서 견딜 수 없었다. 며칠이 지나고 나니 매일같이 되풀이되는 파란 하늘, 따뜻한 백사장, 맛있는 음식이 더 이상 즐겁지 않았다. 그때의 경험으로 나는 내가 좋아하는 휴가가 일과 관광을 겸할 수 있는 여행이라는 사실을 깨달았다. 그러다 나와 취향이 비슷한 사람이 더 있을지도 모르겠다는 생각이 들어 이듬해 겨울 처음으로 트레이더스 캠프를 열었다. 모두 18명의 트레이더가 신청했고, 우리는 일주일 동안 도미니카공화국에서 지냈다. 아침마다 백사장을 달리고, 오전 9시부터 오후 1시까지, 또 오후 5시부터 6시 반까지 강의를 들었다. 점심 식사 후에는 수영장 근처에서 몇 시간씩 보냈고, 밤마다 파티를 열었다. 참가자들은 강의, 리조트, 그곳의 분위기 등을 모두 마음에 들어 했다. 그들은 친구들에게 우리 캠프에 대해 이야기했고, 머지않아 많은 사람이 전화를 걸어 참가 신청을 했다. 그 후로 우리는 카리브 해, 태평양, 지중해에 있는 여러 섬에서 트레이더스 캠프를 1년에 몇 차례씩 개최했다.

일주일 내내 같이 지냈더니 캠프 참가자 중 여러 명과 친해져 계속 연락하고 지내게 되었다. 얼마 뒤 나는 뉴욕의 내 아파트에서 매달 캠퍼 모임을 열기 시작했다. 많은 참가자가 재교육 받으려고 캠프에 다시 참가하곤 했다. 몇 년에 걸쳐 그들이 진전을 보이는 모습을 관찰한 결과 이 책을 위해 누구를 인터뷰하고 싶은지 확신이 섰다. 명단에는 셰리 해스켈Sherri Haskell, 소해일 랍바니Sohail Rabbani, 레이 테스타 주니어Ray Testa Jr., 제임스 마이크 맥마혼James (Mike) Mcmahon, 마이클 브렌케Michael Brenke, 케리 로보른Kerry Lorrorn, 다이앤 버팔린Diane Buffalin이 포함되어 있었다. 사실 몇 명을 더 인터뷰하려고 했지만 아쉽게도 일정이 맞지 않았다.

나는 보다 다양한 시각을 제공하기 위해 캠프마다 강사를 한 명 이상 초빙했다. 아침에는 내가 강의를 했고, 오후에는 초청 강사가 강의를 했다. 이 책에 실린 네 명의 강사 프레드 슈츠만Fred Schutzman, 제럴드 아펠Gerad Appel, 데이비드 바이스David Weis, 마르틴 크나프Martin Knapp는 캠프에서 두 차례 이상 강의한 경험이 있다. 참가자들이 이들의 강의를 워낙 좋아해서 나는 이들을 계속 강사로 초빙했다. 이 책을 집필하기 시작하자마자 나는 이들을 인터뷰하고 싶다는 사실을 깨달았다. 몇 년간 윌리엄 도앤William Doane에 대해 수차례 이야기를 들었던 터라 캠프 참가자 이외의 인물도 책에 싣기 위해 그를 초대해 인터뷰했다. 페테르 타타르니코프Peter Tatarnikov는 우연히 모스크바에서 만나 인터뷰를 하게 되었는데, 나는 이 젊은 청년의 나이답지 않은 성숙함과 깊이에 감명을 받았다. 우리는 내가 뉴욕으로 돌아가기 며칠 전 안전하게 잠긴 그의 사무실에서 인터뷰를 진행했다.

내가 쓴 책들을 읽고 나서 여러 트레이더가 매우 사려 깊은 질문을 던졌다.

자신의 트레이딩 실적을 보여준 사람도 있었는데, 이는 대단히 진지하고 유익한 경험이었다. 나는 그들과 아이디어를 교환하는 일이 즐거웠고, 이 책의 인터뷰를 위해 그들을 초대하기도 했다. 안드레아 페롤로Andrea Perolo는 이탈리아에서, 다미르 마흐무도프Damir Makhmudov(그는 나중에 우리 캠프에 참가 신청을 하기도 했다)는 라트비아에서, 파스칼 빌랑Pascal Willain은 벨기에에서 뉴욕까지 찾아왔다.

인터뷰를 할 계획이었으나 성사되지 않은 트레이더도 있다. 엄청난 수익을 올리고 조세 피난처로 거주지를 옮길 정도로, 사람들의 눈에 띄는 것을 원하지 않는 캠프 참가자가 두 명 있었다. 이 외에도 인터뷰 대상으로 고려한 사람이 몇 명 더 있으나 트레이딩 자료를 제공하지 않아 무산되고 말았다.

인터뷰는 내가 트레이더를 직접 방문하거나 트레이더가 뉴욕에 와서 이루어졌다. 내가 유럽을 여행하느라 시칠리아와 암스테르담에 묵었을 때 그곳으로 찾아온 트레이더도 있다. 요즘에는 인터넷 접속 환경만 갖춰지면 노트북 컴퓨터를 사용할 수 있는 그 어디라도 트레이더의 사무실이 된다.

이 책의 구성

하나의 장이 시작될 때마다 트레이더 한 명을 소개하고, 그의 배경과 트레이딩 방식을 설명할 것이다. 트레이더가 두 건의 거래 사례를 보여주고 나면 그의 진입과 청산에 대한 나의 견해가 이어진다. 장을 마무리할 때는 인터뷰로 부각된 중요한 논제나 주제를 다룬다. 나는 트레이더들에게 개인적으로 독자에게 해주고 싶은 말을 적어달라는 부탁도 했다. 자신이 트레이더로서 발전한 과정을 설명한 사람도 있고, 보다 기술적인 내용을 이메일로 보내준 사람도 있었다.

먼저 진입 과정을 소개하고, 트레이더가 롱 포지션을 취할지 숏 포지션을 취할지 결정할 당시의 상황을 보여주는 차트를 실었다. 페이지를 성급하게 넘기지 말고 차트를 살펴보며 거래가 성공할지 실패할지 꼼꼼히 따져보라. 트레이더가 차트 옆에 적어둔 코멘트를 읽고 그의 추론 과정에 동의하는지 생각해보라. 판단을 내렸으면 페이지를 넘겨 거래가 어떻게 진행됐는지 살펴보라. 트레이더가 포지션을 청산할 당시 차트가 어떤 모습인지 검토하고 내가 진입과 청산에 관해 남긴 코멘트도 읽어보라. 그러고 나서 두 번째 거래로 넘어가 이 과정을 다시 반복하면 된다.

여러 트레이더가 포지션을 청산하고 나서 한두 달 뒤에 자신이 선택한 거래가 어떻게 되었는지 보여주고 싶어 했다. 나는 그들의 의견을 존중했으나 뒤늦게 차트를 살펴보는 일을 장려하지는 않는다. 차트 한가운데 매매 신호가 명백하게 보일 때는 누구나 현명하게 판단할 수 있다. 하지만 차트의 오른쪽 가장자리를 보면 거래의 전망이 항상 불분명하다. 실제로 트레이딩을 할 때 우리는 그 부분에서 결정을 내려야 한다. 나는 이 책에 실린 차트가 우리가 실제로 접하게 될 차트와 최대한 비슷하기를 바란다.

여러분이 이 책에 소개하는 트레이더들의 작업에 관심의 초점을 맞추기를 바라지만 모든 거래에 코멘트를 남기는 만큼 나의 접근법을 분명하게 밝히고 넘어가는 게 나을 것 같다. 내가 애용하는 기법을 아주 간략하게 설명하면서 이 책을 시작하겠다.

나는 기술적인 내용을 다룬 책에 참고 문헌이 적혀 있지 않은 것을 볼 때마다 깜짝 놀란다. 그런 책을 쓰면서도 감사할 사람이 없다니, 저자가 아무래도 천재인 모양이다. 이 책에는 참고 문헌 목록이 두 개나 실려 있다. 첫 번째 목록에는 인터뷰 중에 언급된 책이 모두 적혀 있고, 두 번째 목록에는 트레이더들이 독자에게 추천하는 책이 적혀 있다. 나의 부탁에 한 명도 빠짐없이 책을 추천해줬으며, 일부는 자신의 선택에 코멘트를 달아주기도 했다. 이 프로젝트를 진행하는 동안 캠프와 온라인 세미나 참가자들이 나에게 끊임없이 질문을 해왔다. 이 책에 마련한 Q&A 공간에 그들의 이메일과 나의 답변을 실었다.*

우리는 이제 함께 길을 떠날 것이다. 내가 이 책을 완성하기까지 1년도 넘게 걸렸으며, 내가 인터뷰한 사람들이 현 수준에 이르기까지는 수년이 걸렸다. 마음을 느긋하게 갖고 조급해하지 말라는 이야기다. 서두르지 말고 꼼꼼히 책을 읽으면서 메모도 하고, 차트도 연구하라. 이 프로젝트에 공을 많이 들일수록 얻는 것이 많아질 것이다.

경고: 거울에 비치는 사물은 보이는 것보다 멀리 있습니다.

인간에게는 성공은 자랑하고 실패는 숨기는 경향이 있다. 하지만 이 책에 실린 트레이더들은 그 틀을 깨고 수익을 올린 거래뿐만 아니라 손해를 본 거래도 공개했다. 여러분은 이제부터 진짜 돈을 투자한 진짜 거래를 관찰할 수 있을 것이다. 그에 앞서 이 책의 저자로서 몇 가지 사항을 경고하고 싶다.

자신의 거래 실적을 공개할 때는 특별히 매력적으로 수익을 올린 거래와 상대적으로 손실이 적었던 거래를 선택하는 것이 인간의 본성이다. 실제로는 이익 거래가 여기서 보는 것처럼 대단하지 않은 경우가 대부분이고, 손실 거래가 여기 실린 것보다 처참하게 끝난 경우가 많다. 성공은 언제나 보이는 것보다 조금 더 멀리 있고, 실패는 우리가 생각하는 것보다 조금 더 가까이 있다. 자동차업체가 차의 사이드미러에 새기는 경고문을 응용하자면, "사물은 보이는 것보다 멀리 있습니다."

내가 인터뷰한 트레이더 중에는 이미 유명한 인물도 있지만, 대부분 대중에게 알려지지 않은 인물들이다. 나는 이들을 모두 수년 동안 알고 지냈는데, 그중 몇 명은 자금 관리인이나 분석가로 이름을 떨치게 되리라고 확신한다. 하지만 16명 모두 성공적인 트레이더로 남을 확률은 높지 않다. 시장은 혹독해서 어김없이 실

---

*내가 책을 쓸 때 '기술 지원'을 받지 않는다는 점을 여기에 언급하는 것이 적당한지 모르겠다. 내가 근무하는 사무실에는 트레이더가 나뿐이다. 나를 위해 꾸준히 질문을 정리해주는 매니저가 있긴 하지만, 안타깝게도 시간이 부족해 대부분의 질문에 답을 하지 못한다. 나는 캠프나 온라인 세미나에서 받는 질문이나 진지한 트레이더들이 이메일로 보내오는 질문에 답하려고 노력한다. 안드레아, 다미르, 파스칼 역시 그런 경로로 만나게 되었다.

패하는 사람이 생기게 마련이다. 이 책이 인터뷰에 응한 트레이더들을 평생 무조건적으로 지지하지는 않는다는 사실을 염두에 두기 바란다.

나의 코멘트에 대해서도 경고의 말을 건네야 할 것 같다. 나는 코멘트에 각각의 거래에 대해 생각하는 바, 그리고 거래의 득실과 장단점을 적었다. 하지만 거래가 이미 끝난 뒤에 내가 코멘트를 작성했다는 사실을 잊지 마라. 일이 벌어진 다음에는 누구나 똑똑한 체할 수 있지만, 미래에 대해 현명한 선택을 하기란 훨씬 어려운 일이다.

차트 한가운데에서는 수익을 낼 수 있는 거래를 발견하기 쉽다. 하지만 오른쪽 가장자리에 가까워질수록 시장은 혼란스러워진다. 전투가 끝난 뒤에 전장을 살펴보는 일과, 위대한 군사 역사가 존 키건^{John Keegan}이 '전쟁의 안개^{the fog of war}'라고 부르는 사안의 중심에서 결정을 내리는 일에는 커다란 차이가 있다. 이것이 바로 거래가 진행되는 중에는 코멘트에 나타나는 것만큼 명확한 사고를 하기 어려운 이유다.

명확한 사고를 위해서는 트레이딩 기록을 제대로 관리해야 한다. 거래에 진입할 때마다 거래일지에 차트를 붙이고, 매매 신호를 표시하고, 롱 포지션 또는 숏 포지션을 취하는 이유를 적어둬라. 거래를 청산한 뒤에는 업데이트된 차트를 붙이고, 매매 신호를 표시하고, 포지션을 청산하는 이유를 적고, 거래의 득실을 분석하라. 거래일지가 이 책만큼 두꺼워지면 여러분이 성공적인 트레이더가 되는 길에 올랐다고 봐도 과언이 아닐 것이다.

수준에 따라 배우는 것이 다르다

미국에서 트레이더와 투자자를 위해 회의를 주최하는 기업 중 가장 규모가 큰 곳은 인터쇼^{Intershow}다. 나는 최근 몇 년 사이에 인터쇼를 소유하고 운영하는 사람들과 직업상 친분을 쌓게 되었다. 그들은 나를 트레이더스 캠프와 머니쇼에 초대해 하루 과정의 집중 워크숍을 운영해달라는 부탁을 자주 한다. 강연을 하다 보면 수백 명의 트레이더를 만나게 되는데, 그중 여러 사람이 내 강의에 반복적으로 참석한다. 나는 사람들이 트레이더로서 발전하는 수준에 따라 워크숍에서 배워 가는 것이 상당히 다르다는 사실을 깨달았다. 똑같이 어깨를 맞대고 앉아서 똑같은 내용의 강의를 듣는데도 저마다 다른 내용을 머릿속에 담는다.

초보자들은 성공을 보장해주는 정보를 얻는 데 혈안이 되어 있다. 그들은 프레젠테이션에 등장하는 기호는 어떤 것이든 받아 적는다. 유용한 정보를 얻는 경우도 많지만 문제는 그다음에 발생한다. 그 정보를 이용해서 한동안 트레이딩하고 나서 다른 정보가 필요해지면 어떻게 해야 하는가? 중급 수준의 트레이더들은 지표를 설정하는 것에 대해 질문하고, 목을 쭉 빼고는 내가 스크린에 띄운 숫자들을 받아 적는다. 트레이딩에는 마법 같은 숫자가 없을 뿐더러 시스템을 정확하게 설정하는 것이 별로 중요하지 않다고 이야기하면 그들은 고개를 갸웃거린다. 경험이 많은 트레이더들은 의자에 편히 기대고 앉아 가끔 몇 가지 사항을 적을 뿐이다. 그들은 강의에서 가장 마음에 드는 부분은 전문 트레이더가 실제 스크린 앞에서 실시간으로 결정을 내리고 그 결정에 따른 이유를 설명하는 것이라고 이야기한다.

이런 피드백을 받고 나서 프레젠테이션 구성 방식에 변화를 줬다. 강의에 할애하는 시간을 줄이는 대신 참가자들과 정보를 공유하는 시간을 늘렸다. 이런 접근법은 내가 글을 쓰는 방식에도 영향을 미쳤다. 나는 여러분에게 강의하는 대신 전문 트레이더들이 실제로 어떻게 결정을 내리는지 보여주고 싶다. 이 책에 실린 트레이더들은 여러분과 방대한 양의 정보를 공유할 것이다. 이 책으로 얼마나 많은 것을 배울지는 전적으로 여러분에게 달려 있다.

내가 선호하는 방식

이 책에서 소개하는 모든 거래에 코멘트를 실은 만큼 내가 시장에 접근하는 방식을 간략하게 짚고 넘어갈 필요가 있다. 이전에 쓴 책에 이미 담겨 있는 내용이기 때문에 여기서는 아주 간단하게 설명하겠다. 트레이딩의 심리와 기술적 분석에 관한 나의 견해를 더 자세히 알고 싶다면 『주식시장에서 살아남는 심리투자 법칙Trading for a Living』을 읽어보기 바란다. 나의 트레이딩 기술, 자금 관리 법칙, 기록 관리 연습에 대한 심도 있는 내용이 궁금하다면 『나의 트레이딩 룸으로 오라Come into My Trading Room』를 권하고 싶다. 두 권의 책에서 겹치는 내용은 거의 없다. 둘 다 읽을 계획이라면 첫 번째 책부터 읽기를 권한다. 한 권만 읽고 싶다면 두 번째 책을 선택하길 권한다.

나는 성공적인 트레이딩이 3M, 즉 정신Mind, 기법Method, 돈Money에 기반을 두고 있다고 생각한다. '정신'은 트레이딩 심리를, '기법'은 시장을 분석하고 트레이딩 결정을 내리는 방법을, '돈'은 리스크 관리를 의미한다. 나의 고객 중 제철소에서 일하는 트레이더는 이 공식을 3B, 즉 배짱Balls, 지능Brain, 자금Bankroll이라고 부른다. 3M은 다리가 세 개인 동그란 의자의 다리 역할을 한다. 셋 중 하나라도 없으면 의자에 앉은 사람은 넘어지고 말 것이다.

초보 트레이더, 특히 과학이나 공학과 관계된 사람은 심리학의 중요성을 과소평가하는 경우가 많다. 이론적으로 테스트했을 때 그토록 좋은 결과를 얻은 기법이 진짜 돈으로 트레이딩하기 시작하면 효과가 없다는 사실에 그들은 매번 놀란다(제8장 참고). 시장에서 살아남은 트레이더는 감정의 수준이 올라가면 지성의 수준은 내려간다는 사실을 깨닫게 된다. 이는 비단 트레이딩에 국한된 이야기가 아니다. 몇 시간에 걸쳐 냉정하고 차분하며 침착할 필요성에 대해 설교를 늘어놓을 수도 있지만 여러분이 막상 스크린 앞에 앉아 눈앞에서 오르락내리락하는 가격을 보면 내가 이야기한 내용을 5분 만에 잊어버릴 것이다. 평정심을 유지하고 자제심을 잃지 않는 최선의 방법은 기록을 제대로 관리하는 것이다. 그날을 위한 계획을 적어 컴퓨터 키보드 옆에 놓아둬라. 그리고 계획을 실천에 옮겨라. 장이 열려 있는 동안에는 절대로 계획을 변경하지 마라.

2퍼센트의 법칙

초보 트레이더는 기술적인 지표에 쉽게 마음을 빼앗기지만, 성공적인 트레이더는 그에 못지않게 자금 관리 역시 중요하다는 사실을 알고 있다. 리스크 관리를 지탱하는 두 개의 기둥은 2퍼센트의 법칙과 6퍼센트의 법칙이다. 2퍼센트의 법칙에 따르면 어떤 거래에서든 자본의 2퍼센트 이상 리스크를 감수하는 것은 위험하다. 사람들은 이 법칙을 제대로 이해하지 못하고 계좌에 10만 달러나 있는 사람이 왜 2,000달러어치의 주식만 사야 하는지 의아해한다. 이 법칙은 2,000달러어치 이상 주식을 살 수는 있지만, 그 이상의 위험을 감수하지는 못한다는 뜻이다. 진입 가격, 역지정가 주문 가격, 허용된 리스크의 정도를 안다면 매수하거나 공매도할 수 있는 주식의 최대치를 계산하기 쉽다. 예컨대 12달러에 주식을 매수하고 10달러에 역지정가 주문을 낸다고 치자. 이때 트레이더는 주당 2달러의 리스크를 감수해야 한다. 최대 허용 리스크가 2,000달러이므로 주식을 최대 1,000주까지 매수할 수 있다. 원한다면 이보다 적게 살 수는 있지만, 어떤 경우에도 2퍼센트의 한계를 넘어서는 안 된다.

6퍼센트의 법칙

6퍼센트의 법칙에 따르면 자본의 6퍼센트 이상을 손실 위험에 노출시키지 말아야 한다. 이 법칙은 트레이딩 계좌의 리스크를 전체적으로 제한하는 역할을 한다. 계좌에 10만 달러가 있고, 거래당 1,000달러의 리스크를 감수한다고 가정해보자. 이럴 경우 어느 때라도 여섯 개 이상의 포지션을 보유해서는 안 된다. 만일 두 건의 거래에서 손실을 입었다면 똑같은 이치로 네 개 이상의 포지션을 보유할 수 없다. 이미 2퍼센트를 잃었기 때문에 그달의 나머지 기간 동안 감수할 수 있는 리스크는 4퍼센트뿐이다. 이 법칙은 여러분이 승승장구하는 동안에는 포지션을 더 많이 보유하게 해주고, 손실을 입기 시작하면 트레이딩 속도를 늦추게 해준다.

좋은 거래는 자금 관리에 관한 질문으로 시작된다. '6퍼센트의 법칙이 내가 트레이딩을 하도록 허용하는가?' '리스크를 감수할 만큼의 금액이 계좌에 남아 있는가?' 이 두 질문의 답이 '예'일 경우 자신의 방법대로 주식을 분석하면 된다. 그러다 흥미로운 거래가 나타나면 포지션에 진입하기 직전에 자금 관리로 돌아가 이렇게 자문하라. '2퍼센트의 법칙에 따라 내가 매수하거나 공매도할 수 있는 주식은 몇 주인가?'

삼중 스크린 거래 시스템

자금 관리에 관한 이 두 가지 질문 사이에는 시장 분석이라는 넓은 분야가 자리한다. 이 책에 실린 인터뷰는 여러분을 다양한 분석 기법에 노출시킬 것이다. 나의 접근법은 삼중 스크린Triple Screen 거래 시스템에 바탕을 두고 있는데, 나는 1980년대에 이 기법을 개발한 이후 꾸준히 보강하고 있다. 모든 시장은 시간 스케일에 따라 다양하게 분석할 수 있다. 삼중 스크린 거래 시스템은 여러분이 가장 선호하는 시간 스케일을 선택하는 것에서부터 시작하는 것이 좋다. 선택을 마쳤으면 그 차트를 들여다보지 마라! 우선 한 단계 상위에 있는 차트로 올라가 전략적인 결정을 내린 뒤 가장 선호하는 시간 스케일 차트로 돌아와 전술적인 결정을 내린다. 상위 차트에서 제시한 방향으로 나아가면서 차트의 어느 지점에서 매매 주문을 낼지 결정한다. 참고로 내가 가장 선호하는 시간 스케일 차트는 일간 차트로, 주간 차트는 전략적으로 결정을 내릴 때만 이용하고, 곧 일간 차트로 돌아가 결정한 바를 실행에 옮긴다. 나의 첫 번째 스크린과 두 번째 스크린에 뜨는 차트는 바로 주간 차트와 일간 차트다. 세 번째 스크린에는 진입 기법을 띄우는데, 이때 일중 차트를 이용하거나 일간 차트를 이용해 간단하게 대기 주문을 내기도 한다.

펀더멘털이 장기적인 경제 추세를 이끄는 만큼, 나는 펀더멘털에도 어느 정도 관심이 있다. 하지만 내가 하는 일은 대체로 기술적 분석과 관련이 있으므로 펀더멘털과는 거리가 좀 있다. 나는 고전적인 차팅charting에서 멀리 떨어져 있으려고 노력한다. 너무 주관적이기 때문이다. 나는 개인적으로 전산화된 지표를 선호한다.

기술적인 도구를 선택할 때는 삶의 다른 많은 영역과 마찬가지로 '적은 것이 더 많은 것이다'라는 말이 옳다고 생각한다. 기술적 분석을 위한 프로그램의 지표는 대개 200개가 넘는다. 이 지표들은 하나같이 똑같은 데이터를 이용한다. 시가, 고가, 저가, 종가, 거래량, 그리고 선물 거래의 경우 미결제약정open interest이 그것이다. 내가 '다섯 발의 탄환five bullets to a clip'이라고 부르는 법칙은 지표의 수를 100년 전에 쓰이던 군용 라이플에 들어가는 탄환의 수로 제한한다. 여러분은 차트상에서 내가 가장 선호하는 다섯 가지 지표(두 개의 이동평균, 엔벨로프, MACD선, MACD 히스토그램, 강도 지수)를 볼 수 있을 것이다. 지금부터 이 지표들을 간단히 살펴보고, 이 중 두 가지를 통합한 임펄스 시스템Impulse system에 대해 알아보자.

이동평균

가격이란 거래가 이루어지는 순간에 모든 시장 참가자가 합의한 가치다. 이동평균moving average, MA은 일정 기간 시장 참가자들이 합의한 가치를 나타낸다. 가격이 스냅 사진이라면 이동평균은 합성 사진이라고 할 수 있다. 이동평균은 트레이더에게 두 개의 중요한 메시지를 던진다. 우선 이동평균의 기울기는 트레이더들의 심리가 어느 방향으로 기울고 있는지 나타낸다. 이동평균이 상승하면 트레이더들이 시장을 점점 더 낙관적으로 보고 있다는 의미고(강세장 예측), 이동평균이 하락하면 시장을 점점 더 비관적으로 보고 있다는 의미다(약세장 예측).

이동평균의 또 다른 중요한 역할은 내가 '가치 거래value trade'라고 부르는 것과 '바보 중의 바보 이론greater fool theory'에 입각한 거래를 구별하는 것이다. 이동평균 근처에서 주식을 매수할 때는 제 가치를 사는 셈이다. 하지만 이동평균보다 훨씬 위에서 매수할 때는 "나는 바보예요. 지나치게 비싼 가격에 주식을 샀지만 나보다 더한 바보를 만날 수 있겠죠"라고 말하는 것이나 다름없다. 금융시장에는 바보가 극히 드문 데다 제 가치보다 높은 가격에 계속 주식을 매수하는 트레이더는 장기적으로 성공하기 어렵다. 어쩌다가 한 번씩 운이 좋을 수는 있지만, 가치에 근접한 가격에 주식을 매수하는 편이 훨씬 합리적이다. 나는 차트상에서 두 개의 지수이동평균exponential moving average, EMA을 즐겨 이용한다. 하나는 장기간에 걸쳐 시장 참가자들이 합의한 가치를 나타내고, 또 하나는 단기간에 걸쳐 합의한 가치를 나타낸다. 두 개의 지수이동평균 사이에 있는 영역을 나는 밸류존value zone이라고 부른다.

이동평균에는 여러 가지 유형이 있지만, 나는 항상 지수이동평균을 이용한다. 지수이동평균은 최근 가격에 보다 민감하고 과거 가격에는 덜 민감하다. 나는 차트에서 지수이동평균만 이용하지만, 이 책을 쓰면서 인터뷰한 트레이더 중에는 단순이동평균simple moving average만으로도 전혀 불만이 없는 사람도 여럿 있었다.

엔벨로프 또는 채널

시장에 관해 과학적으로 증명된 몇 안 되는 사실 중 한 가지는 가격이 가치의 위아래에서 왔다 갔다 한다는 점이다. 사람으로 치면 시장이 조울증을 앓고 있다고 볼 수 있다. 너무 높이 올라갔다가 너무 낮게 떨어지고, 다시 높이 올라간다.

채널에는 여러 가지 유형이 있는데, 내가 가장 선호하는 것은 단순 엔벨로프straight envelope다. 단순 엔벨로프는 지수이동평균 위아래에 있는 선이 둘 다 지수이동평균과 평행한 형태를 취한다. 잘 그려진 채널은 몸에 잘 맞는 셔츠 같다. 셔츠는 몸통(대부분의 가격)은 가리고 손목과 목(몇 개의 극단적인 가격)은 나와야 한다. 아마추어들은 돌파 구간에서 매수하기를 좋아하지만, 프로들은 하단 채널선 근처에서 매수 기회를 노리고 상단 채널선 근처에서 공매도 기회를 노린다.

볼린저 밴드Bollinger band라고 불리는 표준편차 채널을 이용하는 트레이더도 있다. 볼린저 밴드는 시장의 변동성에 따라 폭이 달라진다. 시장의 변동성이 옵션 가격을 형성하는 핵심 요인 중 한 가지이므로 이 채널은 옵션 트레이더에게 유용하다. 주식, 선물 또는 외환을 거래하는 트레이더라면 단순 엔벨로프를 이용하는 편이 낫다.

MACD선과 MACD 히스토그램

이동평균수렴확산지수Moving Average Convergence-Divergence, MACD는 제럴드 아펠이 개발한 지표다(제7장 참고). MACD의 빠른 선은 단기간에 걸쳐 시장 참가자들이 합의한 가치를 나타내고, 느린 선은 장기간에 걸쳐 합의한 가치를 나타낸다. 빠른 선이 느린 선보다 위에 있으면 황소가 우세하다는 의미고, 빠른 선이 느린 선보다 아래에 있으면 곰이 우세하다는 의미다.

MACD 히스토그램MACD-Histogram은 두 MACD선의 차이를 추적함으로써 황소 세력과 곰 세력의 정도를 측정한다. 두 선 사이의 스프레드가 증가하면 시장에서 우위를 점한 집단이 세력을 확장하고 있다는 의미이므로 그 방향으로 트레이딩하면 된다. MACD 히스토그램의 천장 및 바닥과 가격 간의 디버전스는 기술적 분석에서 접할 수 있는 가장 강력한 신호다.

MACD선과 MACD 히스토그램은 종가의 지수이동평균 세 가지로부터 파생된다. 제럴드 아펠은 12일, 26일, 9일짜리 이동평균을 이용했다. 12, 26, 9라는 값은 트레이딩 소프트웨어에 편입되어 여러 소프트웨어 패키지에서 기본값으로 쓰인다. 책을 쓰면서 나 역시 이 지표를 설명하는 데 이 같은 설정을 이용했다.

그렇다면 여러분은 어떤 설정을 이용해야 하는가? 다른 사람들과 똑같은 설정을 원한다면 12, 26, 9를 이용하면 된다. 시장의 트레이더들은 근본적으로 게을러서 기본적으로 제공되는 가치만 이용한다. 좀 더 빠르거나 느린 설정을 선택해도 괜찮다. 그것은 다른 트레이더들에 비해 신호를 좀 더 일찍 받고 싶은지 좀 더 늦게 받고 싶은지에 따라 달라진다. 이 점을 생각하면서 가치를 시험해보거나 기본 설정을 이용하라.

강도 지수

트레이더라면 누구나 가격을 주시한다. 가격을 움직이는 것은 거래량이다. 거래량은 트레이더들의 헌신적인 정도, 종목에 대한 기대감, 공포의 깊이를 반영한다. 이와 관련, 나는 일반 거래량 대신 강도 지수Force Index를 활용한다. 강도 지수는 거래량과 가격의 변화를 결합시킨 개념이다. 한편으로는 강도 지수와 가격 간의 디버전스로 추세가 약해지고 반전될 준비를 마쳤다는 것을 알 수 있고, 다른 한편으로는 강도 지수의 신고점이나 신저점으로 추세가 여전히 강하며 그 추세가 당분간 지속될 가능성이 크다는 것을 알 수 있다.

컴퓨터의 시대가 열리기 전 나는 강도 지수를 직접 손으로 계산했다. 다른 트레이더들은 눈치채지 못한 시장의 신호를 나 혼자 알고 있다는 사실에 얼마나 기뻤는지 모른다. 이 지표를 첫 책에서 공개하느냐 마느냐를 두고 상당히 고민한 기억도 난다. 내가 『주식시장에서 살아남는 심리투자 법칙』을 헌정한 친구 루 테일러Lou Taylor는 내가 강도 지수에 대해 글을 쓰도록 격려했는데, 나는 그의 충고를 고맙게 여기고 있다. 강도 지수는 내가 그 책을 출간한 이후 여전히 유용한 지표로 쓰이고 있다.

임펄스 시스템

이 시스템은 두 가지 지표를 통합함으로써 어느 시장의 어느 시간 스케일에서 강세장과 약세장이 나타나는지 보여준다. 이동평균의 기울기는 시장의 관성을 나타내고, MACD 히스토그램의 기울기는 황소나 곰의 영향력을 나타낸다. 임펄스 시스템은 지수이동평균과 MACD 히스토그램이 둘 다 상승할 때 매수 신호를 보내고, 둘 다 하락할 때 매도 신호를 보낸다. 두 지표는 특히 강세장이나 약세장이 두드러질 때 비슷한 메시지를 전한다. 이에 못지않게 중요한 점은 임펄스 시스템이 황소나 곰의 세력이 위축되기 시작할 때 신호를 보내면 추세가 실제로 약해지기 시작한다는 점이다.

캠프 참가자 중 한 명인 존 브런즈John Bruns는 실력이 출중한 프로그래머다. 그는 인기 있는 소프트웨어 패키지에 들어갈 임펄스 시스템을 프로그래밍했는데, 임펄스 시스템에 맞춰 각각의 바bar에 색을 입혔다. 지수이동평균과 MACD 히스토그램이 동시에 상승하면 강세장이 나타난다는 신호며, 바는 녹색이 된다. 두 지표가 모두 하락하면 곰이 시장을 장악하고 있다는 신호며, 바는 적색이 된다. 두 지표가 각기 다른 방향을 가리키면 바는 청색이 된다.

임펄스 시스템	지수이동평균의 기울기	MACD히스토 그램의 기울기	트레이딩 메시지
녹색	상승	상승	롱 포지션 또는 관망. 공매도 ✕
적색	하락	하락	숏 포지션 또는 관망. 매수 ✕
청색	상승	하락	롱 포지션 또는 숏 포지션
청색	하락	상승	롱 포지션 또는 숏 포지션

나는 처음에 임펄스 시스템을 자동적 거래 기법으로 이용했지만, 곧 이 시스템을 검열 시스템으로 이용할 때 최상의 성과를 거둘 수 있다는 사실을 깨달았다. 임펄스가 녹색이면 매수하거나 관망할 수는 있지만 절대로 공매도해서는 안 된다. 임펄스가 적색이면 공매도하거나 관망할 수는 있지만 절대로 매수해서는 안 된다. 나는 임펄스가 '녹색에서 벗어날 때까지' 기다렸다가 공매도하고, '적색에서 벗어날 때까지' 기다렸다가 매수에 나선다.

조건부 서식 설정에 근거하여 바의 색을 바꾸도록 허용하지 않는 프로그램도 있지만, 지수이동평균과 MACD 히스토그램의 기울기를 살펴봄으로써 녹색 임펄스나 적색 임펄스를 알아볼 수 있다. 바를 색칠하는 것은 순전히 편의를 위해서다. 나는 개인적으로 하도 익숙해져서 임펄스를 모든 차트에 적용한다.

ENTRIES & EXITS
VISITS TO SIXTEEN TRADING ROOMS

CHAPTER

01

셰리 해스켈
Sherri Haskell

사물을 바라보는
논리적인 방법

이름 ǀ 셰리 해스켈
거주지 ǀ 캘리포니아 주 소살리토
전 직업 ǀ 기술업체를 위한 기금 조달자
트레이딩 분야 ǀ 주식, 선물
트레이딩 경력 ǀ 1985년부터. 1999년에 풀타임으로 전환
계좌 규모 ǀ 중간 규모(25만~100만 달러)
소프트웨어 ǀ www.stockcharts.com, TC2005, eSignal
트레이더스 캠프 ǀ 2003년 1월 세인트 마르텐 섬

이 장을 집필하면서 나는 셰리를 두 번 만났다. 2003년 이 책의 집필 계획을 막 세웠을 때 한 번 만나고, 이듬해 또 한 번 만났다. 셰리는 기록을 철저하게 보관하는 트레이더다. 2004년 만났을 때 그녀는 1년 전 거래 기록을 마치 일주일 전 것처럼 수월하게 찾아냈다. 셰리와의 인터뷰는 12개월의 공백을 두고 이루어졌는데, 인터뷰를 통해 진지한 트레이더의 접근법이 1년 만에 얼마나 크게 바뀌는지 엿볼 수 있었다.

나는 2003년 10월 소살리토에 사는 셰리를 만나러 샌프란시스코에 있는 회의장에 하루 일찍 도착했다. 공항에서 셔틀버스를 타고 금문교를 건너 만(灣) 반대편에서 내리니 공기에서 유칼립투스 나무 향이 났다. 셰리는 빠르고 날렵한 2인용 렉서스 안에서 나를 기다리고 있었다. 그녀의 집에 도착하자 진입로에 세워져 있는 벤츠 컨버터블이 눈에 띄었다. 셰리는 자신처럼 아담하고 날렵한 자동차를 좋아하는 모양이었다. 우리는 그날 저녁에 캠퍼 모임을 열었다.

다음 날 아침 셰리는 호텔로 나를 태우러 와서 자신의 트레이딩 룸으로 안내해줬다. 방 한 면을 거의 다 차지하는 창문 너머로 넓게 트인 만과 건너편에 있는 언덕이 보였다. 창문 아래 자리한 긴 테이블에는 컴퓨터, 여러 대의 모니터와 다른 장비들이 빽빽하게 자리하고 있었다. 뒷벽 근처에는 실내운동용 자전거와 웨이트 트레이닝 기구가 보였다. 셰리의 토실토실한 고양이(그녀는 고양이에게 다이어트를 시킬 만큼 마음이 모질지 못하다고 털어놓았다)가 열어둔 창문으로 드나들었다. 고양이는 책상에 올라갔다가 다시 정원으로 나갔다.

셰리는 스스로 그다지 좋지 않았다고 생각하는 그해의 트레이닝 실적에 대해 나에게 불만을 토로했다. "올해는 수익이 90퍼센트밖에 안 났어요. 하지만 아직 올해가 다 지나간 것은 아니니까 저 자신을 좀 더 밀어붙여보려고요." 나는 껄껄 웃으며 이렇게 말했다. "걱정 그만하시고 마음을 편히 가지세요. 제가 보기에는 실적이 아주 좋은데요. 엔벨로프에서 한참 벗어나기도 했고요. 이 정도면 상위 1퍼센트 중에서도 위쪽에 해당합니다." 하지만 셰리는 그렇게 생각하지 않았다. "제 능력이 부족한 것 같아요. 주가가 400퍼센트까지 올라가는 게 보이는데도 수익을 90퍼센트밖에 못 올렸잖아요. 연말까지 수익률을 200퍼센트로 끌어올리고 싶어요."

그녀는 스스로를 밀어붙인다는 것이 남성과 여성에게 각각 다른 의미를 지닌다고 말했다. 셰리는 남성이 압도적으로 많은 분야에서 성공하려면 자신을 더욱더 밀어붙여야 한다고 생각했다. 그녀는 전통적으로 남성이 우세한 사업 분야인 의료기기 판매업과 신생 기업을 위한 기금 조달업에서도 대단히 좋은 성적을 냈었다. 그녀는 트레이딩에서도 좋은 성과를 거두고 싶어 한다.

나는 셰리에게 그녀의 트레이딩 방법과 최근에 체결한 두 건의 거래에 대해 설명해달라고 부탁했다. 그녀는 휘갈겨 쓴 글씨가 가득한, 표지가 두꺼운 노트를 펼쳤다. "저는 트레이딩할 때 주로 몇 가지 방법을 이용합니다. 한 가지 방법은 돌파를 따라가는 거예요. 저는 주로 밤에 새로운 주식을 찾아보는데요, 거래량이 예상 외로 많고 가격이 보합 국면을 형성한 종목을 눈여겨봅니다. 움직임이 별로 없었는데도 거래량이 많아진 종목을 찾는 거죠. 이는 모멘텀이 형성되고 있고, 주가가 곧 저항선을 돌파하리라는 것을 암시합니다."

셰리의 노트에는 네 개의 항목이 있었는데, 항목마다 아래에 몇 줄씩 적혀 있었다. EWT나 SNIC 같은 기호가 노란색으로 표시되어 있었다.

기호	주석	안전 영역	역지정가 주문
ABAX	괜찮아 보이지만 ADX*가 하락하고 있음	15.23	15.69
ATYT	폭이 매우 좁음 16.5 부근	14.94	14.87
EWT	RSI**<70, MACD선은 준비 단계	11.09	11.32
SNIC	박스권 폭이 좁음	14.62	17.74

*ADX: 평균방향운동지수(Average Directional Movement index).
*RSI: 상대강도지수(Relative Strength Index).

셰리: 나는 매일 저녁 노트에 아이디어를 메모한다. 노란색 표시는 주가 전망이 밝아 보여 내가 이시그널eSignal에 매매 신호를 설정해두었다는 의미다. 특정 종목을 노란색으로 표시하면 대개 하루도 지나지 않아 신호가 울린다. 나는 종목을 찾거나 기술적 지표를 이해하는 데는 문제가 없지만, 어디에 포지션을 추가할지, 어디에 역지정가 주문을 낼지 결정하는 데는 애를 먹는다. 그 방면에서는 아직 실력을 쌓아가는 중이다.

나는 밤마다 보유 중인 포지션들을 훑어본다. 오늘 아침에는 13개나 보유하고 있었지만 보통 8개 정도 보유한다. 그러나 이것도 너무 많다는 생각이 든다. 나는 밤마다 각각의 포지션에 대해 메모를 한다. 그러면 차트의 이미지가 머릿속에 남아 장이 열려 있는 동안 차트를 볼 필요 없이 주가만 주시하면 된다.

나는 스톡차트Stockcharts나 TC2000에서 우선적으로 종목을 검토하고, 목록에 올려둔 종목들을 이시그널을 이용해 실시간으로 추적한다. 장이 마감된 후의 스톡차트가 가장 읽기 쉽다(나는 일중 실시간 차트를 살펴보기 위해 돈을 추가로 들일 생각은 없으며, 20분 늦게 뜨는 시세 정보는 쓸모가 없다고 생각한다). 스톡차트에서 선별한 종목의 기호를 이시그널에 넣으면 내가 설정해둔 가격을 충족시켰을 때 곧바로 알 수 있다. 전화, 이메일, 팝업창으로 정보가 전달되는데, 대부분의 시간을 사무실에서 보내는 만큼 나는 팝업창을 선호한다.

셰리는 이시그널에 메모를 하고 그것을 각각의 티커ticker에 첨부한다. 메모에는 날짜가 적혀 있는데, 일주일에 한 번 오래된 메모를 정리한다. 종목이 마음에 들면 옆에 별 모양을 그리고, 마음에 들지 않으면 '주의!'라고 적는다. "별 모양이 많으면 강세장이고, '주의!'가 많으면 약세장이라고 보면 됩니다. 저는 트레이딩하기 전에 종목의 거래량을 확인하는데요, 거래량이 많으면 바로 포지션에 진입합니다. 거래량이 일일 거래량의 50퍼센트보다 많으면 매수하는 데 확신이 생기지만, 그렇지 않으면 추세가 지속되기에는 세력이 약하다고 판단합니다."

34

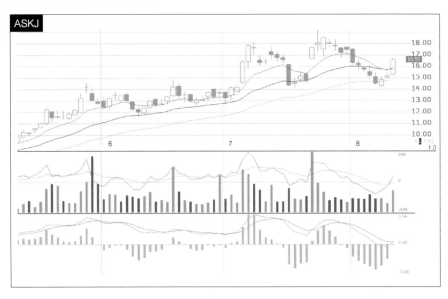

위 ‖ (일간) 캔들 차트와 10, 28, 50일 지수이동평균
중간 ‖ 거래량을 나타내는 바 차트(녹색=주가가 상승한 날, 보라색=주가가 하락한 날).
　　회색 선=14일 시간 단위로 나눈 거래량(TSV: time-segmented volume).
　　청색 선=10일간 거래량의 단순이동평균
아래 ‖ MACD선과 MACD 히스토그램

ASKJ

　2003년 8월 12일 이 종목을 16.21달러에 매수했다. 여러 가지 지표가 비슷한 신호를 보내는 것을 보고 매수하기로 마음을 굳혔다. RSI가 막 50을 넘어선 상태였고, 주가는 강한 거래량을 보이며 상승하고 있었다. MACD 히스토그램과 MACD선 역시 상승세를 보이며 0 선 위에서 교차하는 모습이었다. 스토캐스틱 Stochastics 또한 20 아래에서부터 올라오고 있었으니 얼마나 좋아보였겠는가! 지표들이 하나같이 매수하라고 소리를 지르고 있을 때 내가 마침 귀 기울이고 있었던 것이다.

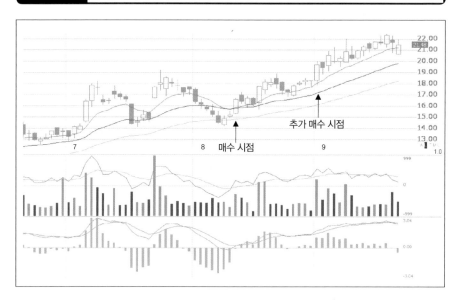

2003년 9월 2일 롱 포지션을 추가했다. 주가가 보기 좋게 상승하다가 보합 국면을 형성한 시점이었다. 나흘이 지나자 대단히 활발한 거래량을 보이며 주가 는 보합 국면에서 벗어났다. RSI는 상승하고 있었고, MACD는 강한 흐름을 보였 으며, 스토캐스틱 역시 계속해서 상승하는 추세였다. 가장 중요한 요인은 모든 지표가 나의 행동을 지지하는 동시에 주가가 보합 패턴에서 그토록 많은 거래량 을 수반하며 저항선을 돌파했다는 점이었다.

2003년 9월 22일 20.74달러에 포지션을 청산했다. 주가는 몇 주간 상승세를 보였으나 거래량이 서서히 줄어들었다. 이 점이 나의 관심을 끌었다. 9월 19일이 되자 주가는 '도지^{Doji}' 형 캔들, 즉 하락하는 캔들 패턴을 보였는데, 이것이 매도 경보를 울렸다. 도지형 캔들이 훨씬 많은 거래량을 동반했기 때문에 특히 위험 한 상황이었다. 나는 주가가 보합세를 보이고 있다고 생각했다. 주가가 오르는 동안 MACD 히스토그램은 하락하기 시작했다. 이런 요인들이 복합적으로 나타나는 것은 수익을 보호하고 시장에서 빠져나가라는 신호다. 그래서 다음 거래일 20.74달러에 포지션을 청산했다. MACD선이 하락하면서 서로 교차하고 MACD 히스토그램이 0 선 아래로 막 떨어진 시점이었다. 이 종목에서 손을 떼야 할 때가 온 것이다. 그날 이후 주가가 계속 폭락했으니 청산 시점을 잘 고른 셈이다.

▶거래 요약   *TRADE SUMMARY*

ASKJ 롱 포지션 2003.8.12 16.21달러
추가 매수 2003.9.2 19.30달러
포지션 청산 2003.9.22 20.74달러
이익=첫 번째 포지션 주당 4.53달러
　　　두 번째 포지션 주당 1.44달러

거래 #1 | 포지션 진입에 관한 견해

ASKJ의 히스토리를 살펴보면, 해당 종목이 주식 공개Initial Public Offering,

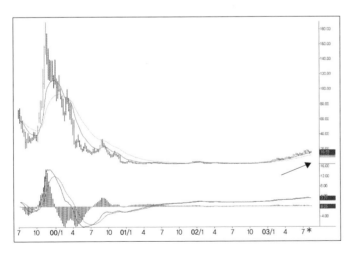

오랫동안 살펴보지 않은 종목의 파일을 불러올 때면 나는 해당 종목의 히스토리를 모니터상에서 한눈에 볼 수 있을 때까지 주간 차트를 압축한다. 그러면 현재 가격이 히스토리에 비해 싼지 비싼지 알 수 있어서 좋다.

*그래프 아래 수치는 연도와 월을 표시한다. 편의상 2002년은 02, 2003년은 03, 2004년은 04로 쓰되 굵은 글자로 표시했다.

IPO를 통해 일반투자자에게 약 70달러(주식 분할에 의해 조정된 가격)에 판매되었다는 사실을 알 수 있다. 주가는 1999년 마지막으로 나타난 아찔한 수직 랠리에서 190달러를 넘어서며 급등했다. 그러나 그때부터 주가가 폭락하기 시작해 2001년에는 무려 75센트까지 떨어졌다. ASKJ처럼 정점을 찍은 가격에서 99퍼센트 이상 폭락하는 주식은 그대로 죽어버릴 가능성이 크다. 하지만 이 주식은 힘을 잃었는데도 살아남기 위해 분투했다. ASKJ는 2001년과 2002년 밑바닥에 조용히 누워 숨 쉬고 있다가 2003년 고개를 들고 일어나기 시작했다. 주가가 뛰어 두 자릿수에 도달하기도 했다. 주간 차트의 오른쪽 가장자리를 보면 이동평균이 둘 다 상승하는 추세라는 사실을 알 수 있다. 이는 종목이 상승세에 있다는 것을 확인시켜 트레이더가 매수할 수 있게 해준다.

가장 비싼 50달러   The Most Expensive $50

나는 셰리에게 몇 년 전에 나와 상담했던 한 고객의 이야기를 들려주었다. 그 고객은 주가지수선물을 거래했는데, 오랫동안 실적이 엉망이었다가 수익을 막 올리기 시작한 사람이었다. 그는 하루에 1,000달러의 수익을 올리겠노라고 목표를 세웠다. 하루는 딱 알맞은 때에 롱 포지션을 취해 1,950달러의 수익을 냈다. 그러고 나서 수익이 2,000달러가 될 때까지 포지션을 유지하기로 마음먹었고, 자신의 거래 규칙을 무시하면서 하룻밤을 넘겼다. 그런데 그날은 1999년 강세장의 정점이었다! 그의 수익은 금세 1,000달러로 줄었고, 이내 0까지 떨어졌다. 그렇게 막대한 손실을 입었는데도 그는 목표한 2,000달러를 달성하려고 포지션을 계속 유지했다. 그는 손실을 만회하기 위해 포지션을 두 배로 늘렸고, 곧 또 한 차례 두 배로 늘렸다. 마침내 거래를 포기하고 포지션을 처분했을 무렵 그의 계좌 잔액은 10만 달러에서 1만 4,000달러로 줄어들었다. 결국 아버지를 찾아가 돈을 빌리면서 그는 완전히 새로운 문제를 야기하고 말았다.

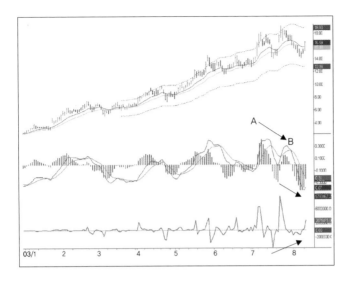

일간 차트의 오른쪽 가장자리를 보면 바가 녹색을 띠고 있는데, 이는 임펄스 시스템이 상승 신호를 보내고 있다는 의미다. 이런 현상은 MACD 히스토그램과 지수이동평균이 둘 다 상승세를 보일 때 발생한다. 이는 지수이동평균의 기울기에 반영되는 시장의 관성이 황소의 편이라는 의미다. MACD 히스토그램의 기울기가 가팔라지는 것에서도 알 수 있듯이 황소의 세력이 점점 강해지고 있다. 사실 차트를 살펴보면 하루 전날 이보다 더 이상적인 매수 신호가 발생했다. 일간 바의 색이 적색에서 청색으로 바뀐 시점 말이다. 바가 더 이상 적색을 띠지 않는다는 것은 곰이 세력을 잃기 시작했으며, 황소가 세력을 떨치기 직전이라는 증거다.

이 차트는 상승세를 보이고 있지만 가장 이상적인 일간 차트는 아니다. 골치 아픈 신호가 몇 가지 보이는데, 차트의 가장자리 부근에서 주가가 떨어지기 직전에 MACD 히스토그램의 약세 디버전스가 나타나는 것도 그중 한 가지다. 이는 대단히 강력한 매도 신호이기 때문에 문제가 될 수도 있다. 또한 약세 디버전스에 뒤이어 나타나는 주가 하락은 지속되는 경향이 있다는 점 역시 긍정적이지 않다. MACD 히스토그램이 몇 달 만에 최저점을 찍은 것도 곰이 강세를 보이고 있음을 드러낸다.

나라면 나 자신을 위해 트레이딩하는 만큼 이 종목에 손대지 않고 넘어갔을 가능성이 크다. 하지만 셰리가 뛰어들겠다고 말했더라도 반대하지는 않았을 것이다. 하지만 셰리처럼 진지한 트레이더는 거래를 하기 전에 결코 누군가에게 물어보는 법이 없다. 내가 이 이야기를 하는 유일한 이유는 사람마다 트레이딩하는 방식이 다르다는 것을 강조하기 위해서다. 이 거래는 임펄스 시스템에 비춰볼 때 분명히 '합리적인' 거래다.

거래 #1 | 포지션 청산에 관한 견해

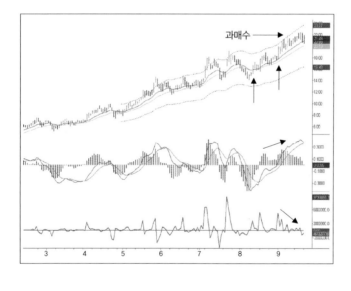

8월 말 첫 번째 되돌림이 발생해 주가가 밸류존으로 돌아갔으며, 며칠 뒤에 주가가 적색 선에 다시 닿았다는 점을 눈여겨보기 바란다. 빠른 속도로 움직이는 이 이동평균은 상위 밸류존의 경계를 나타낸다. 소폭의 되돌림 현상이 발생하는 동안 롱 포지션을 추가했다는 점에서 셰리의 뛰어난 트레이딩 능력을 엿볼 수 있다.

셰리는 때마침 이상적인 임펄스 거래를 잡을 수 있었다. 주가가 급속도로 하락하는 지점의 바닥 부근에서 시장에 진입했고, 소폭의 되돌림 현상이 발생할 때 추가로 매수했으며, 폭발적인 상승세가 약해지기 시작할 때 시장에서 빠져나갔다. 이 거래는 첫 2주 동안은 그녀에게 확신을 안겨주지 못했다. 주가가 20달러 아래에서 움직일 줄 몰랐고, 일간 바의 색이 녹색과 청색을 오갔기 때문이다. 하지만 MACD 히스토그램과 강도 지수가 신고점을 형성하고 주가가 저항선을 돌파하면서 황소가 점점 강해지고 있다는 사실이 드러났다.

9월 초에 이르자 황소는 두드러지게 강세를 보였다. 9월 4일과 5일, 9일에는 가격을 상위 채널선으로 몰아가기도 했다. 주가가 상위 채널선에 닿았다는 점이 황소의 세력을 확인시켜주었으나 나중에 반등이 지속되는 시기에도 주가가 그 선까지 올라가지는 못했다. 이는 황소의 세력이 위축되기 시작했다는 신호였다. MACD 히스토그램은 경사져 내려가기 시작했고, 강도 지수는 폭이 넓고 불길한 약세 디버전스를 나타냈다. 이는 황소의 세력이 약해졌다는 사실을 분명히 보여주었다. 그 시점 주가는 관성을 벗어나 계속 상승했다.

주가가 두 이동평균 사이에 있는 유혹적인 매수 영역으로 되돌아가기 시작했을 때 셰리가 매수하는 대신 매도했다는 사실은 트레이더로서 그녀의 풍부한 경험을 잘 보여준다. 신호는 똑같았지만 셰리는 다른 트레이더들과 다른 행동을 취했다! 그녀는 주가가 바닥을 쳤을 때 시장에 없었으며 천장에 닿았을 때도 없었다. 대신 셰리는 진지한 트레이더라면 누구나 목표하는 바를 달성했다. 주가가 큰 폭으로 움직이는 중간에 수익을 두둑하게 챙긴 것이다.

책임   Accountability

셰리는 내가 이 책을 위해 두 번이나 인터뷰한 유일한 트레이더다. 인터쇼 관계자들이 샌프란시스코에서 강연해달라고 처음 부탁했을 때 나는 만 바로 건너편에 사는 셰리와 인터뷰 날짜를 잡았다. 1년이 지난 뒤 다시 그들의 초대를 받았을 때 나는 셰리에게 전화를 걸어 그 지역을 방문하게 된 김에 참가할 수 있도록 한 달에 한 번 열리는 트레이더 모임을 그때로 잡아달라고 부탁했다. 인터뷰를 한 번 더 해서 1년 사이에 무엇이 달라졌는지 알아보는 것은 당연한 일로 느껴졌다.

전혀 달라지지 않은 점 한 가지는 셰리가 자신의 트레이딩 실적과 결과에 예리하게 집중한다는 점이었다. 그녀는 어떤 일에서든 성공해야 직성이 풀리는 성격으로, 극도로 진지하게 트레이딩에 임했다. 셰리의 철저한 트레이딩 기록은 그녀가 결과에 얼마나 집중하는지를 잘 보여준다. 이를 바탕으로 셰리는 자신이 어느 주식 또는 선물을 거래했는지, 왜 거래했는지, 진입할 당시에 차트가 어떤 모습이었는지, 청산할 때는 어떤 모습이었는지, 트레이딩 결과가 어땠는지, 어떤 교훈을 얻었는지 아주 정확하게 설명할 수 있었다. 기록을 철저하게 관리하는 것은 트레이더가 더 나은 트레이딩 실적을 내는 데 필수적인 순환 학습을 도입하는 것으로 이어진다. 트레이딩에 진입하는 트레이더에게는 언제나 두 가지 목표가 있게 마련이다. 첫 번째 목표는 수익을 창출하는 것이고, 두 번째 목표는 더 나은 트레이더가 되는 것이다. 첫 번째 목표는 달성할 수도, 달성하지 못할 수도 있지만 두 번째 목표는 반드시 달성해야 한다. 우리는 이익이 난 트레이딩뿐만 아니라 손실을 본 트레이딩을 통해서도 교훈을 얻을 수 있다. 이 목표를 달성하지 못한다면 그 트레이딩은 아무 쓸모가 없는 것이다.

실력이 뛰어난 트레이더는 시장이 변화할 때 함께 변화한다. 2003년 10월 셰리를 처음 인터뷰하던 당시 주식시장은 1년 내내 직선을 그리며 상승하다시피 하는 추세를 보였다. 셰리는 주식에만 자금을 투자했으며, 증거금 거래를 하는 경우가 많았다. 그 다음 해는 주식을 거래하는 사람들에게 대단히 가혹한 해였다. 시장이 근본적으로 활발하지 못했고, 오래 가는 트레이딩이 없었다. 황소와 곰 모두 헛물을 켜기 일쑤였다. 10월에 셰리를 만났을 때, 나는 그녀가 다른 사람들처럼 가만히 처벌을 기다리고 있지만은 않았다는 사실을 알게 되었다. 그녀는 독자적인 연구를 통해 여러 선물 종목이 수년간의 베이스를 바탕으로 랠리하기 시작했다는 사실을 알아냈다. 그러고는 관심을 그쪽 시장으로 돌렸다. 어찌나 진지하게 연구하고 선물을 거래했던지 1년 뒤에 만났을 무렵 그녀는 자신의 일일 스프레드시트를 여러 친구에게 보내주고 있었다.

한 해 동안 나타난 눈에 띄는 변화 가운데 또 한 가지는 셰리의 차트가 한 결 깔끔해지고 덜 어수선해 보인다는 점이었다. 초보와 중급 수준의 트레이 더는 대체로 너무 많은 도구를 이용한다. 이는 부분적으로는 그들이 아직 배우는 단계에 있기 때문이고, 부분적으로는 도구를 더 많이 이용하는 것이 더 나은 분석으로 이어진다는 공통된 환상 때문이다. 기량이 뛰어난 트레이 더는 경험을 바탕으로 선별한 몇 가지 분석적 기법만 이용한다.

나는 다음번에 샌프란시스코를 방문할 기회가 벌써부터 기다려진다. 셰리의 최신 거래를 살펴보고, 그녀가 이끄는 트레이더 그룹도 다시 만나고 싶다. 어쩌면 다음에는 그녀와 함께 승마를 하러 갈 용기가 생길지도 모르겠다.

거래 #2 　 셰리의 포지션 진입 　 Trade#2

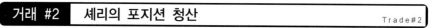

GRMN

2003년 6월 19일 44.49달러에 GRMN을 매수했다. 나는 이 거래로 확신이 지나치면 오히려 트레이딩을 망칠 수 있다는 교훈을 얻었다. 토니Tony는 지금은 보합국면을 형성하고 있지만 주가가 곧 저항선을 돌파할 것이라며 이 종목을 추가 매수할 적기라고 설득했다. 이 종목은 주초 하락세를 보였으나 반등 준비를 하는 것처럼 보였다. MACD 히스토그램이 상승하고 있었기 때문이다. 당장 시장에 뛰어들면 랠리를 탈 수 있을 것 같아서 나는 곧바로 포지션에 진입했다. 하지만 이는 옳은 결정이 아니었다. 좀 더 신중했더라면 RSI가 중심선 아래에서 상승하고 있지 않으며, MACD선이 하락하고 스토캐스틱 역시 50 이하로 떨어지고 있다는 것을 알았을 것이다. 이는 매수하지 말고 관망하라는 분명한 신호다. 이 종목을 매수한 날 주가는 여섯 달 만에 처음으로 50일 이동평균 아래에서 장을 마감했다.

| 거래 #2 | 셰리의 포지션 청산 | Trade#2 |

나는 2거래일 뒤인 2003년 6월 23일 43.36달러에 포지션을 청산했다. 그날 이 종목은 대단히 활발한 거래량을 보이며 하락세를 보였다. RSI는 30 아래로 떨어졌고, 스토캐스틱 역시 하락했다. MACD 히스토그램도 하락해 곰에게 모멘텀이 있음을 입증했다. 나는 이토록 엉성한 거래를 택한 나 자신을 책망하며 최대한 빨리 시장에서 빠져나왔다.

토니는 시장에 남으라고 설득했지만, 나는 아랑곳하지 않고 시장에서 달려 나왔다. 토니는 혼자 남았다가 결국 막대한 손실을 입었다. 나는 그에게 계속 이야기했다. "너무 약삭빠르게 행동하거나 앞서가려고 하지 마세요."

▶거래 요약   TRADE SUMMARY

GRMN 롱 포지션 2003.6.19 44.49달러
매도 2003.6.23 43.36달러
손실=주당 1.13달러

거래 #2 | 포지션 진입에 관한 견해

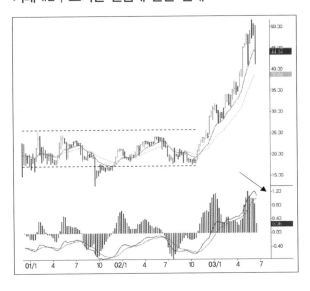

주간 차트의 오른쪽 가장자리를 보면 GRMN이 잠재적인 매수 영역인 밸류존으로 떨어진 것을 알 수 있다. 하지만 나는 MACD 히스토그램이 하락을 멈출 때까지 매수 포지션에 진입하지 않을 것이다. 업틱uptick(약간의 상승세)은 하락세가 끝났으며 매수 포지션을 취하기 안전한 시점이라고 알려주었다. MACD 히스토그램이 여전히 0 선 위에 있고 하락세를 보인다는 것은 하락할 가능성이 한참 남았음을 의미한다.

GRMN는 2001년과 2002년 대부분의 기간을 16~24달러를 맴돌며 보냈다. 주가는 거의 2년 동안 활발한 움직임을 보이지 않다가 마침내 저항선을 돌파한 뒤 꾸준한 상승 곡선을 그렸다.

주가의 움직임은 2003년 5월부터 달라지기 시작했는데, 이는 황소에게 중요한 경고로 작용했다. 5월 전에는 주간 바가 대체로 3달러 선에 고르게 분포하는, 정돈되고 깔끔한 모습이었다. 2003년 5월이 되자 투기자들이 주가의 등락에 관계없이 시장에 맹렬하게 진입하기 시작했다. 그 여파로 주간 바의 길이가 이례적으로 길어져 일주일에 최대 7달러까지 상승했다. 주간 바가 급격하게 길어지면 주가가 상승세의 마지막 히스테리적 단계에 이른 것으로 간주되는 경우가 많다. 주간 바가 길어지는 현상은 주가의 반전보다 앞서 나타나는 경우가 많은데, 나는 이럴 때 새로운 포지션에 진입하기보다는 이익을 취하는 편을 택한다.

손실 거래에 대처하는 방법

실력이 뛰어난 트레이더와 변변치 못한 트레이더의 가장 큰 차이점은 거래가 불리하게 진행될 때 그것을 처리하는 방식에 있다. 누구나 이따금씩 손해를 본다. 하지만 실력이 뛰어난 트레이더는 손실을 입은 사실을 금방 인정하고 시장에서 빠져나가고, 실력이 부족한 트레이더는 추세가 반전되어 손실을 만회할 수 있기를 계속 기대하고 기다린다. 실력이 부족한 트레이더는 주가가 이제 반전될 때가 됐다며 여러 가지 변명과 설명을 늘어놓는다. 하지만 추세는 자본을 야금야금 갉아먹고 의욕만 꺾을 뿐이다. 초보 트레이더 사이에는 "기대하는 순간 바보가 된다"라는 말이 자주 회자된다. 셰리와 그녀의 친구는 수익을 바닥까지 긁어보려다가 실패했다. 두 명이 똑같은 실수를 저질렀지만, 그들이 손실 거래를 처리한 방식은 확연히 다르다. 셰리는 시장에서 금방 달려나가 손해를 많이 보지 않았으나 그녀의 친구는 상황이 나아지기를 바라다가 막대한 손실을 입고 말았다.

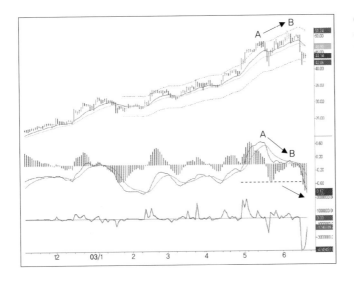

일간 차트의 오른쪽 가장자리를 보면 MACD 히스토그램이 신저점으로 떨어지는 모습이 보인다. MACD 히스토그램이 이렇게 기록적으로 하락하는 것은 곰의 세력이 유달리 강하고 주가가 바닥에 해당하는 가격을 다시 한 번 테스트하거나 넘어설 확률이 높다는 것을 의미한다. 강도 지수 역시 약세장이라는 신호를 보내고 있다. 강도 지수가 신저점을 찍었다는 점과 강세 디버전스가 전혀 눈에 띄지 않는다는 점이 주가가 단기적으로 하락하는 추세임을 분명하게 확인시켜준다.

오른쪽 가장자리에 있는 가격은 하단 채널선 근처에 있는데, 이는 공매도를 하기에는 너무 늦었다는 것을 의미한다. MACD 히스토그램이 신저점을 찍었다는 사실이 머지않아 시장에서 곰이 우세할 것임을 암시하더라도 말이다. 나라면 이렇게 낮은 수준에서 공매도하기보다는 상단 채널선 근처에서 매도하는 편을 택할 것이다. 그리고 이 단계에서 GRMN은 위험해 보이므로 관망하기로 결정할 것이다.

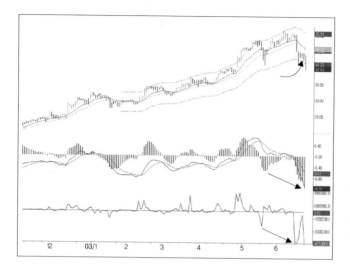

차트의 오른쪽 가장자리에서 MACD 히스토그램과 강도 지수가 신저점을 찍었다는 것은 그 저점에 해당하는 가격이 가장 낮은 가격이 아닐 것임을 암시한다. 이는 곰의 세력이 극도로 강하다는 것을 나타낸다. 일시적인 랠리가 눈에 띄기는 하지만, 랠리는 머지않아 가격을 더 낮은 저점으로 밀어내리거나 적어도 현 저점을 테스트할 확률이 높다. 그렇다면 특정 지점을 신고점이나 신저점이라고 지칭할 때 얼마나 오래된 가격까지 염두에 두어야 하는 걸까? 컴퓨터 모니터의 절반 정도까지 살펴보면 된다.

일간 지표들의 메시지는 옳은 것으로 드러났다. 주가는 계속해서 신저점을 경신했는데, 이는 대개 주가가 더 하락할 것임을 암시한다. 결국 주가는 또 한 차례 신저점을 찍으며 추락했다. 차트의 오른쪽 가장자리에서 주가는 하단 채널선 아래로 하락해 채널선이 확실한 한계선 역할을 하지 못한다는 사실을 다시금 입증했다. 채널은 추세가 언제 반전될 가능성이 큰지 알려주지만 반전이 반드시 그 지점에서 일어나리라고 보장해주지는 않는다.

주가가 큰 폭으로 하락했고 곰의 세력이 이렇게 강한데, 그렇다면 GRMN을 공매도해야 하는 것인가? 나와 절친했던 고(故) 루 테일러는 생전에 나에게 유용한 충고를 해주었다. 인생의 퍼즐을 일일이 풀려고 하기보다는 통칙으로 돌아가 그것을 바탕으로 결정을 내리라는 것이다.

이론상으로 대부분의 거래는 크게 '가치 거래'와 '바보 중의 바보 거래'로 구분할 수 있다. 가치 거래에서는 상단 채널선 근처에서 공매도를 하고 이동평균 근처나 하단 채널선 근처에서 환매한다. 하단 채널선 근처에서 공매도하는 것은 바보 중의 바보 거래에 해당한다. 이런 거래에 뛰어드는 트레이더들은 낮은 가격에 공매도한다는 사실을 알면서도 그것보다도 더 낮은 가격에 뛰어들어 자신에게 수익을 안겨줄 더한 바보가 등장하리라는 기대를 품는다. 하지만 금융시장에는 바보가 거의 없으므로 이런 전략은 실패로 돌아가는 경우가 대부분이다.

20세기 초의 위대한 시장 투기자 제시 리버모어^{Jesse Livermore}는 "매수 포지션에 진입해야 할 시점이 있고, 공매도 포지션에 진입해야 할 시점이 있고, 낚시를 하러 갈 시점이 있다"라는 명언을 남겼다. 나에게 만일 낚싯대가 있었더라면 GRMN 차트의 오른쪽 가장자리를 보고 나서 당장 집어 들었을 것이다.

두 번째 인터뷰

나는 2004년 9월 샌프란시스코로 돌아가 연락선을 타고 소살리토까지 갔다. 셰리는 부두로 나를 마중 나왔고, 우리는 그녀의 스포츠카를 타고 언덕을 올라갔다. 빼어난 경관을 자랑하는 셰리의 집은 이전과 별로 달라진 것이 없었다. 그녀가 아끼는 고양이는 살이 조금 빠진 것 같았다. 고양이에게 마침내 다이어트를 시킨 것이다. 셰리가 2년째 운영해온 트레이더 그룹은 여전히 활발하게 활동하고 있었다. 1년 전과 마찬가지로 그녀는 유럽으로 승마 여행을 떠날 준비를 하고 있었다.

셰리: 주식을 거래하는 것이 견딜 수 없이 지루해져서 올해는 주로 선물을 거래했다. 거래 기회를 찾아보고 안정성을 확인하기 위해 내 스타일을 어느 정도 바꿔야 했지만 말이다. 이 분야에는 멘토가 별로 없어서 내가 나 자신의 스승이자 학생 역할을 맡고 있다.

선물을 거래하고 한 달 정도 될 때까지는 내가 천재인 줄 알았다. 계좌에 넣어둔 1만 달러가 불과 3주 만에 2만 5,000달러로 불어났기 때문이다. 그 후로 나는 수익을 더 많이 올릴 기회를 놓치지 않도록 역지정가 주문을 더 이상 내지 않았다. 그러던 어느 날 미국 달러화가 하룻밤 만에 타격을 입는 사건이 발생했다. 당시 나는 금속 선물을 보유하고 있었다. 그때 나는 역지정가 주문을 내는 것이 얼마나 중요한지 뼈저리게 알게 되었다.

이제 나는 활동 폭을 좁혔으며, 접근법을 한결 계획적으로 다듬고 개선했다. 선물 거래를 시작할 당시에는 한 번에 열 개의 포지션을 보유했으나 이제는 두 개만 보유한다. 선물 시장에서는 모든 포지션이 서로 연관되어 있는 만큼 포지션을 한꺼번에 많이 보유하는 것은 매우 위험하다. 자칫 잘못하면 머리 바로 위에서 눈사태가 발생할 수도 있다.

나는 한동안 거의 직업적으로 트레이딩을 하고 싶어 했다. 당시에는 활발한 트레이더가 되기를 원했으나, 이제는 거래가 나에게 찾아오기를 바란다. 하지만 나는 아직도 인내심이 부족한 편이다. 완벽해보이는 종목이 있더라도 모든 요소가 맞아떨어질 때까지 기다릴 줄 알아야 한다. 매일 시장을 관찰하되 매일 트레이딩하지는 말아야 한다. 트레이더는 선별적으로 거래할 때 더 많은 수익을 올릴 수 있다. 활동적일수록 일이 틀어질 여지가 많다.

이야기를 들려준다는 점에서 나는 캔들 차트를 선호한다. 나는 예전보다 지표를 더 적게 사용하고, 모니터가 복잡해보이지 않도록 차트를 하나씩 개별적인 탭에 열어둔다. 개인적으로 그 어떤 지표보다도 MACD를 선호해서 항상 모니터에 띄워놓지만 다른 지표들도 가끔 확인한다. 나는 언제나 추세선을 그린다. 나는 시각적인 사람이라서 다른 트레이더보다 패턴을 보다 쉽게 인식하는 것 같다. 나는 행동을 취하기 전에 항상 추세선을 그린다.

최근 몇 달간 주식은 몇 종목밖에 거래하지 않았다. 1년 전이었으면 계좌에 들어 있는 자본금을 100퍼센트 투자하거나 증거금 거래를 했겠지만 요즈음에는 50퍼센트만 투자한다. 내가 주식시장을 다시 신뢰하기 위해서는 거래량이 많고 꾸준한 랠리를 보이는 주식이 눈에 띄어야 할 것이다.

셰리의 모니터

나는 셰리의 모니터를 사진으로 찍었다. 모니터에는 열 장도 넘는 메모지가 붙어 있었다. 그녀는 손을 저으며 나를 말렸다. "다른 사람들이 제 계좌번호와 비밀번호를 보면 어쩌려고요!" 다행히도 메모지 한 장의 내용을 옮겨 적는 것은 허락했다. 메모지에는 셰리가 트레이딩을 하기 전에 항상 스스로에게 던지는 질문들이 적혀 있었다.

거래가 아래 조건을 모두 충족시키는가?
• 거래 종목 줄이기
• 포지션 보유 기간 늘리기
• 전념하기(계획적인 트레이딩)
• 포지션에 빨리 진입·청산하기(주저하지 말 것)
• 최대한 이른 시점에 손실 막기

몇 시간 동안 일하다가 셰리가 배고프다고 해서 우리는 차를 타고 조용한 소살리토 거리로 스시를 먹으러 갔다. 나는 그녀의 트레이딩 룸에 있는 게시판에 붙어 있는 사진에 대해 물었다. 앙상한 얼굴을 한 호리호리한 남자가 비행기 조종석의 뚜껑을 열어둔 채 앉아 있는 사진이었다. 알고 보니 그는 셰리의 아버지였다.

셰리: 아버지는 성공한 의사셨지만 본업보다는 투자와 트레이딩으로 돈을 더 많이 버셨다. 50세 때부터 손으로 차트를 그리기 시작하셨는데, 나는 당시에 스무 살이었다. 아버지는 대단히 학구적이신 분으로, 항상 공부하고, 책을 읽고, 세미나에 참석하셨다. 나를 데리고 가시는 때도 있었다. 세미나에서는 대단히

겸손한 태도를 보이셨지만 아버지는 결코 중요한 정보를 놓치는 적이 없었다. 아버지는 두뇌가 명석한 분이셨다. 이렇게 얻은 정보를 바탕으로 시스템을 개발하거나 소프트웨어를 만드셨고, 늘 탐구하는 자세를 지니셨다.

아버지는 지적인 분이셨지만 위험을 무릅쓰고 통 크게 사신 자동차 딜러이기도 하셨다. 다이아몬드나 발명품에도 투자를 하셨다. 전구의 수명을 늘어나게 하는 전자 발명품에 투자해서 몇 백만 달러를 버시기도 했다. 아버지는 기회를 잡고 위험을 무릅쓸 줄 아셨다. 돌아가시기 10~15년 전 커다란 배를 한 척 사셨는데, 이름을 '투기자'라고 지으셨다. 나는 아버지처럼 일상적인 사고의 틀에서 벗어날 줄 아는 사람을 좋아한다.

아버지는 어려운 환경에서 자라셨지만 상당한 재산을 남기고 돌아가셨다. 할아버지는 아버지가 8살 때 사고로 돌아가셨는데 아무런 보험도 들지 않으셨다. 당시에 할머니는 영어도 할 줄 모르셨다.

아버지는 전 세계적 동향에 관심이 많으셨다. 이런저런 일들이 이렇게 저렇게 결말을 맺을 것이라고 예측하곤 하셨다. 아버지는 거시경제학에도 일가견이 있으셨다. 나는 이런 면을 닮고 싶다. 우리는 때때로 아버지의 사무실에서 단둘이 시간을 보내곤 했다. 아버지는 나를 가르치려고 하셨고, 내가 당신과 함께 전업 트레이더가 되길 바라셨다. 하지만 나는 꾸준한 소득이 필요했다. 아버지는 내가 트레이딩에 입문할 때 반년간이나 경제적으로 도움을 주지 않으셨다.

아버지가 살아 계셔서 내가 어떻게 트레이딩하는지 보셨으면 좋았을 것이다. 시장을 살펴볼 때 나는 종종 '아버지라면 뭐라고 말씀하셨을까?'라고 스스로에게 묻는다. 아버지는 마음 가는 대로 선택하지 않으셨다. 아버지는 사물을 대단히 논리적으로 바라볼 줄 아셨다.

초저녁, 우리는 식당 테라스의 부드러운 조명 아래 자리를 잡았다. 그곳에서는 모두가 셰리를 아는 눈치였다. 식당 주인이 셰리에게 인사를 하러 왔고, 행인 몇 명이 손을 흔들기도 했다. 셰리는 탱고 수업에 대해서 이야기했고, 말을 옮길 트레일러를 끌기 위해 트럭을 살 계획이라고 밝혔다.

"잠깐만요. 원래 말이 끌어야 하는 것 아닌가요?" 셰리는 웃었다. "이제는 안 그래요. 요새 새로 나오는 트레일러를 보셔야 해요. 패딩, 창문, 거울, 야간 조명, 에어컨까지 없는 게 없더라고요."

우리는 셰리의 집으로 돌아가 마저 일을 했다. 일을 마치기 무섭게 셰리가 나에게 마지막 연락선을 타려면 서둘러야 할 것 같다고 말했다. 우리는 그녀의 렉서스에 올라탔고, 셰리는 진입로에서 후진해서 그대로 좁은 산길을 질주했다. 그녀의 차는 대부분의 차가 앞으로 가는 것보다 더 빠른 속도로 뒤로 갔다. "이웃들은 제가 이러는 걸 싫어해요." 그녀는 웃었다.

1년 후

셰리는 최근에 체결한 두 건의 거래에 대해 설명했다. 한 건은 그날 아침에 청

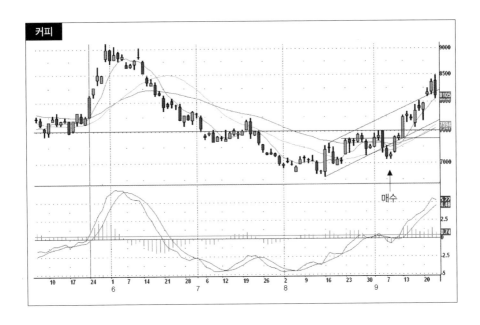

산한 거래였고, 다른 한 건은 여전히 진행 중인 거래였다. "9월 8일 가격이 되돌림 현상을 보였을 때 커피 주식을 사서 오늘(9월 23일) 시장에서 빠져 나왔어요. 캔들 차트에서 곰이 세력을 장악하려는 패턴이 눈에 띄었거든요."

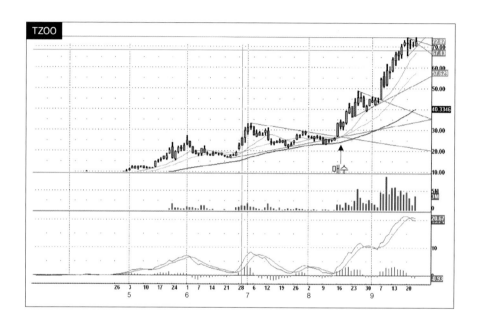

셰리는 아직 트레이딩이 진행 중인 TZOO도 보여주었다. 이 종목은 연중 가장 크게 주목받은 종목 중 하나다. "저는 다른 사람들보다 지지와 저항, 추세선, 채널 같은 그림을 명확하게 볼 줄 아는 편이에요. 하락 추세선이 붕괴된 채 제 위치를 유지하고, 상승 추세선이 계속 올라간다면 시장에 남아 있어도 됩니다. 주식이 아직 채널 범위 안에 있을 때도 포지션을 계속 보유할 수 있어요."

셰리는 나에게 상품을 분석한 내용을 요약한 스프레드시트를 보여주었다. 그녀는 밤마다 그것을 친구들에게 보내준다고 말했다. 나는 일간 항목 옆에 주간 추세 항목이 있는 것을 발견했다. 셰리는 전년에는 일간 차트만 살펴봤지만 2004년부터는 주간 차트도 분석하고 있었다. 나는 다음 해가 되면 셰리가 장기

적인 추세에 초점을 맞추고 일간 차트보다는 주간 차트에 더 중점을 두게 되지 않을까 생각해보았다.

두 번째 인터뷰를 마치고 나서 나는 셰리의 트레이딩 방식에서 세 가지 중요한 변화를 발견했다. 차트가 덜 복잡한 점, 포지션을 한꺼번에 너무 많이 보유하지 않고 선별적으로 트레이딩을 하는 점, 일간 차트뿐만 아니라 주간 차트에도 신경을 쓴 점이 그것이다.

셰리의 e-mail
; 나에게 가장 잘 맞는 트레이딩 시스템

혹시 사람들이 잔뜩 둘러앉아서 크랩스* 하는 광경을 본 적이 있는가? 주사위는 날아다니고, 사람들은 소리를 지르며 각양각색의 표정을 짓는다. 크랩스를 잘 모르는 사람이라면 그곳이 난장판처럼 보일 것이다. 나는 주식시장이 세계를 무대로 하는 크랩스의 장 같다고 항상 생각해왔다. 동시에 진행되는 게임이 열

---

*CRAPS; 주사위 게임의 일종.

몇 개인 대신 수천 개에 달할 뿐이다. 시장에는 여러 유형의 참가자, 다양한 형태의 시스템, 배당률, 배당률을 계산하는 전문가가 있으며, 경제적·정치적·심리적 요소가 게임에 잠재적으로 미치는 영향도 고려해야 한다. '나 자신의 게임'이 무엇인지 파악하기 전까지 트레이더는 상당히 위축될 수 있다.

나 역시 처음에는 관련 정보를 닥치는 대로 읽고, 수없이 많은 세미나와 워크숍에 참석했다. 트레이딩 대가들이 내놓는 시스템을 하나도 빠짐없이 사용해보기도 했다. 나는 대부분의 사람처럼 성배를 찾는 것으로 트레이더의 길을 걷기 시작했다. 많은 트레이더가 최고의 트레이딩 시스템과 엄청난 실력의 트레이더가 어딘가에 있을 것이라고 생각한다. 그래서 좌절할 때까지 이 게임, 저 게임 옮겨 다닌다. 나는 그 길의 어딘가에서 스스로 나의 게임을 찾아내야 한다는 것, 그리고 올바른 시스템은 '나 자신의' 시스템이라는 것을 깨달았다.

나는 시간을 들여 나의 장점, 나의 이성과 감정의 작동 방식, 내가 가장 좋아하는 트레이딩의 측면에 대해 생각해보았다. 내가 어느 부분에서 꾸준히 좋은 성과를 냈는가? 나는 그간 공부한 내용을 꼼꼼하게 훑어 나에게 잘 맞던 것, 금방 이해할 수 있었던 것, 나에게 어울리던 것들을 추려냈다. 그러고는 그 정보에 개인적인 특성과 발견을 더해 '나만의 맞춤형 시스템'을 만들었다. 그때가 바로 내가 트레이더로서 깨달음을 얻은 순간이었다.

트레이딩을 하면서 내가 어렵게 느끼는 부분은 자제심을 발휘하는 것이다. 단순히 경계심을 유지하고 내가 만든 시스템에서 벗어나지 않는 것뿐만 아니라 남의 의견에 영향을 받지 않는 것도 쉬운 일이 아니다. 나는 오랜 기간 노력한 뒤에야 TV 금융 정보 프로그램에서 하는 이야기를 듣지 않고, 챙겨 보는 관련 출판물의 개수를 줄이고, 시장에 대해 다른 사람과 대화를 나눌 때 극도로 조심해야 한다는 사실을 깨닫게 되었다.

시장은 우리가 자기 본능을 알아보는 동시에 다른 트레이더의 본능을 활용하기를 요구한다. 이는 심리적으로 균형을 이루어야 하는 행위다. 나는 이 기술을 익히기 위해 노력하고 있는데 시간과 강한 신념이 있어야 목표를 달성할 수 있을 것이다. 올바른 감정적 기질과 강한 체력은 트레이딩에 도움이 된다. 다른 사업과 마찬가지로 적정한 자본금을 마련한 상태에서 시작하고 실수로 손실을 많이 입는 초기의 고비를 견뎌낸다면 엄청난 보상이 기다리고 있을 것이다! 아래 도움이 될 만한 몇 가지 사항을 제안한다.

- 캔들 차트를 분석하는 방법을 배워라. 차트가 들려주는 이야기를 생생하게 이해할 수 있을 것이다.
- 기록일지를 작성하고 정기적으로 검토하라. 매번 거래에 관련된 자신의 생각, 감정, 일화 등을 적어둬라. 기록에서 얼마나 많은 귀중한 정보를 얻을 수 있는지 알게 되면 깜짝 놀랄 것이다. 이 방법은 특히 자신의 행동 패턴을 이해하는 데 도움이 된다.
- 인내심을 발휘하고 신중한 태도를 유지하라. 완벽한 환경이 갖춰질 때까지 기다려라. 그런 환경이 조성되면 주저하지 말고 포지션에 진입하되, 조성되지 않는다면 절대로 행동을 취하지 마라.
- 장이 열려 있는 동안 너무 많은 결정을 내리려고 하지 마라. 장이 열리지 않는 시간에 대부분의 전략을 구상하라.
- 『어느 주식 투자자의 회상 Reminiscences of a Stock Operator』을 읽고 제시 리버모어에 대해 알아보라.
- 차트에 귀를 기울여라. 차트가 어떤 이야기를 들려주는가? 잘 모르겠다면 뒤로 한발 물러서서 장기적인 그림을 살펴보라. 차트가 전하는 메시지가 무엇인가? 확실히 모르겠다면 아무 행동도 취하지 마라. 나는 항상 차트가 나에게 이야기를 할 때까지 내버려두고, 그 이야기에 귀를 기울인다!
- 직감을 무시하지 마라. 뛰어난 트레이더라면 직감이 성공에 어느 정도 영향을 미칠 것이다!

ENTRIES & EXITS
VISITS TO SIXTEEN TRADING ROOMS

CHAPTER

02

프레드 슈츠만
Fred Schutzman

컴퓨터가 대신 트레이딩을 해줄 수 있다

이름 | 프레드 슈츠만
거주지 | 뉴욕 주 뉴 시티
전 직업 | 기술적 분석가
트레이딩 분야 | 선물
트레이딩 경력 | 1986년부터
계좌 규모 | 대규모(100만 달러 이상)
소프트웨어 | TradeStation, Microsoft Excel
트레이더스 캠프 | 1999년 1월과 2005년 1월
카리브 해 지역 캠프에서 강의

나는 그라운드 제로*에서 몇 블록 떨어진 상품거래소의 트레이딩 플로어 위에 있는 사무실에서 프레드를 만났다. 우리가 대화를 나눈 방의 이름은 9·11 테러사태로 목숨을 잃은 트레이더 데니스 푸Dennis Foo의 이름을 따서 지어졌다. 프레드와 함께 헤지펀드를 운용하는 버키Bucky도 인터뷰 자리에 참석해서 우리 이야기에 귀 기울였다. 그는 터미널을 통해 시세를 모니터하면서 이따금씩 코멘트를 했다.

프레드는 1980년대 말 파트타임으로 내 밑에서 일한 적이 있다. 통화 트레이더에게 자문 서비스를 해주는 일이었다. 그는 나중에 자금 관리 회사의 파트너가 되어 일을 그만두었는데, 후임자를 훈련시킨 후에야 떠났다. 우리는 계속 친구로 지냈고, 나는 이전에 집필한 모든 트레이딩 책의 원고를 검토해달라고 프레드에게 부탁했는데, 그는 기술적인 오류를 지적해주었다. 그는 내가 운영하는 캠프에서 두 차례 강의한 적도 있다. 열성적이고 친근한 성격 덕분에 캠프 참가자들에게 인기가 상당히 많았다.

프레드: 1980년대 초에 나는 보험계리인(보험회사에서 리스크를 측정하는 통계학자)이 되려고 공부하고 있었다. 학교를 다니는 동안 나는 시장에 매료되었고, 기술적 분석을 발견했으며, 츠바이크Zweig 뉴스레터를 구독했다. 그러던 어느 날 나를 가르치시던 대학 교수 중 한 분이 나에게 월스트리트에서 인턴을 해보는 것이 어떻겠느냐고 제안하셨다. 츠바이크에는 도저히 연락이 닿지 않아서 나는 기술적시장분석가협회Market Technicians' Association 회원 명부를 얻어 전화를 걸기 시작했다. 결국 게일 듀덕Gail Dudak 밑에서 목요일마다 인턴 일을 하게 되었다.

6개월이 지나고 나서 게일은 나를 상품조사국Commodity Research Bureau에서 일하는

---

*ground zero; 9·11 테러사태 당시 세계무역센터 붕괴 지점.

존 머피John Murphy에게 보냈다. 그 당시는 존의 첫 번째 책이 출판되기 전이라 그를 아는 사람이 거의 없었다.* 존은 뉴욕재정연구소New York Institute of Finance에서 기술적 분석에 관한 강의를 하고 있었는데, 얼마 후에 나에게 조교 역할을 맡겼다. 얼마 뒤 존은 CNBC의 방송 분석가가 되었다. TV 스튜디오가 뉴저지에 있어서 다음 학기에 존은 맨해튼까지 제시간에 강의하러 올 수 없었다. 존은 나에게 먼저 강의를 시작하면 자기가 나중에 들어가서 뒷부분을 가르치겠다고 했다. 하지만 학기가 끝나갈 무렵 그는 나에게 강의를 통째로 넘겨줄 수밖에 없었다.

1990년 나는 처음으로 단독 강의를 맡았다. 학생 중에는 커피, 원당, 코코아 거래를 하는 플로어 트레이더*가 두 명 있었다. 바로 프레디Freddy와 버키였다. 플로어에서 성공을 거둔 두 사람은 전자 트레이딩을 하고 싶어 했다. 학기가 끝나갈 때쯤 그들은 나에게 "저희의 개인적인 기술 분석가로 모시고 싶습니다"라고 제안했다.

그래서 우리는 자금 관리 파트너십을 체결했다. 프레디와 버키는 플로어에서 트레이딩을 하고, 나는 위층 사무실에서 차트를 살펴보고 규정을 준수하는 것에 관한 일을 했다. 그러던 어느 날 두 가지 일이 동시에 일어났다. 커피 시장이 굉장히 분주해졌고, 우리의 가장 큰 고객이 개인적인 사정이 있다며 자산을 회수해버린 것이다. 나는 여러 기업에서 기술적인 분석을 하고 트레이딩하는 방법을 배웠다. 1996년 나는 버키와 기금을 모아 사업을 시작했다. 지금 우리가 쓰는 트레이딩 기법은 1990년대 초 우리가 처음으로 적용한 기법이다. 당시에는 손으로 차트를 그리고 지표를 계산했다는 점이 다를 뿐이다. 이제 우리는 모든

---

*존 머피의 『선물 시장의 기술적 분석(Technical Analysis of the Futures Markets)』(1986)은 당시에 기술적 분석의 모범으로 통했다.
*증권거래소 회원. 장내 트레이더.

것을 전산화했고, 청산 전략과 자금 관리 능력을 개선했다. 브라이어우드 캐피탈Briarwood Capital은 매년 흑자를 기록했고, 2001년에는 고객의 자본을 유치하기 시작했다. 우리는 현재 1,900만 달러를 운용하고 있다.

시스템 트레이딩은 트레이딩할 때 감정이 개입되지 않아 우리에게 잘 맞는 것 같다. 나는 실시간으로 즉석에서 결정을 내리는 일에는 자신이 없다. 연구원이나 과학자에 더 가까운 타입이기 때문이다. 컴퓨터에 명령을 내리면 컴퓨터가 나 대신 트레이딩을 해준다. 컴퓨터가 발달하기 전에 나는 연구원이었기 때문에 플로어에 있는 버키나 프레디 없이는 트레이딩을 할 수 없었다. 하지만 이제는 개념을 프로그래밍할 수만 있으면 분석가로서 계속 활동할 수 있다. 트레이딩은 컴퓨터에 맡기면 된다. 분석은 내가 하고, 내가 입력한 사항을 바탕으로 컴퓨터가 트레이딩하는 식이다. 거래 조건이 성립될 경우 컴퓨터는 곧바로 포지션에 진입한다.

그렇다고 해서 시스템 트레이딩이 모든 트레이더에게 적합한 것은 아니다. 컴퓨터에 권력을 넘겨주는 것을 싫어하는 사람도 많다. 결정에 따른 책임을 본인이 계속 지고 싶어 하는 심리다. 재량적 트레이더라면 선택하지 않았을 거래를 컴퓨터가 제시하는 경우도 있는데, 그런 거래가 이익 거래로 밝혀지는 경우도 많다. 프로그램 코드를 쓰다 보면 쓸모없어 보이는 거래도 눈에 많이 띄어서 코드를 무시할까 하는 생각도 들지만, 그럴 경우 실제 거래 실적은 시스템의 실적에 필적하지 못한다.

시스템을 테스트할 때 우리는 그것을 50개 시장, 20년간의 데이터에 적용한다. 그러면 삼겹살, 커피, 통화 등 모든 시장에서 변수가 동일한 거래가 4,000건 정도 검색된다. 수천 건의 거래를 백테스팅backtesting하는 것의 매력은 우리가 수익을 올릴 가능성이 언제 큰지 알 수 있다는 데 있다. 물론 언제 수익을 낼 수 있는지 그 어떤 트레이더도 확신할 수 없지만, 우리가 사용하는 방법은 현재 알려져 있는 그 어떤 방법보다 수익률이 더 좋다고 자신할 수 있다. 우리의 시스템은 우리가 수년간 재량적 트레이더로서 성공적으로 트레이딩한 기법을 바탕으로 개발되었기 때문이다.

시스템 트레이더로서 내가 해야 할 일은 시스템을 따르는 것이라는 사실을 다시 한 번 강조하고 싶다. 가상적인 결과를 실제 거래에서도 얻을 수 있는 유일한 방법은 시스템을 따르는 것이다. 나는 점원이고, 원숭이다. 내가 할 일은 장이 열려 있는 동안이 아니라 장이 마감한 뒤에 생각하는 것이다.

규율을 엄격하게 적용하는 것과 일관성을 유지하는 것은 성공하는 데 필수적인 요소다. 컴퓨터는 항상 일관성이 있다. 하루도 빠짐없이 맡은 작업을 수행하며, 신호를 간과하지도 않는다. 컴퓨터는 우리가 사용하는 방법들을 객관적으로 적용한다. 황소나 곰 쪽으로 편향된 모습도 보이지 않는다. 사람은 계속해서 좋은 실적을 얻다 보면 특정한 편향이 생겨 컴퓨터보다 트레이딩을 더 잘할 수 있을 것이라고 생각한다. 어쩌다 한두 건 정도는 실제로 더 좋은 결과를 낼 수도 있지만 일관성과 규율 면에서 컴퓨터를 능가할 수는 없다. 장기적으로 성공을 거두려면 거래를 여러 건 체결해야 하는데, 이 경우 확률 면에서 컴퓨터가 유리할 수밖에 없다. 최선의 결과를 원할 경우 재량적 트레이딩이 기계적 트레이딩을 따라갈 수는 없다는 사실을 항상 기억해둬라. 우리 회사는 카지노처럼

유용한 트레이딩 아이디어 중에는 강산만큼이나 오래된 것도 있다

Some good trading ideas are as old as the hills

우리는 딕슨 와츠(Dickson G. Watts)의 저서 『예술로서의 투기(Speculation as a fine art)』에서 아이디어의 일부를 얻었다. 와츠는 지금으로부터 100년도 더 된 1878년부터 1880년까지 뉴욕목화거래소 회장직을 맡았다. 그는 심리학, 규율, 리스크 관리에 대한 저서를 집필했다.

아래 와츠의 '절대 법칙'을 소개한다. 이 법칙들은 놀랍게도 100년 전이나 지금이나 대단히 유용하다.

1) 절대로 과도하게 트레이딩하지 마라. 자본이 허용하는 한도 이상으로 거래하는 것은 재앙을 불러오는 것이나 마찬가지다.

2) 절대로 포지션을 두 배로 불리지 마라. 포지션을 한꺼번에 몽땅 전환하지 마라.

3) 재빨리 움직여라. 재빠르지 않을 것이면 아예 움직이지 마라.

4) 의심이 들 때는 포지션의 규모를 축소하라. 이때는 걱정하지 않고 잠을 편히 이룰 수 있을 정도로 축소하는 것이 좋다.

돌아가기 때문에 여러 건의 거래를 포착하는 데 적합하다.

우리는 리스크 대비 보상이 높은 거래와 수익이 많이 나는 거래를 찾는다. 역지정가 주문을 낼 시점이 마땅치 않은, 가격이 치솟는 강세장을 찾는 것이 아니다. 우리는 모든 거래를 평가하며, 우리의 시스템은 리스크의 달러당 수익이 가장 많이 나는 거래를 찾으려고 노력한다. 이를테면 7달러의 수익을 올리기 위해 리스크를 5달러나 감수해야 하는 거래는 원하지 않는다. 차트상으로 가장 마음에 드는 거래는 리스크가 너무 큰 경우가 많고 리스크에 비해 보상 역시 충분하지 못한 게 대부분이다.

리스크 관리를 하지 않으면 계좌에 있는 자금을 비슷한 수준으로 유지할 수 없다. 우리는 거래를 할 때마다 우리가 옳기를 바라지는 않는다. 우리에게는 트레이딩 시스템보다 자금 관리가 더 중요하다. 누군가 세상에서 가장 좋은 시스템을 넘겨준다고 하더라도 리스크/보상 비율이 좋지 않으면 받지 않을 것이다. 우리는 거래의 40퍼센트 정도가 이익 거래이기 때문에 보상과 리스크의 비율을 최소한 2대1로 유지하려고 한다. 하지만 이상적인 비율은 3대1이라고 생각한다. 우리는 최상의 위험 조정 보상을 얻으려고 노력한다. 이는 사실 기술적 분석보다는 게임 이론에 더 가깝다. 우리는 위험 조정에 관한 측면에서 경쟁자들을 앞지르고 싶다.

우리는 CTA(상품 거래 고문/헤지펀드 매니저)이다 보니 개인 트레이더와는 다른 방식으로 트레이딩한다. 우리는 실적을 최대한 매력적으로 보이게 해야 한다. 경쟁자들보다 실적이 좋아 보여야 하기 때문이다. 최근 몇 년간 우리는 청산 전략과 리스크 관리 능력을 향상시켰고, 자본 감소 비율을 줄였다. 리스크가 줄어든다는 것은 보상이 커진다는 의미다. 주관적인 기술적 분석가로서 시장이 마음에 들 수도 있지만 CTA로서는 시장에 진입하지 않을지도 모른다. 너무 많은 위험 부담을 감수해야 할지도 모르기 때문이다. 자본 감소는 우리 회사의 거래 실적에 도움이 되지 않는다.

CTA로서 활동하는 것의 매력은 돈을 만지는 것이다. CTA가 전형적으로 받는 보상은 20분의 2 비율이다. 예컨대 누군가 우리에게 100만 달러를 맡기면 우리는 그 돈의 2퍼센트를 관리 수수료로 받는다. 거기에 인센티브로 수익의 20퍼센트를 추가로 받는다. 1,000만 달러가 있는데 머리 아프게 CTA가 되는 것을 택할 사람은 없다. CTA는 행정, 규정 준수, 회계와 관련하여 처리해야 할 일이 많다. 우리가 트레이딩하는 방식을 생각해보면, 나라면 1,000만 달러보다 적은 돈이 들어 있는 계좌를 우리에게 맡기지 않을 것이다.

이 프로젝트에 참가해달라고 프레드에게 처음 부탁했을 때 그는 내가 시스템 트레이더와의 인터뷰를 책에 정말로 싣고 싶은지 궁금해했다. 프레드는 내가 재량적 트레이더라는 것을 잘 알았기 때문이다. 나는 그에게 그것이 바로 내가 원하는 바라고 말했다. 나는 독자들에게 다양한 유형의 트레이더를 소개해주고 싶었다. 프레드는 인터뷰에 응하더라도 자신이 이용하는 주 트레이딩 시스템을 보여줄 수는 없다고 미리 양해를 구했다. 그 시스템을 개발하려고 파트너인 버키와 함께 10년 넘게 고생한 데다 그것이 두 사람의 생계 수단이기 때문이라고 했다. 하지만 프레드는 자신이 최근에 개발하고, 테스트하고, 트레이딩한 여러 시스템 중에서 한 가지를 보여주는 것에는 동의했다. 나는 그것이 합당한 해결책이라고 생각한다.

프레드: 우리는 우리 아이디어를 바탕으로 장기적인 추세를 따르는 시스템을 계속해서 찾고 있다. 시스템을 개발할 때 우선 컴퓨터를 이용해 백테스트를 해본다. 그다음에는 R&D 계좌에 있는 돈으로 테스트한다. 이렇게 두 단계를 거친 뒤에야 비로소 고객의 돈으로 트레이딩한다. 시스템이 일단 자리를 잡으면 시스템이 보내는 신호를 절대적으로 따른다. 하지만 시스템을 테스트하는 동안에는 신호를 무시하거나 변수를 달리하면서 여러 가지 실험을 해본다.

거래 #1   프레드의 포지션 진입   Trade#1

이 시스템에는 세 가지 진입 법칙이 있다.

1. 주요 추세를 파악하고 그 방향으로만 트레이딩하라. 이와 관련, 우리는 89일 단순이동평균을 이용한다. 지수이동평균도 선호하지만 처음에는 간단한 것이 좋다.
2. 볼린저 밴드를 이동평균보다 한 표준편차 위, 한 표준편차 아래 배치하라.
3. 34일 고점과 34일 저점으로부터 뻗어나가는 선을 그려라. 이동평균의 방향으로 돌파가 발생하는지 주시하라(차트 위의 적색 선).

포지션에 진입하려면 위의 세 가지 신호가 모두 발효되어야 하지만 반드시 동시에 발효될 필요는 없다. 이동평균은 트레이딩 진행 방향과 같은 방향으로 나아가야 하며, 가격은 볼린저 밴드와 34일 선을 같은 방향으로 넘어서야 한다. 2번과 3번 조건을 충족시키려면 최근의 신호가 우리에 반(反)하는 방향이 아닌 우리가 원하는 방향으로 향하기만 하면 된다.

이 차트는 현금 데이터를 이용한다. 거래가 여러 건의 계약 롤오버^{rollover}를 다루기 때문이다. 다음 차트의 오른쪽 가장자리를 보면 세 개의 신호가 모두 나타나는 것을 볼 수 있다. 이동평균은 회복되기 시작했고 가격은 두 개의 채널을 모두 돌파해 우리는 롱 포지션을 취하기로 결정했다.

유로화

이것은 채널 돌파 시스템이다. 이 시스템은 추세를 파악한 뒤 추세와 같은 방향으로 변동성이 커질 때 포지션에 진입한다. 대부분의 사람은 이런 유형의 시스템을 좋아하지 않는다. 자본 감소 비율이 높은 경우가 많기 때문이다. 우리는 두

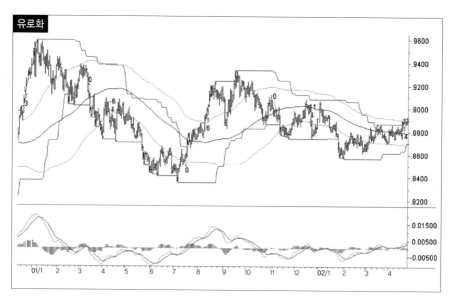

위 | 바 차트. 청색 선–89일 단순이동평균. 녹색 선–볼린저 밴드(이동평균보다 한 표준편차 위, 한 표준편차 아래).
  적색 선은 34일 고점과 34일 저점으로부터 뻗어나간다.
아래 | MACD선과 MACD 히스토그램(둘 다 12–26–9)

개의 채널을 사용함으로써 두 채널의 변수를 더 엄격하게 설정할 수 있다는 사실
을 깨달았다. 볼린저 밴드와 던치언Donchian 채널을 둘 다 사용하면서 변동성이라
는 짐승을 길들이려고 노력하는 것이다. 던치언 채널을 원할 경우 일정 기간 동
안의 최고점과 최저점으로부터 가로 선들을 앞으로 밀면 된다. 여기에서는 34일
던치언 채널을 이용했다. 이 채널의 상위 경계선과 하위 경계선은 서로의 영향을
받지 않고 독립적으로 변할 수 있다는 사실을 알아둬라.

거래 #1 프레드의 포지션 청산
Trade#1

이 시스템에는 두 가지 청산 법칙이 있다. MACD의 디버전스가 발생하거나

(프로그램 코드로 확인할 수도 있지만 우리는 눈으로 직접 확인하는 편을 선호한다) 가격이 추세에 반하는 움직임을 보인 뒤 89일 이동평균 반대편에서 장을 마감할 때 시장에서 벗어나는 것이다.

이 시스템은 백테스팅을 성공적으로 마쳤다. 하지만 수익을 많이 올리기는 했으나 자본 감소 비율이 너무 높았다. 우리는 리스크를 줄이지 못해 결국 이 시스템을 포기해야만 했다. 리스크를 줄일 수 있었더라면 이 시스템을 공개하지 않았을 것이다.

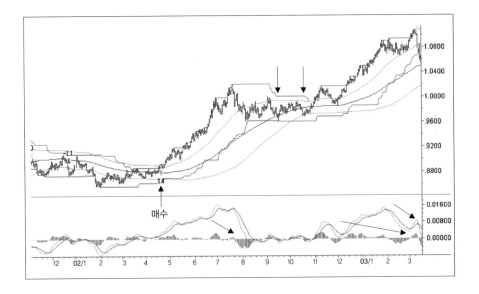

2002년 7월 MACD 히스토그램은 디버전스를 보였으나 두 MACD선은 갈라지지 않았다.

9월과 달리 가격은 10월에 이동평균 아래에서 장을 마감했다. 우리는 신호를 무시하고 싶지는 않았지만 시스템을 테스트하는 중이라 달리 도리가 없었다. 우리의 다른 모든 시스템은 포지션을 보유하라는 신호를 보냈다. 우리는 시장이 이동평균 아래에서 장을 마감하는 이유가 시장이 붕괴되고 있어서가 아니라 활력을 잃고 있어서라고 판단했다. 그래서 우리는 9월의 저점 아래 역지정가 주문을 내고 포지션을 계속 보유했다.

차트를 살펴보면 2003년 1월부터 3월까지 강력한 디버전스가 발생한 것을 볼 수 있다. MACD선과 MACD 히스토그램의 디버전스는 둘 다 발달하는 데 더 많은 시간이 필요한 만큼 의미가 크다고 볼 수 있다. 유로화가 이동평균 아래에서 장을 마감했을 때 우리는 매도 포지션에 진입했다.

▶거래 요약　　　TRADE SUMMARY

유로화 매수 2002.4.19 89.12달러
유로화 매도 2003.3.13 107.88달러
이익=계약당 18.76달러

거래 #1 | 포지션 진입에 관한 견해

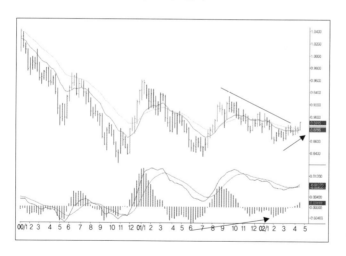

추세선은 악명 높을 만큼 그리기가 까다롭다. 사람들의 편향에 따라 똑같은 차트에서도 선을 조금 더 높은 곳에, 또는 조금 더 낮은 곳에 그릴 우려가 있기 때문이다. 하지만 차트의 오른쪽 가장자리를 보면 두 지수이동평균이 상승하는 시점에 하락 추세선에 반하여 가격이 상승하고 있다. 이는 상승 돌파가 발생할 가능성이 크다는 신호다.

낮은 가격에 사서 높은 가격에 팔아라. 2002년 4월 유로화는 분명 가격이 낮았다. 1999년에 미국 달러와 동등하게 도입된 유럽의 새로운 통화는 얼마 지나지 않아 85센트 아래로 추락했다. 이 주간 차트는 비관주의가 난무하는 시장에서 유로화가 80센트 중반의 박스권에서 지지선을 찾았음을 보여준다. MACD 히스토그램의 바닥은 2002년보다 2003년에 더 얕았는데, 이는 곰의 세력이 위축되고 있음을 나타낸다. 주간 차트의 오른쪽 가장자리에서는 26주 지수이동평균과 13주 지수이동평균이 MACD 히스토그램과 더불어 상승세를 보이고 있다. 이는 황소가 시장을 장악하고 있다는 신호로, 임펄스 시스템 역시 매수 신호를 보내고 있다. 적색 선(13주 지수이동평균)은 여전히 황색 선(26주 지수이동평균)보다 아래 있지만, 그 선을 넘어설 준비를 마쳤다. 이 같은 크로스오버는 랠리의 가장 활발한 시점에서 발생하는 경우가 많다.

당신의 트레이딩 스타일

Your trading style

우리는 인생에서 가장 중요한 결정을 내려야 할 때 부분적으로는 이성적으로, 부분적으로는 비이성적으로 결정을 내린다. 시스템 트레이더가 될 것인지 재량적 트레이더가 될 것인지 숫자만 보고 결정하는 사람은 극히 드물다. 누구나 가장 두려운 상황을 피할 수 있게 해주는 기법을 선택하게 마련이다.

프레드 같은 시스템 트레이더는 시장에서 들리는 끊임없는 소음에 질색한다. 그래서 그는 컴퓨터를 이용해서 분석을 하고 거래를 진행시킨다. 그러면 시장에 지속적으로 관심을 갖지 않아도 되고, 끝없이 결정을 내리지 않아도 되기 때문이다. 나와 같은 재량적 트레이더는 통제권을 쥐고 있는 것을 좋아하며, 시스템의 명령에 따라 내키지 않는 거래를 체결하는 것을 끔찍하게 여긴다. 두 가지 접근법 모두 장단점이 있으므로 자신에게 기쁨을 주는 기법과 독이 되는 기법을 스스로 선택해야 한다.

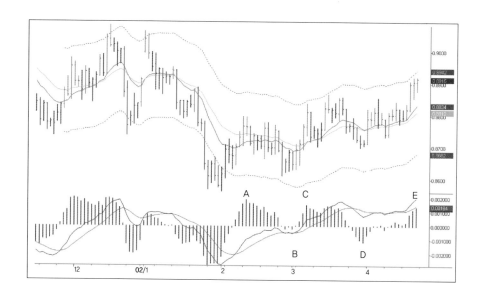

　　가격은 상승하면서 '호흡한다.' 숨을 들이쉬고 내쉬는 것이다. 2002년 2월 상승 추세가 시작된 이후 강력한 고점인 A, C, E(아직 완성되지 않음)는 건강한 황소가 가슴 한가득 공기를 들이마시고 있다는 사실을 입증한다. 약한 바닥인 B와 D는 시장이 '숨을 내쉴' 때 곰이 거의 힘을 쓰지 못했다는 것을 보여준다. MACD 히스토그램의 높은 천장과 얕은 바닥은 상승 추세가 견고하다는 사실을 분명히 확인시켜준다.

　　시스템 트레이더는 재량적 트레이더와 시장의 반대편에 위치하는 경우가 많다. 일간 차트의 오른쪽 가장자리를 보면 핵심 지표(두 개의 지수이동평균, MACD선, MACD 히스토그램)가 모두 상승 중인 것을 알 수 있다. 프레드가 상승 돌파 지점에서 매수 포지션에 진입하는 동안 나였다면 매수하지 않고 관망했을 것이다. 가치보다 그렇게 높은 지점에서, 지수이동평균으로부터 그렇게 멀리 떨어진 곳에서 매수한다는 사실이 마음에 걸리기 때문이다. 나라면 매수 신호를 보고 나서 지수이동평균 부근에서 매수 주문을 넣었을 것이다. 그러고는 그것을 매일 조정하고 되돌림 현상이 발생할 때 롱 포지션을 취했을 것이다.

이 전략의 위험 요소는 의미 있는 되돌림 현상이 발생하지 않고 가격이 치솟기만 해서 상승 추세를 놓칠 수도 있다는 점이다. 나는 이 정도의 리스크는 감수할 의향이 있다. 나는 어떤 경우든 급하게 뛰어드는 것을 좋아하지 않는다. 나는 트레이딩이 도시에서 운행하는 버스 같다고 생각한다. 설령 한 대를 놓치더라도 몇 블록 떨어진 지점에서 또 다른 버스가 오고 있다는 것을 기억하라.

선물　　　　　　　　　　　　　　　　　　　　　　　　　**Futures**

Q.계약이 변경될 때 많은 경우 새로운 계약이 이전 것으로부터 갭 업(gap up)하거나 갭 다운(gap down)합니다. 이런 경우 기술적 분석을 어떻게 이용할 수 있습니까?

A.선물을 분석할 때 저는 항상 주간 데이터와 일간 데이터를 살펴봅니다. 주간 차트에서는 계약 롤오버 문제를 해결해주는 계속적 계약(continuous contract)을 이용하고, 일간 차트에서는 결제월(front month)을 이용합니다. 대부분의 트레이더가 달이 바뀌면 새로운 달로 차트를 변경하지만 저는 지표의 흐름을 제대로 파악하기 위해 몇 달 전에 분석한 내용으로 돌아갑니다.

거래 #1 | 포지션 청산에 관한 견해

"가격은 1마일짜리 고무줄로 가치에 연결되어 있습니다." 나의 고객 중 한 명이 한 말이다. 장기 이동평균이 가치를 반영한다는 데 동의한다면 고무줄의 원래 길이를 측정할 수 있다. 가장 높은 바의 고점과 지수이동평균 사이의 거리를 계산하면 된다. 아래 유로화 주간 차트에서는 '고무줄'이 9센트까지 늘어났다. 2002년 7월 가격은 26주 지수이동평균으로부터 9센트나 떨어져 있는 모습이 보인다. 2003년 3월에는 가격이 가치보다 7센트(고무줄이 늘어날 수 있는 한계에 근

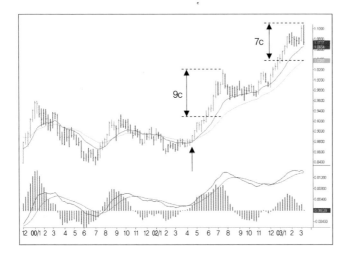

차트의 오른쪽 가장자리에서 MACD선은 이중 천장을 형성하고 있다. 이 패턴은 시장에 과매수하는 참가자들이 상당히 많다는 것을 보여주며, 이익을 취하려는 트레이더들에게 경고를 던진다.

접)나 올랐다가 반대 방향으로 튕겨 나가 전주의 저점보다 낮은 지점까지 떨어졌다. 이처럼 급격한 되돌림 현상은 가격이 밸류존에 이르기 전에 끝나는 경우가 드물다.

통화 시장은 추세가 가장 자주 나타나는 시장 중 하나다. 박스권에서 속임수 신호whipsaw의 영향을 받는, 잘 설계된 시스템은 통화 시장에서 장기적인 추세를 추적할 수 있다. 프레드의 시스템이 이런 시스템의 좋은 예다. 그의 시스템은 베이스에서 시작된 통화의 움직임을 잘 포착했고, 막강한 강세장에 힘입어 1년 가까이 롱 포지션을 유지했다.

부실한 자금 관리 이외에 통화 시장에 뛰어든 아마추어를 못살게 구는 요소 중 한 가지는 시장이 거의 24시간 내내 열려 있다는 것이다. 트레이더가 잠든 사이에 가격이 원하지 않는 방향으로 맹렬하게 움직일 가능성이 있다. 통화 선물을 거래한다면 선물 시장이 닫혀 있는 사이에 통화의 움직임이 있을 경우 현금 시장에서 선물 거래의 역지정가 주문이 자동으로 실행되도록 설정해두어야 한다. 이런 준비 과정 없이 통화 선물 시장에 뛰어드는 것은 땅을 지킬 때 울타리를 한쪽에만 치는 것이나 다름없다.

더 높은 위험 조정 수익률

CTA 중에는 30, 40, 50퍼센트나 되는 자본 감소 비율을 보이는 사람도 있다. 우리 회사의 경우 지금까지는 10.47퍼센트가 제일 높은 자본 감소 비율이다. 우리는 리스크 대비 보상 비율이 뛰어나다는 점에서 다른 시스템 트레이더들과 차별성을 보인다. 어느 CTA가 보상 비율 30퍼센트, 자본 감소 비율 30퍼센트의 실적을 낸다고 가정해보자. 이 경우 우리가 볼 때는 보상 비율 15퍼센트, 자본 감소 비율 10퍼센트가 50퍼센트나 나은 셈이다. 시장이 활발할 때 사람들은 "저 회사는 보상을 30퍼센트나 얻었잖아"라고 말한다. 하지만 그들은 그 회사가 30퍼센트나 잃기도 했다는 사실을 잊고 있다! 1년치 실적을 비교했을 때 다른 CTA들이 우리보다 더 큰 보상을 얻을지도 모른다. 하지만 그만큼의 보상을 얻기 위해 고객이 얼마나 많은 위험을 감수해야 하는가? 모두가 30~40퍼센트나 되는 수익을 거둘 때 우리는 15퍼센트의 수익밖에 거두지 못할지도 모른다. 대신 경쟁자들의 자본 감소 비율이 40~50퍼센트씩 되는 데 비해 우리의 자본 감소 비율은 10퍼센트밖에 되지 않는다. 40달러를 벌기 위해서는 그들에게 40달러를 줘야 하지만 우리에게는 15달러를 벌기 위해 10달러만 주면 된다.

이동평균은 변한다

Q.주간 이동평균이 이제 막 상승하기 시작한 주식을 고르는 것이 낫습니까? 아니면 주간 이동평균이 지난 몇 달간 꾸준히 상승한 것이 낫습니까?

A.정답은 질문자의 트레이딩 방식에 따라 달라집니다. 추세가 반전될 때 포지션에 진입하고 싶다면 지수이동평균이 이제 막 방향을 바꾼 주식을 찾아보세요. 만일 자리를 잡은 채널 안에서 보유 기간을 연장하는 스윙 거래를 하고 싶다면 추세선이 자리를 잡은 주식을 찾아보시기 바랍니다.

버키(본명 폴 디마르코 주니어Paul DeMarco, Jr.)는 커피, 원당, 코코아 거래소(CSCE)
의 플로어 트레이더이자 브라이어우드 캐피털 매니지먼트에서 프레드의 파
트너로 일하고 있다. 내가 프레드와 인터뷰를 할 때 참석해서 이따금씩 조언
하던 바로 그 사람이다.

아래 그의 조언 중 일부를 소개한다.

유용한 규칙과 리스크 관리 능력을 갖춘 기계적인 시스템은 우리가 끊임없
이 돈을 걸면서도 감정적으로 흔들리지 않게 도와준다. 생각해보라. 과연 연
속으로 ×번이나 틀리고서도 다음에 또 다시 돈을 걸 수 있는 사람이 몇이나
되겠는가?

나는 타당한 이유로 돈을 잃을 때 대단한 만족감을 느낀다. 타당한 이유로
돈을 잃으면 장기적으로 봤을 때 대단히 성공하는 트레이더가 될 수 있기 때
문이다. 규모가 작은 거래에서 돈을 잃어본 트레이더는 커다란 추세가 발생
할 때 실수 없이 트레이딩할 수 있다.

시스템이 시장에서 나가라고 명령하면 시장에서 나가라! 나는 "규모가 작
은 거래에서 돈을 잃어서 트레이딩의 세계에서 쫓겨났어요"라고 말하는 사
람은 한 번도 본 적 없다. 리스크 관리를 제대로 하면서 트레이딩을 하다 보
면 장기적으로 봤을 때 돈을 벌 수 있다는 사실을 깨닫게 될 것이다.

프레디와 나는 전화상으로 수백만 시간이나 이야기를 나눴다. 우리는 계속
해서 트레이딩에 열정을 느끼기 때문에 우리의 수익 곡선이 가능한 한 매끄
럽게 이어지기를 바란다. 어느 분야에서든 성공하려면 열정이 있어야 한다.
마이클 조던이 헬스장에 가는 것은 친구들과 어울려 즐거운 시간을 보내기
위해서가 아니다. 프레디와 나는 무엇을 하든 하루 중 어느 순간인가는 반
드시 트레이딩에 대해 생각한다. 해변에 있든, 상점에 있든 트레이딩 생각이
나게 마련이다. 자신이 하는 일을 사랑해야만 실패했을 때 쉽게 자리를 털고

일어나 다시 앞으로 나아갈 수 있다. 마이클 조던보다 재능이 더 뛰어난 사람은 분명히 존재한다. 그들이 성공하지 못한 데는 다 이유가 있다. 실력을 쌓기 위해 우리는 수천 번 트레이딩을 하고, 마이클 조던은 수천 번 슛을 쏜다. 나는 나보다 재능이 더 출중한 사람을 여럿 만나봤지만, 내가 그 사람들보다 트레이딩으로 버는 돈이 더 많다.

거래 #2 　 프레드의 포지션 진입 　 Trade#2

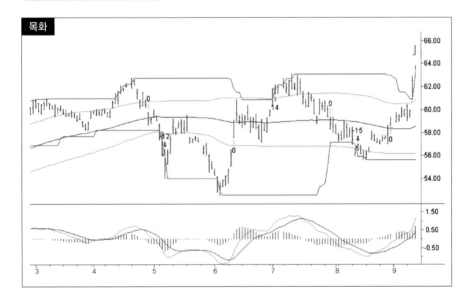

목화

목화

　 내가 시스템 트레이더이다 보니 특색이 강한 손실 거래를 보여주는 것은 쉬운 일이 아니다. 우리는 손실 거래에서 손을 빨리 떼는 편이다. 포지션에 진입했는데 손실률이 0.2퍼센트라면 시장에서 곧바로 빠져나간다. 그러나 이런 거래가 우리 실적에 악영향을 미치지는 않는다. 지금부터 우리가 체결한 최악의 거래 중 하나를 소개하겠다. 가격이 너무 빠른 속도로 움직이는 바람에 역지정가 주문을 제때 내지 못한 것이 화근이었다.

우리는 사실 이 거래에 진입하는 시점이 늦었다. 볼린저 밴드와 던치언 채널에서 매수 신호를 받았지만 이동평균이 상승할 때까지 기다려야 했기 때문이다. 마침내 이동평균 역시 매수 신호를 발효했을 때 우리는 평소와 달리 이동평균보다 훨씬 위에서 롱 포지션을 취하고 매수 계약 수를 줄였다.

재량적 트레이더라면 차트를 보고 형편없는 선택이라고 말할 것이다. 가격은 저항선을 넘어섰으며, 오실레이터는 과매수 상태이기 때문이다. 재량적 트레이더라면 너무 늦게 진입했기 때문에 이 거래로 수익을 낼 확률이 높지 않다고 말할 것이다. 하지만 우리의 경험상 이런 거래가 수익을 많이 올리게 마련이다!

거래 #2 · 프레드의 포지션 청산 · Trade#2

우리는 규모가 큰 수익을 놓치지 않도록 설계된 장기적인 시스템을 갖추고 있다. 추적 손절매trailing stop는 천천히 꾸준하게 움직이는데, 이 시장은 너무 빠른 속도로 등락을 거듭해서 시스템이 따라잡을 시간이 부족했다. 이 거래로 돈은 많이 잃지 않았지만 트레이딩 기록에는 타격을 입었다. 이 거래는 시스템 트레이더가 상상할 수 있는 최악의 악몽이다. 악몽은 월말 시작됐다. 10월에는 이론상으로 수익을 올렸으나 11월에는 손실을 입었다. 자본 감소와 함께 새 달을 시작하는 것은 괴로운 일이다. 손실이 적은 경우 괜찮지만 가격이 치솟거나 급격하게 하락할 경우 변동성이 커져 트레이딩 기록에 타격을 입게 마련이다.

우리의 규칙은 가격이 포지션에 반해 이동평균 너머에서 장을 마감할 때 청

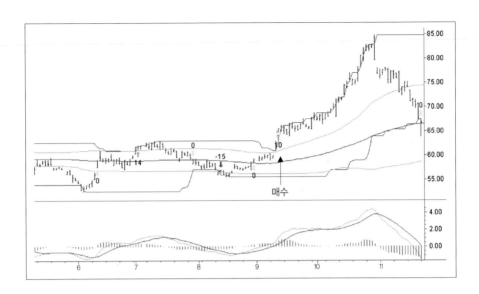

산하는 것이다. 우리는 다음 날 장이 열릴 때까지 기다리지 않고 종가에 청산하려고 노력한다. MOC 주문*을 낼 때는 주의해야 할 점이 있다. 30초 만에 장을 마감하는 시장도 있고, 마감 시간이 더 긴 시장도 있다. 커피의 경우 마감 시간이 2분이나 된다. 시장에서 일찍 벗어나려고 MOC 주문을 낸 뒤에도 시장이 원하지 않는 방향으로 흘러갈 시간이 1분 59초나 남는다. 우리는 능숙한 솜씨로 빠져나가려고 노력한다. 우리는 신호가 발효되려면 종가가 어디쯤 위치해야 하는지 알 수 있는 컴퓨터 알고리즘을 갖추고 있다.

우리 시스템은 성능이 뛰어나 수익을 많이 올려 트레이딩에 사용하기에는 손색이 없지만, 자본 감소 비율을 줄이기가 쉽지 않다. 우리는 수익률뿐만 아니라 위험 조정 비율도 높기를 원한다. 수익성이 좋은 시스템을 20~25개 갖추고 있는데, 리스크를 최소화할 수 있는 시스템을 선별한 후 계속 트레이딩한다.

---

*market on close: 종가에 최대한 근접한 가격에 체결하도록 내는 시장가 주문.

거래 #2 | 포지션 진입에 관한 견해

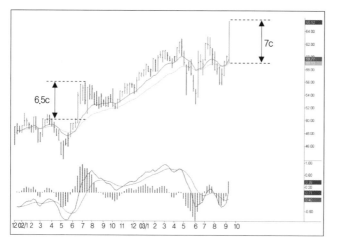

목화에서는 고무줄이 얼마나 긴가? 2002년 6월에는 고점과 지수이동평균 사이의 거리가 6.5센트였고, 2003년 4월과 7월에는 4.5센트였다. 차트의 오른쪽 가장자리를 보면 고무줄의 길이가 7센트나 되는 것을 알 수 있다. 고무줄이 이렇게 팽팽해진 것을 보니 관망해야겠다는 생각이 든다.

스크린의 오른쪽 가장자리에서 매수 신호가 발효되었다. 두 지수이동평균은 모두 상승 중이고, MACD 히스토그램도 위를 가리키고 있지만 이런 흥분은 내가 감당하기에는 너무 벅차다. 나는 저만치 달려나가는 가치는 쫓아가지 않으며, 쭉쭉 뻗어나가는 추세 또한 마찬가지다. 거래에 뛰어들기에는 너무 늦었다고 생각하지만 시스템 트레이더에게는 그런 자유가 없다는 점은 이해한다. 시스템이 매수 신호를 보내면 곧바로 매수 포지션에 진입해야 시스템의 명령에 충실할 수 있다.

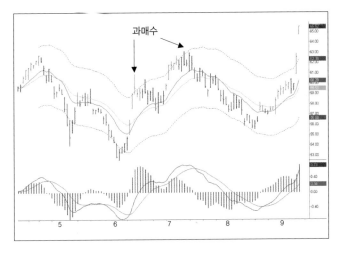

과매수

나는 가치 근처에서 매수하는 것을 좋아하는데, 목화의 일간 차트에서 오른쪽 가장자리를 살펴보면 가격이 가치보다 한참 위에 있다. 마치 잔뜩 부풀어 오른 얇은 면 드레스를 입은 메릴린 먼로의 모습을 담은 유명한 사진 같다. 지표가 모두 위를 향하고 있는 만큼 목화를 공매도할 계획은 없다. 합리적인 범위에 마땅한 역지정가 주문 지점이 없기 때문에 매수에 나서지도 않을 것이다. 프레드는 규율을 엄격하게 적용하는 트레이더라서 시스템이 발효하는 신호를 모두 따른다. 나는 그런 면모와 이 거래를 공개한 그의 강인함을 높이 평가한다. 하지만 이런 유형의 거래를 볼 때마다 내가 재량적 트레이더라는 사실이 기쁘다.

거래 #2 | 포지션 청산에 관한 견해

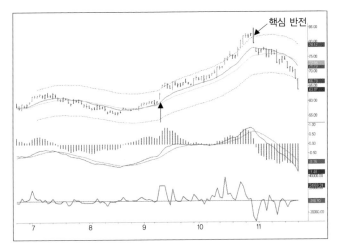

핵심 반전

추세는 가격이 이전 바의 고점 위로 갭 업한 뒤 신고점을 경신했다가 하락세를 보이며 이전 바의 저점 아래로 급격히 떨어진 채 장을 마감할 때 눈에 띄게 반전했다. 이는 이전까지 우세했던 황소의 세력에 변화가 있다는 것을 보여준다. 가격이 최고점을 찍은 것이 황소의 마지막 숨결이었다. 그 후로는 곰이 시장을 장악해 가격을 한참 아래로 밀어내렸다.

처음부터 어려운 거래는 끝까지 어렵게 진행되는 경우가 많다. 처음에는 목화가 프레드의 추세 추종 시스템의 정당성을 입증했다. 프레드가 롱 포지션에 진입한 후로 목화 가격은 계속 상승했으며, 13일 지수이동평균인 적색 선까지 소폭의 되돌림 현상이 이따금씩 나타나기도 했다.

이 시장은 근본적으로 활기가 넘치는 것처럼 보인다. 공급이 갑작스럽게 중단되면서 목화 가격이 치솟은 모양이다. 중단이 일어날 때는 천천히 나타나 기술적 트레이더가 강세장이 임박했다는 패턴을 알아차리게 하는 경우도 있고, 갑작스럽게 발생해 시장이 갭 업한 뒤 계속 달리게 하는 경우도 있다. 하락 추세에서는 이와 정반대 현상이 일어난다. 새로운 공급량이 천천히 유입되면서 유통 패턴을 형성해 기술적 분석가가 하락 디버전스를 알아보고 앞으로 닥칠 하락세에 대비할 수 있다. 공급이 갑자기 늘어나거나 수요가 무너질 가능성도 있다. 그럴 때는 시장이 천장에 머리를 부딪쳐 반전하고 나서 자유낙하하는 것처럼 보인다. 그것이 바로 이 거래에서 벌어진 일이다.

프레드의 시스템이 이렇게 까다로운 시장을 공략하면서도 계좌에 그 정도의 타격밖에 입히지 않은 점은 주목할 만하다. 프레드는 가치보다 높은 지점에서 롱 포지션에 진입한 뒤 추세가 크게 하락할 때 휘말리고 나서 최소한의 손실만 입고 탈출했다. 이렇게 복잡하고 변동이 심한 시장에서 시스템이 이토록 적게 손실을 입었다면 시스템 보유자는 살아남아 장기적으로는 성공을 거둘 수 있다.

시스템 트레이더? 재량적 트레이더?

트레이딩의 세계는 대단히 넓다. 시장이나 트레이딩 기법의 종류가 워낙 다양하기 때문에 한 사람의 트레이더가 모든 것을 알기란 불가능하다. 의사가 수술, 정신의학, 산과학의 전문가가 동시에 될 수 없듯이 트레이더 역시 기본적 분석, 기술적 분석, 내부자 보고서, 데이 트레이딩에 모두 능할 수는 없다. 어느 분야에서든 성공하는 사람은 상당히 좁은 분야의 전문가인 동시에 나머지 분야에도 어느 정도 지식이 있는 경우가 많다. 이와 함께 자신이 어느 분야에 약한지 파악하고, 그런 분야를 전문 분야로 택하지 않는 겸허한 모습을 보여야 한다. 자신에게 맞는 분야를 선택하는 데 딱히 정해진 법칙은 없다.

프레드 같은 시스템 트레이더나 나 같은 재량적 트레이더는 서로 시장 반대편에 위치하는 경우가 많다. 프레드는 매일 몇 시간씩 시스템을 테스트한다. 그는 가장 선호하는 기계적인 시스템을 이용해서 20개도 넘는 선물 종목을 거래하지만 개별적인 거래 결과에는 별로 관심이 없다. 프레드는 시스템을 테스팅한 결과를 꼼꼼하게 기록으로 남기지만 거래일지를 작성하지는 않는다. 재량적 트레이더는 차트를 살펴보며 심사숙고한 끝에 결정을 내리고, 진입 혹은 청산을 위한 방아쇠를 당길 수 있도록 스크린을 관찰한다.

좀 더 자세히 살펴보면 두 가지 분야가 중요한 방식으로 겹치는 것을 알 수 있다. 시스템 트레이더는 재량적 트레이딩에서 얻은 아이디어를 이용해 연구를 시작한다. 프레드가 지적한 것처럼 컴퓨터로 데이터를 다루며 반복되는 패턴을 찾으려고 애쓰는 것은 어리석은 일이다. 그것은 과거를 거래하는 것이나 마찬가지이기 때문이다. 프레드의 시스템은 트레이딩 플로어에서 효과를 보이는 기법들을 바탕으로 고안되었다. 버키는 중요한 아이디어 뱅크 역할을 담당한다. 그는 직감적 트레이딩 경험이 많은 2세대 플로어 트레이더다. 우수한 재량적 트레이딩은 생각보다 시스템 트레이딩의 특징을 많이 지닌다. 내 경우 분명하게 형성된 여러 가지 패턴을 눈으로 인식할 줄 안다. 나는 차트와 지표를 유심히 보면서 시스템 트레이더에게서 빌린 토막 지식으로 시장의 데이터를 걸러낸다.

시스템 트레이딩 혹은 재량적 트레이딩을 선택하는 문제는 객관적인 수치보다는 개인적 기질의 영향을 더 많이 받는다.* 시스템 트레이더는 집단의 일원일 때 가치를 드러낸다. 반면 최고의 트레이더들은 전반적으로 재량적 트레이더인 경우가 많다. 어떤 길을 선택하든지 간에 가능한 한 많이 배우고 해당 분야에서

---

*재량적 트레이더는 자신이 이용하는 트레이딩 시스템의 신호를 예측할 수 있다. 나는 내 또 다른 저서 『나의 트레이딩 룸으로 오라』의 독자들에게서 마지막 장에 실린 트레이딩 사례 몇 가지가 삼중 스크린 시스템을 엄격하게 따르는 것 같지 않다는 말을 종종 듣는다. 아무래도 초보자들에게 적합한 사례를 더 많이 실어야 했던 모양이다. 내가 소개한 사례 중에는 트레이딩 경험을 좀 더 필요로 하는 것도 있었다.

전문가로 발전하도록 노력해야 한다. 물론 그 외의 분야에도 어느 정도 실질적인 지식을 확보해야 한다. 이 책에선 주로 재량적 트레이딩을 다루었지만 여기에 실린 정보와 지식은 시스템 트레이더에게도 도움이 될 것이다.

자산 관리

프레드와의 인터뷰는 다른 사람들의 자금을 관리하는 과정에서 빚어지는 문제를 분명하게 보여준다. 관리 사업은 대단히 성공적이지 않더라도 보상 액수가 놀랄 만큼 많을 수 있다. 예컨대 1억 달러를 끌어 모은 헤지펀드 매니저의 경우, 고객을 친절하게 대하고 고객의 돈을 시장에 투입하는 것만으로도 1년에 200만 달러나 번다. 펀드 매니저는 15퍼센트의 연간 수익률을 기록하거나 1,500만 달러 정도 수익을 창출할 경우 수익의 20퍼센트를 인센티브로 받아 300만 달러를 더 벌게 된다. 1억 달러짜리 펀드는 중간급 펀드다. 인터뷰를 진행할 당시 프레드와 버키는 펀드에 고객의 돈을 2,000만 달러 넣어둔 상태로 펀드의 규모가 점점 더 커지고 있는 중이었다. 프레드와 나 둘 다 알고 지내는 친구 한 명은 10억 달러를 관리하는데, 성공했다는 소리를 듣는 인물이 평생 벌어들이는 것보다 더 많은 액수의 돈을 1년 만에 벌어들이고 있다.

그렇다고 해서 펀드 매니저가 돈을 쉽게 버는 것은 아니다. 프레드가 지적하듯이 이 분야에서는 골치 아픈 일이 자주 일어난다. 고객이나 규제 담당자regulator를 상대하는 것이 펀드 매니저의 주업무다. 트레이더의 길을 걷기 시작한 뒤 얼마 지나지 않아 내가 남의 돈을 맡아서 관리해주지 않기로 결심한 계기가 있다. 내 저서 『주식시장에서 살아남는 심리투자 법칙』의 첫 페이지에도 이름이 실린 필Phil이라는 절친한 친구가 있다. 그는 내가 초창기에 트레이딩하는 모습을 인상 깊게 보고 소규모 계좌를 개설해 나에게 관리해달라고 부탁했다. 나는 불과 몇 달 만에 두 자리 숫자에 해당하는 높은 수익률을 창출해냈다(당시에는 트레이딩 결과를 꼼꼼하게 기록해두지 않았기 때문에 수익률이 정확히 얼마인지 모르겠다). 하지만 필의 계좌에서 손을 뗄 무렵 나는 그와 연락하고 지내지 않는 사이가 되어버렸다. 우리가 우정을 회복하기까지는 1년이라는 긴 시간이 걸렸다. 문제는 필이 돈을 맡기고 나서 너무 신난 나머지 나에게 매일같이 전화를 걸면서 시작됐다. 그는 내가 선택한 거래에 의심을 품거나 직접 트레이딩하기 일쑤였다. 필이 간섭하지 않아도 이미 충분히 스트레스를 받고 있던 나는 어느 날 그가 참견하는 것을 더 이상 견디지 못하고 화를 내고 말았다. 트레이딩이 성공적이었는데도 이런 결과가 발생했으니 필이 손해라도 봤더라면 일이 어떻게 흘러갔을지 생각만 해도 아찔하다. 그 사건을 계기로 나는 다른 사람의 돈을 절대로 관리하지 않겠노라고 다짐했다. 내가 현재 관리하는 트레이딩 계좌는 나 자신의 계좌와 자녀들을 위해 개설한 소규모 계좌들뿐이다. 다행히도 아이들은 나에게 스트레스를 줘서 득 볼 일이 없다는 사실을 잘 안다.

시장을 좋아하고 연구와 트레이딩에 전념한다면 어떻게 소규모 계좌를 이용해 직업적으로 트레이딩할 수 있겠는가? 2만 달러 혹은 5만 달러의 자금으로 먹고살 만큼 수익을 올리기는 어렵다. 적은 자본으로 트레이딩하는 사람들은 무모한 리스크를 감수하는 경향이 있기 때문에 원금을 잃는 것은 시간문제다. 마음을 좀 더 느긋하게 갖고 심호흡하라. 꿈을 너무 크게 꾸기보다는 다른 목표를 설정하는 편이 낫다. 돈보다는 더 나은 기록을 위해 트레이딩을 시작해보라. 자산 관리에 뛰어들어 돈을 벌려면 이 같은 작업이 필수적이다.

금융 시스템을 이용해 유능한 펀드 매니저를 찾으려는 사람이 상당히 많다. 적은 금액으로 시작해서 자산을 키워나가라. 꼼꼼하게 기록해두는 것도 잊지 말아야 한다. 자산을 관리하는 일을 시작하기까지 2년 넘게 걸릴지도 모르지만, 어차피 이 분야에서 장기간 머물 계획이지 않은가? 대부분의 자산 소유자는 수익이 꾸준히 나고 자본 감소는 조금만 발생하기를 원한다. 이 길을 따라가면 몇 년 안에 프레드와 버키, 또는 트레이딩 공동체에 속한 그들의 동년배와 비슷한 위치에 오를 수 있을 것이다.

나는 재량적 트레이딩에서 한 번도 제대로 실력 발휘해본 적이 없다. 처음에는 곧잘 수익을 올렸지만 이내 지나칠 정도로 실수를 많이 하거나 그저 그런 결과를 얻기 일쑤였다. 나는 성격상 기계적인 트레이딩 시스템을 다루는 것이 훨씬 편하다. 내가 연구 개발을 담당하고 컴퓨터가 나 대신 방아쇠를 당기는 체계가 좋다. '기계적'이라는 말은 '객관적'이라는 의미다. 열 명의 시스템 트레이더가 똑같은 규칙을 따를 경우 열 명 모두 똑같은 결과를 얻는 원리를 뜻한다. 100퍼센트 기계적인 접근법은 과거의 거래 실적이 미래에도 똑같이 나타날 확률을 높인다. 이런 접근법에는 크게 세 가지 장점이 있다.

1. 아이디어를 이용해 트레이딩하기 전에 미리 백테스트해볼 수 있다. 컴퓨터를 이용하면 현금이 아닌 과거의 데이터로 아이디어를 테스트해볼 수 있어서 좋다. 특정 시스템이 과거에 어떤 실적을 올렸는지 살펴보는 일은 우리가 더 나은 결정을 내리는 데 도움이 된다.

2. 보다 객관적인 태도를 유지하고 감정을 배제할 수 있다. 걸린 돈이 없을 때는 분석하는 일이 어렵지 않지만, 실제로 자금을 투자하는 트레이딩은 상당히 스트레스를 받는 활동이다. 그러니 컴퓨터가 우리 대신 방아쇠를 당겨주면 어떻겠는가? 인간처럼 감정에 치우치지 않는 컴퓨터는 어떤 상황에서든 시스템을 개발할 때 설정한 대로 정확하게 명령을 수행한다.

3. 더 많은 시장을 살펴보고, 더 많은 시스템으로 트레이딩하고, 더 다양한 시간대를 분석할 수 있다. 컴퓨터는 인간보다 더 빨리, 더 오래 일한다.

시스템을 개발할 때마다 나는 다음의 다섯 가지 단계를 거친다.

1. 개념을 확립하라.

2. 개념을 객관적인 규칙으로 변환하라.

3. 차트에서 신호를 눈으로 확인하라.

4. 컴퓨터를 이용해서 시스템을 정식으로 테스트해보라.

5. 결과를 평가하라.

트레이딩 시스템을 개발하는 일은 부분적으로는 예술이고, 부분적으로는 과학이며, 부분적으로는 상식이다. 내가 시스템을 개발할 때 세우는 목표는 과거의 데이터를 이용해 수익을 가장 많이 올리는 것이 아니라 계속 준수한 실적을 올릴 수 있는 탄탄한 개념을 고안하는 것이다.

우리 자산 관리 기업은 전 세계적으로 대부분의 선물 시장을 관찰하며 외환, 금리, 에너지, 희토류, 곡물, 유지종자, 소프트 상품, 산업재 등 총 19개 시장을 거래하고 있다. 우리는 가격의 중장기적인 움직임을 포착하도록 고안된 추세 추종 트레이딩 시스템을 한 번에 2~8개 이용한다. 각각의 시스템은 논리적인 개념에 바탕을 두며, 우리 돈을 이용한 실시간 테스트를 통과했다. 시스템의 적합성을 판단하기 위해 우리는 우선 시스템이 우리의 전반적인 수익 곡선에 어떤 영향을 미치는지, 위험 조정 수익이 얼마인지 살펴본다.

트레이딩 시스템은 내가 뛰어난 트레이더가 되는 데 도움을 줬다. 거래에 진입하기 전 철저히 사전 조사를 하고, 절제된 틀 안에서 행동하고, 다양한 시장을 트레이딩하게 됐다. 많이 노력하고 전념한다면 누구나 효과적인 트레이딩 시스템을 만들 수 있다. 쉬운 작업은 아니지만 충분히 가능한 일이다. 인생의 다른 부분과 마찬가지로, 이 분야 역시 많이 노력할수록 더 좋은 결과를 얻는다.

ENTRIES & EXITS
VISITS TO SIXTEEN TRADING ROOMS

CHAPTER

03

안드레아 페롤로
Andrea Perolo

|

분명하고
복잡하지 않은
간단한 차트

이름 | 안드레아 페롤로
거주지 | 이탈리아 제미니아나 디 마산차고
전 직업 | 패키지 투어 전문 여행업자(아시아 담당 매니저)
트레이딩 분야 | 미국 선물
트레이딩 경력 | 2001년부터
계좌 규모 | 소규모(25만 달러 이하)
소프트웨어 | www.tfc-charts.w2d.com,
www.futuresource.com

2004년 10월, 여름을 일주일 정도 더 즐기려고 유럽 최남단에 위치한 시칠리아 섬으로 날아갔다. 나는 그 달 중앙유럽에서 주로 시간을 보냈는데, 하늘이 회색인 데다 춥고 비까지 내려서 사람들은 벌써부터 월동 준비를 하고 있었다. 하지만 시칠리아 섬의 맑은 하늘 아래에서는 사람들이 여전히 수영을 즐기고 있었다. 나는 컨버터블을 타고 포도원으로 나들이를 가고, 친근한 주민들에게서 싱싱한 현지 농산물과 치즈를 사기도 했다.

우리는 전화선이 제법 원활한 곳에 묵었는데, 컴퓨터 전문가인 내 친구가 무선 네트워크를 설치해주었다. 당시 미국 주식시장에선 거의 2년 동안 지속된 상승세가 반전되기 시작했기 때문에 우리는 매수 포지션을 청산하고 공매도 주문을 내느라 몹시 바빴다. 우리는 온종일 일을 하다가, 밤에는 골짜기 너머 활화산인 에트나 산 산비탈의 깊이 갈라진 틈으로 시뻘건 용암이 흐르는 장관을 구경했다.

안드레아는 베니스 근처에 사는 트레이더다. 내가 시칠리아 섬으로 향하기 수개월 전에 그는 나에게 이메일을 보내 상품에 관해 물었다. 그중에는 상당히 수준 높은 질문도 있었다. 나는 그에게 답장을 보냈다. 그는 최근 내가 체결한 거래의 스크린샷을 보내며 어떤 이유로 상품을 사고팔기로 결정했는지 설명해달라고 했다. 나는 안드레아의 접근법이 마음에 들었다. 시칠리아 섬에 가기로 계획을 세운 뒤 나는 그에게 며칠 정도 섬에 와서 트레이딩에 대해 이야기하고 이 책을 위해 인터뷰를 해줄 수 있겠느냐고 부탁했다. 그러자 안드레아는 다음과 같은 답장을 보내왔다.

책에 정말로 제 이야기를 실을 생각이세요? 저는 전업 트레이더가 된 지 3년 반밖에 되지 않았고, 사실 아무것도 발견하지 못했습니다. 그저 많은 책을 연구하고 잘 알려진 기법 중에 최고라고 생각되는 것들을 모아 트레이딩할 뿐이라는 점을 염두에 두시기 바랍니다. 제 트레이딩 기법은 아주 간단합니다. 저는 주간 차트를 살펴보고, 추세를 발견하고, 일간 차트를 분석해서 양호한 리스크 대비 보상 비율을 찾아냅니다. 그러고는 자산 관리를 탄탄하게 해서 돈을 벌죠. 그것이 전부입니다! 마지막으로, 제가 '트레이딩 룸'이라고 부르는 공간을 볼 기회가 있으시다면 아마 어처구니가 없어서 웃음이 나실 겁니다. 저는 컴퓨터 한 대와 모니터 한 개로 트레이딩을 합니다. 제 트레이딩 기법상 필요하지 않다는 이유로 실시간 시세를 확인하지도 않습니다. 저는 인터넷상에서 무료로 구할 수 있는 차트만 살펴봅니다. 이 답변을 읽은 뒤에도 제가 선생님의 책에 실릴 만하다고 생각하신다면 시칠리아에서 트레이딩과 트레이더로서의 제 인생에 대해 기꺼이 이야기를 나누고 싶습니다. 혹시 마음이 바뀌셨더라도 충분히 이해합니다.

우리는 이혼한 안드레아가 여섯 살짜리 아들과 시간을 보내는 화요일까지 집으로 돌아갈 수 있도록 인터뷰 날짜를 잡아야만 했다. 수요일 저녁 나는 우리가 머물고 있는 마을의 길모퉁이에서 그를 처음으로 만났다. 키가 큰 안드레아는 신중한 성격이었다. 그는 영어를 상당히 잘 구사했는데도 자신의 영어가 완벽하지 못한 것을 나에게 사과했다. 우리는 산길의 급커브를 달려 타오르미나*까지 올라가 중세의 요새 도시를 걷다가 어느 식당의 테라스에 앉아 저녁을 먹었다.

안드레아: 대학에서 경제학 학위를 받고 나서 행정 서비스 일을 했다. 당시 이탈리아에서는 성인 남성이라면 누구나 1년 동안 군복무를 하거나 행정 서비스 일을 해야 했다. 나는 군복무보다는 행정 서비스를 선호해서 발달장애로 고생하는 어린이들에 관련된 일을 했다. 그 후에는 여행을 좋아하는 내 취향에 맞게 대규모 여행사에서 일했는데, 근무 경력이 4년이 채 되지 않을 무렵 아시아 지

---

*Taormina: 시칠리아에 있는 해발고도 200m의 도시.

부 매니저로 승진했다. 그동안 나는 결혼을 하고, 아이를 낳았으며, 커다란 집도 샀다. 그 뒤로는 가족을 먹여살리기 위해 열심히 일했다.

1990년대 이탈리아에 막강한 강세장이 나타나 너나 없이 시장에 뛰어든 적이 있다. 아버지는 나에게 계속 주식에 대해 말씀하셨고, 항상 채권만 사시던 할아버지께서도 처음으로 주식 펀드에 투자하셨다. 티스칼리Tiscali 주식은 6유로에서 출발해 무려 120유로까지 오르기도 했다. 당시 이탈리아에서는 트레이딩 챔피언십 대회가 열렸는데, 최종 우승자는 불과 몇 달 만에 1만 5,000유로를 40만 유로 이상으로 불린 트레이더였다. 나는 당시 텔레콤 이탈리아Telecom Italia의 콜 커버드 워런트*를 샀다. 역지정가 주문을 내지 않고 만기일까지 보유했는데, 가치가 떨어져 결국 첫 거래에서 4,000유로의 손실을 입었다. 그래서 나는 트레이딩에 대해 공부를 하기로 결심했다.

나는 미국에서 상품을 트레이딩한다. 유동성이 훨씬 뛰어나기 때문이다. 이탈리아에는 미국 선물을 주문받는 은행이 한 군데뿐이다. 나는 컴퓨터로 트레이딩하는 것을 좋아하지 않는다. 마우스가 너무 빨리 움직여 충동적으로 행동할 위험이 있기 때문이다. 일간 차트를 보고 트레이딩할 경우 실시간 데이터는 필요하지 않다. 충동적인 결정을 조장할 염려가 있어 오히려 위험하다고 생각한다. 선물 시장은 미국 동부 시간으로 오전 8시에 열리는데, 그 시간쯤이면 이탈리아는 벌써 오후 2시다. 나는 오전 9시 반부터 낮 12시까지 시장을 분석하고, 점심시간에 남동생에게 전화를 걸어 오후에 주문을 내달라고 부탁한다. 낮에는 책을 읽거나 수영을 하거나 다른 스포츠를 즐긴다. 나는 장이 열려 있는 동안에는 시장을 들여다보지 않는다. 아들은 화요일과 목요일마다 오후 3시 반에 학교가 끝난 뒤 나와 시간을 보내러 온다. 같이 저녁 식사를 하고 나서 밤 9시에

---

*call-covered warrant; 투자자에게 미리 정해진 가격에 매수할 수 있는 권리를 부여하는 증서.

아들을 집으로 데려다준다.

나에게 실패라는 선택 사항은 존재하지 않는다. 트레이딩에서 성공할 것이냐 죽을 것이냐, 이렇게 두 가지 선택 사항밖에 없다. 내게 대단히 많은 돈이 필요한 것은 아니다. 미국보다 유럽에서 생활하는 편이 돈이 훨씬 적게 든다. 한 달에 2,500유로 정도만 있으면 나 혼자 살기에 충분하다. 내 계좌에는 현재 8만 유로가 들어 있으므로, 연수익을 3만 유로 정도 올려야 한다. 나는 자유롭게 살고 싶다. 회사에서 일하던 시절로 돌아갈 수는 없을 것이다. 나는 세상 곳곳을 여행하며 지내고 싶다. 아시아에는 1년에 최소한 두 번은 가려고 노력한다. 트레이딩은 나에게 돈을 버는 것 이상의 의미가 있다. 나는 트레이딩보다 더 어려운 일은 없다고 생각한다. 트레이딩은 나 스스로에게 도전장을 던지는 것과 같다.

나는 주간 차트를 살펴보고, 추세선, 지지선, 저항선을 그리고, 주요 추세나 보합 국면을 파악하면서 분석을 시작한다. 나는 COT* 보고서도 살펴본다. 상업적인 헤저hedger들이 극도로 강하거나 약한 포지션을 취할 때 그에 반해 트레이딩하지 않는다. 나는 개인적으로 그들과 같은 방향으로 향하는 거래를 특히 선호한다. 나는 'www.bullishreview.net'의 스티브 브리스Steve Briese에게서 이런 수치를 얻는데, 그가 COT 보고서에 등장하는 개념을 자세히 설명해주는 점이 마음에 든다. 나는 《불리시 리뷰Bullish Review》의 맨 마지막 페이지부터 읽기 시작한다. 거기에는 상업적 트레이더의 포지션이 나와 있다. 나는 브리스가 그 지표를 COT 오실레이터라고 불렀어야 한다고 생각한다. 그 지표는 상업적 트레이더들이 과거에 보여준 행동 양식과 관련해서 언제 강세장 혹은 약세장이 나타날지 보여준다. COT 지수가 100일 경우 상업적 트레이더들은 완전한 황소의 면모를 보인다. 그들은 막대한 순 롱 포지션을 보유하는데, 이 경우 빠른 시간

---

*Commitments of Traders Index; 일주일 단위로 선물 및 옵션 거래 포지션의 변화 현황을 집계한 자료. 93페이지를 참고하라.

안에 강한 상승 반전이 일어날 수 있다. COT가 10 아래로, 혹은 5 아래로 떨어지면 헤저들은 숏 포지션에 뛰어든다. 나 역시 COT가 5 아래로 떨어지면 숏 포지션으로 진입할 수 있는 상품을 찾는 데 적극적인 태도를 취한다. 나는 상업적 트레이더들과 함께 트레이딩하는 것을 좋아한다. 그들이 극단적인 순 포지션을 취할 경우 그에 반해 트레이딩하지 않더라도 대단히 신중한 모습을 보일 것이다. 밀은 현재 100을 기록하고 있는데, 이럴 때는 숏 포지션에 진입하지 말고 매도할 수 있는 지점을 찾아봐야 한다. 옥수수의 COT 지수는 현재 87이다. 이는 주요 매수 신호에 상당히 근접한 수치다.

나는 무어리서치센터Moore Research Center의 웹사이트 'www.mrci.com'에서 계절 차트를 살펴보기도 한다. 거기에는 지난 15년 혹은 그 이상의 기간 동안 이루어진 모든 상품의 모든 계약을 분석한 내용이 실려 있다. 이 연구소에서는 과거의 계절 패턴을 토대로 다가오는 달에 어떤 현상이 일어날지 보여주는 로드맵을 만들었다. 내가 지금 원당을 롱 포지션으로 샀다고 가정해보자. 그러면 나는 원당의 15년, 5년 패턴이 나와 있는 차트를 보며 이번 달에 가격이 어떤 움직임을 보일 확률이 높은지 알아볼 것이다. 나는 COT 지수와 계절 차트를 기술적 분석보다는 기본적 분석의 한 종류로 취급한다. 이 두 가지 도구는 상품을 바라보는 전혀 새로운 관점을 제시하기 때문이다.

나는 트레이딩을 시작할 때 항상 주간 차트를 분석하는 것에서 출발한다. 그다음에는 COT 지표와 상업적 트레이더들의 순 포지션을 확인하고 계절 차트를 살펴본다. 주간 추세와 계절 추세가 똑같은 방향을 가리킬 경우 폭이 아주 좁은 되돌림 현상을 동반하는 강력한 상승세나 하락세가 나타날 것이다. 주간 차트, COT 지수, 계절 차트가 모두 같은 방향을 가리킬 경우에는 횡재를 한 것이나 마찬가지다. 이런 현상은 시장마다 1년에 두세 번 나타날까 말까 한다.

나는 곡물, 콩을 비롯해 고기도 몇 종류 거래하는데, 특히 돈육에 관심이 많다. 돈육은 완벽한 패턴을 보여준다. 가격의 되돌림 현상이 이전 랠리의 고점에서 항상 멈추기 때문에 돈육 차트는 차트 책에 따로 실릴 정도다. 나는 미국 달러도 분석한다. 달러의 가치가 하락하면 모든 상품, 특히 금과 은에 황소가 영향을 미치기 때문이다.

보다시피 내가 애용하는 차트는 분명하고 복잡하지 않다. 내가 가장 유용하게 이용하는 도구는 아주 간단한 개념인 추세선이다. 나는 대각선으로 추세선을 그리고, 가로로 지지선과 저항선을 그린다. 피보나치 숫자를 이용해 가격과 시간의 되돌림 현상을 측정하기도 한다. 추세가 나타나면 나는 이전 랠리 혹은 하락세의 38.2퍼센트, 50퍼센트, 62.8퍼센트라는 세 가지 수치를 이용해 되돌림 현상이 어디에서 멈출지 예측한다. 사실 추가로 이용하는 숫자가 두 개 더 있다. 아주 강한 추세에서 소폭의 되돌림 현상이 나타날 경우 23.6퍼센트를 이용하고, 최후의 방어선으로서 78.6퍼센트를 이용하기도 한다. 시장이 78.6퍼센트를 넘어설 경우 나는 그것이 더 이상 되돌림이 아니라 반전이라고 생각한다.

나는 박스권에서 돌파가 일어났는지 확인할 때도 피보나치 숫자를 이용한다. 가짜 돌파를 걸러내려면 박스권 천장에서 23.6퍼센트를 이용하면 된다. 시장이 그 수준을 넘어설 경우 진짜 돌파가 일어나는 셈이다.

나는 안드레아에게 왜 피보나치 숫자가 효과 있다고 생각하는지 물었다. 그의 유일한 대답은 차트에서 피보나치 수열로 분석한 결과를 확인할 수 있었다는 것이다. 우리는 다음 날 아침 안드레아의 트레이딩을 살펴보려고 만났다. 저녁에는 안드레아가 추천한 동네의 자그마한 술집인 오스테리아^{osteria}에서 마지막으로 저녁 식사를 했는데, 주인이 우리 테이블로 이탈리아산 브랜디인 그랍파를 계속 보내주었다. 나는 시가를 피웠고, 안드레아는 직접 담배를 말아 안경다리로 파이프에 담배를 재면서 피웠다. 그랍파를 다 마시고 나서 안드레아는 나를 스쿠터로 빌라까지 태워주었다. 우리는 정문 앞에 서서 여행 서적에 대해 이야기를 나누다가 악수를 하고 헤어졌다.

옥수수

위 | 바 차트(주간)
아래 | 거래량

옥수수

나는 월간 차트는 자주 살펴보지 않지만 항상 염두에 두기는 한다. 특히 이처럼 4년 동안 상승세가 나타난 차트를 보게 될 때는 더욱 그렇다. 2000년 중반에 시작된 상승세가 지속되는 동안, 옥수수는 천장에 다섯 번 닿았는데 이는 제법 양호한 기록이다. 이 주간 차트에는 2004년 8월 둘째 주까지의 상황만 나와 있다. 2003년의 막강한 랠리 이후 옥수수는 주 지지 영역인 추세선과 가로 지지선까지 하락했다. 차트를 살펴보면 2003년 10월과 2004년 8월 이중 바닥이 형성된 모습을 볼 수 있다. 나는 바 차트의 경우 주간 차트를, 캔들 차트의 경우 일간 차트를 눈여겨본다.

트레이딩의 대가

안드레아는 미국 시장에서 유명한 인물들에 대한 책을 읽었다며, 나에게 그들에 대해 물어보았다. 외국 트레이더들과 대화를 나누다 보면 나쁜 소식이 미국 밖으로 퍼지는데 얼마나 오래 걸리는지 깜짝 놀라곤 한다. 미국 시장에서 사기꾼인 것으로 드러난 인물도 외국에서는 높은 명성을 유지하는 일이 다반사다. 미국 당국과의 문제를 해결하려고 이미 오래전에 벌금을 낸 시장 경영자와 조작된 경쟁에서 '승리'를 거머쥔 사람들이 대양 건너에서는 여전히 영웅으로 추앙받고 있는 것이다. 나는 안드레아의 미국인 영웅에 관해 아직 알려지지 않은 정보를 제공했고, 그때마다 그는 상심한 표정을 지었다. 결국 나는 우상의 명성을 깎아내려서 미안하다고 사과했다.

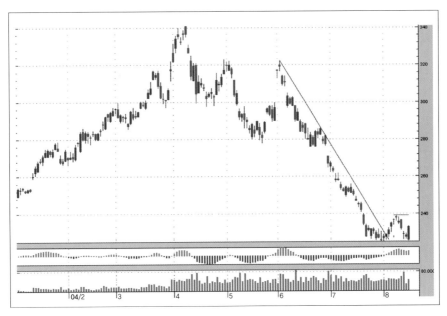

위 | 캔들 차트(일간)
중간 | MACD 오실레이터(12, 26)
아래 | 거래량

일간 차트에서는 주된 MACD 디버전스가 수개월간 강력해지는 모습이었다. 여기에는 보이지 않지만 RSI는 이보다도 강력한 디버전스를 형성했다. 나는 빅터 스페란데오 Victor Sperandeo가 『트레이더 빅 Trader Vic』에서 가르쳐준 간단한 기법을 이용했다. 간단한 추세선이 형성되고, 돌파가 일어나고, 이중 바닥으로 되돌림 현상이 발생하는 패턴이었다. 이중 바닥이 형성되고 나서 나는 스윙 고점인 224.25에서 롱 포지션에 진입했다.

거래 #1   안드레아의 포지션 청산   Trade#1

돌파가 발생했는데도 가격이 역지정가 주문의 50퍼센트 거리에도 미치지 못했다. 갭 다운이 발생하자 포지션 전체의 역지정가 주문이 체결돼 나는 시장에서 쫓겨났다. 박스권이 오래 지속된 뒤엔 돌파가 갭을 동반하는 경우가 많다.

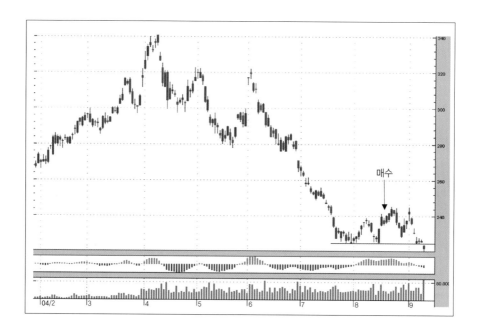

리스크를 줄이는 진입 기법

보유할 만한 포지션을 찾을 때는 마음에 드는 것을 발견하기까지 여러 차례 진입을 시도할 가능성이 있다. 이때 나쁜 점 한 가지는 손절매를 두세 번 연속으로 해야 할지도 모른다는 점이다. 어떻게 하면 손절매 횟수를 줄일 수 있을까? 내 해결책은 포지션의 절반을 손절매 지점까지 거리의 2분의 1과 3분의 2 사이에서 미리 청산해서 이익을 취하는 것이다. 이상적으로는 손절매 지점까지의 거리와 동일해야겠지만, 그 절반만 되더라도 리스크는 75퍼센트나 줄어든다. 나는 이 기법을 마크 더글라스^{Mark Douglas}의 명저 『투자, 심리학에서 길을 찾다^{Trading in the Zone}』의 끝부분에서 발견했다.

네 건의 계약을 체결했고, 손절매 가격이 각각 600달러라고 가정해보자. 이때 총 리스크는 2,400달러다. 두 건의 거래로 300달러의 수익을 올릴 경우 남은 두 건의 거래는 리스크가 600달러밖에 남지 않는다. 포지션의 50퍼센트를 잘라냈는데도 리스크가 25퍼센트밖에 되지 않는 것이다. 이 얼마나 멋진 일인가! 개인적으로 최고의 성과는 마음이 편안해지는 점이라고 생각한다. 평정심을 유지할 수 있으니 얼마나 좋은가!

나는 유용한 진입 기법을 찾았다고 생각한다. 효과적인 기법을 찾기 위해 여러 번 시도하고 역지정가 주문을 여러 번 체결할 필요가 있기 때문이다. 돌파 기법을 이용할 경우 십중팔구 성공하겠지만 항상 성공하지는 못할 것이다. 너무 빨리 본전치기 하려고 남은 포지션을 청산하지 않아도 되는 게 이 기법의 가장 큰 장점이다. 쉽게 말하자면 자유 재량권이 더 있는 셈이다. 남은 포지션을 보유해도 되며, 아주 빠른 속도로 역지정가 주문을 내지 않아도 된다.

> **▶거래 요약**   *TRADE SUMMARY*
>
> 2004년 12월 옥수수 롱 포지션 2004.8.17 2.4025달러
> 가격역지정거래완료 2004.9.10 2.2375달러
> 손실=계약당 16.5센트

거래 #1 | 포지션 진입에 관한 견해

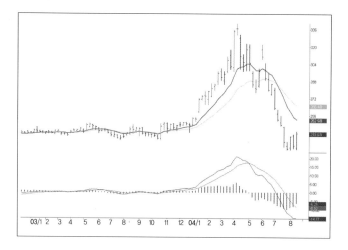

가격 바는 트레이더들의 행동을 반영한다. 오른쪽에서 네 번째 있는 대단히 짧은 주간 바를 살펴보라. 바가 아직 적색인 것으로 봐서 곰이 여전히 시장을 장악하고 있는 것이다. 하지만 이전 바와 달리 길이가 매우 짧은 것은 우세한 집단의 기력이 다해간다는 것을 의미한다. 시장에 커다란 움직임이 나타난 후 짧은 바가 뒤따를 경우 지배적인 추세가 끝나간다는 신호로 해석해도 무방하다.

이 차트에서 가장 주목할 만한 점은 오른쪽 가장자리 부근에서 심각한 하락세가 나타났다는 점이다. 2004년 3월의 고점과 비교했을 때 옥수수의 가치는 3분의 1 이상 떨어졌다. 하락폭이 워낙 크다 보니 주간 바 사이에 갭이 크게 생겼는데, 이는 흔히 나타나는 현상이 아니다. 미국 중서부의 날씨가 옥수수를 재배하기에 완벽한 데다 옥수수가 미국에서 가장 잘 자라는 농작물 중 한 가지라는 점 때문에 옥수수 가격은 서서히 하락했다. 시장은 수요와 공급에 의해 주도되는데, 이 경우 공급이 수요를 압도한 것이 분명하다.

임펄스 시스템은 추세를 포착한 뒤 적색 바로 시장의 하락세를 나타냈다. 임펄스는 3주 전에 적색에서 청색으로 변해 트레이더들이 롱 포지션을 취하도록 허용했다. 하지만 나는 옥수수를 사려고 서두를 필요는 없다는 생각이 들었다. 가격이 상한가에서 이렇게 큰 폭으로 하락할 경우 가격은 높은 곳에서 떨어지는 사람과 비슷한 모양새를 취한다. 높은 곳에서 떨어진 사람은 벌떡 일어나서 금방 뛰어다니지 못한다. 아마도 한동안 땅에 누워서 숨을 고르려고 노력할 것이다. 차트 오른쪽 가장자리에서 옥수수는 역사상 가장 낮은 가격을 형성하고 있

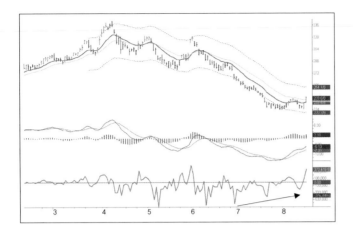

MACD 히스토그램은 트레이더들에게 관망하면서 기다리라고 심각하게 경고한다. 히스토그램은 7월부터 8월까지 넓은 바닥을 추적하다가 0 선 위로 올라갔다. 강력한 매수 신호가 발효되려면 히스토그램이 0 선 아래로 돌아와 더 낮은 수준에서 바닥을 치며 완전한 상승 디버전스가 발생해야 한다. 차트의 오른쪽 가장자리에서 히스토그램의 높이는 바닥보다는 천장에 더 가깝다.

다. 이 가격에서 오랫동안 머무르지는 않겠지만, 다시 랠리할 준비를 마치기까지는 좀 시간이 걸릴 것이다.

일간 차트는 옥수수를 사기에 너무 이르다는 사실을 확인시켜준다. 다른 한편으로는 하락폭이 점점 줄어들어 바닥이 형성되고 있는 것처럼 보이기도 한다. 옥수수 가격이 8월에 7월보다 더 낮은 지점까지 떨어졌다가 반등해서 돌파 수준 위에서 장을 마감했다는 사실은 황소에게 희소식이다. 2일 강도 지수는 상승 디버전스를 나타내며, 차트의 오른쪽 가장자리에서 몇 달 만에 신고점을 경신했다. 하지만 지독한 약세장이 끝난 뒤 롱 포지션을 보유하기에는 이런 특징들만으로는 충분히 안정적이지 못하다.

트레이더들의 매매에 관한 보고서(COT 보고서)   Commitments of traders

상품선물거래위원회(Commodity Futures Trading Commission)는 브로커들에게서 트레이더의 포지션에 관한 보고를 수집해 대중에게 요약된 보고서를 발표한다. 이 보고서에는 세 가지 집단, 즉 헤저, 큰손(대규모 트레이더), 소규모 트레이더의 포지션이 정리되어 있다. 낮은 증거금 비율 등의 혜택을 받을 수 있다는 이점 때문에 헤저는 브로커에게 자신의 정체를 밝힌다. 큰손들은 정부가 규정한 '보고 의무 조건' 보다 더 많은 수의 계약을 보유해서 정체가 저절로 탄로 나게 마련이다. 헤저나 큰손이 아닌 나머지 트레이더는 소규모 트레이더다. 과거에는 큰손이 곧 스마트 머니였지만, 오늘날에는 시장의 규모가 더 커지고 보고 의무 조건 계약 수도 증가해서 상품 펀드가 큰손의 역할을 맡게 되었다. 오늘날 스마트 머니는 기업식 농업, 광업, 정유회사, 식품 생산자와 같은 헤저들에게 있다.

헤저들의 포지션을 이해하는 것은 생각보다 쉬운 일이 아니다. COT 보고서가 특정 시장에서 헤저들이 숏 포지션의 70퍼센트를 보유하고 있다고 밝혔다고 가정해보자. 이것이 약세장을 의미한다고 생각하는 초보 트레이더는 상황을 정확히 파악하지 못한 것이다. 헤저들이 시장에서 일반적으로 숏 포지션의 90퍼센트를 보유하는 만큼, 70퍼센트라는 숫자가 막강한 강세장을 의미한다는 사실을 간과한 것이다. 현명한 COT 분석가들은 현재의 포지션을 과거의 정상적인 수준과 비교한다. 그리고 헤저(또는 스마트 머니)와 소규모 트레이더(많은 경우 도박꾼이나 패배자)가 서로 강하게 맞서는 상황을 찾는다. 한쪽은 강력한 매도세를, 다른 쪽은 강력한 매수세를 보이는 경우 여러분은 어느 진영에 합류하겠는가? 특정 시장에 스마트 머니가 한쪽에 압도적으로 치우쳐 있고 다른 쪽에는 소규모 투기자가 득실거린다면, 기술적 분석을 통해 헤저의 진영에서 진입할 지점을 찾아야 한다.

—『나의 트레이딩 룸으로 오라』의 일부를 축약

거래 #1 | 포지션 청산에 관한 견해

가격 하락은 안드레아의 역지정가 주문을 체결시켰을 뿐 아니라 옥수수가 신저점을 찍는 데도 일조했다. 강도 지수가 신저점을 찍었다는 사실은 곰의 세

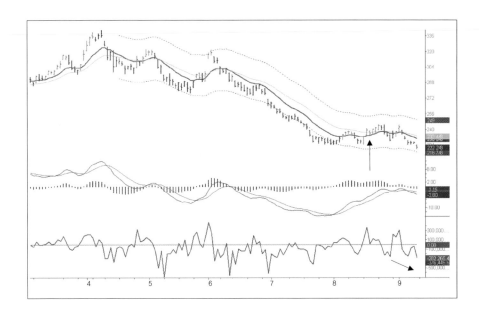

력이 막강한 만큼 가격이 더 떨어질 확률이 높다는 것을 의미한다. 이와 동시에 잠재적으로 상승세가 나타날 조짐이 여기저기서 보인다. MACD 히스토그램은 비록 하락하고 있지만 6월에 비해 그 폭이 크지 않다. 여기서 가격이 더욱 상승한다면 상승 디버전스가 완성될 것이다. MACD선은 하락하고 있지만 반등할 경우 상승 디버전스를 형성하는 데 더욱 큰 보탬이 될 것이다. 옥수수는 내가 한때 '오스트리아의 국민 스포츠(〈터미네이터〉의 주인공 아널드 슈워제네거Arnold Schwarzenegger 의 캘리포니아 주지사 선거 캠페인에 관한 농담)'라고 불렀던 활동을 하고 있는 것처럼 보인다. 바닥이 어디인지 찾기 바쁜 모습이다.

안드레아는 역지정가 주문을 낸 덕택에 시장 밖에서 옥수수의 움직임을 편안한 마음으로 지켜볼 수 있었다. 그는 주 추세를 보고 포지션을 형성하기 전에 여러 개의 진입 지점을 고려하는 경우가 많다고 했다. 대부분의 아마추어가 손실 거래를 청산하지 않고 계속 붙잡고 있는 것을 생각하면 안드레아는 현명하게 처신한 것이다. 손실이 늘어나면 자신감이 떨어지기 때문에 결국 저점을 찍고 나서야 포지션을 청산하게 마련이다. 하지만 안드레아는 자신의 실수를 인정했다.
그리고 더 나은 신호가 발효되면 다시 트레이딩을 하기 위해 준비하면서 자산을
아껴두고 마음의 평안을 유지했다.

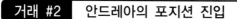

거래 #2   안드레아의 포지션 진입   Trade#2

은

주간 차트를 살펴보면 2004년 4월에 나타난 하락세가 반전될 것이라는 사
실을 암시하는 듯하다. 나라면 새롭게 나타나는 주 추세의 방향으로 하향세를
타며 트레이딩할 것이다. 오실레이터는 내 예상이 옳다는 것을 확인시켜주었다.
MACD가 몇 년 만에 신저점을 찍었기 때문이다. 오른쪽 가장자리에서 되돌림 현
상이 일어난 뒤 상승세가 나타나는 것을 볼 수 있는데, 이는 아주 전형적인 움직

디버전스

안드레이는 이렇게 말했다.

사람들은 디버전스가 최고의 트레이딩 도구 중 하나라고 이야기한다. 하지만 나는 그것을 일반적인 규칙으로 수용할 수 없다. 규칙은 좀 더 구체적일 필요가 있다. 주 추세가 상승 중이고 되돌림 현상이 발생할 때 진입할 계획이라면 상승 디버전스가 효과적이다. 하지만 주 추세에 반할 경우 디버전스는 효과가 없다. 나는 매일 몇 달씩 지속되고 주요 디버전스를 동반하는 강력한 추세가 나타나는 것을 보곤 하지만, 추세는 지속되는 듯하다가 이내 멀리 달아나 버린다. 나는 이중 혹은 삼중 천장과 바닥을 이용해서 강력한 추세 반전이 일어났는지 파악한다. 트레이더들은 디버전스에 대해 이렇게 말한다. "박스권 안에서나 되돌림 현상이 나타날 때는 효과가 있지만, 주 추세에 반해서는 효과가 없다."

임이다. 가격은 이전에 나타났던 하락세의 정확히 50퍼센트 지점에 있다. 나는 은이 현재 약세장이라고 생각한다. 가격이 8.31달러를 넘어설 때만 의견을 바꿀 마음이 생길 것이다.

일간 차트는 주간 하락세가 급격한 돌파와 느린 되돌림 현상을 동반하는 것을 보여준다. 차트에 상승세와 하락세를 변으로 삼아 만들어진 삼각형이 보인다. 나는 은이 상승세에서 벗어나 삼각형의 윤곽을 뚜렷하게 형성하는 장기적인 하락세를 보일 때까지 되돌림 현상을 보인 뒤에야 공매도에 나섰다.

거래 #2   안드레아의 포지션 청산   Trade#2

나는 거래에 진입하자마자 주간 고점을 기반으로 삼아 추적 손절매를 활용하기 시작했다. 나는 전주의 고점에서 역지정가 주문을 내며, 추세가 마음에 들

더라도 전주의 고점에서 포지션을 환매할 것이다. 이것이 바로 내가 이 거래를 청산한 이유다. 만일 은이 오른쪽 가장자리에서 밀집 지역의 저점 아래로 떨어졌다면 나는 다시 공매도에 나섰을 것이다.

> ▶거래 요약   *TRADE SUMMARY*
>
> 2004년 12월 은 숏 포지션 2004.9.3 6.575달러
> 절반 환매 2004.9.7 6.30달러
> 이익=0.275=계약당 1,375달러
> 나머지 절반 환매 2004.9.21 6.38달러
> 이익=0.195=계약당 975달러

거래 #2 | 포지션 진입에 관한 견해

은 주간 차트는 2004년 4월에 천장이 형성되기까지 포물선을 그리며 상승하는 과정을 보여준다. 상승세는 오래 지속되지 못했고, 가격은 곧 붕괴됐다. 적색을 띠는 주간 바 다섯 개가 연속으로 나타나는 데 주목하라. 그중 마지막 바는 길이가 제법 짧다. 시장이 큰 움직임을 보이고 나서 길이가 매우 짧은 바가 나타나면 추세 반전이 임박한 경우가 많다. 나는 길이가 긴 바와 짧은 바의 비율을 정확하게 수량화하지 않으려고 노력한다. 이것은 내가 수년간 차트를 살펴보고 트레이딩을 한 덕택에 얻은 기술이다.

가격이 붕괴되고 나서 임펄스가 적색에서 청색으로 바뀌자 매수 금지령이 풀렸다. 임펄스를 녹색으로 바꿀 만큼의 동력을 얻자 상승세는 몇 달 동안 지속되었다. 하지만 가장 오른쪽에 위치한 두 개의 바를 보면 상승 동력이 마침내 떨어졌다는 것을 확인할 수 있다. 임펄스가 녹색에서 다른 색으로 바뀔 경우 공매도가 가능해진다. 차트의 오른쪽 가장자리에서 주간 MACD 히스토그램은 하락하고 있으며, 빠른 지수이동평균의 상승세는 느려졌다. 황소의 세력이 약해지고 곰이 시장을 장악할 채비를 하고 있는 것이다. 은은 몇 달간 아무런 저항 없이 상

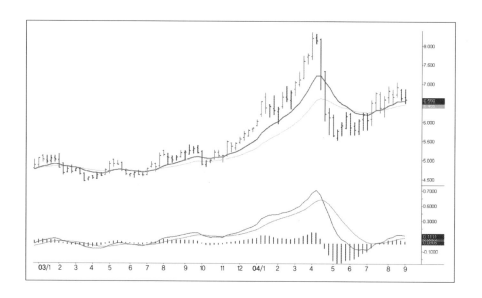

승하는 모습을 보였고, 가격이 치솟을 시기를 넘겼다. 이 차트는 트레이더들에게
공매도하라는 신호를 보낸다.

일간 차트는 5월에 형성된 바닥에서 출발한 랠리가 매우 강력했음을 보여준
다. 은이 랠리를 이어가는 동안 MACD 히스토그램은 신고점을 기록했고 7월 내
내 0 선 위에 머물렀다. 황소의 세력이 얼마나 강한지 잘 드러나는 대목이다. 7월
중순에 나타난 반작용은 지표를 0 선 아래로 끌어내렸다. 은이 8월 신고점까지
랠리했을 때 MACD 히스토그램은 7월보다 훨씬 낮은 수준까지 하락하며 하락
디버전스를 완성했다. 주간 임펄스는 당시에도 여전히 녹색을 띠며 공매도를 금
지했다.

8월에 등장한 두 번째 랠리는 신고점을 경신했지만, MACD 히스토그램은 별
볼일 없는 고점을 찍었다. 이는 삼중 하락 디버전스를 완성하며 랠리의 동력이
거의 바닥났음을 입증한다. 8월에 발생한 두 번째 랠리는 은 가격을 심리적으로
중요한 '어림수'인 온스당 7달러 위로 끌어올렸다. 하지만 그 수준에서 고작 하
루 머물렀을 뿐이다. 은이 8월의 첫 랠리보다 더 낮은 수준으로 떨어진 것은 두

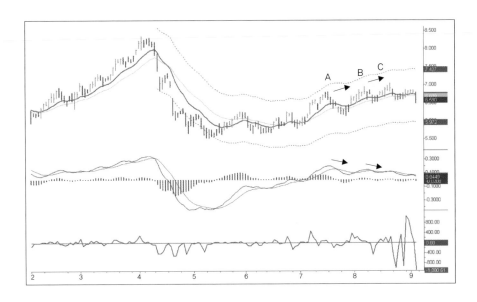

번째 랠리가 신고점으로, 가짜 돌파를 보였다는 사실을 밝혀냈다. 신저점이 형성될 때 매수하고 신고점이 형성될 때 매도해야 한다는 점을 명심하라. MACD 히스토그램이 5월에 경신한 신고점은 새로운 상승세가 시작된 강력한 돌파가 발생했음을 확인시켜주었다. 8월에 발생한 디버전스는 가짜 돌파를 밝혀내고 추세가 반전될 준비가 끝났음을 입증했다.

거래 #2 | 포지션 청산에 관한 견해

가격이 본인이 원하는 방향으로 거침없이 나아갈 때 거래를 청산하고 이익을 취하기란 감정적으로 쉬운 일이 아니다. "좀 더, 좀 더, 좀 더!"라는 소리가 입에서 절로 나온다. 그런 면에서 안드레아가 자신이 계획한 대로 은을 공매도하기 딱 하루 전에 포지션의 절반을 청산해서 이익을 취했다는 점은 높이 평가할 만하다.

공매도한 바로 다음 날 포지션의 절반을 환매한 것이 역지정가 주문이 체결

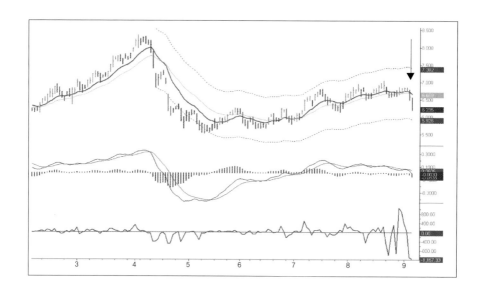

되어 시장에서 빠져나가는 것보다 결과가 더 좋았다. 이처럼 계획된 청산이 역지
정가 주문으로 시장에서 벗어나는 것보다 성과가 더 좋은 경우가 대부분이다.
MACD 히스토그램이 9월에 형성한 신저점은 곰의 세력이 점점 커지고 있음을 보
여주며, 은이 더 낮은 수준까지 하락할 가능성이 있음을 시사한다. 하지만 안드
레아는 규칙을 철저히 지키는 트레이더다. 그는 공매도한 가격이 전주의 고점을
경신해 역지정가 주문으로 시장에서 벗어나는 것을 허용하지 않을 것이다. 더 이
상 포지션을 보유하지 않을 수준을 설정하는 것은 프로 트레이더의 전형적인 특
징이다.

　다음 일간 차트는 임펄스 시스템이 진행되는 과정을 잘 보여준다. 안드레아
가 공매도하고 나자 하락세가 수월하게 진행되고 있음을 보여주는 폭 넓은 적색
바 두 개가 생겼다. 뒤 이어 폭이 좁은 적색 바 세 개가 나타났는데, 이는 하락세
가 지지선에 부딪혔음을 의미한다. 적색 임펄스는 청색으로 바뀌었고, 마침내 오
른쪽 가장자리에서 녹색으로 바뀌었다. 그 지점이 바로 안드레아가 공매도한 포
지션을 환매한 지점이다.

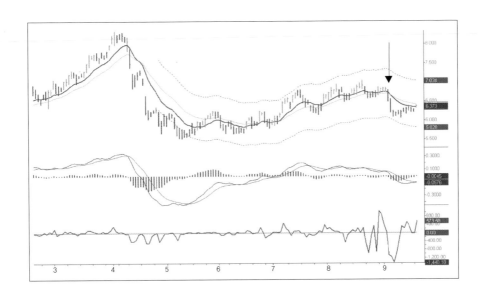

전통적인 차팅법 vs. 컴퓨터 분석법

차트는 트레이더들의 행동 방향을 보여준다. 각 바의 고점은 황소의 세력이 가장 강력한 지점을 나타내고, 저점은 곰의 세력이 가장 강력한 지점을 나타낸다. 여러 개의 바가 모여 패턴을 이루는데, 패턴의 고점과 저점은 매수자와 매도자 간의 끝나지 않는 다툼으로 인해 쑥대밭이 된 전장처럼 보인다.

사람은 달라지는 법이 거의 없다. 설령 달라지더라도 시간이 오래 걸린다. 그것이 바로 시장 참가자들의 행동이 해마다 비슷하게 나타나는 이유다. 사람들이 무리를 지으면 개인으로 존재할 때보다 더 상스럽고 원초적이다. 개인보다 군중이 행동 양식을 파악하기 쉽다. 차트에 나타나는 패턴이 혼란스러워 보일 때마다 그것이 트레이더들의 심리에 대해 어떤 정보를 제공하는지 자문하라.

안드레아는 트레이딩을 할 때 대체로 전통적인 차팅법에 의지한다. 그는 순수한 차트 분석가는 아니지만(COT 보고서나 계절별 보고서도 이용하고, 때때로 지표도 활용한다), 연필과 자로 기술적 연구의 대부분을 처리할 수 있다. 이것이 가능한 이유 중 한 가지는 안드레아의 성격 덕택이다. 안드레아는 차트에 자를 댈 때 침착하고 차분하며 신중하다.

차트를 잘못 그리는 데는 여러 가지 원인이 있다. 여러분은 추세선을 그릴 때 박스권 밖으로 삐져나온 극단적인 지점을 이용하는가? 아니면 밀집 지역의 가장자리를 이용하는가? 장이 열려 있는 동안 가격이 박스권에서 잠시 벗어난 것도 고려 대상에 포함시키는가? 아니면 장이 마감한 뒤의 돌파만 고려하는가? 두 개의 바닥이 서로 다른 수준에 형성되었을 경우 더 낮은 바닥을 가로질러 지지선을 그리는가? 아니면 더 높은 바닥을 선택하는가? 나는 가끔 친구들에게 수전증이 심해 전통적인 차팅법이 나에게 맞지 않는다는 농담을 한다. 내가 황소처럼 느껴질 때는 차트에 댄 자가 약간 올라가고, 곰처럼 느껴질 때는 자가 약간 내려간다.

이것이 바로 내가 연필과 자를 내려놓고 컴퓨터를 이용해 지표를 살펴보는 이유다. 주간 차트와 일간 차트의 임펄스 시스템은 시장에서 어느 집단이 우세한지 알아내도록 돕는다. MACD 히스토그램의 신고점과 신저점은 강세 혹은 약세를 보여준다. 디버전스는 추세 전환이 일어날 확률이 높은 지점을 찾아내며, 엔벨로프는 객관적인 이익 목표를 제시한다.

트레이딩하는 데 있어서 옳거나 그른 방법은 없다. 전통적인 차팅법이나 컴퓨터 분석법 둘 다 검증된 시장 분석 기법이다. 둘 중 이해하기 쉽고 자신에게 잘 어울리는 방법을 선택하면 된다. 결정의 결과는 트레이더의 기질에 따라 달라진다. 안드레아는 바 차트와 추세선의 간단함과 명확성을 마음에 들어 한다. 나는 임펄스 시스템의 우호적인 검열과 지표의 객관성이라는 테두리 안에서 트레이딩하는 것을 선호한다. 이렇듯 자신에게 맞는 방법을 선택하면 된다.

훌륭한 트레이더는 자신이 애용하는 트레이딩 기법에 광적으로 집착하거나 극단적인 태도를 보이지 않고 여러 가지 기법에 열린 마음을 지닌다. 안드레아는 근본적으로 차트 분석가이지만 COT 지수 같은 데이터를 가치 있게 생각하며 차트에 MACD 오실레이터를 포함시키는 데 거북함을 느끼지 않는다. 나는 컴퓨터를 이용해 차트를 분석하는 부류에 속한다. 하지만 가짜 돌파를 가려내기 위해 지지선과 저항선을 손으로 그리는 전통적인 방법도 병행한다.

차트는 황소와 곰의 행동을 반영한다. 특정 집단의 세력이 확장될 때 그 움직임의 일부만 포착해도 수익을 올릴 수 있다. 그렇지 못하면 오히려 짓밟힐 염려가 있다. 구체적으로 어떤 방법으로 황소와 곰의 접근법을 알아내는지는 중요하지 않다. 둘 중 어느 집단이 우세한지 파악하고, 돈을 걸고, 시장에서 제때 빠져나가라.

안드레아의 e-mail
; 독립적인 생활의 가능성

내가 들려줄 이야기는 다른 사람들의 이야기와 흡사하다. 나는 여행에 관심이 많아 관련된 직업을 택했고 회사에 충성을 다했다. 열심히 일하고, 많이 배웠으며, 회사의 이익이 곧 나의 이익이라고 생각했다. 하지만 시간이 지나면서 교도소에 갇힌 것 같은 기분이 들기 시작했다. 그래서 4년이 지난 뒤 그 일을 그만두고 나 스스로 할 수 있는 일을 찾아보기로 결심했다.

트레이딩이 나의 관심을 끈 것은 독립적인 생활이 가능하다는 점과 개인적인 자유를 누릴 수 있다는 점 때문이었다. 나는 소규모 자본으로 트레이딩을 시작했는데, 당시에는 이 분야의 세 가지 특징(배우는데 시간이 오래 걸린다, 경험이 중요한 역할을 한다, 배우고 경험을 쌓는데 돈이 어마어마하게 든다)을 과소평가하거나 심각하게 고려하지 않았다.

처음에는 커버드 워런트에 관심이 있었으나 시장 조성자들에 의해 쉽게 조종된다는 사실을 깨닫고 나서 관심을 잃고 말았다. 그다음에는 이탈리아의 주가지수 선물에 관심이 갔다. 하지만 트레이딩 계좌의 규모나 내 경험을 고려할 때 감당하기 어려운 분야라는 생각이 들었다. 거래량 자체도 너무 적었다.

수익은 점점 손실로 변해갔고, 가정생활 역시 순탄하지 못했다. 나는 얼마 지나지 않아 이혼을 했고, 나 자신과 아내, 아들을 먹여살릴 돈이 필요했다. 내 트레이딩 방식에 불안감을 느꼈기 때문에 조언을 해줄 사람, 효과가 있을 만한 트레이딩 시스템, 엘리어트 파동Elliott wave 이론 등에 대해 알아보았다. 계속해서 새로운 시스템을 찾아보았으나 결과는 항상 똑같았다. 손실이 이익보다 컸다.

그러다 마침내 교훈을 얻었다. 나 자신이 자율적이고 독립적이어야 하며, 나 자신과 나의 분석에 의지해야 한다는 사실을 깨달은 것이다. 이런 경험을 얻는 데 지불한 커다란 대가는 트레이딩으로 생계를 유지하는 소수 집단에 속하기 위한 '가입비'였던 셈이다. 내가 저지른 대표적인 실수는 주식 선물을 트레이딩할 때 5분 차트를 활용한 것이었다. 5분 차트를 이용하면 손절매를 최소화하고 커다란 변동성 덕택에 거래 진입 지점이 수백 군데나 생길 것이라고 생각했다. 하지만 이런 방법은 다른 트레이더에게는 도움이 될지 몰라도 나에게는 도움이 되지 않았다. 데이 트레이딩만큼 흥분되고 감정적으로 부담이 큰 활동은 드물다. 이런 사실을 깨달은 것은 나만의 트레이딩 방법을 찾기 위한 여정에서 또 하나의 전환점으로 작용했다.

나는 주간 차트와 일간 차트를 이용해서 상품을 트레이딩한다. 아침에 차트를 훑어본 뒤 지속적으로 검토한다. 차트에서 눈을 돌려 잠시 휴식을 취하고 나서 나중에 다시 열어보는 것은 크게 도움이 된다. 나는 항상 기회를 엿보지만, 기회가 스크린에서 나를 향해 뛰어오른다고 느껴질 때도 있다. 나는 추세가 반전되는 기회를 노리기보다는 추세가 형성될 때까지 기다렸다가 추세의 한 부분을 포착하는 것에 만족한다.

내게는 단순한 도구가 가장 적합하며, 거래 관리와 자산 관리는 필수적이다. 보통의 기술적 시스템은 엄격한 거래 관리 및 자산 관리 규칙과 통합될 때 좋은 결과를 낸다. 오실레이터를 이용하는 것이 편하다면 오랜 시간을 들여 공부하고 이론상으로 테스트해본 뒤 한두 가지를 선택하라. 바부터 살펴본 뒤 오실레이터를 확인하라. 오실레이터의 움직임은 가격의 영향을 받기 때문이다. 추세를 확인하고 추세의 강도와 지속 기간을 알 수 있도록 추세선도 몇 개 그려라. 기술적 분석 도구 중 한 가지만 고를 수 있다면 나는 추세선을 선택할 것이다. 트레이더가 진입하고 청산해야 할 정확한 지점을 찾는 데는 가격 패턴과 추세선만 있으면 충분하다.

계좌 규모가 커지기 시작하면 겸손함을 잃지 말고 거만한 느낌에 맞서 싸워라. 시장에 대해 확실한 의견이 생길 때마다 컴퓨터를 끄고 오랫동안 산책을 즐겨라. 여러분의 의견은 트레이딩에 도움이 되지 않는다. 차트를 보고 올바른 판단을 하는 데 방해만 될 뿐이다. 자신의 의견에 바탕을 두지 말고, 차트를 보고 트레이딩하라. 내가 이제까지 경험한 바는 아래 세 가지로 요약할 수 있다.

- 자본의 아주 적은 부분만을 이용해 트레이딩하라(자금 관리).
- 계획에 충실하라. 예외 없이 누구나 계획을 세워야 한다(거래 관리).
- 기술적 신호와 일치하는 거래에만 손을 대라.

ENTRIES & EXITS
VISITS TO SIXTEEN TRADING ROOMS

CHAPTER

04

소해일 랍바니
Sohail Rabbani

손실 관리 규율

이름 | 소해일 랍바니
거주지 | 영국 더비셔
전 직업 | 의료 연구원, 사업주
트레이딩 분야 | 주로 선물. 주식과 옵션도 종종 거래
트레이딩 경력 | 1986년부터
계좌 규모 | 중간 규모(25만~100만 달러)
소프트웨어 | QCharts
트레이더스 캠프 | 2001년 코스타리카,
2001년 뉴욕에서는 고급 캠프

나는 트레이딩 캠프에 참가한 사람들이 캠프가 열리는 도시에 왔다가 집에 돌아간 다음 쓴 이메일을 받는 것을 좋아한다. 2004년 초 캠프에 다시 참가한 트레이더에게서 다음과 같은 이메일을 받은 적이 있었다.

저는 이제 단기 트레이딩은 하지 않으려고 합니다. 장기적인 투자의 경우 주식 자산equity holdings을 완벽하게 모두 현금화해서 금과 땅을 포함한 유형 자산에 투자했습니다. 사실 주식 자산을 모두 현금화한 것은 이번이 처음은 아닙니다. 1987년 9월 검은 월요일이 되기 한 달 전 순전히 운이 좋아서 가지고 있던 주식을 모두 팔고 소매업에 종사하는 회사를 산 적이 있습니다. 그 후로는 1991년이 될 때까지 단 한 건의 거래도 체결하지 않았습니다. 그러다가 1998년 6월 시장이 무너질 것이라는 확신이 들자 주식을 또 한 번 모두 팔았습니다. 그 후 18개월간은 극도로 괴로운 시기였습니다. 시장을 분석하는 실력이 떨어져서 머리를 계속 얻어맞았거든요. 다행히도 손실 관리 규정이 제가 파산하는 것을 막아주었습니다. 2000년에서 2002년까지는 추세를 잘 따라간 덕택에 수익을 제법 많이 올렸습니다. 사실 2002년은 제가 트레이딩한 해 중에서 성과가 가장 좋은 해였습니다. 제 단기 트레이딩 계좌의 보상율이 놀랍게도 163퍼센트나 됐거든요! 하지만 곧 재앙이 닥쳤습니다. 2003년 초 심장마비가 와서 바이패스 수술을 받았거든요. 그러고 나서 정신이 나갔는지 전년에 벌어둔 수익을 시장에 토해내다가 결국 더 이상 단기 트레이딩을 하지 않기로 결심했습니다.

이메일에는 중년의 위기를 겪는 남자가 벌일 수 있는 온갖 종류의 일이 상세하고도 생생하게 묘사되어 있었다.

저는 트레이딩 기록일지를 쓰는 일도 중단했습니다. 종목을 꼼꼼하게 연구하고, 트레이딩 기록을 검토하는 것도 그만두었습니다. 대신 술집에서 잔뜩 취한 채 다트 게임을 하는 것처럼 무작정 옵션 시장에 뛰어들었습니다. 한마디로 정신이 나갔던 겁니다. 저는 시장에 성급하게 반응하는 초단기 트레이딩 스타일을 구사했습니다. 브로커에게 두둑한 수수료를 챙겨줬지만 수익 곡선은 하락하기만 했습니다. 초가을 무렵 최대 손실 한계점을 넘어서자 저는 트레이딩을 즉각 중단했습니다. 그때쯤에는 멀쩡하지 않은 정신도 다스릴 수 있었습니다. 아무래도 1년 동안 주식 거래를 쉬는 것이 최소한의 속죄 행위가 될 것 같았습니다. 신기하게도 저는 주식 거래에서만 실패했거든요. 선물 거래를 할 때는 정신 나간 짓을 하지 않았습니다. 선물을 단기로 거래하지 않았지만 포지션을 장기간에 걸쳐 보유한 뒤 만기일에 차환했습니다. 금과 유로화 선물 포지션을 일부 보유한 것이 전부였는데, 그 포지션이 제 거래 실적이 완벽한 재앙으로 귀결되는 사태를 막아주었습니다. 그래서 저는 주식시장에서 멀리 떨어져 있기로 결심했습니다. 특히 단기 트레이딩은 1년 이상 하지 않기로 결정했습니다. 하지만 시장을 연구하는 일과 다양한 출판물을 읽고 데이터 서비스를 이용하는 일은 계속할 생각입니다.

나는 이 이메일을 여러 캠프 참가자에게 읽어주었다. 그때마다 이 트레이더가 장기적으로 봤을 때 성공할 확률이 높은지 실패할 확률이 높은지에 대해 의견이 분분했다. 나는 소해일과 계속 연락을 하고 지냈는데, 내가 시칠리아에 일주일간 머문다는 소식을 듣고는 자신의 트레이딩 기록을 들고 런던에서 날아와 며칠 동안 시칠리아에 묵겠다고 자청했다. 그로부터 몇 주 후 그는 에트나 산의 작은 언덕에 위치한 마을에 도착했다. 우리는 함께 저녁 식사를 했다. 다음 날 아침, 소해일은 내가 묵고 있는 빌라에 와서 인터뷰를 했다.

소해일은 역학(疫學) 석사 학위를 소지하고 있고, 과학적인 배경도 있다. 그래서인지 다른 사람들이 컴퓨터로 카드 게임을 할 때 그는 2차 방정식을 풀면서 머리를 식힌다.

소해일: 나는 1986년 앨라배마대학교에서 통계 조사를 진행하면서 금융시장에 서서히 매료되기 시작했다. 당시 드렉셀 번햄*에서 근무하는 친구가 두 명 있었는데, 그중 한 명이 회사 훈련 과정에 나를 초대했다.

나는 브로커가 되는 것이 트레이더가 되는 법을 배우는 최악의 방법임을 금방 깨달았다. 브로커는 영업만 잘하면 되기 때문이다. 친구는 나를 주문의 흐름을 추적하는 비영업 부서에 배치했는데, 나는 거기서 벌어지는 일들이 도덕적으로 미심쩍다는 느낌이 들었다. 회사에서 선행 매매*가 이루어지고 있었기 때문이다(나는 당시에는 '선행 매매'라는 용어조차 알지 못했다). 우리는 일임 매매 계좌*보다 주문을 빨리 내고 수익의 일부를 더미 계정으로 이동시켰다. 나는 그 일에서 손을 떼고 이익 거래를 몇 건 체결한 뒤 1987년 10월 5일 순전히 운이 좋아서 가지고 있던 주식을 모두 현금화한 뒤 로스앤젤레스에서 앨라배마로 돌아왔다. 10월 19일 시장은 무너져내렸고, 곧 아수라장이 되었다. 혼돈으로부터 탈출했다는 사실을 깨달았을 때 나는 다리가 후들거렸다. 그리고 너무 겁이 난 나머지 1991년까지 단 한 건의 거래도 체결하지 않았다. 나는 친구와 사업에 투자해 적은 수입을 꾸준히 얻는 길을 택했다.

1991년이 되자 나는 트레이딩에 다시 발을 살짝 담갔다. 1994년에는 좀 더 적극적으로 트레이딩을 했으며, 1995년부터 1998년까지 시장이 대단히 활발하던 시기에는 돈을 벌기도 했다. 하지만 경제 서적을 점점 더 많이 읽고 시장을 이해하게 될수록 그것은 지속될 수 없는 거품임이 분명해보였다. 현금 소진율이 믿을 수 없을 만큼 높았는데, 나는 그런 현상을 도저히 이해할 수 없었다. 수익을 전

---

*Drexel Burnham; 금융 스캔들에 시달리다가 1980년대에 문을 닫은 큰 증권사.

*front running; 트레이더나 주식 중개인이 펀드 거래에 관한 정보를 미리 확보해서 거래가 이루어지기 전 시장에 뛰어들어 차액을 취득하는 매매를 하는 것.

*discretionary account; 증권사 직원이 고객에게서 유가증권의 매매 가격과 수량에 관한 결정을 일임받아 매매하는 계좌.

혀 올리지 못하는 회사가 왜 거대한 산업체보다 가치가 높은지 이해할 수 없었다. 나는 1998년 공매도를 시작했으나 상승세를 추적하는 능력이 떨어져 곧 손실을 입기 시작했다. 그러나 손실 액수가 크지 않아 시장에서 살아남을 수 있었다. 나는 이따금씩 하락세를 포착해서 수익을 올렸지만 대부분의 경우 포지션을 취하지 않고 관망했다. 2000년 시장의 사정이 나아지기 시작하면서 나는 2002년 말까지 돈을 벌었다. 이 게임에서 살아남는 유일한 길은 큰 손실을 입지 않는 것이다. 나는 트레이딩할 때 내게는 두 가지 신조가 있다. 첫째는 아무도 미래를 예측할 수 없으므로 어떤 도구를 이용하든 회의적인 시각을 갖춰야 한다는 것이다. 기술적 지표나 기본적 지표는 우리가 행동하는 데 확신이나 용기를 주지만 결과적으로 효과가 없어 시장을 빠져나갈 준비를 해야 할지도 모른다. 시장은 근본적으로 군중의 심리와 밀접하게 관계되어 있다. 결국 이야기는 '누가 시장 참가자들의 심리를 예측할 수 있는가?'로 귀결된다. 나의 두 번째 신념은 시장에 있는 트레이더들의 예측이 거의 대부분 빗나간다는 것이다. 시장이 모든 것을 알고 있으며 모든 것을 무시한다는 이론은 허무맹랑하다. 트레이더가 수익을 올릴 수 있는 유일한 기회는 시장보다 앞서 나갈 때인데, 시장이 효율적이라면 그 어떤 트레이더도 영영 돈을 벌지 못할 것이다. 시장이 항상 옳다면 아마존Amazon이 정말로 300달러의 가치밖에 없었겠는가? 마이크로 스트래티지MSTR, Micro Strategy가 어떻게 16달러에서 333달러까지 상승했다가 다시 42센트까지 하락할 수 있었겠는가?

나는 주식시장에 정말로 환멸을 느낀다. 바보들이나 뛰어드는 게임이라는 생각이 들기 때문이다. 시장의 현재 가치는 지속될 수 없다. 매수하고 보유하는 투자 전략으로 은퇴 대비 자금을 모을 수 있을 것이라고 생각하는 사람들은 어리석은 꿈을 꾸는 것이다. 은퇴의 법제화로 인해 시장에 꾸준히 펀드 수요가 있어 주가가 올라가기는 하지만 그에 반해 화폐 가치는 점점 떨어진다. 그것이 바로 내가 미국 달러에서 손을 떼고 유럽으로 관심을 돌린 이유다. 달러가 비축

되어 있어 미국 경제가 말도 안 되는 우위를 점하고 있지만, 그런 추세가 지속될 리 없으며 결국에는 바닥이 붕괴되고 말 것이다. 그런 현상이 일어나기까지 일주일이 걸릴 수도 있고, 1년 혹은 그 이상의 시간이 걸릴 수도 있다. 일시 차입의 연금 부채는 휴식을 취하려고 집으로 돌아올 것이다. 주식시장은 고평가와 저평가 사이를 천천히 왔다 갔다 한다. 1974년 가격/수익 비율은 10퍼센트 이하로 떨어졌고, 배당 수익은 4~5퍼센트에 이르렀다. 평균으로의 회귀는 머지않은 미래에 하락세가 나타날 것이라는 사실을 암시한다. 결국 미래 세대에게 혜택을 안겨줄 만한 대단한 가치가 나타나겠지만 지금 당장은 주식시장에 투자할 때가 아니다.

나는 이전보다 상품에 훨씬 많은 관심이 생겼다. 실재하는 것을 바탕으로 하는 만큼 주식시장보다 트레이딩하기에 더 나은 환경이 제공되기 때문이다. 밀은 0달러까지 하락하거나 1,000달러까지 상승하는 것이 불가능하다. 자연스러운 박스권이 존재하고, 레버리지를 너무 높이 책정하지 않는 이상 그 안에서 트레이딩할 수 있다. 금, 통화, 원유 같은 상품의 경우 커다란 세계적인 추세가 하루하루는 아니더라도 몇 달에 걸쳐 가격에 영향을 미친다. 장기적으로 보면 상품 시장이 훨씬 투명하다. 장기적인 포지션을 취하고 레버리지를 지나치게 높이 책정하지만 않으면 된다. 최근에 내가 가장 성공적으로 체결한 거래는 유로화와 금에 관계된 거래였다. 우리가 마치 바이마르공화국인 것처럼 연방준비은행이 시스템에 유동성을 계속 공급한 덕택이었다. 이것이 바로 내가 우연히 시장에 진입하게 된 과정인데 상당히 마음에 든다. 압박이 심한 분 단위 트레이딩도 해봤지만, 그것은 이끌어줄 사람이 있는 20대의 원기왕성한 사람에게나 적합하다. 나는 주어진 시간의 90퍼센트는 생각하고 연구하는 데 할애하고, 나머지 10퍼센트는 모니터 앞에서 쓰고 싶다.

소해일은 현재 진행하고 있는 상품 거래보다는 쉬기 전에 체결했던 주식 거

래를 소개하는 편을 택했다. 두 건 다 문제의 근원인 주식 거래가 아닌 옵션거래
라는 사실이 주식 거래를 쉬기 직전에 그가 얼마나 정신없이 바빴는지를 보여주
는 것인지도 모른다. 시칠리아에 왔을 때 소혜일은 중개 내역서를 들고 왔지만
컴퓨터를 두고 왔기 때문에 그가 큐차트스QCharts로 열었을 차트들을 우리는 현
지에서 구할 수 있는 메타스톡MetaStock으로 열었다.

머나먼 고향

Long way from home

소혜일은 파키스탄 라호르에서 태어났지만 청년기 때 가족과 함께 영국으
로 건너갔고 미국 대학에서 학위를 받았다. 그는 젊은 시절을 다음과 같이
회상했다.

아버지는 교육을 많이 받은 분이셨다. 의대 교수이셨고, 영국을 상당히 좋
아하셨다. 내가 자란 곳에서는 아버지 같은 사람을 바우(bau)나 사힙(sahib)
이라고 불렀다. 뿌리는 파키스탄이지만 생활양식이나 사고방식은 서양 사
람이라는 의미다.

나는 종교 교육을 받은 적도 없고 세뇌당한 적도 없다. 어떻게 해서 근본주
의자들이 그 지역을 장악하게 됐는지 알 수 없다. 나는 1970년대 부모님의
손에 이끌려 카불에 갔던 날을 기억한다. 그곳에는 술집과 나이트클럽이 있
었고, 여자들이 미니스커트를 입고 돌아다녔다. 우리 가족은 근본주의로부
터 멀어지기 위해 나라를 떠났다.

거래 #1   소해일의 포지션 진입

Trade#1

`SPXET`

미래를 내다볼 수 있는 사람은 아무도 없지만 가격이 급격하게 하락하는 것

위 | 일간 바 차트(20, 50, 200일 지수이동평균)
아래 | MACD선과 MACD 히스토그램(12-26-9)

은 반등이 임박했음을 암시한다. 용수철을 누르면 튀어 오르는 것과 똑같은 이
치다. 2003년 3월 10일 아주 중요한 사건이 발생했다. 시장이 붕괴되고 S&P지수
는 21포인트, 다우지수는 172포인트나 떨어진 것이다. 하지만 뉴욕증권거래소의
거래량은 상대적으로 적었으며, 그중 90퍼센트가 하락세를 보이는 종목의 거래
였다.

그날 주목할 만한 현상이 또 한 가지 있다면, 신저가가 무더기로 수립되었다
는 것이다. 신고가를 기록한 종목은 70개인 데 반해 신저가를 기록한 종목은 무
려 248개에 달했다. 그날은 닛케이지수가 23년 만에 최저치를 기록한 날이기도
했으며 유럽 시장 또한 무너지는 모습을 보였다. 시장이 이토록 극단적인 지경에
이르면 되돌림 현상이 나타나는 경향이 있다. 그동안 주가가 치솟기만을 기다리
고 있었던 나는 상승세를 포착할 준비가 되어 있었다. 비록 하락세가 두드러지

게 나타나고 있지만 동력을 잃었다는 사실에 힘입어 나는 시장에 진입하기로 마음먹었다. 그것은 되돌림 랠리가 나타나 일시적으로 바닥이 형성될 것이라는 경고나 다름없었다. 나는 장이 닫힌 뒤에 롱 포지션을 취하기로 결정했다. 나는 대

세 가지 트레이딩 법칙   Three trading rules

소혜일은 이렇게 말했다.

부동산을 살 때 알아야 하는 세 가지 규칙을 들어본 적 있을 것이다. 장소, 장소, 장소가 바로 그것이다. 이처럼 트레이딩을 할 때도 세 가지 규칙이 있다. '역지정가 주문을 내라, 역지정가 주문을 내라, 역지정가 주문을 내라' 가 그것이다. 시장에서 살아남으려면 스스로를 보호할 줄 알아야 한다.

금융 엔트로피   Financial Entropy

Q. 저는 '금융 엔트로피'라고 불러도 마땅한, 흥미로운 현상을 발견했습니다. 20~30건의 거래를 체결하고 나니 트레이딩을 위해 마련한 현금이 천천히 줄어들었습니다. 매도하기에 좋지도 나쁘지도 않은 포지션이 점점 늘어났기 때문입니다. 주가가 역지정가 주문을 낸 지점에 이르지 않았을 뿐더러 2~5퍼센트 정도의 대단하지 않은 이익을 취하고 싶어도 주가가 그 수준까지 올라가지 않았습니다. 주가가 계속 보합세를 보여 답답할 뿐입니다. 어느 정도 기간이 경과하면 수익을 더 많이 올릴 잠재적인 가능성이 있는 주식을 계속 매수할 수 있도록 말라 버린 나무를 잘라내야 하겠죠. 저처럼 박사님의 기법을 사용하는 친구가 몇 명 있는데요, 그들 역시 같은 문제를 겪고 있습니다. 어떻게 하면 이 문제를 해결할 수 있을까요?

A. 거래에 시간제한을 걸어두고 일정 시간이 지나면 움직임이 적은 주식을 팔아치우는 게 좋을 것 같습니다. 실적을 올리지 못하는 주식을 언제 처분할 것인지 사전에 날짜를 지정해두세요!

개 새벽 4시에 일어나 시장을 연구하고 그날 체결할 거래를 결정하는 시간을 갖는다.

나는 이 거래에 S&P선물 대신 옵션을 이용하기로 결정했다. 이런 전략의 가장 큰 장점은 0에 이를 수 있는 고정된 액수의 자금이 있다는 것이다. 콜옵션의 가장 큰 단점은 시간이 트레이더와 반대 방향으로 달린다는 것이다. 옵션거래는 스프레드가 더 큰 면이 있는데, 이는 거래 비용 때문이다. 나는 옵션 프리미엄을 잃는 것은 감수할 수 있지만, 선물 시장의 경우 1987년 10월의 사건이 반복될까 봐 겁이 난다. 장이 열려 있는 동안 시장을 살펴보지 못하면 불안감은 더욱 심해진다.

옵션은 만기일로부터 두세 달은 남아 있어야 한다. 그 후에는 시간상 밀리는 싸움이 되고 만다. 옵션의 수명이 다해갈 때쯤이면 매도하고 싶은 욕구가 생긴다. 나는 내가격 옵션*을 매수하기를 좋아한다. 내가격이 깊을수록 기초 자산에 비해 옵션 가격이 더 많이 움직이는 모습을 볼 수 있다. 델타값도 더 높다. 하지만 S&P 프리미엄이 워낙 높다 보니 내가격으로 깊이 들어가려면 펀드를 훨씬 많이 할당해야 한다.

3월 11일 가격은 또 한 차례 하락하는 모습을 보였다. 나는 그 시점에 만기일이 두 달 남은 내가격 콜옵션을 매수하며 시장에 진입했다. 지정가 주문을 낸 것이 체결되어 진입할 수 있었다. 나는 거의 항상 지정가 주문으로 시장에 진입한다. 진입 지점으로부터 5포인트 낮은 지점에 역지정가 주문도 냈다. 하지만 내 판단이 틀려서 하락세가 새로 시작되는 상황일 수도 있으므로 반드시 역지정가 주문을 내둬야 한다.

---

*in-the-money option; 시장가에 기반을 두고 옵션을 행사하면 이익이 생기는 본원적 가치가 있는 옵션

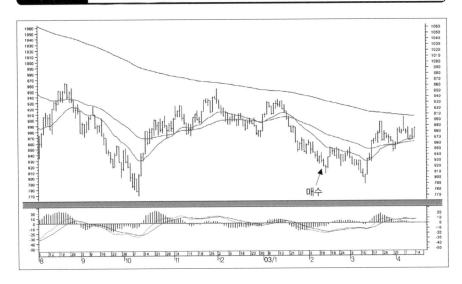

주식시장은 양호한 움직임을 보였지만, 한 달가량 지나자 옵션의 사정은 빠른 속도로 악화됐다. 시장에서 곧 빠져나가야 할 것임을 알 수 있었다. 무엇인가 새로운 일이 벌어지기 직전이었기 때문이다. 달러화는 약세를 보였는데, 이런 현상이 주식시장을 다시 침체의 늪에 빠뜨릴 것이라고 생각했다.

4월 11일 주식시장은 약간의 하락세를 보였다. S&P지수는 3포인트, 다우지수는 18포인트 하락했다. 주말에 시장을 연구하다 보니 상승/하락 선이 음(-)을 나타내고, 변동성 지수Volatility Index, VIX가 약간 하락해 혼란스러워보였다. 옵션이 악화되는 시기에 접어든 이상 더 이상 기다릴 여유가 없었다. 선물 시장이었다면 나는 곧바로 차환했을 것이다. 나는 결국 월요일 시장에서 빠져나왔다.

▶거래 요약　　　TRADE SUMMARY

S&P 5월 800 콜옵션(SPXET) 롱 포지션
2003.3.11 41달러
매도 2003.4.14 83.50달러
이익=42.50달러=계약당 4,250달러

거래 #1 | 포지션 진입에 관한 견해

주식시장은 1999년과 2000년 정점에 이른 뒤 극심한 약세장을 보였다. 이 주간 차트는 S&P가 2년 만에 가치의 거의 절반을 잃은 모습을 보여준다. 몇 차례 급격한 랠리가 일어나면서 하락세는 더욱 두드러졌다. 약세장의 랠리는 강세장에 비해 폭발적인 경향이 있다. 더 느리고 더 신중한 매수세 대신 숏 커버링short-covering으로부터 동력을 얻기 때문이다.

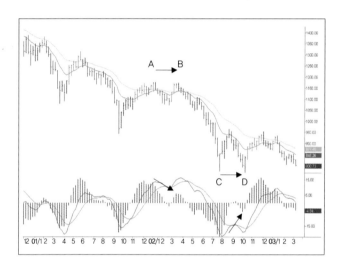

MACD 히스토그램과 가격의 디버전스는 기술적 분석에서 가장 강력한 신호를 보낸다. 2001년 9월 S&P는 1,000 수준 이하로 하락한 뒤 랠리하고 나서 반등하려는 조짐을 보였다. 2001년 11월과 2002년 3월 MACD 히스토그램의 높이를 비교해보라. 하락 디버전스는 황소가 동력을 잃고 있으며 하락세가 다시 나타날 것이라는 분명한 증거다. 이번에는 2002년 7월과 10월의 MACD 히스토그램의 바닥을 비교해보라. 상승 디버전스는 곰의 세력이 약해지고 있으며 랠리가 임박했음을 분명하게 보여준다. 10월의 저점이 몇 포인트 더 낮다는 사실 또한 이 점을 뒷받침해준다. 디버전스가 발생하면 신저점에서 매수하고 신고점에서 공매도하라!

2002년 11월과 12월의 크리스마스 랠리는 MACD 히스토그램의 기록적인 상승세를 동반했다. 이는 황소의 세력이 막강하다는 증거다. 2002년 7월과 10월 주간 바의 높이와 오른쪽 가장자리 부근에 있는 바의 높이를 비교해보라.

최근의 바는 길이가 훨씬 짧은데, 이는 하락세가 트레이더들에게서 예전만큼 강한 감정을 이끌어내지 않는다는 의미다. 정신력이 약한 포지션 보유자들은 시장을 떠났고, 정신력이 강한 포지션 보유자들은 매매에 나서지 않고 상황을 지켜보고 있다. 트레이더들이 이런 태도를 보이는 것은 바닥이 형성되었다는 신호지만, 불행하게도 임펄스 시스템은 오른쪽 가장자리에서 롱 포지션에 진입하는 것을 허용하지 않는다. 적색 바는 "숏 포지션에 진입하거나 관망하시오"라고 알려주는 검열관 역할을 한다. 적색 바는 매수를 금지하고 있으나 내가 이 차트를 주시하면서 바가 적색에서 청색으로 바뀌어 매수가 허용되기를 기다리는 일을 막을 수는 없다.

일간 차트(아래 차트)는 주간 차트의 메시지를 확인시켜준다. 차트의 오른쪽 가장자리에서 가격은 하단 채널선을 감싸며 하락하고 있으며 2월과 달리 채널에서 벗어나지 못하는 모습이다. MACD 히스토그램이 2월에 형성한 바닥의 깊이와 3월 바닥의 깊이도 비교해보라. 아직 디버전스가 발생하지 않은 이유는 MACD가 여전히 하락하고 있기 때문이지만, 히스토그램이 이 수준에서 반등할 경우 강력한 상승 디버전스를 완성할 것이다.

하지만 차트의 오른쪽 가장자리에서 지수이동평균과 MACD 히스토그램은 둘다 하락하고 있고, 임펄스 시스템은 적색을 띤다. 지금 당장은 매수에 나서기 어렵지만 상황이 황소에게 점점 더 유리한 방향으로 빠르게 흘러가고 있으므로 예의 주시해야 마땅하다. 매수가 가능해지기를 기다리는 동안 이 차트에서 이전에 짧은 캥거루 꼬리에 의해 막을 내린 강력한 하락 디버전스를 알아볼 수 있겠는가?

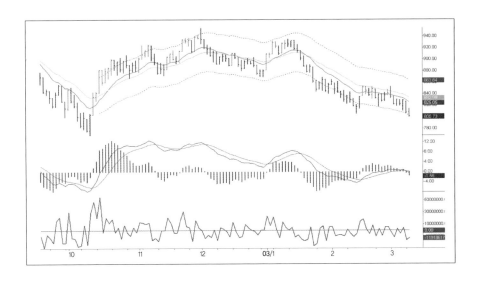

거래 #1 | 포지션 청산에 관한 견해

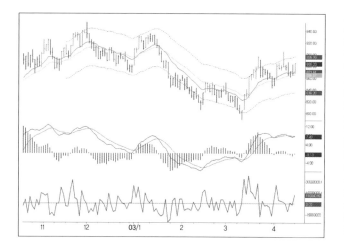

소해일은 폭발적인 랠리의 바닥을 확실하게 포착했다. 임펄스 시스템은 녹색으로 바뀌었고 하루 뒤에 매수 신호를 발효했다. 랠리는 바닥에서부터 시작되어 다음 주에 상단 채널을 뚫고 올라갔다. 제럴드 아펠(제7장 참고)은 랠리가 채널을 뚫고 나갈 만큼 강력하면 매수할 수 있는 두 번째 기회가 생기는 경우가 많다고 했다. 가격이 돌파하고 나서 이동평균으로 되돌림 현상을 보이기 때문인데, 그것이 바로 3월에 벌어진 일이다. 두 번째 랠리는 4월에 상단 채널선으로 되돌림 현상을 보이면서 나타났다.

4월에는 상황이 눈에 띄게 들쭉날쭉해졌다. 3월에는 가격이 채널 위에서 며칠씩 머물며 돌파가 강하고 설득력이 있었던 데 반해 4월에는 가격이 채널선을 한 차례만 넘어섰다. 마치 캥거루 꼬리 같아 보일 정도였다. MACD 히스토그램의 디버전스도 발생했는데, 이는 황소의 세력이 약해질 것이라는 경고나 다름없다.

차트의 오른쪽 가장자리에서 시장은 또 한 차례 랠리하는 모습을 나타냈지만 힘이 전혀 없어 보인다. MACD 히스토그램은 아주 약한 상태고, 강도 지수는 강력한 하락 디버전스를 나타내고 있다. 임펄스 시스템은 녹색을 띠며 공매도를 금지하고 있지만 매도는 분명히 허용한다. 매도하기 좋은 시점이니 롱 포지션의 이익을 취할 때다.

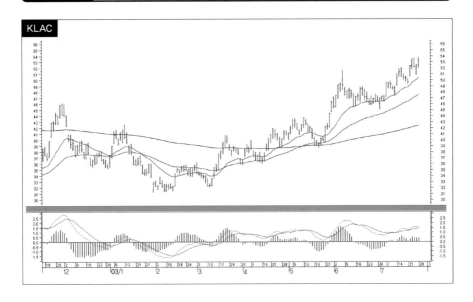

KLAC

KLAC

　이 거래는 현재까지 알려져 있는 모든 트레이딩 규칙을 어겼다. 정신이 온전
한 사람이라면 이 거래에 결코 손대지 않을 것이다. 나는 개인적으로 큰 어려움
을 겪을 당시 이 거래를 체결했는데, 트레이더가 정신을 잃으면 어떤 일이 벌어지
는지 분명히 보여주는 사례라 할 수 있다. 집에 앉아서 차트 한두 개를 살펴보며
연구를 하는 동안 마음이 다른 데 가 있었던 것이다. 나는 젊음과 활력, 힘을 다
시 얻기 위해 성급하게 반응하며 엉성하게 트레이딩했다. 더 이상 프로 트레이더
가 아니었던 것이다. 나는 금전적인 손해를 본 것 때문이 아니라 자제심을 잃었
다는 것 때문에 괴로웠다. 나는 콜옵션을 매수하고 나서 콜옵션을 위해 지급한
프리미엄의 일부를 충당하려고 풋옵션을 매도했다.

　나는 여기서 무방비로 콜옵션을 매도하며 정면 돌파를 시도했다. 프리미엄이
너무 많다고 느꼈기 때문이다. 또한 주가가 지나치게 높다고 생각했다. 풋옵션

의 사정이 원활하지 않아 콜옵션 가격이 높았는데, 이는 변동성이 클 것임을 암시한다. 어떤 바보가 콜옵션을 매수하고 싶어 하기에 나는 취할 수 있는 프리미엄이 있다고 생각했다. 나는 내가격 콜옵션을 매도함으로써 실수를 악화시켰다. 매수하기에는 내가격 콜옵션이 좋지만, 매도하기에는 시간 가치를 더 많이 팔고 내재 가치를 덜 파는 외가격 콜옵션이 낫기 때문이다.

거래 #2　소해일의 포지션 청산　　　　　Trade#2

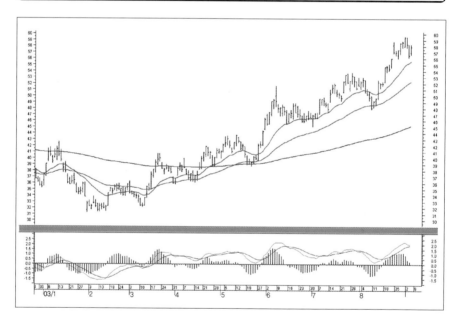

　　KLAC 가격이 치솟으며 포지션이 점점 손실을 많이 입자, 나는 얼어붙어 생각을 제대로 하지 못할 지경에 이르렀다. 그것은 프로 트레이더다운 행동이 아니었다. 나는 보통 트레이딩을 할 때 일어나는 일을 하루하루 기록한다. 주가지수, 신고점과 신저점, 나의 감정에 대해 기록을 남기곤 한다. 그러다 기록하는 것을 멈추고 모니터 앞에 앉아 희망을 품은 채 기다리며 더 이상 시장에서 부리나 케 달려나가지 않게 되었다. '내가 틀렸을 리 없어. 시장이 틀린 거야'라고 생각 한 것이다. 그사이 화물열차는 점점 가까이 다가오고 있었다.

가격이 소폭 되돌림 현상을 보일 때마다 나는 노골적으로 나의 의지력을 자 랑했다. '나는 손해를 보지 않을 거야. 이익을 취한 다음 시장에서 나갈 거야.' 그러다가 어느 순간 정신이 번쩍 들었다. 내 마음 깊은 곳에 있던 진짜 트레이더 가 상황의 심각성을 깨달은 덕택에 시장에서 벗어날 수 있었다.

9월 3일은 주가가 오른 날이었고 거래량 또한 증가했다. 거래량이 보통 때보 다 많은 덕택에 나스닥 지수도 상승했다. 시장은 활기를 되찾았고, 나는 당장 빠 져나가지 않으면 손실을 입을 수도 있다는 사실을 깨달았다.

금전적으로는 많은 손해를 보지 않았지만 심리적으로, 그리고 내가 프로 트 레이더라는 면에서 생각할 때는 매우 좋지 않은 거래였다. 그것은 사람을 겸손하 게 만드는 경험이었다. 나는 무엇인가에 홀려 스스로 세운 가이드라인을 무시했 으며 절대로 하지 않겠다고 나 자신에게 약속한 일들을 저질렀다. 겸손함의 미 덕은 강조되어야 마땅하다.

나는 그해 1년간 쉬어야 할 필요성을 느꼈다. 시스템을 비우고 스트레스에서 해방되어야 했다. 자선 활동을 하거나 어린이들을 위한 캠프를 주최해야겠다는 생각이 들었다. 나는 가족과 함께 미국을 떠나 영국으로 이주했다.

▶거래 요약　　　*TRADE SUMMARY*

KLAC 1월 30 콜옵션(KCKAF) 숏 포지션
2003.7.28　24.10달러
환매 2003.9.4　28.10달러
손실=콜옵션당 400달러

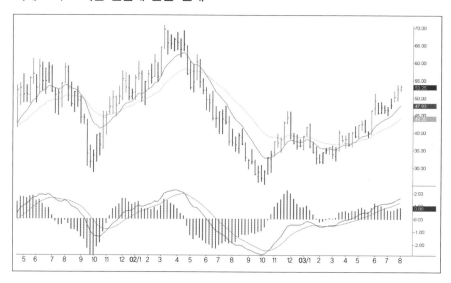

임펄스 시스템이 공매도를 금지했는데도 소해일은 KLAC를, 정확히 말해 해당 주식의 콜옵션을 공매도했다. 모래 위에 선을 그리듯 일정한 지점을 정해놓고 "바로 이거야. 시장이 더 이상 상승세를 보이지 않을 테니까 여기서 공매도를 해야겠어"라고 말하는 데 커다란 즐거움이 따른다. 하지만 이것은 아주 극소수의 트레이더만이 누릴 수 있는 값비싼 즐거움이다.

성숙한 트레이더들은 시장을 예측하지 말고 시장이 보내는 신호를 따라야 한다는 사실을 오래전부터 터득하고 있다. 이 차트는 분명히 상승세를 나타내고 있다. 두 이동평균과 MACD 히스토그램이 모두 상승 중이다. 주가가 오르고 있으며, 제아무리 약세장이라는 느낌이 들더라도 임펄스 시스템은 공매도를 금지하고 있다.

아래 차트에 나타난 일간 임펄스 시스템 또한 녹색을 띠므로 공매도는 불가능하다. 차트는 상승세가 천천히, 꾸준히 나타나는 모습을 보여준다. 가격은 두 지수이동평균 사이의 가치 영역에 닿았으며 상단 채널선까지 랠리를 하다가 가치 영역까지 떨어졌다. 그러다가 다시 상단 채널선까지 랠리하고는 가치 영역으

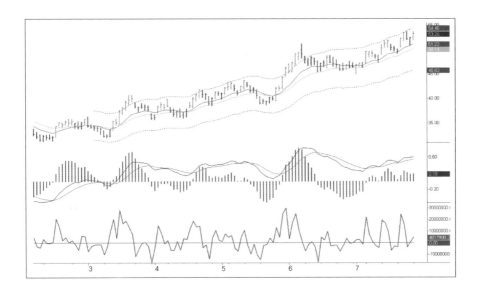

로 되돌아오는 것을 반복했다. 이런 패턴에서 거래하는 것은 강세장에서 거래하는 트레이더(시장이 상승세를 보일 때만 매수한다)가 지수이동평균에서 매수한 뒤 상단 채널선에서 매도하는 일을 반복하는 것과 흡사하다.

강도 지수가 각각의 랠리에서 거의 비슷한 수준까지 올라가는 점을 눈여겨보라. 이는 황소가 디버전스 없이 각각의 랠리에서 자신의 세력을 비슷한 수준으로 유지하고 있다는 의미다. 상승세는 전반적으로 건강해보인다. 모험심 넘치는 트레이더만이 이런 상승세의 천장을 포착하려고 할 것이다.

거래 #2 | 포지션 청산에 관한 견해

KLAC는 소해일이 공매도한 이후 가치 아래로 조금 떨어졌다. 소해일은 약간의 이익을 취할 기회가 있었는데 그것을 놓치고 말았다. 그는 단기적으로 형성된 천장을 올바르게 포착해낸 경험 많은 트레이더이지만 이익이 손실로 변하도록 내버려두는 실수를 범했다. 거래가 자신이 원하는 방향으로 나아가기 시작하면, 역지

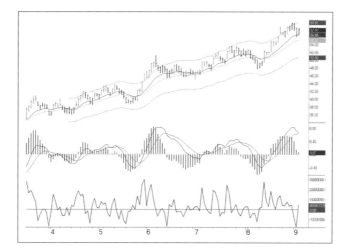

상승세가 주춤한 이후 KLAC는 힘을 되찾아 더욱 높은 지점까지 상승했다. 8월 중순 MACD 히스토그램이 신고점을 찍는 것에 주목하라. 이는 황소가 대거 시장으로 들어오고 있다는 신호며, 가격이 머지않아 상승할 것임을 암시한다.

정가 주문 지점을 돌파가 일어난 지점과 같은 수준으로 이동시키는 작업이 대단히 중요하다. 그렇지 않고서는 장기적으로 수익을 올리는 트레이더가 될 수 없다.

차트의 오른쪽 가장자리에서 KLAC는 약간 들쑥날쑥한 모습을 보인다. 강도 지수는 하락 디버전스를 형성하고 있으며, 불과 사흘 전에 가격이 신고가를 기록했는데도 MACD 히스토그램은 하락세를 보이고 있다. 환매하기 좋은 시점을 놓친 것으로 인해 겪게 되는 고통은 패배를 인정하고 공매도를 생각해야 할 가격 수준에서 환매를 생각하게 만든다! 이것과 대비되는 이미지는 초기에 포지션에 진입한 황소가 제때 매도에 나서지 않을 때 그려진다. 매수 여부를 생각해야 할 때 좌절감과 고통을 견디지 못하고 오히려 포지션을 급하게 팔아치우는 것이다!

규칙 정하기

시장은 사회에서 제약이 가장 덜한 공간이다. 사람들이 이보다 더 자유롭게 활보하는 공간은 찾아보기 어렵다. 시장의 고속도로에는 차선이 없다. 원하는 그 어떤 방향으로든 운전할 수 있고, 심지어 다른 차를 박아도 괜찮다. 시장에는 속도 제한이 없으며, 원할 때 언제든지 달리거나 멈출 수 있다. 점점 더 많은 시장이 전자 시장으로, 또 전 세계적으로 뻗어나가면서 시간 제한도 사라졌다. 그야말로 언제 어디서나 트레이딩할 수 있게 되었으며, 이유가 있어도 좋고 없어도 좋다. 이 사실을 의식하고 있는 사람은 극소수에 불과하지만, 자유로운 분위기는 사람들을 트레이딩의 세계로 이끌고 있다. 이런 자유에 부정적인 측면이 있다면 그것은 충동성과 무책임함일 것이다.

우리는 누구나 현실적인 목표를 안고 시장에 진입한다. 은행에 저축하는 것보다 더 많은 수익을 올리고 싶은 것이다. 그런데 트레이딩이 안겨주는 흥분에 빠져 대부분의 트레이더가 목표가 무엇인지 금세 잊어버리고 재미를 찾기 시작한다. 문제는 '재미있는 시간을 보내면서' 돈도 벌 수는 없다는 것이다. 트레이딩을 잘하려면 따분한 과정을 헤쳐나가야 한다. 어떤 작업을 해야 하는지 알아야 하며, 그 작업을 실제로 수행해야 한다. 해야 할 일을 얼마나 성실히 해냈는지 자기 자신에게 점수를 부여해보라. 제8장에서 소개하는 마이클 브렌케는 이 알고리즘을 유창하게 설명해준다.

미국의 경우 일반적인 개인 트레이더는 대학 교육을 받은 50세 기혼 남성이다. 이 트레이더는 행복을 느끼지 못하는 경우가 많다. 그는 아침에 일어나 거울을 보고 즐겁지 않은 기억을 떠올린다. 젊은 시절을 뒤돌아보고는 자신이 대학생 시절에 꿈꿨던 전문적인 직업인의 근처에도 도달해지 못했다는 사실을 깨닫는다. 자녀들은 다 자라서 각자의 삶을 살기 바쁘다. 돈이 필요할 때만 자신에게 말을 거는 것 같다. 아내에게도 질렸지만 이혼은 너무 버거운 일이며, 그렇게 하더라도 《플레이보이Playboy》지에 실리는 모델들이 자신과 같이 지낼 수 없다는 사실을 알고 있다. 그는 한숨을 쉬고는 차에 올라타 회사로 출근한다. 이런 일상에서 기쁨이나 흥분을 느끼기는 쉽지 않다. 그러다가 위탁 계좌에 접속해 매수 혹은 매도 주문을 내는 순간 세상이 갑자기 선명한 색으로 채워진다.

시장은 상승과 하락을 반복하며 트레이더에게 아드레날린을 가득 안겨준다. 물론 누구나 거래에서 지는 것보다 이기는 것을 선호하겠지만, 손실 거래에서도 충분히 짜릿한 흥분을 느낄 수 있다. 트레이딩은 사람을 들뜨게 하고, 무엇인가와 관계가 있다는 느낌을 심어주며, 살아 있음을 생생히 느끼게 해준다. 우리는 소해일에게 감사 인사를 해야 마땅하다. 성공한 트레이더인 그는 기록일지를 철저하게 관리하다가 심장마비를 겪고 나서 에너지와 활력을 되찾기 위해 과감하게 행동하고 성급하게 반응하다가 뼈저린 실패를 경험한 일에 대해 솔직히 이야기해주었다. 그는 우리에게 훌륭한 트레이더가 시장에서 중년의 위기를 겪기 시작하면 어떤 일이 벌어지는지 보여주었다.

구명정은 그것이 필요해지기 전에 미리 준비해야 한다. 비교적 스트레스를 덜 받는 날 이 책을 읽고 있다면 그때가 바로 트레이딩 규칙을 마련할 때다. 규칙 목록을 간단하게 작성해 항상 볼 수 있도록 책상 근처의 벽에 붙여둬라. 기준으로 삼을 수 있도록 몇 가지 규칙을 소개할 테니 자신이 처한 상황에 알맞게 마음껏 변형시키고 확장시키기 바란다. 이 목록의 목표는 위험선을 그려 안전망이 없는 지역에서 여러분이 위험 구역으로 들어가는 불상사를 방지하는 것이다.

- 나는 자금 관리 규칙의 양대 산맥인 2퍼센트의 법칙과 6퍼센트의 법칙을 엄격히 따를 것이다.
- 나는 손실 포지션에 추가로 진입하지 않을 것이다(규모가 큰 포지션을 형성하기 위해 사전에 미리 계획한 경우는 예외다).
- 나는 임펄스 시스템 같은 검열 시스템에 반하는 거래는 체결하지 않을 것이다.
- 수익을 ○○보다 많이 올릴 경우 나는 이익 거래가 손실 거래로 변하도록 내버려두지 않을 것이다. 이익을 보호하기 위해 하드 스톱hard stop을 이용하라!
- 나는 역지정가 주문을 이용할 것이다.

마지막 규칙이 가장 지키기가 까다롭다. 역지정가 주문에는 여러 종류가 있기 때문이다.

- 초보 트레이더는 내가 '하드 스톱'이라고 부르는 역지정가 주문을 이용해야 한다. 이는 브로커를 통해 실제 주문을 내는 것을 뜻한다. 하드 스톱의 문제점은 대부분의 사람이 너무 뻔한 지점에서 주문을 낸다는 것이다. 대다수의 트레이더가 시장이 반전하기 전에 프로 트레이더들이 계속 두드려대는 최근의 저점 아래나 최근의 고점 위에서 주문을 낸다. 하드 스톱을 이용할 경우 뻔한 지점에 주문을 내지 말고 시장에 더 가까운, 혹은 더 먼 곳에서 내도록 한다.
- 보다 수준 높은 트레이더는 세이프존 스톱Safe zone stop을 이용할 수도 있다. 이는 일반적인 수준의 시장 노이즈에서 떨어진 지점에, 그리고 널리 알려지지 않은 가격에 역지정가 주문을 낼 수 있게 해준다.
- 내가 가장 선호하는 '소프트 스톱Soft stop'은 금요일 시장이 마감하기 15분 전에 주간 임펄스 시스템이 나와 반하는 방향으로 전개되는 모든 포지션을 청산하도록 돕는다.

소해일이 명백하게 보여준 것같이 트레이딩은 심리 싸움이다. 소해일은 전성기 때 1년 만에 자본금을 두 배로 불렀을 만큼 적극적인 트레이더다. 그는 단 한 건의 운 좋은 거래로 그런 소득을 올린 것이 아니라 단기 트레이딩에서 꾸준히 좋은 성과를 이룩했다. 그런데 이듬해 소해일은 자본 감소에 시달렸다. 시장은 변하지 않았는데 그가 변한 것이다! "손실 관리를 철저하게 한 덕택에 파산하는 것을 면했습니다"라고 말할 수 있었다는 것에 대해 소해일을 높이 평가하고 싶다.

시장에서 살아남고 승리하기 위해서는 규율이 필수적이다. 트레이딩할 때는 현실적인 규칙을 정하는 것이 규율의 핵심적인 측면이다. 트레이딩의 바다에 풍덩 뛰어들기 전에 리스크 관리의 기본 규칙을 정하고 관련 사항을 상세하게 적어둬라. 가장 중요한 사항은 단일 거래와 트레이딩 계좌 전체의 최대 리스크 수준을 설정해야 한다는 것이다.

소프트 사인(Soft signs)은 추세에 변화가 올 것임을 암시하는 조기 경고나 다름없다. 이에 반해 하드 사인(Hard signs)은 추세가 명백하게 나타나고 있음을 의미한다. 소프트 사인은 MACD 히스토그램의 디버전스나 팔로 스루(follow-through, 가격이 해당 방향으로 빠르게 나아갈 때)가 일어나지 않는 신저점 혹은 신고점 돌파를 포함한다. 하드 사인은 주간 차트에서 이동평균이 보이는 추세와 돌파의 팔로 스루를 포함한다. 경험이 많은 트레이더는 거래에 진입할 때 소프트 사인을 확인한다. MACD 히스토그램의 상승 디버전스가 발생할 때 매수에 나서거나 가짜 상승 돌파가 나타날 때 공매도에 나서는 식이다. 하드 사인이 발효될 때쯤이면 거래에 진입하기 너무 늦은 경우가 많다. 하지만 하드 사인은 거래를 청산할 때 유용한 메시지를 분명하게 전달한다는 장점이 있다. 내가 소프트 사인을 보고 롱 포지션을 취한다고 가정해보자. 다른 신호가 남아 있는 한 그 신호가 사라지더라도 포지션을 계속 보유할지도 모른다. 그러나 주간 이동평균 같은 하드 사인이 목요일이나 금요일에 하락한다면 주말이 되기 전에 롱 포지션을 청산할 것이다.

노해일의 e-mail
; 어두운 지하 창고를 밝히는 작은 촛불

트레이딩은 투자와 전혀 다른 활동이다. 단기적으로 살펴보면 시장에선 어떤 일이든 할 수 있다. 뚜렷한 목적이나 이유 없이 그야말로 내키는 대로 움직일 수 있다. 가격의 단기적인 움직임은 사실상 임의적이고 변덕스럽다. 장기적인 투자는 가치 평가, 기본적 분석, 실사를 모두 마쳤을 때만 고려해봐야 한다. 장기 투자자는 경제 상황에 초점을 맞추어야 하지만 단기 트레이더는 이런 요소들을 고려할 겨를이 없다. 트레이더는 자신의 성향과 시장의 분위기를 조화롭게 맞춰야만 성공적으로 트레이딩할 수 있다. 자기 자신을 잘 아는 것은 성공적인 트레이딩을 위한 필수 요소다.

성공적인 트레이딩을 위한 3M과 관련해 나는 트레이더들에게 큰 영향을 미치는 세 가지 심리적 요소를 생각해보았다. 나는 그것을 3C라고 일컫는다. 집중력concentration, 명확성clarity, 자신감confidence이 바로 그 세 가지 요소다. 감정을 배제하고 잡다한 정보를 머릿속에서 밀어내야만 꾸준히 트레이딩할 수 있다. 성공한 트레이더는 수년간 경험을 쌓아도 이런 요소들을 모두 충족시키기는 어렵다는 데 의견을 같이한다. 우리는 누구나 자신의 감정을 통제하고 개인적인 편견을 극복해야 하는 과제를 안고 있다. 인생의 한 가지 면이 다른 면에 영향을 끼치지 않게 하기란 결코 쉬운 일이 아니다. 개인적인 삶에 커다란 변화가 올 경우 의사 결정에 혼란을 미칠 어수선한 감정이 야기될 수 있다. 이 때문에 매매에 나서기에 완벽한 기회를 놓쳐버릴 수도 있다. 트레이더는 이성적이어야 하며 정보를 충분히 갖춰야 한다. 하지만 역설적으로 이성적이고 아는 것이 많은 것이 트레이더에게 약점으로 작용할 수도 있다. 이성이나 지식에 관해 독단적인 태도를 지니거나 시장에서 우위를 점한 집단의 감정적 특징을 의식하지 못할 경우 결과가 참혹할 수 있기 때문이다. 존 메이너드 케인즈John Meynard Keynes는 시장은 그 어떤 이성적인 투자자가 비이성적인 시장에 맞서 대응할 수 있는 기간보다도 더 오랫동안 비이성적으로 행동할 여유가 있다고 경고했다. 과거의 차트를 대충 훑어보더라도 군중의 광기가 합리적인 판단을 넘어설 때가 많다는 사실을 쉽게 알 수 있다.

차트는 정보를 걸러내고 정보 과잉 현상이 발생하는 것을 방지한다. 나는 최근에 군중 심리가 어땠는지 대강의 분위기를 파악하기 위해 차트를 연구한다. 차트는 트레이더가 집중하고, 명확하게 사고하고, 자신감을 갖는 데 도움이 된다. 하지만 불행하게도 나의 경우 차트만 연구해서는 별 효과가 없었다. 내가 차트 분석가들과 겪는 문제는 이들이 차트를 읽는 것을 너무 심각하게 여긴다는 것이다. 그들은 차트를 보면 미래를 예측할 수 있다고 생각하지만, 그런 생각은 나의 두 가지 믿음 중 적어도 한 가지에 위배된다.

첫 번째는 미래를 알 수 있는 사람은 아무도 없다는 것이다. 미래를 아는 사람은 아무도 없을 뿐 아니라 '알 수 있는' 사람도 없다. 다음 날 시장이 어떤 움직임을 보일지 정확히 예측할 수 있는 사람은 없다. 물론 불법적으로, 혹은 내부자 정보나 기밀 정보를 입수한 경우는 예외로 친다. 예컨대 부도덕한 연방주지사의 정부(情婦)라면 금리선물로 떼돈을 벌 수도 있을 것이다.

나의 두 번째 믿음은 대부분의 사람이 대부분의 경우 잘못된 판단을 한다는 것이다. 군중에게서 배우려면 그들의 어리석은 행동을 꿰뚫어보고 그들과 반대되는 태도를 취해야 한다. 어떤 사람이 소크라테스에게 지혜를 어디서 얻었느냐고 묻자 그는 어리석은 자들에게서 얻었다고 대답했다. 이것이 바로 역(逆)투자의 기초가 되는 관점이다. 모멘텀 데이 트레이딩에서처럼 군중과 똑같이 움직이면 손실을 입는 경우가 많고, 일이 잘 풀려도 그저 그런 결과를 얻을 뿐이다. 하지만 역투자에는 심각한 결함이 있다. 군중과 반대되는 포지션을 너무 일찍 취하면(그것이 설령 어리석은 행동이더라도) 우르르 몰려가는 사람들에게 짓밟힐 우려가 있다. 예컨대 닷컴주를 수익의 1,000배나 되는 가격에 공매도하는 일은 위험성이 높다. 월스트리트의 묘지에는 판단은 옳았으나 너무 빨리 행동한 사람들이 묻혀있다는 말이 있다. 일찍 일어나는 새가 벌레를 잡는다는 속담이 있지만, 늦게 일어난 벌레는 그 새의 손아귀에서 빠져나간다는 것을 기억하라.

차트는 시장이 과거에 보인 움직임을 보여준다. 차트를 읽는 사람은 차트를 믿고 최근의 움직임이 계속될 것이라고 가정한다. 분석이 아무리 정교하더라도 트레이딩이 과학이 아니라는 사실에는 변함이 없다. 하지만 트레이더로선 그저 차트를 믿는 수밖에 없다. 그 어떤 양적 분석 기술이나 수학적 모델, 파동 이론, 기술적 분석도 시장이 다음 날 보일 움직임을 정확하게 예측하지 못한다. 그렇다고 해서 펀더멘털만을 이용하여 트레이딩할 수도 없는 노릇이다. 가치 평가와 펀더멘털은 그날의 주가나 상품 가격의 변동에 아무런 영향도 미치지 못한다. 모든 가격 예측 기법에는 매수자 위험 부담 원칙이 따른다. 그날의 가격 변동은 욕심, 두려움, 희망, 믿음 같은 집단적인 인식과 감정 간의 불협화음을 반영한다. 트레이딩은 아드레날린 분출이 매매가 이루어지는 순간의 통화로 쓰이는 실시간 경매다. 각각의 거래는 매수자와 매도자 간의 순간적인 합의를 나타낸다. 다른 참가자들이 무엇을 원하는지 알 수 있다면 가격의 움직임을 정확하게 예측할 수 있을 것이다. 시장은 하나의 가격 발견 메커니즘이다. 단기 트레이더는 다른 트레이더들이 어떻게 추측하는지 알아내려고 애쓰면서 사실상 추측 게임을 벌이는 것이다.

기본적 분석, 기술적 분석, 감정적 분석이 실제로 효과가 있는가? 아니면 트레이딩은 주사위 놀이처럼 운으로 결정되는가? 신입 트레이더는 어두운 창고에 처음 들어가는 사람과 같다. 물론 안내 없이 어둠 속을 헤매다가 원하는 것을 우연히 발견할 수도 있다. 훌륭한 기술적 도구로 무장한 트레이더는 작은 촛불을 들고 창고에 들어가는 사람이라고 할 수 있다. 불빛이 약해 자세히 보지는 못하더라도 방이 어떻게 생겼는지 대충 훑어볼 수는 있을 것이다. 그가 보는 것 중 일부는 어른거리는 촛불과 긴 그림자가 만들어낸 환상일 수도 있다. 이런 한계에도 아무것도 없을 때보다는 작은 촛불을 들었을 때 창고에서 길을 잃지 않을 확률이 높다. 하지만 촛불에 너무 의지했다가는 어른거리는 불꽃으로 인해 보이는 것을 잘못 해석해서 크나큰 재앙을 맞이할 우려가 있다.

룰렛처럼 운에 의해 승패가 결정되는 게임은 기술이 필요한 블랙잭 같은 게임과는 상당히 다르다. 전자의 결과가 전적으로 운명에 의해 정해지는 반면 후자의 결과에는 선택이라는 요소가 개입된다. 가장 큰 차이점은 기술이 개입될 때는 게임 참가자가 리스크를 관리할 수 있다는 점이다. 운은 시장에 내재되어 있는 요소로, 트레이더의 선택에 의해 승패가 갈린다.

트레이딩은 생계를 유지하기에 가장 어려운 방법일지도 모른다. 트레이더의 삶은 낭인(浪人)의 삶이나 다름없다. 낭인은 일본의 봉건제 사회에서 영주의 보호를 받지 않았던 무사를 칭하는 말이다. 사무라이는 영주의 보호 아래 아무 걱정 없이 무술을 연마할 수 있지만 낭인은 그런 사치를 누리지 못하고 자기 자신의 재원에 의지해야 했다. 성공하는 트레이더가 되려면 어려운 시기를 견뎌낼 수 있도록 트레이딩 계좌 이외의 계좌에 돈이 충분히 들어 있어야 한다. 트레이딩만으로 생계를 유지한다면 생활이 매우 불안정해질 수밖에 없다. 그것은 마치 창꼬치가 상어가 가득한 바다에서 살아가는 것이나 다름없다. 창꼬치는 저녁거리를 찾게 될 것인지, 자신이 저녁거리가 될 것인지 모르는 채 하루하루를 살아간다.

트레이딩으로 먹고사는 사람은 기관의 보호 아래 혹은 고객의 돈으로 거래하는 경우가 많다. 펀드매니저, 분석가, 시장 전문가, 브로커나 딜러들은 모두 두 가지 경우 중 하나에 해당한다. 그들은 하나같이 다른 시장 참가자들에게 무엇인가를 팔거나 커미션 혹은 서비스 요금을 받는다. 독자적으로 트레이딩을 하는 경우도 있지만 생계를 트레이딩에 의존하지는 않는다.

트레이딩은 과학이 아니며 기술도 아니다. 굳이 분류하자면 예술에 속한다. 다른 예술 분야와 마찬가지로, 트레이딩의 정수를 포착하려는 것은 프로그래밍이나 체계화에 관한 모든 시도에 저항하는 것이나 다름없다. 트레이딩이라는 미묘한 예술을 하기에 적합한 직관력을 타고난 사람도 있다. 워낙 민첩하고 우아하게 움직여 시장 곳곳에 있는 뱀 구덩이에 빠지지 않는 사람도 물론 존재한다. 그러나 애석하게도 대부분의 사람에게는 그런 재능이 없다. 따라서 장기간에 걸쳐 이익을 취하거나 손실을 입는 것은 전적으로 자금 관리 및 손실 제한을 포함한 엄격한 접근법에 달려 있다. 그런 접근법 없이는, 트레이딩으로 흥한 자 트레이딩으로 망할 것이다.

개인 트레이더는 기관에 비해 아주 큰 장점 하나를 지닌다. 의자에 등을 대고 앉아 아무것도 하지 않아도 된다는 것이다. 시장의 환경이 자신의 트레이딩 방식에 적합해질 때까지 아무 행동도 취하지 않고 기다릴 수 있는 것은 리스크 관리의 가장 중요한 측면인지도 모른다. 자신감을 갖고 트레이딩할 수 있는 시장 환경이 있고, 그럴 수 없는 환경이 있다. 트레이더는 모름지기 자신의 장단점을 잘 알아야 한다. 총의 방아쇠를 당기지 않고 화약을 낭비하지 않는 것이 트레이더의 생사를 가르는 핵심 요소다. 내 경우 다른 무엇보다도 이런 규율 덕택에 위험한 고비를 여러 번 넘길 수 있었다. 엘더 박사는 멘토의 말을 인용해 "최고의 거래 는 맨 처음부터 올바른 방향으로 나아가는 거래"라고 했다. 초반에 삐걱거리는 거래는 일찌감치 접는 것이 좋다. 트레이더는 체결하는 거래의 절반 정도는 손실 거래로 끝날 가능성이 있다는 점을 염두에 두어야 한다. 하지만 손실 금액이 적 다면 크게 문제될 것은 없다. 부동산 시장에서는 세 가지 요인이 성공을 좌우한 다고 말한다. 장소, 장소, 장소가 바로 그것이다. 이와 마찬가지로 트레이딩의 세 계에도 성공을 좌우하는 세 가지 요소가 존재한다. 손실 관리, 손실 관리, 손실 관리가 바로 그것이다. 큰 손실을 입지 않으려면 적은 손실을 여러 차례 감수할 수 있어야 한다.

그렇다면 적은 손실이란 어느 정도의 액수를 말하며, 트레이더가 그런 손실 을 얼마나 자주 감당할 수 있을까? 1980년대에 드렉셀 번햄의 매니저였던 닉Nick 은 자신이 거느리고 있던 트레이더들을 코끼리 사냥꾼과 토끼 사냥꾼으로 구분 했다. 닉의 말에 따르면, 코끼리 사냥꾼은 집에 빈손으로 돌아가 자식들을 굶기 는 경우가 많은 반면 토끼 사냥꾼은 규칙적으로 하루 세 끼를 다 먹는다. 코끼리 사냥꾼이 가끔 사냥에 성공할 때면 온 마을이 포식할 수 있으나, 장기적으로 볼 때 토끼 사냥꾼이 살아남을 가능성이 더 크다.

ENTRIES & EXITS
VISITS TO SIXTEEN TRADING ROOMS

CHAPTER
05

레이 테스타 주니어
Ray Testa Jr.

일관성 있는
접근법 개발하기

이름 | 레이 테스타 주니어
거주지 | 펜실베이니아 주 피츠버그
전 직업 | 사업주
트레이딩 분야 | 주식
트레이딩 경력 | 2002년부터
계좌 규모 | 중간 규모(25만~100만 달러)
소프트웨어 | Charles Schwab, TC2005
트레이더스 캠프 | 2004년 세인트 마르텐 섬

2004년 2월 개최한 카리브 해 트레이더스 캠프에는 두 명의 형제가 참석했다. 레이와 브라이언Bryan은 30대 초반인데도 불구하고 상당히 어려 보여 나는 두 사람을 미성년 범죄자라고 놀렸다. 하지만 둘은 실제 나이에 비해 성숙한 편이었다. 형제는 트레이딩하면서 가족 사업에 몰두하고 있었고, 둘 다 어린 자녀를 키웠다.

형제의 부인들은 세인트 마르텐 섬에 따라오고 싶어 했다. 하지만 이들은 휴가를 가는 것이 아니라며 부인들을 집에 두고 왔다. 그들은 공부를 하러 캠프에 온 만큼 방해받기를 원하지 않았던 것이다. 레이와 브라이언이 캠프 과제에 몰두하는 동안 나이가 더 많은 다른 트레이더들은 자기 부인의 기사 노릇을 하기에 바빴다. 그래서 이들 형제가 기억에 더 남는 것 같다.

캠프 참가자들은 수업 시간에 자신이 가장 선호하는 종목을 언급하는 경우가 많다. 레이의 경우에는 다 같이 GT를 평가해보는 시간을 갖고 싶어 했다. 나는 캠프에서 살펴볼 가장 흥미로운 주식으로 GT를 선정했고, 집에 돌아와서 그 종목을 트레이딩했다. 결국 그 종목은 2004년 내가 선택한 것 중 수익을 가장 많이 올린 종목 중 하나가 되었다. 내가 맨해튼에서 매달 열리는 캠퍼 모임의 원격 접속 서비스를 제공하기 시작하자 레이는 곧바로 등록했다. 나는 레이가 언급하는 종목은 그 어떤 것이든 관심을 갖게 되었다.

레이는 노트북 컴퓨터와 위탁 계좌의 입출금 내역서를 들고 뉴욕으로 날아왔다. 나는 그에게 손님방을 내주었다. 레이는 한 번도 뉴욕에 와본 적이 없다며 저녁에는 관광을 하러 나갔다. 그는 우리 집 무선 인터넷을 이용해 주식을 반복적으로 확인하고 사업과 관련된 이메일을 보내기에 바빴다.

레이: 나는 네 형제 중 막내로 태어났다. 나에게는 누나 한 명과 형 두 명이 있다. 우리는 모두 공익기업을 위해 일을 하는 가족 사업에 참여하고 있다. 우리는 가스 계량기와 전기 계량기를 검침하고 설치하고 관리하는 일을 한다. 지금

은 은퇴하신 아버지는 국내 공익기업에서 일을 시작하셔서 1984년 자신의 사업체를 차리셨다. 아버지 곁에서 일하는 것은 대단히 멋진 경험이었다. 아버지는 근본적으로 나의 멘토나 다름없다. 우리 형제는 모두 열심히 트레이딩했지만, 그중에서 내가 트레이딩에 관심이 가장 많았다.

나는 1995년 오하이오대학교를 졸업한 뒤 일을 좀 하다가 얼마 후에 위탁 계좌를 개설했다. 1995년부터 2000년까지는 시장에서 돈을 벌기가 제법 쉬웠다. 우리는 《밸류 라인Value Line》을 읽고 '다우의 개*'나 '바보 넷*' 같은 모멘텀 투자를 좀 했다. 우리는 종목의 이름을 보고 샀을 뿐, 차트를 살펴보지는 않았다. 기술적 분석에 대해서도 아는 것이 전혀 없었다. 《밸류 라인》은 우리에게 퀄컴Qualcomm이나 텍사스 인스트루먼트Texas Instruments 같은 양호한 주식에 대해 알려주었다. 시장이 정상을 찍고 무너지기 전까지는 불평할 일이 없었다. 나는 약세장에서 고통을 겪었지만 포기하지 않기로 결심했다. 오히려 실수에서 무언가를 배울 수 있다고 생각하기로 마음먹었다. 내가 지금 알고 있는 것을 그때 조금이라도 알았더라면, 간단하게나마 다른 조치를 취할 수 있었을 것이다. 50일 이동평균이 200일 이동평균 아래로 떨어졌을 때 포지션을 청산했더라면 고통에 시달리지 않았을 것이다.

풀 서비스를 제공하는 브로커를 이용할까 싶어서 몇 명의 브로커와 면담해봤다. 대부분의 브로커는 뮤추얼 펀드를 이용했다. 하지만 생각해보니 자산의 1퍼센트를 지급하지 않고도 브로커와 똑같이 《모닝스타Morningstar》를 읽고 최고의 실적을 올리는 펀드를 찾을 수 있을 것이라는 생각이 들었다. 시장을 알면 알수

---

*the Dogs of the Dow; 다우존스지수에 편입된 30개 종목 중에서 전년도 배당수익률이 높은 10개 종목. 우량 주식인데도 주가가 제대로 평가받지 못했다는 뜻에서 이같이 부른다.
*the Foolish Four; 1990년대 중반에 인기를 끈 모틀리 풀(Motley Fool)의 투자 기법. 다우존스 산업평균지수 종목 중 주가가 가장 낮고 배당수익률이 높은 5개 종목을 골라 주가가 가장 낮은 것을 제외한 4개 종목에 투자하는 기법.

록 나 자신을 위해 트레이딩한다는 발상이 마음에 들었다. 그것이 바로 내가 트레이더스 캠프에 참가한 이유다.

책을 읽고 선배 트레이더들에게 관련 정보를 얻는 등 시장에 대해 공부를 하면서 시장이 20년간 보합세를 보일 가능성도 있다는 생각이 들었다. 내가 매수하고 보유하는 전략을 엄격하게 따른다면 50대가 되어도 저축액이 별로 늘어나지 않을 것이다. 그런 사태를 면하기 위해서는 트레이딩하는 방법을 배우고 스윙을 유리하게 이용하는 방법을 익혀야 한다. 트레이더로서 내 장점은, 나이가 젊다는 것과 계속해서 배운다는 것이다. 엘더 박사가 『주식시장에서 살아남는 심리투자 법칙』에서 소개한 어느 트레이더의 말이 생각난다. "매년 0.5퍼센트씩 똑똑해진다면 죽을 때쯤 나는 천재가 되어 있을 것이다."

주식시장은 끊임없이 나를 매료시킨다. 내가 트레이딩에 흥미를 잃을 날은 아무래도 오지 않을 것 같다. 나는 트레이딩으로 돈을 벌어서 먹고살 기회가 있다는 것, 나 자신의 스케줄을 조절할 수 있다는 것, 내 미래가 내 손에 달려 있다는 것이 매우 기쁘다. 혹시 『부자 아빠, 가난한 아빠Rich Dad, Poor Dad?』를 읽어 본 적이 있는가? 남들보다 확실하게 앞서나가고 싶다면 부동산, 사업, 이론상의 자산 등의 방법을 이용해야 한다. 로버트 기요사키Robert Toru Kiyosaki는 사람들이 직업에 투자하는 시간 이외에도 따로 시간을 마련해서 공부를 하고 자산에 관한 수업으로 기회를 만들어야 한다고 주장한다. 나는 이론상의 자산을 선택했다.

일을 더 많이 해야 하는 것은 나에게 문제가 되지 않는다. 기관에 소속된 몇몇 트레이더보다 자유 시간에 트레이딩하는 내가 더 열심히 트레이딩을 할지도 모른다. 나는 우리 가족이 경제적으로 안정될 수 있도록, 그리고 내가 일찍 은퇴할 수 있도록 열심히 트레이딩한다.

강세장의 붕괴는 나에게 씁쓸함을 남겼다. 그래서 작년(2003년) 시장이 활력을 되찾기 시작했을 때 방아쇠를 당기기가 어려워졌다. 경험이 부족한 것이 가장 큰 문제였다. 가장 절망스러웠던 사실은 작년에 거의 모든 트레이더가 돈을 벌었다는 것이다. 지난 1년간 가장 어려웠던 점은 일관성 있는 접근법을 개발하는 것이었다. 거래를 하는 데는 여러 가지 방식이 있다. 주가가 이전의 고가를 넘어설 경우 되돌림 현상이 나타날 때 매수에 나서거나 돌파가 일어날 때 매수할 수 있다. 두 가지 모두 합리적이지만 이들은 전혀 다른 방법이다. 무엇보다 자신에게 잘 어울리는 방법을 찾는 것이 중요하다. 내가 올해 거둔 가장 큰 성과는 가격이 낮을 때 사서 높을 때 판 것이다. 신고가를 경신한 주식을 살펴볼 때면 나는 어느 지점에서 포지션에 진입해야 하는지 확신이 서지 않는다. 그래서 대신 주간 차트에서 가격이 가치로 되돌림 현상을 보일 때까지 지켜봤다. 산업 그룹이 임펄스 시스템에서 청색으로 변하기를 기다렸다. 그러고는 일간 차트에서 가장 설득력 있는 바닥(삼중 바닥이나 디버전스)을 형성한 주식을 선택했다. 2004년은 거래하기 대단히 어려운 해였다. 지속되는 추세도 없었고, 추세가 가짜로 시작되는 경우도 많았다. 제때가 아니면 진입하기 어렵고, 너무 일찍 진입하면 휩소 현상*에 휩쓸리고 말았다.

트레이딩을 할 때는 기법뿐만 아니라 어떤 종목을 모니터할지도 선택해야 한다. 캠프에 다녀오고 나서 나는 주기적으로 연구하기 시작했다. 나스닥100에 오른 주식을 선택해서 한 개 이상의 나스닥100 주식을 보유한 산업 그룹만 추적하기 시작했다. 결국 총 239개 그룹 중에서 51개가 TC2005 목록에 이름을 올렸다. 대부분의 그룹은 첨단산업과 관련있었는데, 나는 그룹이 충분히 다양한가 종종 생각해본다. 목표는 너무 여러 개의 산업을 추적하지 않으면서도 충분한 숫자를 추적하는 것이다. 나의 선택에 또 한 가지 장점이 있다면 나스닥 100을 추적할 경우 QQQQ*를 거래할 수 있다는 것이다.

---

*whipsaw; 단기 급등에 따른 일시적인 조정.
*나스닥에서 거래되는 상장지수펀드인 나스닥100 트러스트의 종목코드.

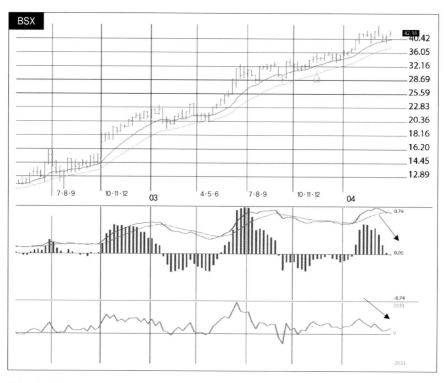

위 | 주간 바 차트(26주 지수이동평균과 13주 지수이동평균 포함)
중간 | MACD선과 MACD 히스토그램(12-26-9)
아래 | TSV-13(강도 지수의 13일 지수이동평균과 거의 동일함)

BSX

　주간 차트의 오른쪽 가장자리에서 가격이 소폭 되돌림 현상을 보이기 시작
하는 동안 MACD 히스토그램은 하락하는 모습이다. 나는 일간 차트를 훑어보
다가 이 거래를 찾아내 주간 차트에서 메시지를 확인하고는 공매도에 나섰다.
나는 대개 주간 임펄스 시스템에 반하는 행동은 하지 않지만 일간 차트가 나의
관심을 끌어당겼다. 여기 실린 주간 차트에서는 MACD선이 하락하는 모습을

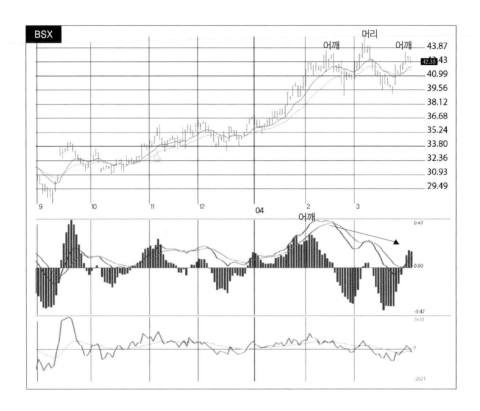

볼 수 있다. TSV는 상승하면서 더 낮은 고점을 형성해 하락 디버전스를 발생시켰다.

나는 일간 차트에서 며칠 전에 강력한 하락 디버전스가 발생한 가운데 머리어깨형 천장이 나타나는 것을 봤다. 가격은 2003년 10월부터 2004년 3월 초까지 꾸준히 상승세를 보인 것과 달리 등락을 거듭하고 있다. 상승세는 양호하나 주가가 많은 움직임을 보이는 실정이다. 스윙 폭이 넓은데도 진전이 없는 점에 주목하라. 3월 초 고점이 형성될 때 꼬리가 눈에 띄는데, 이는 추세가 반전될 것임을 암시한다. TSV는 이전 고점보다 더 낮은 고점을 형성했다. 모든 신호가 하락세가 나타날 것임을 나타낸다.

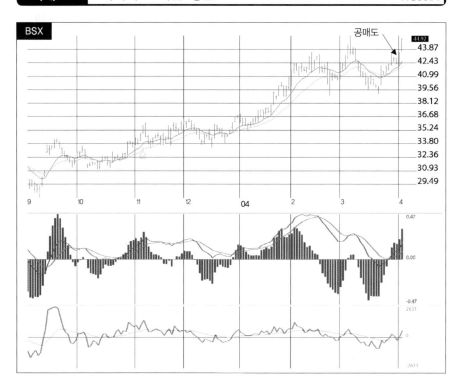

이 종목은 통증을 느끼는 데 시간이 오래 걸리지 않은 훌륭한 거래 중 하나였다. 하루나 이틀 정도면 상황을 충분히 파악할 수 있었다. 진입한 지 이틀 만에 시장이 내 생각에 반한다는 사실이 분명해졌다.

내가 공매도 포지션에 진입했을 때 주간 차트는 전망이 그다지 밝지 않았지만 일간 차트는 흥미로워 보였다. 내가 이 거래를 선택한 가장 큰 이유는 3월에 발생한 디버전스 때문이다. 나는 주가가 더욱 하락할 것이라고 생각했다. 하지만 알고 보니 디버전스와 머리 어깨형 패턴이 나타나는 바람에 차트가 보내는 신호를 확대해석했던 것이다. 3월 초 환매 기회를 놓치고 나서 실제로 존재하지 않는 기회를 창출하기로 결심한 셈이다.

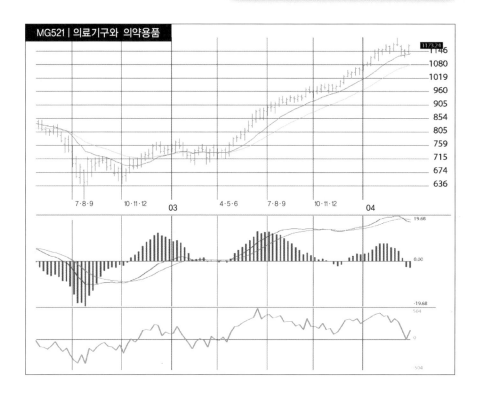

▶거래 요약   *TRADE SUMMARY*

BSX 2004.3.31 42.59달러 숏 포지션
환매 2004.4.2 44.20달러
손실=주당 1.61달러

MG521 | 의료기구와 의약용품

거래를 사후 평가해보면 내가 이 산업 그룹이 나아가는 방향으로 트레이딩하지 않았다는 것이 문제였다. 나는 임펄스 시스템이 여전히 청색인데도 그룹의 주가가 어떻게 상승했는지 확인하지 않았다. 이 문제점을 고치고 나니 요즘에는 트레이딩이 굉장히 성공적으로 이루어진다. 개별 주식 대신 산업 그룹을 살펴보는 전략이 효과를 발휘하는 것이다. 아무래도 그룹의 모멘텀에 반하는 트레이딩은 하지 말았어야 했다.

거래 #1 | 포지션 진입에 관한 견해

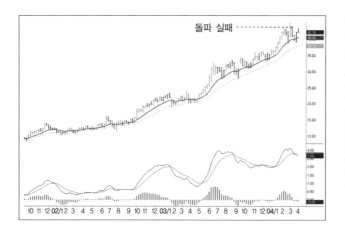

돌파 실패

BSX를 공매도하기에 좋은 지점은 4주 뒤에 신고점으로의 랠리가 실패로 돌아가고 임펄스가 녹색에서 청색으로 바뀌었을 때 나타났다. 약세가 나타난 이후 가격은 소폭 되돌림 현상을 보이며 밸류존으로 돌아갔다. BSX는 그 후로 밸류존을 넘어 반등했다. 이 종목은 오른쪽 가장자리에서 움직임을 읽기가 어려운데, 넓은 천장 패턴이 나타나거나 상승세가 재개될 수 있다.

일간 차트는 꾸준히 이어가던 랠리는 3월에 막을 내렸다. 2월과 3월의 가격과 MACD 히스토그램을 살펴보면 고점들 사이에 하락 디버전스가 형성되는 것을 볼 수 있다. BSX는 3월 초 44달러를 넘어서 신고점을 찍으며 급등했지만, MACD 히스토그램은 2월에 비해 훨씬 낮은 고점에 도달했다. 이후에 나타난 하락세는 BSX를 39달러로 몰아붙였는데, 거기서부터 새로운 랠리가 시작되어 주식은 44

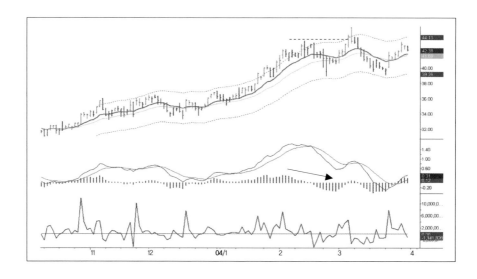

달러를 향해 달려갔다. 하지만 곧 기력이 다해 임펄스 시스템이 청색으로 바뀌고 말았다.

차트의 오른쪽 가장자리를 살펴보면 적당한 공매도 지점이 보이나 이 거래는 그다지 매력적이지 않다. 임펄스 시스템이 청색인 만큼 공매도가 가능하지만, MACD 히스토그램의 약세 디버전스가 눈에 띄지 않으며 가격이 공매도하기에 가장 이상적인 상단 채널선에서 먼 곳에 위치하고 있다. BSX는 좋은 거래에 해당하지 않는다. 이 경우 훌륭한 거래가 나타나기를 기다리는 편이 낫다.

거래 #1 │ 포지션 청산에 관한 견해

레이가 포지션을 청산한 방식은 칭찬받아 마땅하다. 포지션에 진입할 때 레이는 열의가 넘치는 여느 젊은 트레이더와 다르게 조금 뜸을 들였다. 하지만 청산할 때는 자신이 꿈꾸는 프로 트레이더처럼 신속한 모습과 단호한 의지를 보였다. 레이는 내가 프레드 슈츠만과 인터뷰(제2장 참고)하는 동안 버키가 했던 말을 떠오르게 했다. "나는 타당한 이유로 돈을 잃을 때 대단한 만족감을 느낀다. 타

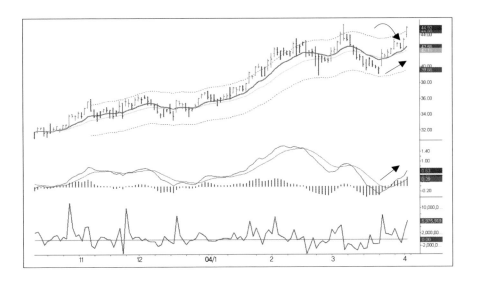

당한 이유로 돈을 잃으면 장기적으로 봤을 때 대단히 성공한 트레이더가 될 수 있다. 커다란 추세가 발생할 때 실수 없이 트레이딩할 수 있도록 규모가 더 작은 거래에서 돈을 잃어봤기 때문이다."

　차트의 오른쪽 가장자리를 보면 임펄스 시스템이 다시 녹색으로 바뀐 것을 볼 수 있다. MACD 히스토그램은 신고점을 향해 움직이고 있으며, 강도 지수의 랠리는 하락 디버전스를 무의미하게 만들고 있다. 모든 것이 위를 향하고 있으므로 숏 포지션을 고려할 이유가 전혀 없다. 손실을 줄이고 다른 거래를 위해 자본을 아껴두는 레이의 선택은 현명했다.

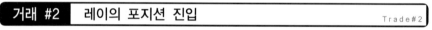

거래 #2　레이의 포지션 진입　　　　　　　　　　　Trade#2

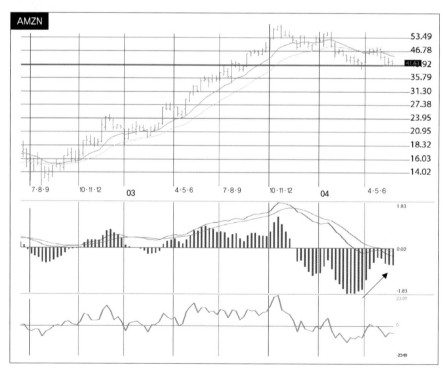

`AMZN`

주간 차트의 바를 살펴보면 가격이 지지 영역 안으로 내려오는 것을 볼 수 있다. AMZN는 2004년 지지선이 붕괴되었다가 반등한 적이 있으나 차트의 오른쪽 가장자리를 보면 그 수준까지 다시 떨어지는 모습이다. MACD는 최근의 하락세로 더 낮은 바닥을 형성하고 있는데, 이는 책에 표시된 차트상으로는 잘 보이지 않지만 주간 차트의 마지막 바가 청색으로 변한 것을 보면 알 수 있다.

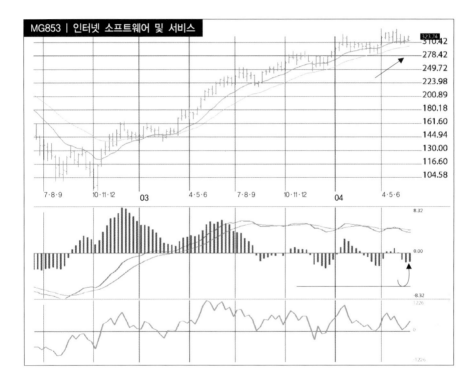

산업 그룹은 AMZN과 똑같이 상승세를 보이고 있다. 주간 차트에서 보다시피 가격은 스위트존으로 되돌아갔다가 상승했다. 임펄스 시스템은 어느 초보자에게나, 어느 트레이더에게나 최고의 트레이딩 도구다. 임펄스 시스템 덕택에 큰 손실을 면하는 경우가 많기 때문이다. 가격이 반등할 때 포지션에 진입하는 트

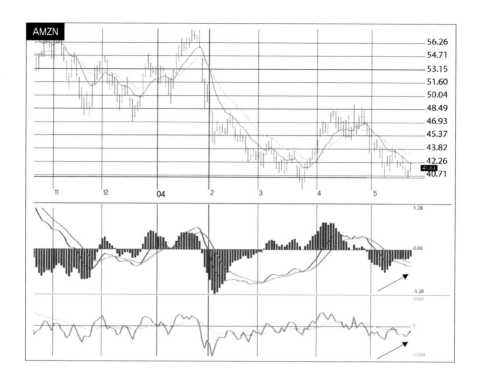

레이더라면 더더욱 이 시스템을 이용해야 한다. 이제 트레이딩에 뛰어들 시간이 됐다!

나는 삼중 스크린 시스템에 따라 주간 차트부터 살펴보지만, 이번에는 일간 차트가 더 흥미롭게 느껴진다. 삼중 스크린 시스템을 이용하면 훨씬 성공적인 트레이더가 될 수 있다. 나는 3월 말 AMZN이 지지선 부근에 있는 것을 눈치챘으나 매매에 나서지는 않았다. 당시 이 종목은 내 레이더망에 올라 있지 않았다. 그저 우연히 보게 됐을 뿐이다. 주가는 3월 말 폭등하기 시작했고, 나는 기회를 놓치기는 했지만 이 종목을 계속 지켜보았다. 5월 가격이 떨어지더니 40달러 부근까지 내려오고 말았다. MACD의 바닥이 워낙 낮아 큰 관심을 두지 않았으나 이 종목을 레이더망에 올려두었다. 결국 9거래일 후 가격은 비슷한 수준으로 떨어진 뒤 지지선에서 또 다시 반등하는 모습을 보였다. 일간 차트가 청색으로 바

뛰었고, 주간 차트와 산업 그룹 역시 청색을 띠었다. TSV는 조금 상승한 모습이었다. 40달러 이하로 떨어질 것 같지는 않았기 때문에 나는 지지선 부근에서 시장에 뛰어들었다.

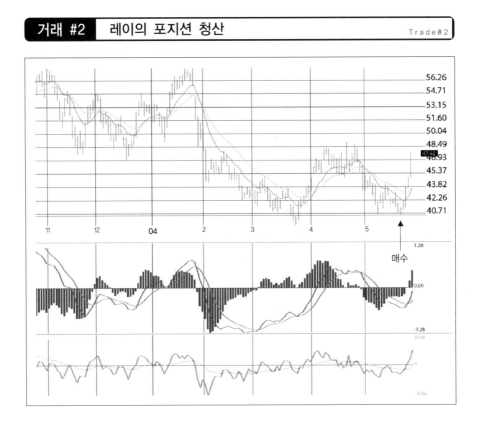

| 거래 #2 | 레이의 포지션 청산 | Trade#2 |

나는 원래 목표를 47.50달러로 잡았다. 이것은 이전 랠리의 고점에 해당하는 수준이다. 나는 결국 5월 27일의 고가 근처인 47.64달러에서 매도에 나섰다. 주가가 내가 설정한 목표에 도달했기 때문이다. 하지만 시장에서 벗어나고 나서 생각해보니 목표가 합리적이기는 했으나 훌륭하지는 않았다는 생각이 든다.

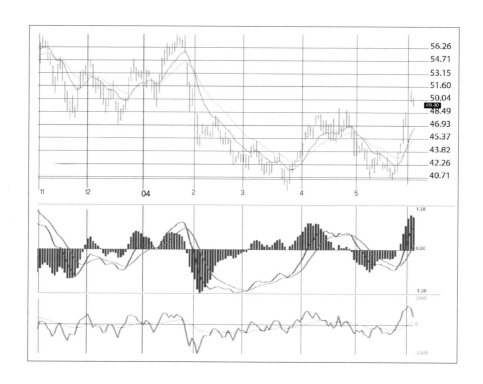

　　내가 사흘 만에 5.5포인트나 오르는 주식을 고르는 일은 자주 일어나지 않는다. 내가 이 거래를 선택했더라면 일간 MACD 히스토그램이 상승하는 동안 주식을 팔지 않고 일간 임펄스 시스템을 따라가다가 가격이 떨어질 때까지 기다렸을 것이다. 나는 최근 매도자가 늘어나 가격이 떨어지고 지지 영역에서 설득력 있는 바닥을 형성한 차트를 찾아봤다. 그 결과, 이중 바닥, 삼중 바닥 혹은 MACD 히스토그램이 상승 디버전스를 형성한 작은 바닥이 있는 차트를 발견했다.

▶거래 요약　　　　TRADE SUMMARY

AMZN 롱 포지션 2004.5.24 41.70달러
매도 2004.5.27 47.64달러
이익=주당 5.94달러

삼중 스크린 트레이딩 시스템

Triple screen trading system

삼중 스크린 트레이딩 시스템(Triple screen trading system)은 『주식시장에서 살아남는 심리투자 법칙』에서 처음으로 소개되었다. 이 시스템의 핵심은 어느 시장이든지 두 개 이상의 시간 스케일로 분석하는 것이다. 트레이딩할 때 어떤 차트를 선호하든 한 단계 상위에 있는 차트를 분석하고 전략적인 결정을 내리기 전까지는 그 차트를 살펴보지 마라. 예컨대 일간 차트를 바탕으로 트레이딩하는 것을 좋아한다면 주간 차트를 살펴보기 전까지는 일간 차트를 보지 말아야 한다. 이 경우 주간 차트를 연구해서 롱 포지션을 취할지 숏 포지션을 취할지 결정하라. 주간 차트를 이용해서 전략적인 결정을 내린 뒤에는 일간 차트로 돌아가 전술적인 결정을 내려라. 어디서 진입하고 어디서 손절매 주문을 낼지 결정하고 이익 목표를 설정하라.

거래 #2 | 포지션 진입에 관한 견해

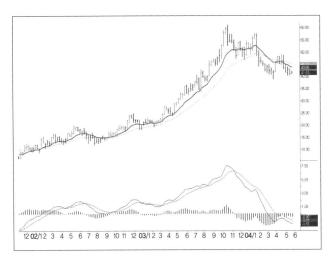

주간 차트의 오른쪽 가장자리를 보면 바의 길이가 짧아진 게 보인다. 이는 낮은 가격이 군중의 참여를 이끌어내고 있지 못했으며, 하락세가 다해간다는 의미다. MACD 히스토그램은 3월에 비해 훨씬 높은 수준에서 바닥을 치는 모습이다. 이것은 진짜 디버전스가 아니다. 지표가 두 바닥 사이에 있는 중심선을 한 번도 넘어서지 못했기 때문이다. 이토록 분명한 디버전스가 주간 차트에서 나타나는 경우는 드물다. 그러나 이 패턴은 곰의 세력이 2004년 3월보다 약하다는 사실을 알려준다. 이는 롱 포지션을 취할지 숏 포지션을 취할지 결정할 때 염두에 두어야 할 중요한 요소다. 주간 차트의 오른쪽 가장자리에서 임펄스가 적색에서 청색으로 바뀐 만큼 매수가 가능해졌다.

차트를 살펴보면 약세장의 저점에서 오랜 시간에 걸쳐 천천히 회복하는 모습이 보인다. 아마존은 1990년대 강세장을 이끈 기업 중 하나다. 10달러 아래 머무는 어려운 상황에서 벗어난 뒤로 주가는 60달러까지 치솟았다가 트레이더들이 대거 이익을 취하는 바람에 40달러로 하락했다. 2004년 3월 캥거루 꼬리가 40달러 아래로 내려간 것에 주목하라. 그 후로 급격한 숏 커버링 랠리가 나타났다가 가격이 다시 40달러까지 서서히 떨어졌다. 랠리의 속도와 하락세의 느릿느릿한 속도를 비교해보면 주가가 하락할 가능성이 없음이 분명해진다.

일간 차트에 나타나는 MACD 히스토그램의 패턴은 주간 차트에서 나타나는 것과 흡사하다. MACD가 5월 초와 5월 말 형성된 바닥 사이에 위치한 양(+)의 영역에 진입한 적이 없으므로 분명한 디버전스는 나타나지 않았다. 그와 동시에 두 번째 MACD의 바닥이 첫 번째 것에 비해 깊이가 얕은 것을 볼 수 있는데, 이는 곰의 세력이 약해지고 있다는 의미다. 바는 적색에서 청색으로 바뀌어 매수를 더 이상 막지 않는다.

강도 지수의 멋들어진 상승 디버전스에 주목하라. 이는 곰이 지쳐서 숨을 몰아쉬고 있으며 AMZN이 관성에서 벗어나고 있다는 신호다. 오른쪽 가장자리에

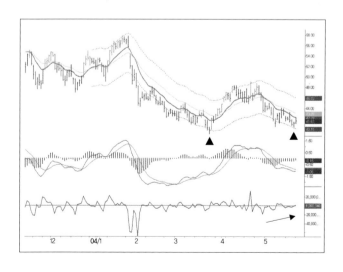

이 차트에는 황소에게 대단히 매력적인 요소가 나타나 있다. 5월 10일의 저점은 40.57달러에 형성된 반면 5월 21일의 저점은 2틱 하락한 40.55달러에 형성됐다. 5월 10일과 21일 사이에 롱 포지션을 취한 모든 아마추어가 '이전 저점보다 1틱 또는 2틱 낮은 지점에' 역지정가 주문을 냈다는 사실을 알기 위해 내부 정보가 필요한 것은 아니다. 늘 그렇듯 그런 트레이더들은 두 번째 바닥이 형성되면서 시장에서 내쫓겼다. 이 같은 가짜 돌파는 주식을 약한 포지션 보유자들의 손에서 강한 보유자들의 손으로 옮겨놓으며 랠리를 위해 길을 트는 역할을 한다.

서 이 주식은 강세장이 나타날 것이라는 신호를 다양한 방법으로 보내고 있다. MACD 히스토그램의 디버전스가 발생하지 않는 것이 유일한 옥에 티다. 진입할 때는 많은 거래가 불완전해보인다. 신호는 거래에 진입하고 나서 뒤돌아볼 때나 명백해진다. 분석가는 상황이 완벽해질 때까지 기다릴 수 있다. 하지만 트레이더는 불확실한 환경에 돈을 걸어야 하며 탄탄한 자금 관리로 스스로를 보호해야 한다.

거래 #2 | 포지션 청산에 관한 견해

차트의 오른쪽 가장자리를 살펴보면 상단 채널선 위에서 장을 마감한 것을 볼 수 있다. 나는 엔벨로프가 이익 실현을 위한 최고의 단기 목표를 제시한다고 생각한다. 레이 스스로 인정한 것처럼 그는 이익을 충분히 취하지 못하고 포지션을 청산하고 말았다. 레이가 팔고 난 뒤에도 주가는 몇 달러나 더 올랐다. 레이는 옳기도 하고, 그르기도 했다.

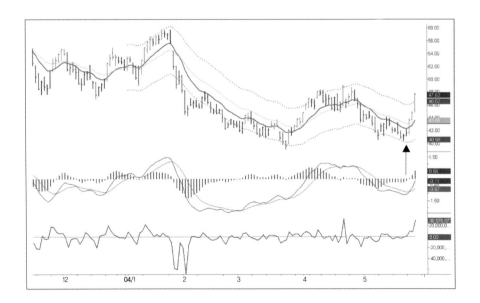

지난 일을 돌이켜볼 때면 누구나 시력이 2.0인 것처럼 모든 것이 선명하게 보인다. 내일자 신문을 미리 살 수 있다면 누구나 최저점에서 진입해 최고점에서 팔수 있을 것이다. 불확실한 미래를 내다보며 특정 주식이 다음 날 오를지 떨어질지 확실히 알기란 불가능하다. 이것이 바로 채널선 위에서 이익을 취하는 행동이 완벽하게 합리적인 이유다.

레이는 일간 MACD 히스토그램이 하락할 때까지 포지션을 보유했어야 했다고 회고했다. 이 경우에는 히스토그램이 천천히 하락했으나 급격하게 하락할 수도 있었다. 주식은 이익의 대부분을 쓸어버리며 대단히 빠른 속도로 추세를 반전시킬 수 있다. 다른 청산 전략을 시도해보고 싶다면 채널선에서 보다 보수적인 기법을 이용해 포지션의 대부분을 청산하고, 남은 포지션으로는 좀 더 모험적인 무엇인가를 시험해보라고 권하고 싶다. 1,000주를 거래할 경우 900주는 늘 하던 방식대로 이익을 취하고, 남은 100주에는 다른 청산 기법을 적용하는 것처럼 말이다.

이 모든 내용이 트레이더의 기록일지에 상세하게 적혀 있어야 한다. 새로운 시도를 한두 번 해보고 나서 잊어버리는 것은 도박을 하는 것과 크게 다르지 않다. 하지만 꼼꼼하게 기록하고 두 가지 방법을 비교하며 반복적으로 시도한다면 더 나은 트레이더가 되는 데 도움이 될 것이다.

트레이딩 채널

채널의 종류는 크게 두 가지로 구분할 수 있다. 단순 엔벨로프와 볼린저 밴드라고 불리는 표준편차 채널이 바로 그것이다. 단순 엔벨로프는 이동평균과 평행하게 움직이는 데 반해 표준편차 밴드는 시장의 변동성에 따라 팽창하고 수축한다. 변동성이 옵션의 가격을 결정하는 주요 요소인 만큼 볼린저 밴드는 주로 옵션 트레이더에게 유용하다. 밴드가 팽창하면 옵션을 매도하기에, 밴드가 수축하면 옵션을 매수하기에 적기다. 주식과 선물을 거래하는 트레이더는 단순 엔벨로프를 이용하는 편이 낫다. 단순 엔벨로프가 과매수와 과매도 상황을 파악하는 것을 도울 수 있기 때문이다.

제대로 그릴 경우 엔벨로프는 스크린에서 가격의 약 95퍼센트를 포괄한다. 엔벨로프는 일간 차트에서 지난 4~5개월간의 가격을 포괄하는 것이 이상적이다. 그래야 가장 극단적인 가격만이 엔벨로프의 위아래로 튀어나오기 때문이다. 시장은 조울증에 걸린 짐승이나 마찬가지다. 정상적일 때는 가격이 엔벨로프 안에, 조증을 보일 때는 상단 채널선 위에, 울증을 보일 때는 하단 채널선 아래에 위치한다. 채널은 우리가 시장에 참가한 군중의 기분을 파악하고 그와 반대로 거래하는 데 도움이 된다.

군중은 추세를 따라가는 경향이 있는데, 가격이 상승하면 눈에 띄게 황소의 특징이 드러난다. 초보 트레이더는 대대적인 상승세를 탈 것을 기대하며 상승 돌파가 일어날 때 매수하기를 좋아한다. 간혹 그 판단이 옳은 경우도 있지만 장기적인 면에서 대부분의 돌파는 가짜임이 밝혀진다. 그것이 바로 프로 트레이더들이 군중의 움직임에 반해 트레이딩하는 이유다. 가격이 하락하면 군중은 눈에 띄게 곰의 특징을 드러낸다. 사람들은 하락 돌파를 발견하고 나면 포지션을 처분하는데, 그것을 프로 트레이더들이 낮은 가격에 사들인다. 그들은 대부분의 하락 돌파가 가짜임을 알고 있다. 엔벨로프는 군중이 어느 지점에서 조증이나 울증을 보이는지 파악해 그와 반대로 돈을 걸도록 돕는다.

엔벨로프든 다른 단일 지표든 그것을 자동적인 트레이딩 도구로 이용할 수는 없다. 강력한 상승세가 나타날 때는 가격이 오랫동안 상단 채널선에 붙어 있을 수 있으며, 강력한 하락세가 나타날 때는 가격이 오랫동안 하단 채널선 아래에 머물 수 있다. 우리는 엔벨로프와 다른 지표를 통합해 최적의 트레이딩 신호를 찾아내야 한다. 엔벨로프 돌파가 MACD의 디버전스(2004년 4월 중순 AMZN의 하락 디버전스)를 동반하는 것이 좋은 예다. 이런 주의 사항은 거래에 진입할 때 일차적으로 적용된다. 채널선에서 이익을 취하는 것은 좋은 전략일 때가 많다. 레이가

AMZN을 청산한 방법은 그가 프로 트레이더가 되어가고 있음을 보여준다. 그는 상승 돌파가 일어날 때 매도에 나서지 않았는가.

채널은 지지선과 저항선보다 이익 목표를 설정하는 데 더 많이 도움이 되는 도구다. 프로 트레이더들은 남이 많이 이용하지 않는 도구를 찾는다. 지지선과 저항선은 모르는 사람이 없을 정도로 기초적인 개념이다. 연필과 자만 있으면 쉽게 표시할 수 있기 때문이다. 하지만 채널의 경우 컴퓨터를 어느 정도 능숙하게 다룰 줄 알아야 하며, 익숙해지려면 시간을 투자해야 한다. 지지선이나 저항선에 비해 차트에서 한눈에 알아보기도 쉽지 않다.

다른 지표와 마찬가지로 엔벨로프는 양(+)의 신호와 음(−)의 신호를 둘 다 발효한다. 가격이 엔벨로프 안에 위치할 때 매수하고 상단 채널선에 닿았을 때 매도할 경우 군중보다 한 발 앞설 수 있다. 군중이 자고 있을 때 매수에 나섰다가 일어날 때 매도에 나서는 격인데, 이는 양(+)의 신호다. 음(−)의 신호는 상단 채널선보다 높은 지점에서 매수하거나 하단 채널선 아래에서 공매도하지 말라는 경고다. 이런 메시지는 '바보 중의 바보 이론'의 최악의 경우에 해당하는 거래를 피할 수 있도록 돕는다. 엔벨로프는 이익을 취할 수 있는 최적의 단기 목표와 대단히 유용한 경고를 제공한다. 레이가 자신의 차트에 엔벨로프를 추가하면 많은 도움을 받을 것으로 예상된다.

레이의 e-mail
; 나의 트레이딩 계획은 계속 진화하고 있다

인터뷰할 당시 나는 단기 트레이딩에 전념하고 있었다. 하지만 사업상의 문제와 개인적인 문제에 시간을 많이 빼앗기면서 이 접근법을 계속 이용하기가 어려워졌다. 그래서 나는 자본을 세 개의 바구니에 나눠 담고 새로운 전략 두 가지를 추가로 도입하기로 결정했다. 기계적으로 관리할 수 있는 전략과 보다 장기적인 시간 스케일을 이용해 접근하는 전략을 선택한 것이다.

　나의 장기 전략은 간단하다. 가장 강력한 그룹에 속한 가장 강력한 주식에 스스로를 노출시키는 것이다. 이 글을 작성하고 있는 2005년 중반 현재, 주식시장은 1년 내내 보합세를 보이다시피 하고 있다. 이와 동시에 여러 산업 그룹은 25~40퍼센트의 상승세를 나타내고 있다. 약세장이지 않는 한 나는 주도산업의 주식을 보유하고 이익을 보호하기 위해 추적 손절매를 이용하는 데 만족한다. 필요한 경우 포트폴리오를 헤지하기 위해 옵션이나 직접적 지수 공매도direct index short 전략을 이용하기도 한다. 산업 그룹은 기초적 펀더멘털이 변하는 데 시간이 많이 걸리기 때문에 좋은 실적을 올리기 쉽다. 가장 강력한 그룹이 어떤 그룹인지 쉽게 알아낼 수 있다. 핵심은 그룹을 모니터하고 좋은 매수 기회가 오기를 기다리는 것이다. 주간 차트에서 가격이 가치까지 되돌림 현상을 보이면 매수에 나서라.

　엘더 박사는 우리가 매달 주최하는 캠퍼 모임에서 이런 이야기를 했다. "아침에 일어났을 때 계좌가 26주 이동평균과 똑같은 방향을 향하고 있다면 그날 큰 문제는 없을 겁니다." 나는 S&P의 이 차트와 비슷한 여러 차트를 연구하고 나서 내 트레이딩 기법에 추세 추종적인 요소를 추가했다.

　나는 다양한 이동평균을 이용해 추세 추종 시스템을 백테스트했다. 결과는 서로 차이를 보였으나 월스트리트에서 내세우는 매수하고 보유하는 전략보다는 보상이 훨씬 컸다. 내가 이용하는 시스템은 간단하다. 나는 트레이딩 신호(롱 포지션과 숏 포지션)를 발효하기 위해 상당히 단기적인 지수이동평균의 크로스오버를 이용한다. 이 전략은 천장이나 바닥을 포착하지는 못하지만 추세를 따라가도록 돕는 역할은 한다. 거래에 진입하고 청산하다 보면 잘못된 판단을 하는 경우가 계속 발생한다. 더 나은 조치를 취할 수 있지 않았을까 하는 생각은 어느 순간에나 들게 마련이다. 그래서 자본의 일정 부분을 기계적으로 관리하는 것이

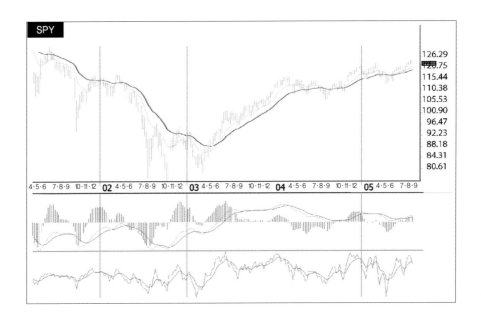

좋다. 지수이동평균이 방향을 바꿀 때 곤란한 지경에 빠지지 않고 시장의 평균적인 트레이더보다 앞서갈 수 있을 것이다.

나는 여전히 자본의 상당 부분을 단기 트레이딩에 할애한다. 트레이더스 캠프에서 배운 기법을 변형하기도 하고, 나 스스로 몇 가지 기법을 개발하기도 한다. 하향식 접근법의 일환으로 나는 우선적으로 시장을, 그다음에는 산업 그룹을, 그리고 맨 마지막으로 개별 주식을 연구한다. 나는 주간 임펄스 시스템을 연구하고 나서 대부분의 주식을 선택한다. 나는 바구니 안에 든 주식을 롱 포지션과 숏 포지션의 균형을 맞춰 헤지펀드처럼 운용하려고 노력한다. 나의 단기 트레이딩 실적은 트레이딩 계획을 확장한 이후 크게 향상되었다. 이런 전략을 추가 도입함으로써 나는 보다 인내심 있는 트레이더가 되었다. 자본의 상당 부분이 위험에 처해 있는 만큼, 무리하게 거래를 진행하기보다는 완벽한 설정 환경을 기다리는 편이 더 안전하게 느껴진다.

ENTRIES & EXITS
VISITS TO SIXTEEN TRADING ROOMS

CHAPTER

06

제임스 (마이크) 맥마혼
James (Mike) McMahon

성공한
엔지니어는
불리한 면이 있다

이름 | 제임스 (마이크) 맥마혼
거주지 | 애리조나 주 피닉스
전 직업 | 엔지니어링 매니저
트레이딩 분야 | 주식
트레이딩 경력 | 2000년부터
계좌 규모 | 소규모(25만 달러 이하)
소프트웨어 | TC2005, TradeStation, Trader's Governor
트레이더스 캠프 | 2002년 뉴질랜드,
2003년 도미니카공화국. 스파이크 그룹의 일원

나는 마이크를 2002년 열린 뉴질랜드 트레이더스 캠프에서 만났다. 그는 강의실 뒤쪽에 앉아서 노트북 컴퓨터에 필기를 했다. 나는 당시에 손가락을 치켜들고 자금 관리의 2퍼센트의 법칙과 6퍼센트의 법칙을 설명하고 있었다. 쉬는 시간에 마이크가 다가오더니 "그 두 가지 개념은 프로그래밍할 때 참 유용합니다"라고 말했다.

다음 날 아침, 마이크는 여러 개의 플로피 디스크를 들고 왔다. USB가 아직 보편화되지 않은 시절이었다. 마이크는 리스크 관리를 위해 2퍼센트의 법칙과 6퍼센트의 법칙을 적용시킬 수 있는 엑셀 스프레드시트를 만들었다고 했다. 그리고 원하는 사람이 있으면 무료로 배포하겠다는 의사도 밝혔다. 그 다음 날 마이크는 강의 시간에 자리에서 일어나 플로피 디스크를 돌려달라고 했다. 전날 밤에 프로그램을 업그레이드해서 캠프 참가자들에게 새로운 파일을 주려고 하는데 플로피 디스크의 개수가 충분하지 않다는 것이었다. 참가자들은 마이크를 좋아할 수밖에 없었다.

캠프가 끝나갈 무렵 나는 마이크에게 상업용으로 배포할 수 있을 만큼의 질을 갖춘, 매뉴얼까지 완벽한 프로그램을 만드는 것이 어떻겠느냐고 제안했다. 그는 나와 동업하고 싶다는 의견을 밝혔다. 우리는 거래를 성사시켰다. 마이크는 3년간 그답게 조용하고 완강하게 전진하면서 점점 더 향상된 리스크 관리 프로그램을 만들어냈다. 현재 트레이더스 거버너Trader's Governor의 컴퓨터 코드는 2만 개도 넘으며, 개인 트레이더의 손에 유례없는 수준의 통제권을 안겨준다.

나는 마이크와 일하는 것이 즐겁고, 그의 철저한 성격과 집중력, 흔들림 없는 유머를 높이 평가한다. 우리는 1년에 몇 번씩 우연히 마주치는데 그때마다 식사를 함께한다. 나는 저녁 식사를 하면서 와인을 한두 잔 곁들이기를 좋아하는 반면 마이크는 침례교도라서 술에는 입도 대지 않는다. 우리는 대개 자금 관리에 대해 이야기를 나누는데, 나는 그가 트레이딩에 대해 어떻게 생각하는지 궁금해서 이 프로젝트에 참가해달라고 초대했고 다음과 같은 답장을 받았다.

박사님께서 저를 이 책에 실어주시려는 것은 대단히 영광스럽게 생각합니다. 제가 과연 다른 분들과 같은 그룹에 속할 자격이 있는지는 모르겠지만 말입니다. 저는 트레이딩에 매우 진지하게 임하고 있지만, 아직 전문적으로 트레이딩을 한다고는 생각하지 않습니다.

제가 여태까지의 경험으로 얻은 교훈은 트레이딩에 유용한 조언이나 잔기술, 기법보다는 유능한 트레이딩을 위해 장애를 극복하는 방법에 관한 것입니다. 제가 대단히 촉망받는 컴퓨터 공학자였다는 사실이 막상 트레이딩을 할 때 유리하기보다는 불리하게 작용하는 경우가 더 많다고 생각하거든요. 수년간 공학자처럼 생각하도록 훈련을 받았더니 이제는 그렇게 생각하지 않는 것이 어려운 과제가 되어버렸습니다.

우리는 라스베이거스에서 열린 트레이더스 엑스포Traders' Expo에서 만났다. 나는 1일짜리 강의를 진행했고, 마이크는 초청 강연자로 참석해서 리스크 관리에 관해 간결한 파워포인트 프레젠테이션을 해주었다. 그리고 매우 너그럽게도 강좌를 들으러 온 모든 사람에게 프레젠테이션 내용을 이메일로 보내주겠다고 했다. 강연회가 끝난 뒤 우리는 함께 저녁 식사를 했고 다음 날까지 대화를 이어갔다.

마이크: 나는 트레이딩에 뛰어들기 전에 컴퓨터 공학자로 일하기도 하고 중동의 정유 회사에서 매니저로 일하기도 했다. 당시에는 분석하고 해결책을 찾는 일에 커다란 자부심을 느꼈으나, 시장에 뛰어들어보니 그때와 똑같은 방법으로 분석해도 해결책이 효과를 보이지 않는 경우가 많았다. 시장의 혼란은 해결할 수 있는 문제가 아니었다. 공학의 세계에서는 올바른 결정이 모든 것을 좌우한다. 하지만 시장에서는 이익 거래를 창출할 확률이 높은 방법을 찾아야 한다. 트레이딩에서는 열 번 중 세 번 정도만 효과를 발휘하는 과정이나 기법을 찾아

내더라도 자금 관리를 잘하면 수익을 올리는 데는 문제가 없다. 이익 거래는 좀 더 진행되도록 놓아두고, 손실 거래는 일찌감치 청산하면 된다. 트레이딩이 아 닌 다른 영역에서 이것은 말도 안 되는 발상일 가능성이 크다. 내가 트레이더가 되기 전에 했던 일 중 한 가지는 프로세스를 제어하는 일이었다. 컴퓨터로 현장 의 상황에서 측정한 뒤 정유 공장의 온도, 흐름, 압력을 조절하도록 신호를 내 보내는 것이었다. 내가 만일 상사에게 "공장이 열 번 중 세 번 정도는 잘 돌아 가고, 나머지 일곱 번은 제대로 돌아가지 않도록 제어할 수 있습니다"라고 말 했다면 상사는 기뻐하지 않았을 것이다. 하지만 트레이딩에서는 그런 방법이 아주 효과가 좋을 수도 있다.

올바른 기법을 찾으려는 초보 트레이더는 세미나에 참석한 뒤 트레이딩을 시작 한다. 하지만 거래 실적을 살펴봤을 때 과연 그가 선택한 기법으로 인해 수익을 올리거나 손실을 입었다고 볼 수 있을까? 자신이 세운 규칙을 적용해 올바르게 트레이딩을 할 때도 있지만, 그렇지 않을 때도 있다면 거래 실적을 살펴보는 일 은 무의미하다. 규칙을 엄격하게 적용했을 때만 결과를 분석할 가치가 있다. 트 레이딩에 열의가 넘쳐 규칙을 확대 적용한다면 결과의 질이 떨어질 가능성이 있 다. 경험이 적은 트레이더일수록 기법이 덜 명확하게 마련이다.

트레이딩 기법을 명확하게 규정하기 위해서는 거래를 여러 건 체결해서 기법을 테스트해야 한다. 10은 의미 있는 숫자가 아니며, 100 정도면 양호하다. 트레이 더가 충분히 테스트해보지 않고 다른 기법으로 넘어가는 경우를 자주 볼 수 있 는데, 이는 결코 바람직하지 않다. 양질의 교육을 받지 못했고, 규율이 부족하 며, 기록 관리도 철저하지 않을 경우 개인 트레이더로선 자신이 이용하는 기법 이 좋은지 나쁜지 알기 어렵다. 그것은 "돈을 벌고 있으니까 나는 무엇이 올바 른지 아는 거야"라고 말하는 것이나 마찬가지다. 1990년대에는 잘못된 방법으 로 트레이딩하더라도 수익을 올릴 수 있었다. 모든 주식의 가격이 올랐고, 주가 가 조금 떨어지더라도 역지정가 주문을 내기 위해 걱정할 필요가 없었다. 주가가 항상 반등하고 나서 치솟았기 때문이다. 거래의 질이 양호하지 않아도 수익을 올리는 트레이더가 많았다. 그러다가 2000년이 다가왔다.

나는 평생 복잡한 분석을 수행하고 그를 바탕으로 효과적인 해결책을 개발할 수 있다고 자신해왔다. 해결책이 효과를 보이면 그것은 옳은 것이다. 하지만 시장에서는 사정이 달랐다. 분석이 옳지 않더라도 수익을 올리는 경우가 있고, 진입 조건이 완벽해보였는데도 막상 거래를 체결하면 손실을 입는 경우도 있었다. 전략의 질이나 실행 가능성은 그 거래가 수익을 낼지, 손실을 낼지에 아무런 영향도 미치지 않았다. 진입에 관한 나의 기록을 살펴보니 이런 사실은 더욱 명확해졌다. 진입 규칙에서 벗어나 수익이 생기지 않았어야 할 거래에서도 수익을 올린 경우가 있었기 때문이다. 반면, 모든 것을 제대로 했는데도 시장이 나와 반대 방향으로 움직여 손실을 입은 경우도 있었다. 트레이딩은 '내가 옳은가 그른가?'에 관한 것이 아니라 '내가 기법을 올바르게 적용했는가?'에 관련된 것이다.

나는 나와 비슷한 상황에 놓인 사람을 여러 명 만났다. 시장의 혼란을 접하고 나서 해법을 찾지 못하는 기술적인 면이 매우 강한 사람, 프로그래머, 대단히 분석적인 사람들을 만났다. 취미 삼아 트레이딩하는 투자자들은 2001~2002년 계좌에 심각한 타격을 입었다. 주가가 하락세를 보이면 어떤 전략이든 행해야 한다. 곰이 활개 치는 시장에 가만히 앉아 포지션을 계속 보유해서는 안 된다. 바가 200일 이동평균 아래로 이동했을 때 시장에서 벗어나는 간단한 전략을 따랐더라면 나는 2000년 9월 포지션을 모두 청산하고 2003년 4월까지 자본을 현금으로 보유할 수 있었을 것이다.

2000년 7월 사우디아라비아를 떠날 당시 나에게는 401k(적립식 기업 연금)와 개인 연금 계좌IRA, Individual Retirement Account가 있었다. 그전까지 나는 뮤추얼 펀드에만 투자했다. 사람들은 주식시장이 날뛰고 있기 때문에 그때야말로 뛰어들 적기라고 말했다. 오전 9시부터 오후 5시까지 일을 하지 않아도 된다는 게 매력적으로 느껴졌다. 나는 파트타임으로 트레이딩을 해도 돈을 많이 벌 수 있을 것이라고 생각했다. 흔한 이야기 아닌가? 웨이드 쿡*과 친분이 있는 친구가 있어 그가 주최하는 학회에 참석한 적이 있는데, 그의 강연 내용에 금세 환멸을 느끼고 말았다. 강연 내내 그가 억지로 웃는 것만 같았고, 강연의 목적이 참가자들이 트레이딩에 대해 얼마나 조금 알고 있는가를 느끼게 해주는 것이라는 생각이 들었다. 사흘에 걸쳐 30가지 전략을 가르쳐주고 나서 '아, 이거 정말 복잡하잖아. 워크숍을 세 개 더 신청해야겠어'라는 생각이 들게 만들려는 것 같았다. 강사한 명이 읽어야 할 책의 목록을 나눠줬는데, 나는 거기에서 『주식시장에서 살아남는 심리투자 법칙』을 발견했다. 나는 저자가 상당히 논리적이고 쿡이 주장하는 모든 것에 반대한다고 생각했다.

그것이 바로 내가 트레이더스 캠프에 참석하게 된 계기다. 컴퓨터 공학자로 일할 때는 내가 항상 옳거나 거의 항상 옳으리라는 자신감이 필요했다. 하지만 트레이딩할 때는 그런 생각을 버려야 한다는 것을 알게 되었다. 아직도 사고방식을 완전히 바꾸지는 못했으나 자금 관리 규칙을 철저하게 적용하면서 서서히 바뀌나가고 있다. 강의 시간에 어떤 남자가 자신감에 관해 물었는데, 엘더 박사는 트레이더가 자신감을 느끼는 날은 존재하지 않는다고 대답했다. 다른 분야에서 건너온 대부분의 사람은 이런 심리적인 변화를 이루기 어렵다.

회의나 게시판에서 사람들에게 "트레이딩을 하면서 겪는 어려움에 대해 이야기해보죠"라고 제안하면 아무도 반응하지 않는다. 그 주제를 감당할 만한 트레이더가 없기 때문이다. 사람들은 금값이나 디버전스, 브로커에 대해 이야기하고 싶어 한다. 나는 로봇이 나 대신 시장에 진입하고 청산했더라면 더 성공한

---

*Wade Cook; 미국의 금융 전문가이자 작가.

트레이더가 되었으리라는 생각을 종종 한다. 마치 아이작 아시모프[Isaac Asimov]의 『아이 로봇[I, Robot]』처럼 말이다. 첫 번째 법칙은 로봇이 특정 행동을 취하거나 취하지 않음으로써 인간을 해쳐서는 안 된다는 것이다. 내가 거래일에 감정이 격해져 로봇에게 주문을 내거나 취소하라고 명령하면 로봇은 "안 됩니다. 주인님을 해칠 수는 없습니다. 계획한 대로 실행에 옮겨야 합니다"라고 말할 것이다.

자신감과 불확실성 — Confidence and uncertainty

한 트레이더가 강의 시간에 손을 들고는 질문했다. 그날은 마이크가 초청 연사로 참석한 날이었다. 질문자는 어떻게 해야 전문가의 경지에 이르러 자신감을 갖고 트레이딩할 수 있는지 알고 싶어 했다. "그런 일이 일어날 확률은 희박합니다." 내가 이야기했다. "트레이딩처럼 긴장을 많이 하게 되는 일을 할 때는 언제나 불확실한 느낌이 들거든요. 프로젝트나 거래에 확신이 생긴다면 그 일은 실패로 돌아가고 말 겁니다."

어떤 일이든 밖에서 구경하는 것과 안으로 들어가서 직접 경험해보는 것은 상당히 다르다. 그런 농담도 있지 않은가. 남자 두 명이 카누를 타고 낚시를 하러 갔는데 한 명이 다이너마이트 한 개를 물속으로 던졌다. 그러자 쾅 소리에 놀라 온갖 종류의 물고기가 수면 위로 떠올랐다. 다른 한 명이 "너 제정신이야? 그건 불법이잖아"라고 따지자 첫 번째 남자가 다이너마이트를 한 개 더 꺼내 불을 붙이고는 친구에게 넘겨줬다. "수다나 떨고 있을래? 낚시를 할래?"

트레이딩을 하기에 앞서 나는 이지스캔[EasyScan] 프로그램 두 개가 깔려 있는 TC2005를 먼저 이용한다. 우선 지난 30거래일 동안 52주 고가를 경신한 주식을 찾아본다. 주가가 10달러 이상이어야 하며, 거래량이 모든 거래의 상위 25퍼센트에 속해야 한다. 나는 이 종목들을 가격이 높은 순서로 정렬한다. 그다음에는 주간 차트를 하나씩 재빠르게 훑어보면서 그중 흥미로운 것이 있으면 일간 차트도 살펴본다. 대부분의 경우 주가가 상승했으며 '고무줄'이 늘어난 상태다. 나는 공매도에 나설 기회를 물색하고 있으므로 고무줄이 심하게 늘어나 원위치로 돌아가기 시작한 주식을 찾아본다. 시간을 더 들여서 연구하고 싶은 주식에는 표시를 해둔다.

나는 목록의 위아래보다는 중간에서 거래 후보를 더 많이 발견하는 편이다. 나는 새로운 텍스트 파일을 만들고 날짜를 입력하고는 표시해둔 기호를 복사해 넣는다. 그다음에는 최근에 신저점을 형성한 종목에 대해 똑같은 작업을 실시한다. 가장 낮은 금액을 찾아보며 매수 기회를 엿보는 것이다. 나는 그런 종목들의 기호를 텍스트 파일로 정리하고, '11/22 공매도' 같은 식으로 메모를 적어 트레이드 스테이션 폴더에 넣어둔다. 주식을 트레이드 스테이션에 집어넣고 나면 늘 살펴보는 주간, 일간, 일중 스크린을 차례로 확인한다. 이 대목에서 나는 매우 진지하게 종목을 찾아본다. 크로스오버를 발견하는 경우도 있다. 숏 포지션을 취할 만한 종목을 추려낸 목록에서 롱 포지션을 취할 만한 종목을 발견하거나 그와 반대되는 경우를 발견하는 것이다. 나는 각각의 목록에 1~2주의 시간을 할애한 뒤 오래된 파일은 삭제한다.

거래 #1　　**마이크의 포지션 진입**　　　　　　　　　　　　　Trade#1

`GNCMA`

임펄스 시스템은 적색에서 청색으로, 다시 녹색으로 바뀌었다. MACD 히스토그램은 상승 중이며 이제 막 0 선을 넘어섰다. 스토캐스틱 역시 상승 중이며 과매도선 위에서 막 교차했다. 주가는 52주 저점까지 떨어졌으나 하락세 를 지속

180

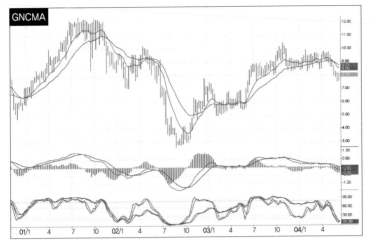

임펄스 시스템은 차트의 오른쪽 가장자리에서 적색에서 청색으로 바뀌었다. 이는 매수가 가능하다는 신호다. 스토캐스틱은 과매수 상태며 위로 교차하고 있다. MACD 히스토그램은 하락세를 멈추고 반등했다.

위 | 주간 바 차트(25주, 11주 지수이동평균과 임펄스 시스템)
중간 | MACD선과 MACD 히스토그램(11-25-5)
아래 | 스토캐스틱(10-3-3과 40-3-3), 80과 20에 과매수선과 과매도선

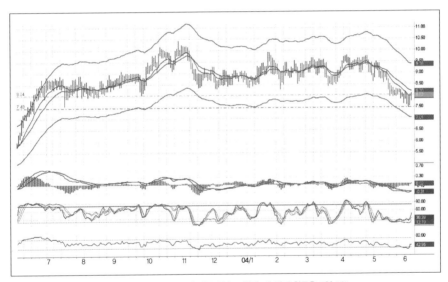

주간 차트와 세 가지 항목 똑같이 설정. 일간 차트인 만큼 일수로 변경. 네 번째 항목은 11일 RSI.

하는 대신 반전해서 상승하기 시작했다. 가격은 두 이동평균 사이의 스위트존에 머물고 있다.

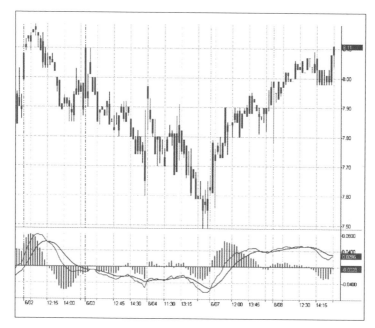

상승세가 시작된
지 이틀째다. 가격
은 주간 차트와 일
간 차트에서 나타
나는 매수 신호를
지지하고 있다.

위 | 15분 캔들 차트
아래 | MACD선과 MACD 히스토그램(12–26–9 바)

거래 #1 **마이크의 포지션 청산**   Trade#1

11거래일이 지나고 나니 주식이 아무런 움직임도 보이지 않을 것만 같았다.
MACD는 하락하기 시작했고, 스토캐스틱은 과매도선 아래에서 교차했다.

▶ **거래 요약**   **TRADE SUMMARY**

GNCMA 롱 포지션 2004.6.8. 8.10달러
매도 2004.6.23 8.04달러
손실=주당 0.06달러
채널 9.38–7.01
D급 거래를 위해 채널의 8.7%를 잃음

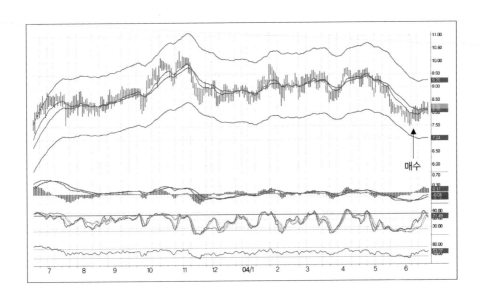

매수

상사는 숫자를 보고 싶어 한다

The boss wants
to see the numbers

마이크는 이렇게 말했다.

강의 시간에 한 참가자가 엘더 박사에게 성공하는 트레이더들의 심리적인 공통점이 무엇인지 물었다. 박사는 '기이한 면'이라고 대답했다. 나는 필요한 트레이딩 지식은 전부 갖춘 것 같다. 남은 것은 보수적이고 솔직한 엔지니어에서 기이하고 논리적인 트레이더로의 심리적인 변신을 꾀하는 일이다. 나는 트레이딩에 열정을 가지고 있다. 나는 직업상의 난관을 극복하고 시련을 이겨내는 데 성공적인 모습을 보여왔다. 어려움을 극복하면 커다란 만족감이 느껴진다. 무엇보다도 이 생활방식의 유연함이 마음에 든다. 트레이더는 언제 어디서나 트레이딩할 수 있다. 하지만 혼자 일하다 보니 외로울 때도 있다. 트레이더스 거버너스로 작업하다 보니 기록 관리의 중요성을 깨닫게 되었다. 개인 트레이더는 자신의 실적이 그럭저럭 괜찮다며 실제 실적을 무시할 수도 있는데, 거버너스는 이용자가 자기 실적이 어떤지 뼈저리게 느끼도록 강요한다. 실적이 좋든 안 좋든 상사는 숫자를 보고 싶어 한다.

마이크는 다음과 같은 내용의 이메일을 보냈다.

『공학의 불문법(The Unwritten Laws of Engineering)』이라는 소책자를 보내드립니다. 이 책을 읽자마자 모든 초보 엔지니어가 알아야 할 내용이 담긴 대단한 책이라는 생각이 들었습니다. 저는 이 책이 1944년에 출판되었다는 사실에 몹시 놀랐습니다! 젊은 엔지니어와 기술적 도구, 차트, 지표, 시스템 백테스팅, 주식 선정 소프트웨어 등을 전부 갖추는 데 집착하는 초보 트레이더의 사고방식에는 긴밀한 상관관계가 있는 것 같습니다. 초보자들은 트레이딩의 불문법이나 자신이 시장에 진입하기에 심리적으로나 감정적으로나 준비가 얼마나 덜 되었는지에는 전혀 관심이 없어보입니다.

거래 #1 | 포지션 진입에 관한 견해

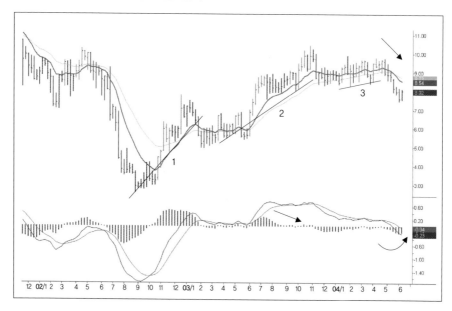

GNCMA는 3달러 아래에서 출발해 10달러를 넘어섰는데, 이때 황소의 움직임에서 뚜렷하게 드러나는 세 가지 단계가 주간 차트에 잘 나타나 있다. 2002년에 나타난 첫 번째 상승세는 수직으로 강력한 움직임을 보였다. 2003년에 나타난 두 번째 상승세는 훨씬 가파른 움직임을 보이다가 MACD 히스토그램의 하락 디버전스가 발생하면서 끝났다. 2004년에 나타난 세 번째 상승세는 거의 보합세를 보였다. 신고점을 찍지도 않았고, 두 이동평균이 모두 하락세를 보인 채 끝났다. 일찍 일어난 새가 주식시장에서 벌레를 잡은 것이다. 차트의 오른쪽 가장자리에서 하락세는 지수이동평균 아래로 한참이나 이어졌다. 고무줄이 무리하게 늘어난 것이다. MACD 히스토그램이 상승하여 임펄스 시스템이 청색으로 바뀐 덕택에 매도 금지 신호가 더 이상 발효되지 않았다.

눈을 가늘게 뜨고 차트를 보지 마라

Do not squint at a chart

상승 신호나 하락 신호를 찾으려는 트레이더들은 차트를 볼 때 눈을 가늘게 뜨는 경향이 있다. 눈을 가늘게 뜨고 차트를 오랫동안 살펴보면 원하는 상승 신호나 하락 신호가 보일 것이다. 하지만 신호를 찾는 훨씬 나은 방법은 뒤로 한 발 물러서서 한 단계 상위의 시간 스케일 차트를 살펴보는 것이다. 일간 차트를 봤을 때 혼란스럽다면 전략적인 결정을 내릴 때 주간 차트를 활용하라. 일간 차트로 돌아가 거래를 어떻게 처리할지 결정하기 전에 주간 차트를 보며 자신이 황소인지 곰인지 파악하라.

일간 차트에 나타나는 하락세는 지금 당장 매수에 나서기에는 약간 가팔라 보인다. 4월에 하락 디버전스가 발생했고, 거기서부터 두 달도 채 지나지 않아 주가는 거의 일직선을 그리며 25퍼센트 가까이 하락하고 말았다. 차트의 오른쪽 가장자리에서 임펄스는 녹색으로 변해 매수를 허용하지만 MACD 히스토그램이나 MACD선, 심지어 강도 지수의 상승 디버전스마저도 나타나지 않는다. 히스

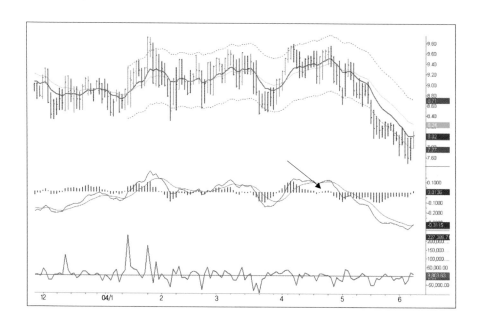

토그램이 업틱을 보이고, 가격이 빠른 지수이동평균 위로 올라가는 것이 매수 신호의 전부다. 나라면 이 신호만 보고 롱 포지션에 진입하지는 않을 것이다.

　뿐만 아니라 이 종목을 매수하기에는 시기적으로 좀 늦은 것 같다. 마이크가 매수한 가격인 8.10달러는 그날의 가장 높은 틱에 가깝고, 채널의 바닥보다는 중심에 더 가깝다. 내가 만일 바닥을 노렸더라면 하단 채널선 부근에서, 가치보다 아래에서 매수하려고 했을 것이다. 다시 말하지만 나라면 이 시점에서 이 거래를 선택하지는 않았을 것이다.

거래 #1 | 포지션 청산에 관한 견해

　랠리가 더 이상 진전을 보이지 않았기 때문에 시장에서 빠져나가기로 한 마이크의 판단은 옳았다. 역지정가 주문을 낼 때는 가격뿐만 아니라 시간을 설정하는 것도 중요하다. 머릿속으로 생각해두기만 해도 괜찮지만 일정한 시간이 흐

186

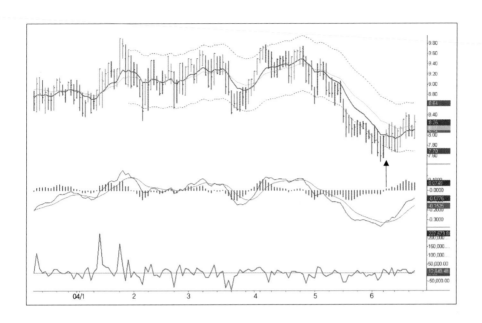

른 뒤에도 주식이 자신이 예상한 방향으로 나아가지 않을 경우 시장에서 반드시 빠져나가야 함을 명심해야 한다.

우리는 주가가 오를 것으로 예상하면서 주식을 산다. 다음 날 더 싼 가격에 살 수 있을 것이라고 생각했다면 사지 않았을 것이다. 거래일이 하루가 지나고 이삼일이 더 지났는데도 우리가 예상했던 랠리는 시작될 기미조차 보이지 않는다. 주가가 떨어지지도 않고, 원하는 방향과 반대 방향으로 나아가지 않는다고 하더라도 이런 경우 주식이 우리의 분석이 틀렸다는 미묘한 메시지를 보내는 것이나 다름없다. 이는 공간이 부족한 주차장에 차를 세우는 것이나 마찬가지다. 공간이 충분하지 않아 제대로 주차할 수 없을 것이라는 판단이 들면 그 자리에서 빠져나와 더 나은 각도에서 다시 시도할 것인지 다른 자리를 찾아 좀 더 돌아다닐 것인지 결정해야 한다.

이 거래는 자신이 주식을 일간 가격 범위의 어디쯤에서 매수하거나 매도했는지 측정하는 것의 중요성도 일깨워준다. 일간 바의 하위 50퍼센트 안에서 매수하고 그날의 바의 상위 50퍼센트 안에서 매도하려고 노력해야 한다. 이는 사실 말처럼 쉬운 일이 아니다. 장이 마감하기 전에는 그날의 가격 범위가 어떨지 알지 못하기 때문이다. 하위 절반에서 매수하고 상위 절반에서 매도하는 능력은 경험을 요한다. 경험이 쌓이더라도 완벽하게 익힐 수 없는 기술이다. 이 거래에서 마이크는 일간 바의 가장 높은 틱 부근에서 매수에 나섰고 청산하던 날 바의 가장 낮은 틱 부근에서 매도에 나섰다. 마이크가 이와 반대되는 패턴을 따랐더라면 이 거래에서 약간의 손해를 입는 대신 큰 수익을 거둘 수 있었을 것이다. 마이크는 장이 열려 있는 동안 실시간 데이터를 이용할 수 있었다. 주간 차트와 일간 차트를 분석하는 그의 능력은 일중 차트에서도 빛을 발할 수 있었을 것이다. 이는 데이 트레이딩을 하기 위해서가 아니라 진입과 청산 능력을 가다듬기 위함이다.

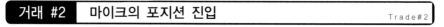

거래 #2   마이크의 포지션 진입   Trade#2

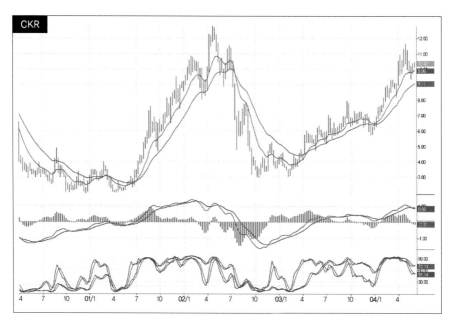

임펄스 시스템이 청색이므로 매수 가능하다. 스토캐스틱은 둘 다 상승하기 시작하면서 강세장을 나타낸다. MACD는 아직 상승하지 않는 모습이다.

임펄스 시스템에 반하는 청산　　Non-impules Exit

Q. 전날 있었던 웹 세미나에서 옥수수가 상승세를 이어가지 못했기 때문에 지금이 매도하기에 적기라고 하셨습니다. 임펄스 시스템이 녹색인데도 매도 하라는 말씀이십니까?

A. 임펄스 시스템은 트레이더가 포지션에 진입할지 여부를 판단하도록 도와 주는 검열 시스템입니다. 가격이 채널에서 빠르게 벗어날 때 시장은 임펄스 시스템의 신호에 관계없이 과열 상태를 나타내 포지션을 청산하라는 신호를 보냅니다. 다시 말해 저라면 임펄스 시스템이 포지션에 진입하도록 허용할 때만 진입하겠지만, 청산할 때는 시스템이 알려주는 것보다 한 발 앞서서 청산할지도 모르겠습니다.

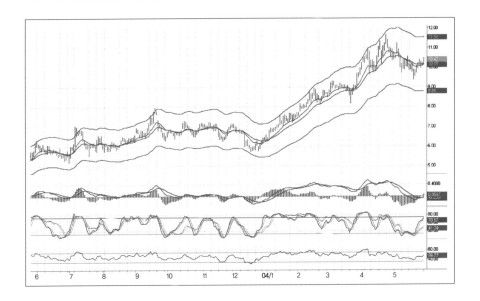

MACD 히스토그램은 0 선을 넘어서며 상승 중이다. MACD선은 매수 신호를 발효하고 있으며, 가격은 두 지수이동평균 사이의 스위트존에 있다. RSI와 두 스토캐스틱 모두 상승하는 모습이다.

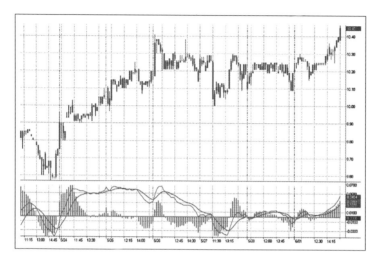

더 높은 가격에 장을 마감했다는 사실은 긍정적인 신호다.

마이크의 포지션 청산　　　　　　　　　　　　　Trade#2

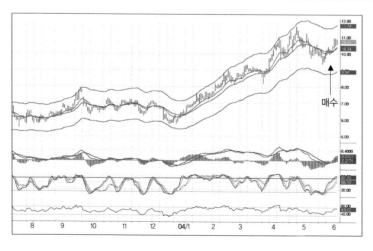

매수

가격이 움직이는 것처럼 보이지만 모멘텀과 MACD는 가격에서 조금 벗어나기 시작했다. 스토캐스틱과 RSI는 모두 하락하기 시작했다.

가격이 움직일 생각을 하지 않는다. 삼각형 패턴이 형성될 가능성이 있어 보인다.

▶거래 요약   *TRADE SUMMARY*

CKR 롱 포지션 2004.6.1 10.38달러
매도 2004.6.4 10.717달러
이익=주당 0.337달러
채널 10.85-9.51
B급 거래를 위해 채널의 25%를 취함

거래 #2 | 포지션 진입에 관한 견해

CKR는 갈수록 힘이 강해지고 있다. 이는 주간 차트에서 상승세가 점점 힘을 잃어가던 GNCMA와는 대조적인 모습이다. 2003년에 나타난 CKR의 첫 번째 상승세, 3달러에서 8달러까지 상승하는 데는 30주도 넘게 지속되었다. 2004년에 나타난 두 번째 상승세, 6달러 아래에서 출발하여 거의 12달러까지 상승하는 데는 주가가 더 빠른 속도로 상승해 6달러 정도 오르는 데 30주의 반밖에 걸리지 않았다. 주가가 급등함에 따라 황소의 세력이 점점 더 강해질 경우 주가가 더 높이 올라갈 것이라는 신호다.

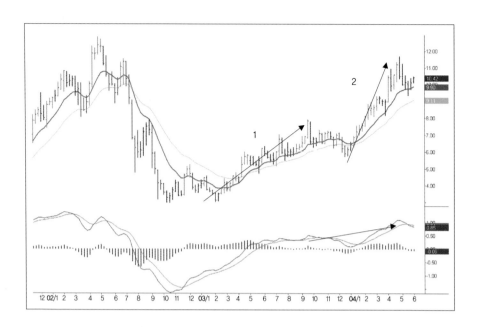

황소의 움직임은 이동평균의 상승세로 분명하게 추적할 수 있다. 몇 달에 한 번씩 트레이더들이 한바탕 이익을 취하고 나면 가격이 두 지수이동평균 사이의 가치 영역까지 하락하거나 그것보다도 더욱 큰 폭의 하락세를 보인다. 이때 약한 포지션 보유자들이 패닉 상태에 빠지면 끈기 있고 보수적인 트레이더들은 가치 부근에서 롱 포지션을 확장한다. 차트상 가장 최근에 가격이 하락했던 때는 MACD 히스토그램이 0 선 아래로 내려갔던 바로 일주일 전이다. 과매도가 나타난 상황은 황소에게 더욱 힘을 실어주었다. 차트상으로는 일주일 전의 상황이 훨씬 좋아보이지만 여전히 가격이 가치에서 아직 많이 멀어지진 않은 상태다.

강도 지수의 상승 디버전스는 황소의 세력이 우세하다는 의견에 신빙성을 더해준다. 가격이 처음으로 하단 채널선 아래로 내려갔을 때 강도 지수의 바닥이 상대적으로 깊었던 점, 그리고 두 번째 바닥이 형성될 때 강도 지수가 거의 보합세를 보였던 점에 주목하라. 이 현상은 곰이 동력을 잃어가고 있음을 보여준다. 시장은 황소와 곰으로 구성된 양당 체제다. 곰의 세력이 약해지면 다가오는 선

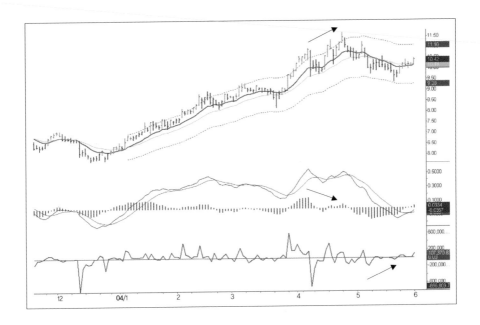

거에서 어떤 당이 승리할 것인지 알 수 있다.

일간 차트는 주간 차트의 메시지를 확인시켜준다. 주가는 상승할 만반의 준비가 되어 있다. 4월에 가격을 떨어뜨린 하락 디버전스가 발생했으며 5월에 가격이 하단 채널선 아래로 두 차례나 내려간 것에 주목하라. 두 번째로 형성된 바닥은 첫 번째 것보다 낮았으나 가격은 그 수준 밑에 이틀 동안만 머물렀다. 엿새

가격이 보합세를 보이는 시장에서의 목표 설정   Targets in flat markets

Q. 변동이 거의 없는 시장의 주식은 과거에 그랬던 것처럼 백분율 엔벨로프 안으로 움직이는 경우가 많지 않은 것 같습니다. 박사님께서는 혹시 다른 가격 목표를 이용하십니까?

A. 저는 여전히 채널선에서 이익을 취하려고 노력합니다. 하지만 지난 두세 달 동안 트레이딩한 내역을 추적하려면 채널선을 다시 그려야 합니다.

전에 그 수준을 넘어섰을 때는 곰이 이미 덫에 걸린 뒤였다. 일간 임펄스가 녹색으로 바뀌었고 주간 임펄스가 여전히 청색을 띠는 만큼 오른쪽에서 여섯 번째에 위치한 바는 이 거래에 롱 포지션으로 진입하기에 완벽한 지점이었다. 마이크는 추세의 방향을 따라가는 데는 더할 나위 없는 기량을 보였지만 조금 늦은 감이 있다.

거래 #2 | 포지션 청산에 관한 견해

마이크는 대단히 신중하게 포지션을 청산했다. 마이크가 대단히 신중한 사람이라는 점을 떠올리면 크게 놀랄 일도 아니다. 이익을 취하려다 무일푼이 된 사람은 없지 않은가. 차트의 오른쪽 가장자리를 보면 강세장을 알리는 신호와 약세장을 알리는 신호가 둘 다 나타난다. 가장 부정적인 신호는 거래일마다 바가 짧아졌으며 가격이 지난 이틀간 변함 없었다는 점이다. 이는 가격이 저항선에

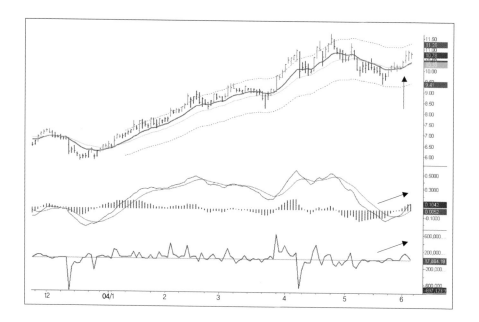

부딪혀 단기적으로 나타난 상승세가 끝났음을 의미할 수도 있다. 물론 상승세가 이어지는 중에 나타나는 탄탄한 삼각형 패턴일 가능성도 있다. 가격이 상단 채널선에 접근하고 있다는 사실은 황소에게 또 하나의 경고로 작용한다. 가격은 4월의 천장에서 형성된 저항 영역 안으로 들어서기 시작했다.

그와 동시에 몇몇 지표가 강세장이 다가올 것이라는 신호를 보내고 있다. MACD 히스토그램이 최근에 고점을 찍었다는 것은 황소가 시장으로 돌아오고 있다는 증거다. 강도 지수가 이전 고점보다 더 높은 고점을 찍었다는 사실은 황소의 세력이 점점 강해지고 있음을 나타낸다.

마이크는 위험 지역에서 조심스럽게 전진하고 있다. 마이크는 인터뷰에서 엔지니어로서 일한 경력이 그가 확실성을 추구하도록 훈련시켰다고 밝혔다. 통찰력 있는 발언이라는 생각이 든다. 새로운 분야에서 살아가는 방법을 익히면서 마이크는 손실을 줄이고 도망가기 전에 이익을 취하고 있다.

리스크 관리

트레이딩의 세계에 젊은 귀재는 거의 없다. 어느 정도 트레이딩을 하다 보면 경험이 쌓이고 트레이더로서 보다 성숙해져 우위를 점하게 된다. 실수를 저지르는 것은 괜찮지만 실수를 반복해서는 안 된다. 이 규칙을 지키다 보면 새로운 실수가 계속 생기더라도, 결국에는 더 이상 남은 실수가 없을 것이고 마침내 돈을 벌게 될 것이다.

경험은 트레이더에게 있어서 확실한 자산이다. 하지만 경험의 혜택을 충분히 누리려면 초기에 경험 부족으로 인해 고생하는 시기를 견뎌내야 한다. 시장에서 살아남는 방법은 한 가지뿐이다. 자금 관리 규칙을 엄격하게 적용하는 것이다. 이 책에서 여러 트레이더가 리스크 관리의 중요성을 강조하는데, 이와 관련, 마이크가 특별히 공헌한 일을 꼽으라면 자금 관리 도구인 트레이더스 거버너를 만든 것이다(엄밀히 말하자면 이 소프트웨어에 관련된 일은 나와 마이크가 동업하고 있음을 밝힌다.

거버너 매뉴얼은 나의 홈페이지에서 확인할 수 있다. www.elder.com).

트레이더라면 누구나 시장에서 두 가지 기본적인 위험에 직면하게 마련이다. 첫 번째 위험은 단 한 건의 치명적인 거래로 파산할 수 있다는 것이다. 심각한 손실을 입을 경우 구덩이에 빠져 영영 헤어 나오지 못할 수도 있다. 나는 이런 경우를 '상어에게 물렸다'라고 표현한다. 두 번째 위험은 피라니아에게 여러 차례 물려 계좌가 회복 불능 상태가 되는 것이다. 개별적으로는 치명적이지 않으나 떼로 모이면 계좌의 피를 전부 뽑힐 만큼의 위력을 지닌 손실을 연달아 입을 우려가 있다.

나는 그 같은 재앙을 막기 위해 두 가지 자금 관리 규칙을 마련했다. 규칙에 의하면 어떤 거래에서든 내가 감수할 수 있는 리스크는 계좌 가치의 최대 2퍼센트다. 계좌에 10만 달러가 들어 있고, 10달러짜리 주식을 매수하고, 역지정가 주문을 9달러에 낸다고 가정해보자. 이때 트레이더는 주당 1달러의 리스크를 감수하는 꼴이다. 2퍼센트의 법칙에 의하면 최대 리스크는 2,000달러로, 해당 주식을 2,000주 이상 매수할 수 없다. 현실적으로는 2,000주보다 적은 수량을 매수하는 것이 안전하다.

6퍼센트의 법칙은 계좌의 전체적인 리스크를 제한한다. 이 규칙은 보유하고 있는 모든 포지션의 총 리스크와 그 달에 입은 총 손실이 계좌 자산의 6퍼센트를 초과하지 말아야 한다고 명시한다. 앞서 제시한 예와 동일한 거래를 세 건 체결했다고 가정해보자. 각각의 거래에서 감수할 수 있는 리스크는 2퍼센트 이하로 제한되어야 하지만, 모든 거래가 동시에 원하지 않는 방향으로 나아갈 경우 자산의 6퍼센트를 잃을 수 있다. 이 경우 네 번째 거래를 체결하고 싶더라도 6퍼센트의 법칙 때문에 불가능해진다. 이미 계좌의 전체적인 최대 리스크 한도에 이르렀기 때문이다.

두 가지 법칙에 관한 자세한 내용은 『나의 트레이딩 룸으로 오라』를 참고하라. 단일 계좌로 몇 건의 거래만 체결할 경우 리스크 관리를 스프레드시트 한 장으로 해결할 수 있을 것이다. 마이크가 이룩한 성과는 트레이더들이 트레이더스 거버너를 이용해 여러 계좌, 여러 포지션의 리스크를, 그리고 다양한 수준의 리스크를 추적하고 관리할 수 있게 만들었다는 것이다. 그는 모든 계좌를 하나의 제어판에 연결해 리스크를 모니터하고 다양한 '만약에' 시나리오를 따져볼 수 있게 해주었다. 무료로 제공되는 20분 늦은 데이터를 이용해서 거의 실시간으로 리스크를 측정하는 일도 가능하다. 트레이더 거버너를 프로그래밍함으로써 마이크는 트레이딩에 큰 공헌을 한 셈이다.

마이크의 e-mail
; 수표책의 수지 균형을 맞추듯

나는 트레이딩을 시작한 지 얼마 지나지 않아 이 분야에 열정을 품게 되었다. 힘 들이지 않고 빨리 수익을 올릴 수 있다는 것이 초반에 느낀 트레이딩의 장점이다. 하지만 나는 경험상 너무 좋아보이는 것은 실제로 그렇게 좋지 않은 경우가 많다는 사실을 알고 있었다. 그럼에도 불구하고 나는 컴퓨터 공학자로서 성공적인 경력을 쌓은 경험이 있기 때문에 충분히 노력만 하면 트레이딩도 문제없이 해나갈 수 있으리라고 자신했다.

나는 시장이 명백한 법칙과 엄밀한 확실성에 지배되지 않는다는 사실을 금세 깨달았다. 시장은 규칙을 따르지 않을 뿐만 아니라 규칙을 지속적으로 변경시키기도 한다. 트레이더스 캠프에 두 번 참가하고 나서 나는 성공의 관건이 트레이딩의 3M(Mind, Method, Money: 정신, 기법, 돈)에 대해 얼마나 배우는가에 달려 있다고 확신하게 됐다. 그래서 가능한 한 빨리 세 가지 요소에 대해 많은 것을 골고루 배우겠다는 목표를 세웠다. 카메라를 받치는 삼각대처럼 다리 세 개의 길이가 비슷하기를 원했다. 다리 길이가 서로 달라 카메라가 떨어지는 사태를 방지하고 싶었기 때문이다.

엘더 박사가 기록 관리의 중요성을 워낙 강조하다 보니 나는 트레이더스 오거나이저Trader's Organizer와 트레이더스 거버너 프로그램을 개발하는 데 심혈을 기울이게 되었다. 고백하자면, 내게는 기록을 철저하게 관리하는 것이 트레이딩의 가장 재미없는 측면이었다. 실시간으로 거래의 추이를 지켜보거나 기술적 분석의 비밀을 드러낼 새로운 지표를 시험해보는 것처럼 흥분되는 일이 아니기 때문이다. 그것은 마치 쇼핑의 즐거움을 수표책의 수지 균형을 맞추는 것에 비교하는 것과 같다.

내가 트레이더로서 비약적인 발전을 보인 시점은 기록 관리를 철저히 하고 3M을 잘 관리하면 성공적인 트레이더가 될 수 있다는 사실을 깨달았을 때다. 3M이 내가 배워야 하는 내용을 나타냈다면, 기록 관리는 내가 그 목표를 어떻게 이룰 수 있는지 알려준 셈이다. 그것이 바로 삼각대의 다리 세 개를 끝까지 펼칠 수 있는 열쇠였다.

하루가 끝나갈 때 가장 하기 싫었던 작업은 내가 체결한 거래에 대해 일일이 기록하는 것이었다. 하지만 기록일지를 검토하고 나니 내가 얼마나 심리적으로 무법자처럼 행동했는지 분명하게 알 수 있었다. 장이 열려 있는 동안 충동적으로 체결한 거래는 장이 닫힌 후에 신중히 계획하고 체결한 거래와 확연한 차이를 보였다.

기록으로 남기다 보니 내가 선택한 트레이딩 기법을 정작 내가 트레이딩에 임했을 때 얼마나 충실히 따르고 있는지 가늠하기가 쉬워졌다. 기록일지 덕택에 청산 신호도 없었는데 초조함을 견디지 못하고 성급하게 포지션을 청산했거나 주가가 예상한 진입 가격에 이를 때까지 기다리지 못하고 조급하게 시장에 뛰어들었던 순간을 돌아볼 수 있었다.

내가 시장에 새로 들어오는 트레이더들에게 해주고 싶은 이야기는 앞서 말한 3M에 대해 배울 수 있는 내용을 전부 배우고 트레이딩 기록을 부지런히 관리하라는 것이다. 나는 그 두 가지를 충실히 지킴으로써 작년보다 더 나은 트레이더가 될 수 있었으며, 내년에는 올해보다도 더 나은 트레이더가 되어 있을 것이다!

ENTRIES & EXITS

VISITS TO SIXTEEN TRADING ROOMS

CHAPTER

07

제럴드 아펠

Gerald Appel

수익을 올릴 확률이 높은 종목 찾기

이름 | 제럴드 아펠

거주지 | 뉴욕 주 그레이트 넥

전 직업 | 정신분석학자, 집단 치료사

트레이딩 분야 | 뮤추얼펀드, 상장지수펀드(ETF), 인덱스 옵션

트레이딩 경력 | 1974년부터

계좌 규모 | 대규모(100만 달러 이상)

소프트웨어 | Metastock, CQG, TradeStation, Rugg & Steele 뮤추얼펀드 데이터

트레이더스 캠프 | 2003년에 카리브 해 캠프에서 2회,

2004년에 피지 캠프에서 1회 강연

내가 시장에 뛰어든 지 벌써 20년 이상 지났는데, 당시에도 제럴드는 이 분야에서 이미 유명한 인물이었다. 그는 영향력 있는 자금 관리인으로 활동하고 있었고, 뉴스레터 〈시스템과 결과 예측Systems and Forecasts〉의 편집 및 출판 업무를 담당하기도 했다. 제럴드는 책도 여러 권 집필했으며, MACD의 창시자로서 전산화된 기술적 분석 시대에 유명인사가 되었다. 그가 만들어낸 이동평균 수렴·확산 지표는 이제 대부분의 소프트웨어 패키지에 포함되어 있다.

1989년에 내가 세운 회사가 트레이더들을 위한 비디오테이프를 만들기 시작했을 때 나는 제럴드를 초대해 데이 트레이딩에 관한 비디오를 만들어달라고 부탁했다. 우리는 그의 개인 사무실에서 만남을 가졌다. 동업자의 책상이 사무실 공간의 대부분을 차지하고 있는 그곳에서 우리가 이야기를 나누는 동안 동업자와 매우 결단력 있는 그의 수석 트레이더가 거래를 하고 있었다. 나는 주말에 비디오 만드는 일을 도와줄 스태프와 함께 사무실을 다시 찾아갔는데, 그날 배운 것이 나의 트레이딩에 큰 영향을 미쳤다.

2002년 나는 제럴드를 카리브 해에서 열린 트레이더스 캠프에 초청 강연자로 초대했다. 얼마나 철저하게 강의를 준비했는지 준비해온 유인물이 책만큼 두꺼웠는데도 제럴드는 긴장한 모습이 역력했다. 40년 넘게 그와 함께 살아온 아내 주디Judy는 프레젠테이션 때마다 뒤에 앉아 청중의 반응에 대해 자세히 피드백해준다고 했다. 그녀는 제럴드의 가장 열렬한 지지자이자 내부 비평가였다. 며칠 뒤 흐르고 청중의 반응이 좋다는 것을 깨닫자 제럴드는 강연을 즐기게 되었다. 제럴드는 2004년 열린 카리브 해 캠프에 한 번 더 참석했다. 피지에서 열린 태평양 캠프에서는 오스트레일리아, 뉴질랜드, 미국인으로 구성된 청중에게서 스타 대우를 받았다.

제럴드가 이 책을 위해 인터뷰를 하겠다고 동의해 나는 맨해튼에서 기차를 타고 그레이트 넥으로 찾아갔다. 그곳은 도시 가장자리에 있는, 상류층이 사는 교외 마을이다. 제럴드는 그곳에 자금 관리 사무실을 차려놓고 있다. 20명 정도 되는 직원이 넓고 편안한 공간에서 근무하고 있었다. 벽에는 그에 관한 기사나 그가 쓴 기사, 또는 그가 직접 찍은 사진들이 걸려 있었다. 제럴드는 국제적으로 명성 있는 사진작가이기도 하다. 그의 개인 사무실 책상에는 실시간 스크린이 있었고, 사무실은 아프리카 미술, 유명 인사들의 사인, 그가 여행을 다니면서 모은 여러 가지 공예품으로 가득했다.

제럴드: 내 아버지는 카드 게임을 즐겨 하셨고 경마에 집착하셨다. 그 결과 돌아가실 무렵 파산한 상태로, 내가 집세를 내드려야 했다. 78세까지 택시 운전사로 일하셨지만 경마에 돈을 모두 날리셨기 때문이다. 나는 절대로 도박, 카지노, 경마에 손을 대지 않을 것이다. 승산이 있을 확률이 너무 적기 때문이다. 주식시장에서는 수익을 올릴 확률이 높은 종목을 찾을 수 있지만 카지노나 경마장에서는 돈을 잃을 확률이 너무 높다.

어머니는 우리 4남매를 모두 대학에 보내셨고, 막내가 대학을 졸업한 뒤에는 65세라는 연세에 대학에 입학해 공부를 하셨다. 어머니는 전문적인 타이피스트로, 법무 담당 비서로 일하셨지만 공부하는 것을 더 좋아하셨다. 학사 학위를 취득하고 나서도 어머니는 73세의 나이로 돌아가실 때까지 공부를 계속하셨다. 온종일 일하고 퇴근한 뒤에 버스에 올라타 대학에 가서 공부를 하는 일과에 한 번도 불평하지 않으셨다. 어머니는 춤도 잘 추셨다. 나는 아내와 춤을 배우러 다니는데, 단순히 춤을 배우는 것과 춤꾼인 것에는 상당히 큰 차이가 있다.

나는 위로 누나가 한 명 있고, 밑으로 남동생 두 명이 있는데, 동생들은 현재 내 밑에서 일하고 있다. 한 명은 IBM에서 프로그래머로 일했고, 다른 한 명은 레버 브러더스Lever Bros에서 중간관리자로 일했다. 나는 무료로 다닐 수 있는 공립학교인 브루클린대학교를 다녔다. 나는 지금까지도 나처럼 가난한 아이가 가능성을 펼칠 수 있도록 도와주는 이 나라에 대단히 감사한다. 나는 주 장학금을 받아 대학교를 졸업할 수 있었다. 사회복지학 학사 학위를 취득하고 나서 정신

분석학 훈련을 받았고, 정신분석학자로 36년 동안 일했다. 나는 학생들을 가르치고, 논문을 쓰고, 발표하고, 편집했다. 계속 사업체를 운영하면서도 두 가지 일이 겹치지 않도록 신경을 썼다. 그러다가 8년 전에 더 이상 정신분석학자로 일하지 않기로 결심했다.

1960년대 중반에 나는 주식 거래에 흥미가 생겨 다른 사람들과 같은 수순을 밟았다. 우선 믿을 만한 브로커를 찾아보다가 그가 시장의 현황을 꿰뚫고 있지 못하다는 것을 깨닫고 자문 서비스를 알아봤다. 그러다가 거기도 사정이 비슷하다는 것을 깨닫고 기술적 분석에 대한 책이나 자료를 많이 읽고 독학을 시도했다. 당시에 《캐피털리스트 리포터Capitalist Reporter》라는 타블로이드 잡지가 있었는데, 싸구려인데도 판매 부수가 꽤 많았다. 어느 날 말콤 포브스Malcolm Forbes에 관한 기사가 실려서 읽어 보니 잡지사가 포브스를 인신공격했다는 느낌이 들었다. 그래서 그 기사가 포르노 잡지인 《스크루》의 금융 버전이라고 적은 편지를 잡지사에 보냈다. 그리고 기사를 어떻게 써야 할지 알고 싶으면 기자에게 돈을 얼마나 주는지 알려달라고 했다. 잡지사에서 보낸 답장에는 잡지를 위해 글을 써달라는 부탁이 담겨 있었다. 나는 나중에 "금융 기사를 편집할 사람을 한 명 두는 건 어떠십니까?"라고 물었고, 그들은 나에게 그 자리를 내주었다. 나는 한동안 매호 다섯 개의 이름으로 다섯 개의 기사를 작성했다. 잡지사에서는 나에게 원고료를 지급했고, 첫 책도 출판해주었다. 나는 다른 출판물에도 글을 썼지만, 그 잡지사를 위해 글을 쓰는 것을 상당히 좋아했다. 그들은 기사의 글자 하나 바꾸지 않았고 내가 뉴스레터를 홍보하는 것도 말리지 않았다. 그러다가 누군가가 나에게 자금 관리를 하지 않겠느냐고 제안했다. 나는 1971년에 글을 쓰기 시작해서 1973년에 첫 고객을 얻었다. 그 고객은 지난해 세상을 뜰 때까지 나와 함께했고, 그의 딸은 여전히 나의 고객이다.

우리는 1973~1974년 약세장이 한창일 때, 그야말로 최악의 시기에 거래를 시작했는데도 돈을 벌었다. 나는 당시에 전환사채 차익 거래convertible arbitrage를 많이

했다. 전환사채를 매수한 뒤 그에 비례해 움직이는 주식을 공매도한 것이다. 가격이 어느 방향으로 움직이든 간에 우리는 돈을 벌었다. 우리는 금리로 돈을 벌고 스윙 트레이딩을 즐겼다. 요즈음에는 제대로 돌아가지 않는 주식시장 파생상품을 그렇게 쉽게 볼 수 없다. 컴퓨터가 없던 시절에는 시장에서 불균형이 더자주 나타났다. 지금은 판도가 많이 달라졌다. 1973년 옵션이 등장했을 때 프리미엄은 오늘날보다 훨씬 높았으며 매우 안전한 옵션 포지션을 매도할 수 있었다. 시장이 훨씬 효율적으로 변해감에 따라 그런 이점은 점차 사라졌다. 초반에는 주식이 보합세를 보일 경우 보상률이 70~80퍼센트에 육박했다. 하지만지금은 14~18퍼센트만 되어도 성공적이다. 옵션의 역사를 살펴보면 옵션이 처음 도입될 때마다 값이 지나치게 높이 매겨진 경향이 있다.

현재는 옵션 매도자나 매수자에게 특별한 이점이 없으며, 상반되는 관점이 두가지 있다. 첫 번째 관점은 '값도 싸고 리스크도 적으니까 매수하자'라는 것이고, 두 번째 관점은 '어차피 대부분의 옵션은 행사되지 않으니까 매도해서 수입을 올리자'라는 것이다. 둘 중에서 옳거나 틀린 관점은 없다. 매수자들은 큰규모의 수익을 두세 번 올릴 것이고, 매도자들은 적은 규모의 수익을 여러 번에걸쳐서 올릴 것이다. 하지만 결국에는 양측 다 비용 문제로 증권사에 의해 돈을잃고 말 것이다. 요즈음에는 시장이 대단히 효율적이며, 이점이 아직도 존재한다면 커다란 증권사들이 컴퓨터를 이용해서 찾을 수 있다. 트레이더는 누구나비용을 무릅쓰고 거래를 체결한다. 강세장에서는 옵션을 매도하면서 수익을꾸준히 올릴 수 있지만 기회를 잃을지도 모른다는 위험을 감수해야 한다. 옵션은 시장이 보합세를 보이거나 천천히 하락할 때 거래하기에 적합하다.

나는 1975년 뮤추얼 펀드에 가장 먼저 타이밍 모델을 적용한 사람 중 한 명이다. 타이밍 모델에 관한 연구를 많이 한 결과, 시장보다 나은 실적을 내면서도리스크는 낮은 시스템을 만드는 것이 어려운 일이 아니라는 결론을 내렸다. 물론 거래 비용을 감당할 수 있다는 전제에서다. 거래 비용과 매수 매도 호가 스프레드는 1975년에 더 높았다. 1년에 20건의 거래를 체결하고, 평균 수익이 1퍼센트라고 가정해보자. 그럴 경우 트레이딩 실적은 연간 20퍼센트이지만 거래비용이 트레이딩의 장점을 뛰어넘는다. 비용이 거래당 0.5퍼센트일 경우 연간 10퍼센트나 잡아먹기 때문이다.

왜 책을 쓰는가? Why write a book?

제럴드는 다른 사람이 쓴 책을 읽다 보면 좋은 아이디어를 얻는 경우가 있다고 밝혔다. 나는 그에게 어떤 동기로 책을 쓰게 되었는지 물었다. 그는 "책 표지에 제 사진이 실리는 것이 보고 싶어서요"라고 말하며 웃었다. "책을 쓰는 것은 좋은 평판을 얻기에 탁월한 방법인 것 같았습니다. 그리고 책으로 돈을 벌 때도 있거든요. 아이디어를 세상에 내놓으면 자신의 생각을 남과 공유하게 되죠. 다른 사람들에게 아이디어를 제공해서 손해를 본 적은 한 번도 없습니다. 게다가 사람들이 제 아이디어가 유용하다고 말해줄 때는 기분이 아주 좋아진답니다."

1970년대 중반, 펀드에 무료 전화 교환 시스템이 도입됐다. 증권사들은 주식이 현금화될 때 고객의 돈을 내부에 두고 싶어 했다. 그들은 결과적으로 내 시장 타이밍 모델을 위한 매개체를 만들었다. 펀드팩FundPack이 전화 교환을 처음으로 허용했으며, 나는 초기 투자자 중 한 명이었다. 아무런 비용 없이 내 타이밍 모델들을 마음껏 적용할 수 있어 좋았다.

물론 펀드도 비용을 들였으나 돌아오는 돈이 적었다. 나는 시장 전체를 반영하는 도구가 단일 주식보다 예측하기가 더 쉽다는 사실을 깨달았다. 나는 시장 펀드를 타이밍했고, 사실상 비용을 지불하지 않고 트레이딩했다. 이런 방식이 차츰 인기를 얻자 1990년대 중반에 이르러 펀드는 활동량에 부담을 느끼고 규제를 가하기 시작했다.

현재 우리 회사의 핵심 전략은 뮤추얼 펀드를 선택하고, 최고의 펀드에 투자하고, 과거만큼 움직임이 활발하지는 않지만 여전히 움직임을 보이는 모델을 이용하여 시기를 잘 맞춰 투자하는 것이다. 매수하고 보유하는 전략만 구사하고 싶은 투자자는 《모닝스타Morningstar》 같은 뮤추얼 펀드 뉴스레터를 활용하여 얼마든지 수익을 거둘 수 있다. 이 같은 투자자가 우리를 찾아올 경우 우리는 시장이 하락세를 보일 때 그의 자산을 보호하기 위해 적극적으로 자금을 관리해주는 역할을 한다.

시스템을 개발할 때 나는 제일 먼저 40년에 달하는 트레이딩 경력을 바탕으로 시장이 어떻게 움직이는지 머릿속에 떠올린다. 대부분의 경우 시장은 보합세를 보이는데 1년에 한두 번 정도 돌파가 일어날 때 수익을 올릴 수 있다. 이때 중요한 사항은 보합세를 보이는 시장에 적합하게 작동하다가 특정한 추세가 나타날 때 자동적으로 조정되는 타이밍 모델을 만드는 것이다.

우리는 35년분 데이터가 들어 있는 데이터베이스를 이용한다. 이때 기간이 긴 데이터 스트림을 이용하는 것이 중요하다. 많은 초보 트레이더가 3년 정도의 데이터를 살펴보는데, 그것만으로는 충분하지 않다. 처음 10년을 바탕으로 모델을 만들고, 다음 10년을 이용하여 모델을 테스트하는 것이 이상적이다. 그러고 나서 변수를 조정한 뒤 다음 10년으로 또 테스트해본다. 그러다 보면 자연스럽게 과거의 거래에 적합한 규칙을 만들게 되고, 앞으로 나아가면서 테스트하면 된다. 한 부분씩 나눠서 테스트를 진행하면 무리가 없을 것이다.

내 자금의 95퍼센트는 고객의 수중에 있다. 그들이 갖는 만큼 나도 갖는 셈이다. 나는 내 개인 계좌에서는 비교적 적은 금액으로 트레이딩한다. 고객과 갈등을 빚거나 고객의 포지션에 반해 거래하지 않도록 하기 위해서다. 우리는 대체로 모든 고객을 위해 똑같은 일을 동시에 한다. 내 개인 계좌는 단순히 고객이 가는 대로 따라간다. 우리는 종가에 뮤추얼 펀드를 거래하고, 상장지수펀드와 옵션은 대체로 장이 마감되기 직전에 거래한다.

타이밍 모델을 만드는 것과 그 모델을 실제로 적용하는 것은 별개의 문제다. 트레이더들은 무엇이 그들의 동력으로 작용하는지 생각해봐야 한다. 스크린에 바짝 붙어 앉을수록 감정과 심리적 요소가 개입되게 마련이다. 스크린을 들여다보고 있으면 무엇인가 해야 한다는 충동이나 기회를 계속 놓친다는 느낌이 든다. 트레이더는 까다로워야 한다. 원하는 환경이 형성되기 전에는 뒤로 물러나는 법을 배워라. 트레이딩에 앞서 질문하라. 지금 현재 주요 추세의 방향이 어떠한가? 더 약하게 나타나는 추세 역시 주요 추세의 방향을 따르고 있는가? 흐름에 반해 트레이딩하고 있지는 않은가? 어떤 신호를 보고 포지션에 진입할 것인가? 신호가 확실히 자리를 잡았는가? 다른 신호들도 이를 뒷받침하는가? 트레이더라면 누구나 트레이딩 계획을 세워야 한다. 그 어떤 계획도 계획이 아예 없는 것보다는 낫다. 겁이 난다는 이유로, 혹은 용기가 난다는 이유로 매매에 나서서는 안 된다. 전날 매매 기회를 놓쳤다고 해서 다음 날 거래에 뛰어들어서도 안 된다. 적은 액수의 손실은 받아들여라. 사람들은 누구나 틀린 판단을 내리는 것을 싫어하고 항상 옳은 판단을 내리고 싶어 하기 때문에 포지션을 너무 일찍 현금화한다. 트레이딩을 잘하려면 작전이 필요하다. 어떤 경우에 진입할 것인지, 어떤 경우에 청산할 것인지, 무엇을 보고 자신이 틀렸다는 사실을 인식하고 시장에서 재빨리 빠져나갈 것인지 미리 정리해두어야 한다. 그런 노력에도 불구하고 50퍼센트 이상 옳은 판단을 내릴 수는 없을 테지만, 손실 액수가 이익 액수보다 적은 한 낙오자가 되지는 않을 것이다.

제럴드가 최근의 거래 두 건을 보여주고 나서 나는 떠날 채비를 했다. 그의 아내는 그날 회사에 나오지 않았다. 제럴드는 아내가 개인적인 사무, 변호사, 회사 재정을 담당한다고 했다. "아내는 제 인생도 운영합니다." 그가 웃으며 말했다. "하지만 수요일 아내는 기차를 타고 시내로 가서 뉴욕대학교에서 대외 정책에 관한 강의를 듣고, 딸과 함께 점심을 먹고 박물관에도 들릅니다. 그러면 저는 퇴근하고 나서 아내와 저녁 식사를 하고 극장에 갔다가 함께 집에 돌아옵니다. 주디는 아내로서 100점 만점입니다. 저는 정말 운이 좋은 남자예요." 나는 그의 아들과 인사를 나눌 수 있었다. 마빈Marvin은 석사 학위와 박사 학위를 취득하고 마취학 의사 면허를 취득하는 과정을 밟고 있다가 제럴드와 일하기 위해 의료업계에서 떠난 상태였다. 마빈은 상장지수펀드의 선도적인 전문가 중 한 명으로, 상장지수펀드에 관한 책을 집필하는 중이었다.

비가 내리기 시작하자 제럴드는 나를 역까지 꼭 태워다주었다. 우리는 그의 고성능 BMW에 올라탔다. "저는 포르셰도 한 대 있는데요, 그것도 기어가 자동이랍니다. 예전에는 항상 기어가 수동인 자동차만 탔는데요, 더 이상 그런 불편을 감수하고 싶지 않습니다. 더군다나 응급 상황에서 수동 기어는 오히려 골칫거리가 될 뿐이죠. 제가 반응하는 속도가 느려질 테니까요." 헤어지기 전 우리는 악수를 나누었다. 그리고 나는 차에서 내려 역까지 빗속을 뛰어갔다.

거래 #1　제럴드의 포지션 진입　　　　　　　　Trade#1

2004년 3월 진입 신호가 한데 모여서 나타났다. 나스닥은 4퍼센트대의 밴드 아래로 이동했는데, 이는 극단적인 과매도 상황이다. 설령 하락세가 나타나더라도 이 밴드 아래에서 매수에 나서면 수익을 올릴 수 있지만, 여기에서는 추가적인 신호가 몇 가지 더 나타났다. 가격은 급격히 하락하는 것을 멈추고 밴드 안으로 되돌아왔다. MACD는 과매도된 상태고 반등하는 움직임을 보였다. MACD의 고점을 가로질러 나타나던 하락 추세선은 더 이상 이어지지 않았다. 가격은 하락 쐐기형downward wedge 패턴을 형성하고 있었고, 선들은 수렴하는 중이었다. 이는 강세장이 나타날 것이라는 신호다. 나는 MACD가 반등하고 가격이 쐐기형 패턴에서 벗어나 상승 돌파한 날 매수에 나섰다.

나스닥

위 | 일간 바 차트(21일 단순이동평균과 ±4퍼센트의 트레이딩 밴드)
아래 | 12/25 MACD선

거래 #1   제럴드의 포지션 청산   Trade#1

　랠리는 상단 채널에 닿을 만큼 동력이 강했다. 나는 중립적 관점을 지녔기 때문에 대단한 움직임을 바라진 않았다. 그저 아래 밴드에서 위 밴드로 가격이 이동하기를 원했을 뿐이다. 시장이 위 밴드에 접근하자 나는 매도 주문을 냈다.

　4월 MACD가 하락하자 공매도하기에 적합한 신호가 나타났지만, 나는 그 거래를 선택하지 않았다. 약세장이 아닌 한 시장이 장기적으로 상승하는 성향을 보이기 때문에 공매도자들이 불리한 경우가 일반적이다. 나는 전반적으로 중립적인 태도를 취하는 만큼 공매도에 나서는 데 별로 적극적이지 않다.

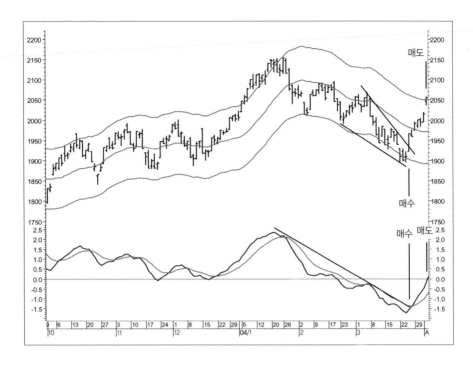

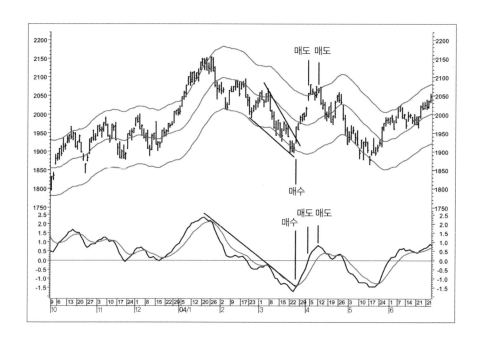

▶거래 요약   *TRADE SUMMARY*

2005년 1월 행사가격 36 QQQQ주
LEAP 콜옵션 롱 포지션
매수 2004.3.25 달러당 3.16달러
절반 매도 2004.4.2 달러당 3.95달러
남은 절반 매도 2004.4.12 달러당 4.00달러
이익=1계약당 0.815달러(총 포지션: +25.8퍼센트)

　　가격이 밴드 위로 처음 올라갔을 때 나는 포지션의 절반을 팔았고, 랠리가 지속될 것에 대비해 남은 절반은 계속 보유했다. 시장은 다시 반등세를 보였으나 MACD가 힘을 잃기 시작하는 모습이었다. 빠른 MACD선이 하락하는 것을 보고 나는 남아 있는 포지션을 모두 팔았다. 시장에서 빠져나가고 나니 내가 그 짧은 기간에서 찾을 수 있는 최고의 진입과 청산 지점을 선택했다는 것을 알 수 있었다.

Q. 저는 안과 의사입니다. 박사님께서 알려주신 내용을 모두 이해하는 데 시간이 얼마나 필요할까요?

A. 몇 년 만에 이해하는 사람도 있고, 영영 이해하지 못하는 사람도 있습니다. 트레이딩은 시간, 헌신, 겸손을 많이 요하는 일로, 트레이딩 수업료(대체로 손실액으로 측정)는 의과대학 학비만큼 비싼 경우가 많습니다. 특히 초반에는 시간을 대단히 많이 잡아먹습니다. 사무실에 몇 시간만 나와서 일을 모두 처리할 수도 있겠지만요. 레지던트로 일할 때 근무 시간이 얼마나 길었는지 기억하십니까? 당시에 얼마나 많은 것을 배워야 했는지도 기억하십니까? 유능한 트레이더가 되기 위해서는 그때와 비슷한 수준으로 노력하셔야 합니다.

거래 #1 | 포지션 진입에 관한 견해

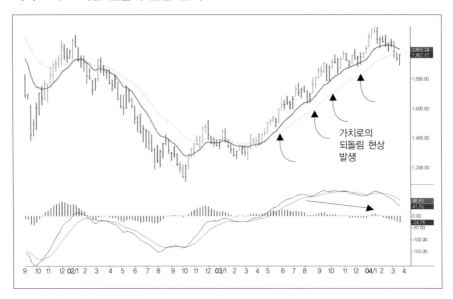

2003년 주식시장은 전성기를 맞이했다. 1999~2000년 전성기를 구가하다가 주가를 떨어뜨린 극심한 약세장은 모든 합리적인 목표를 오버슈팅overshooting했고 여러 주식을 지나치게 낮은 수준까지 떨어뜨렸다. 2003년 주가는 빈 병을 물속에 넣었다가 놓은 것처럼 급격히 상승했다. 나스닥은 점점 더 높이 올라갔고, 13주 지수이동평균까지 매번 소폭의 되돌림 현상을 보여 매수 기회를 제공했다.

이 상승세에 대해 처음으로 나타난 반작용은 2004년 1월에 시작되어 가격을 26주 지수이동평균 아래로 떨어뜨렸다. 차트의 오른쪽 가장자리에서 하락세가 조만간 끝날 것이라는 신호가 보인다. 가장 최근의 주간 바는 천장 부근에서 장을 마감했고 아래를 가리키는 꼬리처럼 보이는 패턴을 남겼다. MACD 히스토그램의 하락세는 보합세로 변했지만, 가장 오른쪽에 있는 바가 적색을 띠고 있어 임펄스 시스템이 아직까지는 매수를 허용하지 않는다. 제럴드가 언급한 것처럼 트레이더라면 누구나 자신만의 계획이 있어야 한다. 그에게는 그만의 계획이 있고, 나에게는 나만의 계획이 있다. 그가 나를 앞서는 날도 있을 것이고, 내가 그를 앞서는 날도 있을 것이다. 계획을 수정하는 일은 가능하지만 거래가 진행 중일 때 변경해서는 안 된다.

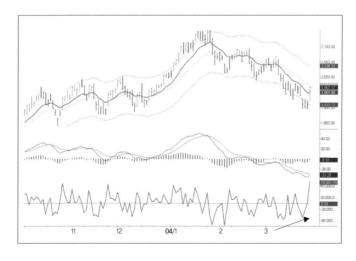

차트에 나타난 마지막 날의 가파른 랠리는 시장의 성격이 변했음을 보여준다. 몇 주 만에 높이가 가장 높은 바가 나타났는데, 이는 랠리가 얼마나 확신에 차 있는지 확인시켜준다. 강도 지수는 연중 최고치까지 올라가 황소의 세력이 대단히 강력함을 입증하고 있다. 지금 당장 시장에 뛰어들고 싶은 유혹이 들지만 내 시스템은 주간 임펄스가 적색에서 다른 색으로 변할 때까지 기다렸다가 롱 포지션을 취하라고 경고한다.

우리는 일간 차트에서 1월의 천장에서 시작된 하락세가 동력을 잃어가는 모습을 볼 수 있다. 곰의 세력이 약해지고 있는 것이다. MACD 히스토그램이 2월에 형성한 깊은 바닥과 깊이가 훨씬 얕은 3월의 바닥을 비교해보라. 3월 초에 나타난 랠리는 곰의 기세를 꺾으며 이 지표를 중심선 위로 끌어올렸다. 가장 최근에 나타난 하락세는 아무런 동력이 없는 상태로 관성에서 벗어나고 있다. 가격은 저평가 영역인 하단 채널선에 바짝 붙어 있다.

거래 #1 | 포지션 청산에 관한 견해

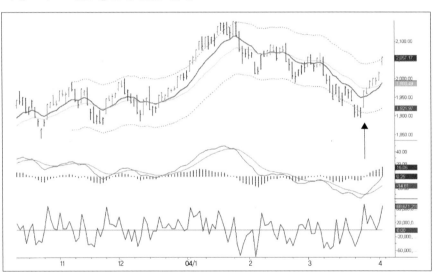

제럴드는 진입만 잘한 게 아니라 상단 채널선에서 이익을 취하며 더할 나위 없이 깔끔하게 청산했다. 나는 그 과정이 상당히 보기 좋았다. 그의 기법은 15년 전에 나에게 어떤 영향을 미쳤는지 상기시켜주는 계기가 되었다.

차트의 오른쪽 가장자리에서 MACD 히스토그램은 이 시장에서 오를 수 있는 거의 최고 수준까지 올라갔으며, 강도 지수 또한 정점에 이르렀다. 가격이 상단

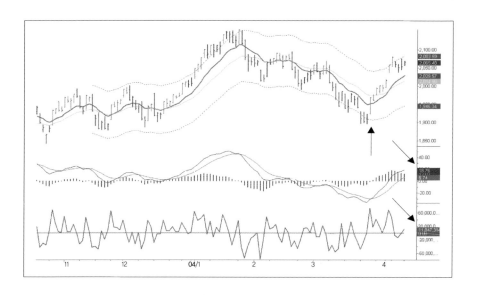

채널선을 넘어서면 아마추어의 눈에는 모든 것이 완벽해보인다. 하지만 프로 트레이더는 바로 이 시점에 아마추어와 다른 방향으로 나아간다. 시장에 뒤늦게 진입한 낙관적인 트레이더에게 롱 포지션을 청산하는 것이다.

나스닥은 제럴드가 포지션의 절반을 매도한 다음 날 신고가를 수립하고는 채널을 다시 넘어서지 못하고 그 수준에 머물렀다. 임펄스 시스템은 녹색에서 청색으로 바뀌어 랠리의 가장 역동적인 부분이 끝났음을 알렸다. 차트의 오른쪽 가장자리에서 강도 지수는 하락 디버전스를 형성하고 있으며 황소가 힘을 잃어가고 있다고 경고한다.

제럴드가 포지션의 절반을 팔았을 때 주가와 지표는 둘 다 상승세를 완벽하게 지지하고 있었다. 제럴드는 프로답게 주가가 여전히 위를 향하고 있는데도 위험을 감지했다. 시장이 며칠간 허술한 움직임을 보이자 그는 남은 포지션을 매도했다. 이것이 바로 준직업적 트레이더가 랠리가 곤경에 처했음을 눈치챘어야 하는 대목이다. 초보 트레이더들은 잠에서 깨어나지 못한 채 천장 부근에서 매수한 포지션을 주가가 바닥으로 떨어진 뒤에나 매도할 것이다.

216

제널드는 다음과 같이 견해를 밝혔다.

역사적으로 투기성 거품은 해결되기까지는 10년 혹은 그 이상의 시간이 필요하다. 일본의 경우 1989년에 거품경제가 막을 내렸는데, 2004년이나 되어서야 그 잔해에서 기어 나오기 시작했다. 미국의 경우 1929년의 거품에서 회복하는데 20년이라는 세월이 걸렸다. 금은 1980년대의 거품 붕괴 이후 여전히 회복 중이다. 거품이 형성된 뒤 시장은 대개 10년 동안 비교적 조용히 평균 이하의 실적을 낸다. 2000년 시장이 정점에 이른 이후 2006년 현재 주식시장은 순 하락세를 보이고 있다. 시장이 바닥을 치고 나면 1932년 바닥을 형성했다가 상승한 것처럼 위로 올라갈 수밖에 없다. 우리는 1990년대에 주가가 지나치게 오른 것에 대해 이미 대가를 톡톡히 치렀다. 요즈음에는 주가가 대체로 적정하다는 생각이 든다. 특별히 가치에 비해 높이 매겨졌거나 낮게 매겨진 주가는 보이지 않는다. S&P 가격/수익 비율은 1990년대에 40까지 치솟았으나 16이 정상적인 수치로, 2006년 현재 19를 기록하고 있다. 시장이 상승하거나 하락할 여력이 어느 정도 있지만 극단적인 상황이 벌어질 가능성은 작다. 그럼에도 불구하고, 21세기 초반보다는 후반에 훨씬 나은 움직임을 보일 것이다. 주가가 치솟을 것 같지도 않지만, 그렇다고 해서 무너질 것 같지도 않다. 현재 부시 행정부는 시장을 지지하기 위해 여러 가지 조치를 취하고 있다. 정부는 세법, 배당금에 대한 세금 감면, 기타 사업체 우대 조치를 마련해두었다. 사회보장제도를 민영화함에 따라 주식에 대한 추가 수요(예측 가능하고 강제적임)가 있으리라고 생각할 수 있다. 안정된 뮤추얼펀드에 돈을 넣는 것이 현명한 대처 방법이다.

　　프로와 아마추어의 가장 큰 차이점 중 하나는 시장의 신호를 알아보는 속도와 그에 따른 반응 속도다. 초보 트레이더는 명백한 신호가 나타날 때까지 기다리는 경우가 많다. 돌파가 실패하거나 지표가 방향을 바꿀 때까지 기다리는 것이다. 추세가 반전되었다는 사실이 분명해질 때쯤이면 새로운 추세가 이미 한창 진행 중이다. 프로 트레이더는 패턴을 인식하고 여러 지표가 통합되는 것을 지켜본 뒤 상황이 누가 보기에도 명백해질 때까지 기다리지 않고 행동에 나선다. 불확실한 환경에서 행동할 줄 아는 능력이 프로 트레이더의 전형적인 특징이다.

| 거래 #2 | 제럴드의 포지션 진입 | Trade#2 |

이 거래는 암울한 거래였다. 내가 자랑스럽게 여기는 거래는 분명히 아니다. 나는 시장이 지지 수준 아래로 떨어진 것을 보고 공매도에 나서기로 결정했다. 주가는 하단 밴드 밑에서부터 이동평균을 넘어 지지 영역까지 올라갔으나 이제는 그 영역이 저항 영역이 되고 말았다. 시장이 저항선에서부터 하락할 조짐을 보이자마자 나는 풋옵션을 매수했다. 펀드 포트폴리오를 헤지하기 위한 목적도

있었고, 옵션거래 자체를 위한 목적도 있었다.

다음 날 거래가 시작되었을 때 나는 수익을 올리고 포지션의 절반을 청산했
다. 나는 나머지 포지션에 대한 부담을 덜려고 이런 조치를 자주 취하는 편이다
(제3장 참고).

나는 커다란 문제점을 안고 있었다. 거래가 잘못될 경우에 대비하여 청산 계
획을 세워두지 않은 것이다. 역지정가 주문을 미리 냈더라면 가격이 회복하는
모습을 보인 뒤 신고점을 형성했을 때 주문이 체결됐을 것이다. 앞서 소개한 거
래와 달리 이 거래는 여러 가지 요소가 서로 들어맞지 않았다. 진입했을 당시
MACD는 상승하고 있었고(공매도함으로써 나는 상승 중인 MACD에 맞서 싸우는 꼴이 되었

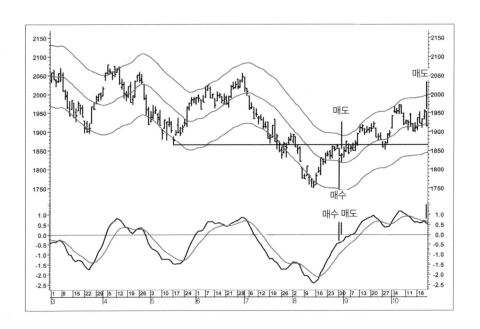

다. MACD가 힘을 잃어가는 것처럼 보였지만 말이다) 두 선은 간격을 좁히고 있었다. 앞서 소개한 거래의 경우 여러 가지 요소가 내 결정을 뒷받침해줬으나 이 거래의 경우 차트의 패턴과 저항이라는 두 가지 요소만이 나를 지지했다. 주가가 저항선을 돌파하자마자 나는 공매도 포지션을 즉각 환매했어야 했다. 왜 그때 환매하지 않았을까? 여전히 곰의 관점에서 시장을 주시하고 있었던 데다가 실제로 벌어지고 있는 일을 객관적으로 보는 대신 어떤 일이 벌어져야 할지 생각하기에 바빴기 때문이다. 미래에 대해 언급할 수 있는 최선은 일어날 일의 가능성을 이야기하는 것이다. 최고의 타이밍 모델이라 하더라도 55퍼센트 이상 성공률을 보이는 경우는 극히 드물다. 손실을 제한하기 위해서는 시장의 움직임에 빠르게 반응해야 한다. '어떤 현상이 나의 판단이 틀렸다는 것을 일깨워줄 것이며, 나는 그것에 어떻게 반응할 것인가?'라고 자문할 필요가 있다.

나는 환매할 기회가 한 번 더 있었지만 놓치고 말았다. 결국 랠리가 나타나는 것을 한 번 더 지켜보고 나서 마침내 거래에 종지부를 찍었다. 최악의 지점을

선택하지는 않았지만 그렇다고 해서 최상의 지점을 고른 것도 아니었다. 이 거래는 지지선과 저항선에 바탕을 둔 거래였다. 되돌아볼 때, 그 선이 무너지고 거래에 영향을 미치는 요인으로서의 자격을 상실했을 때 훨씬 빠른 속도로 대처했어야 했다.

▶**거래 요약**　*TRADE SUMMARY*

2006년 1월 행사가격 32 QQQQ주
LEAP 풋옵션 롱 포지션
매수 2004.8.30 2.90달러
절반 매도 2004.8.31 3.05달러
남은 절반 매도 2004.10.22 1.70달러
손실=계약당 0.525달러 (총 포지션: −18.2%)

거래 #2 | 포지션 진입에 관한 견해

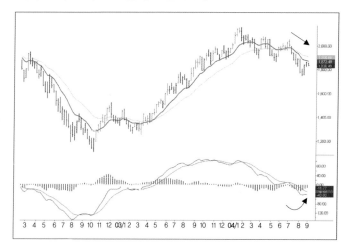

주간 차트의 오른쪽 가장 자리에서 두 이동평균 모두 하락세를 확인하며 내려가고 있다. MACD 히스토그램은 중심선 아래에 머물러 있지만 랠리를 시도하며 임펄스 시스템을 청색으로 바꿔놓았다. 청색은 매수나 매도를 금지하지 않는다.

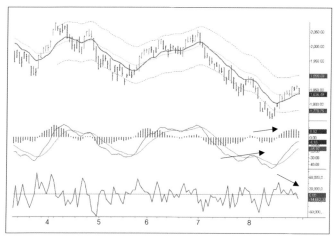

나스닥의 일간 차트는 엇갈리는 메시지를 보내고 있다. 8월과 9월의 바닥 사이에서 강력한 상승 디버전스가 나타났다. 8월에 랠리가 발생하는 동안 히스토그램은 힘을 과시하며 몇 달 만에 최고 수준까지 올라갔다. 반면 8월의 랠리는 강도 지수의 폭 넓은 하락 디버전스를 동반했는데, 이는 세력이 약하다는 분명한 신호다. 오른쪽 가장자리에서 임펄스 시스템이 녹색에서 청색으로 바뀐만큼 공매도가 가능하다. 하지만 주간 차트가 중립적인 모습을 보이기 때문에 나는 눈을 가늘게 뜨고 일간 차트를 보게 된다. "반면에"를 반복하면서 말이다. 주간 차트가 전략적인 결정을 내리는 데 도움이 되지 않는 만큼 나라면 관망하고 싶은 생각이 들었을 것이다.

2003년이 주식 투자자들에게 환상적인 해였다면 2004년은 암울한 해였다. 1년 내내 급격하게 추세 반전이 일어났고 오래 지속되는 추세는 거의 없었다. 대통령 선거에 앞서 주식시장은 신저점을 찍으며 2003년 잠깐 나타난 강세장이 끝나고 약세장이 시작되었다는 의견에 힘을 실어주었다. 9월에 주가가 5월의 저점을 향해 하락한 것은 다음 하락세가 시작되기 전에 약세장에서 처음으로 되돌림 현상이 나타난 것이라고 해석할 수 있다.

거래 #2 | 포지션 청산에 관한 견해

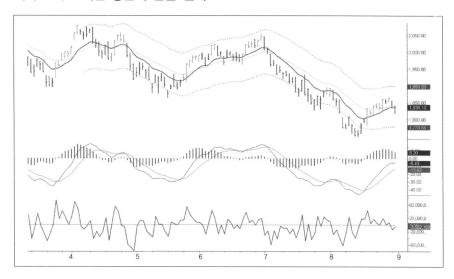

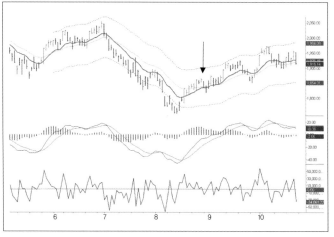

시장이 7월의 저점을 넘어 상승하고 나서 가짜 하락 돌파를 보였을 때 제럴드는 공매도 포지션을 청산했어야 했다. 임펄스 시스템은 그가 공매도 포지션에 진입한 지 얼마 지나지 않아 주간 임펄스가 녹색으로 바뀐 2004년 9월 10일 금요일에 환매 신호를 보냈다. 그는 9월에 적은 손실을 입고 청산할 기회를 놓쳤다. 하지만 마침내 거래를 포기하고 시장에서 빠져나가기로 결심했을 때 고가 근처에서 항복하는 대신 하락세가 나타날 때 환매해서 능숙한 트레이딩 솜씨를 뽐냈다.

이전 거래와 마찬가지로 제럴드는 원하는 방향으로 가격이 급등하는 현상을 자신에게 유리하게 이용했다. 그는 포지션의 절반을 청산해 빠른 속도로 이익을 취했다. 프로 트레이더들이 하는 일의 대부분은 리스크를 제한하는 것이다. 상당한 수익을 일찍 올리는 것은 거래가 원활하게 진행되는 데 분명히 도움이 된다.

트레이더들은 실수할 경우 스스로를 가혹하게 탓하는 경향이 있다. 하지만 최고의 트레이더도 기초적인 실수를 범할 때가 있다. 제리는 곰 같은 성향 때문에 공매도 포지션을 너무 오랫동안 보유했다.

일찍 행동할 것인가, 늦게 행동할 것인가?

시장은 매복해 있다가 공격하거나 트레이더를 놀래키지는 않는다. 대개 움직이기 전에 여러 차례 조용하고 미묘한 신호를 보낸다. 야구에서 포수가 투수에게 신호를 보내는 상황을 떠올려보라. 훈련된 선수의 눈에만 보일 만큼 미묘한 신호를 보내지 않는가. 응원 소리가 왁자지껄한 가운데도 신호는 분명히 존재한다.

제럴드는 다른 트레이더들처럼 차트 패턴과 지표 신호를 따르지만 시장에 관해 놀라운 직관력을 지니고 있다. 그를 성급하게 모방하기 전에, 그 역시 우리처럼 처음에는 다른 이의 조언에 귀 기울이고 나쁜 충고에 따랐다가 손실을 입은 적이 있다는 사실을 명심하라. 그는 손실 거래를 일찍 청산함으로써 트레이딩 초기의 무지한 기간을 견뎌냈다. 그가 우리에게 전해주는 핵심적인 교훈은 성공하기 위해서는 살아남아야 한다는 것이다. 제럴드가 손실을 특별히 혐오하게 된 것은 그의 아버지 때문이다. 아버지처럼 도박과 경마에 돈을 날리지 않기로 결심한 게 성공의 기반이 되었다.

그는 자금 관리 분야에서 최고의 트레이더 중 한 명이지만, 여전히 실수를 저지르고 손해를 보기도 한다. 하지만 그는 손실 거래가 생길 때면 어떻게 해야 최소한의 타격만 입고 시장에서 빠져나올 수 있는지 알고 있다. 곤경에서 벗어날 방법 없이 시장에 뛰어들어서는 안 된다. 곤경에서 벗어나는 가장 간단한 방법은 역지정가 주문을 이용하는 것이다. 우선, 브로커와 상의해서 특정 수준에 '하드 스톱' 주문을 내는 방법이 있다. 둘째, '소프트 스톱'을 이용하고 지표의 신호나 시장에 대한 개인적인 판단에 의지하는 방법도 있다. 초보 트레이더는 하드 스톱을 이용해야 한다. 이때 너무 뻔한 지점에 주문을 내지 않도록 주의하라. 제럴드처럼 노련한 트레이더는 소프트 스톱을 이용하는 경우가 많다. 뛰어난 트레이더는 곤경에 처한 것을 금세 눈치채고 미리 설정해둔 역지정가 주문이 체결될 때까지 기다리지 않고 최대한 빨리 시장을 빠져나간다. 하드 스톱과 소프트 스톱의 공통점은 거래가 자신의 의지와 반대로 향할 때 냉철하게 포지션을 청산하고 시장에서 달려나갈 때 활용할 수 있다는 점이다. 시장이 계좌를 망가뜨리기 전에 손실을 감수하고 벗어날 준비가 완벽하게 되어 있어야 한다.

경험 많은 트레이더들은 거의 직감적으로 트레이딩을 하지만 초보 트레이더에게는 그럴 권리가 없다. 초보 트레이더에게 시장이 특정한 방향으로 움직일 것이라는 느낌이 드는 것은 직감 때문이 아니라 충동 때문이다. '직관적으로' 트레이딩하는 초보 트레이더가 할 수 있는 최선의 일은 그런 느낌이 사라질 때까지 기다리는 것이다. 초보 트레이더는 분명하게 정의된 행동 목록이 있어야 한다. 나는 학생들에게 가끔 이렇게 말한다. "초보 트레이더는 18개월 동안 성공적으로 트레이딩하기 전까지는 직감에 따라 트레이딩할 권리가 없습니다."

게럴드의 e-mail
; 차분하게, 마음을 느긋하게 갖고, 적당히 자신감 있게

나는 알렉스가 인터뷰를 요약한 글을 대여섯 번이나 읽었다. 나 자신에 관한 글이 인쇄된 것을 보니 기분이 색달랐다. 알렉스는 나를 상당히 잘 포착해냈다. 글을 읽고 나는 트레이딩을 잘할 때 무엇이 잘하게 만들었는지, 못할 때는 무엇이 못하게 만들었는지 생각해봤다. 그것은 골프나 테니스를 치는 것과 비슷하다. 공을 잘 칠 때나 트레이딩을 잘할 때는 자신감을 갖고 활동에 임한다. 크게 떠벌리는 게 아니라 조용한 자신감이 생긴다는 말이다. 일이 성공적으로 진행될 때는 기분이 좋다. 그렇지 않더라도 나쁠 것은 없다. 주식시장은 예측하기 쉽지 않다. 그래서 트레이딩 기법이나 계획에 문제가 없더라도 손실을 입을 수 있다. 관건은 평정심을 유지하고 마음을 느긋하게 갖는 것이다. 테니스와 골프에서는 선수가 마음을 편히 갖는 것이 대단히 중요하다. 현실적인 목표를 유지하면서 자신감도 적당히 있어야 한다.

살다 보면 운동 능력이 급격하게 떨어질 때가 있다. 자신감이 넘치거나, 너무 무리하거나, 비현실적인 목표를 세우면 편안한 리듬을 잃고 만다. 운동 능력이 떨어져 자신감을 잃고 나면 상황을 재정비하려고 몇 가지 요소를 고치게 마련이다. 그러면 오히려 문제가 생긴다. 그럴 때는 뒤로 한발 물러나 여유를 갖고 기본으로 돌아가라. 다른 것은 모두 잊고 나 자신의 태도와 감정에 더 집중할 때까지 상황은 나아지지 않는다. 트레이딩도 이와 같다. 추세가 나타나거나 순환하는 시장에서 이익 거래를 연달아 체결하면 욕심이 생길 수도 있다. 심할 경우 금전적인 안정을 누리려는 욕구 못지않게 통제력, 전지전능한 느낌, 마법 같은 환상이 생길 수도 있다. 작은 움직임이 나타날 때마다 매매에 나서는 것은 테니스 경기에서 매번 에이스를 치고 싶어 하는 것이나 마찬가지다. 두 경우 모두 결과가 좋지 않을 수밖에 없다. 반대로 손실 거래를 몇 건 체결하고 나면 자기 회의에 빠지고, 돈을 더 잃을까 봐 두려워지며, 온몸이 뻣뻣해진다. 그런 현상은 대개 포지션에 늦게 진입하고 나서 성급하게 청산할 때 나타난다. 일진이 안 좋은 날에는 아무 결정도 내리지 않는 게 낫다. 해결책은 스포츠에서와 똑같다. 뒤로 물러나 기본으로 돌아가서 시장보다는 자신에 대해 생각하는 시간을 더 많이 갖는 것이다. 마음이 느긋하던 때로 돌아가 게임에 다시 뛰어들 준비를 해라. 실행에 옮기기는 어렵지만 가능한 일이다.

현재(2005년 5월 초), 주식시장은 10일간 하루도 빠짐없이 등락을 거듭했다. 등락 폭이 좁은 날도 있고 큰 날도 있었다. 2002년 가을에 시작된 강세장의 흔적은 거의 찾아볼 수 없다.

2000년 3월에 막강한 약세장이 시작된 이래 가격이 움직이는 패턴은 분명하게 변했다. 예컨대 하루하루 나타나는 짧은 추세(주식시장이 전날 보인 움직임을 다음 날에도 보이는 성향)가 사라졌다. 추세가 가장 자주 나타나는 시장 지표인 나스닥 지수는 같은 방향으로 나아가기보다는 매일매일 방향을 바꿀 확률이 더 높아졌다.

이런 변화는 여러 주식시장 타이밍 모델에 상당히 큰 영향을 끼친다. 주식을 적극적으로 거래하는 트레이더들을 위한 시계time horizon가 줄어들기 때문이다. 가격 추세가 하루하루 바뀌다 보니 온라인 단기 트레이딩이 여러 거래일에 걸쳐 가격의 움직임을 장악하고 만다. 그토록 많은 트레이더가 똑같은 스크린을 들여다보고, 똑같은 지표를 사용하고, 컴퓨터를 이용해 진입 주문을 내다 보니 주식시장의 흐름은 빨라지게 마련이다. 단기 트레이딩이 더 붐비고 더 어려워진 셈이다.

장기적인 기술적 패턴은 여전히 중요하다. 주기, 시장 모멘텀 측정, 이동평균 트레이딩 채널, MACD, RSI, 금리, 수익을 비롯해 시장에 영향을 미치고 시장을 반영하는 여러 가지 요소는 여전히 영향력을 과시한다. 나는 시장 부문, 포트폴리오의 다각화 및 균형, 뮤추얼 펀드와 상장지수펀드 선택의 상대적인 영향력을 무시하지 말아야 한다는 사실을 배웠다. 나는 그것이 '무엇을 사야 하는가? 언제 매매해야 하는가?'라는 질문에 더 정교하게 접근하는 방법이라고 생각한다.

시대는 변하고, 주식시장도 변한다. 투자 전략도 결과적으로 변할 가능성이 크다. 트레이더는 마음을 느긋하게 갖고, 균형을 잃지 말아야 하며, 최대한 객관성을 유지해야 한다. 트레이더들은 투자하는 시장에서 일어나는 변화를 감지하고 그에 반응할 수 있도록 유연성을 유지할 필요도 있다. 이는 부담이 되는 큰일이지만 자극이 되는 일이기도 하다. 나는 트레이딩의 이런 면이 나를 젊게 만든다고 생각한다. 모든 트레이더의 행운을 빈다.

ENTRIES & EXITS
VISITS TO SIXTEEN TRADING ROOMS

CHAPTER

08

마이클 브렌케
Michael Brenke

잘한 일을
꾸준히 반복하기

이름 | 마이클 브렌케
거주지 | 노스캐롤라이나 주 샬럿
전 직업 | 사업주
트레이딩 분야 | 주식
트레이딩 경력 | 1995년부터
계좌 규모 | 소규모(25만 달러 이하)
소프트웨어 | MetaStock, eSignal, Quicken
트레이더스 캠프 | 1998년 카리브 해 캠프

나는 1998년 처음으로 개최한 카리브 해 캠프 중 한 곳(도미니카공화국)에서 마이클을 만났다. 우리는 수년간 연락을 하지 않고 지내다가 2004년 초 트레이딩 소프트웨어 때문에 도움을 필요로 한 캠프 참가자 덕택에 다시 만나게 되었다. 그가 마이클과 연락하고 나서 몇 달 뒤, 두 사람 모두 뉴욕에서 열린 캠퍼 모임에 참석했다. 나는 마이클이 전업 트레이더가 되었다는 소식에 몹시 기뻤다. 나는 그를 인터뷰에 초대했고 그는 일정을 조정해 우리는 다음 날 아침에 만나서 트레이딩에 대해 이야기를 나눴다.

마이클: 나는 테네시 주 그린빌에서 태어났다. 생일이 몇 달만 더 늦었더라면 독일에서 태어났을 것이다. 나는 독일에 자주 가고 그곳을 좋아하지만 미국을 떠날 생각은 없다. 그리고 무엇보다 킴벌리Kimberly가 부모님과 가까운 곳에 살고 싶어 하기 때문이다.

사진사로서 사회에 첫 발을 내디뎠지만, 나는 사진작가가 배고픈 예술가라고 생각했다. 빨리 부자가 되고 싶었고, 사진은 취미로 즐기고 싶었다. 사진과 여행은 지금도 내가 가장 좋아하는 활동이다.

나는 대학교에서 공부를 해본 적이 없다. 그것은 내 선택이었다. 나의 첫 번째 계획은 고급스러운 집을 페인트칠하는 것이었다. 직원 수를 늘리고 부동산 산업에 뛰어드는 것을 꿈꿨지만 내게는 페인트칠이 너무 어려웠다. 나는 조용한 소도시인 애슈빌Asheville로 이사했다가 샬럿으로 거처를 옮겼다. 샬럿에는 고층 건물이 많았고 커다란 클럽도 있었다. 나는 거기서 한동안 바텐더로 일했다. 스물한 살 때는 바텐더라는 직업이 마음에 들었다. 클럽에서는 항상 좋아하는 음악이 나오고 모든 사람이 즐거운 시간을 보내기 때문이다.

그다음에는 독일에서 자동차에 광을 내는 천을 수입했다. 독일에서는 어느 주유소에서나 볼 수 있을 만큼 인기가 좋았지만, 미국에서는 사정이 달랐다. 나는 사업의 창의적인 부분이 좋았다. 사진을 찍고 상표를 디자인하는 일이 마음이 들었다. 하지만 나는 마케팅에 관해 아는 것이 없었다. 동네 구멍가게 몇 군데와 거래할 뿐, 큰 상점들과는 전혀 거래하지 않았다. 상품을 시장에 내놓으려면 시어스Sears처럼 큰 소매업체를 찾아야 하는데, 큰손들은 공급업자에게서 한 가지 품목만 사 가지 않기 때문이다. 최근 계산해본 결과 나는 내 차를 1,200년 동안이나 광낼 수 있는 천을 작은 창고에 보관하고 있다.

나는 이 일에서 값진 교훈을 얻었다. 잘 알기 전에는 사업에 뛰어들지 말아야 한다는 것이 그것이다. 집을 페인트칠하던 당시 나는 철저히 조사한 덕택에 첫날부터 돈을 벌었지만, 이 일에서는 규칙을 전부 어기고 말았다. 산성비가 새 차를 훼손시킨다는 사실과 차를 보호할 수 있는 새로운 페인트 밀폐제가 나왔다는 소식을 듣고 나는 '유로샤인EuroShine'을 차렸다. 나는 그 아이디어가 100만 달러짜리 가치가 있다고 생각했고 그 사업에 마지막 한 푼까지 쏟아부었다. 그 회사를 11년 동안 경영하면서 다른 사람들의 상품을 유통시키는 일에서 벗어나 마침내 내가 만든 상품을 유통시킬 수 있었다. 독자적인 화학제품 라인을 갖추게 된 것이다.

그러던 중 예전부터 알고 지내던 여자 친구에게서 트레이딩에 대해 처음으로 들었다. 회계학을 공부하던 그녀는 나에게 "저축한 돈으로 왜 아무것도 안 하는 거야?"라고 물었다. 나는 10달러에 LTV를 사서 몇 주 뒤 12달러에 팔았다. 그러면서 트레이딩에 흥미를 느끼게 되었다. 1990년대 중반 나는 사업체를 운영하고 있었는데, 금전적인 면에서 미래를 보장받고 싶었다. 사업을 하면서 그런 미래를 꿈꾸기는 힘들다. 나의 미래에 영향력을 행사하는 상사가 너무 많았기 때문이다. 주요 고객, 공급자, 종업원의 수를 합치면 30~40명은 되는데, 나는 그들에게 의지해야 하는 처지다. 나는 나 자신의 상사가 되고 싶었고, 내 가치에 딱 알맞은 대가를 받고 싶었다. 어느 날 킴벌리와 함께 트레이딩에 대해 이야기를 나누다가 쓰레기를 버리러 나갔는데 돌아오는 길에 우편함에서 『주식 시장에서 살아남는 심리투자 법칙』에 대한 엽서를 발견했다. 순간 모든 것이 펴

즐 조각처럼 들어맞았다. 사업을 해서는 내가 원하는 것을 얻을 수 없다는 사실을 깨닫자마자 이 엽서를 발견하지 않았는가! 며칠 지나고 나서 그 책을 주문했는데, 저자가 책 안에 사인해놓은 것이 보였다. 사인된 책을 받아본 적이 없어서 나는 친구 몇 명에게 전화를 걸어 자랑을 했다.

나는 돈에 눈이 먼 채로 트레이딩의 세계에 입문하는 다른 모든 트레이더와 똑같은 실수를 저질렀다. 그때까지 2만 달러 정도를 저축했는데, 그 돈을 2년 만에 100만 달러로 불릴 수 있을 것이라고 생각한 것이다. 좋은 주식을 20종목쯤 골라서 올바른 패턴이 나타날 때까지 기다린 다음 프린터로 화폐를 인쇄하듯 돈을 벌 계획이었다. 그러다가 나는 초보 트레이더가 흔히 걸리는 덫에 걸리고 말았다. 정보의 양이 많을수록 더 나은 트레이더가 될 수 있으리라고 생각한 것이다. 나는 많은 돈을 들여 펀더멘털 데이터 서비스를 몇 개나 신청했다. 대화방도 갖추고, 작은 안테나가 달린 쿠오트렉Quotrek FM 수신기를 들고 뛰어다녔다. 한마디로 정보를 얻는 데 돈을 너무 많이 들였다. 더 많은 도구가 있으면 더 좋은 트레이더가 될 수 있을 것처럼 연간 3,500달러 가까이 써버렸다.

시장은 트레이더의 실력이 얼마나 좋은지 혹은 얼마나 나쁜지 상당히 빨리 알려준다. 이론상으로는 트레이딩하고 받는 돈이 수억 달러에 이르렀다. 하지만 진짜 돈을 투자할 때는 이야기가 달라진다. 이론상으로는 트레이딩하기 쉬웠지만 실제 시장에서는 돈을 잃을까 봐 겁이 나고, 방아쇠를 당기기 껄끄러웠으며, 욕심이 개입되었다. 내가 가장 두려워한 것은 돈을 잃는 것이었다. 화학제품 사업을 하면서 번 돈이 기회의 창을 만들었다. 그때쯤 나는 그 사업이 지긋지긋했지만 트레이딩으로 손해를 볼 때마다 창문이 조금씩 닫히는 기분이었다. 돈을 잃는 것에 대한 두려움은 나를 오랫동안 괴롭혔다. 나는 이론상으로 트레이딩을 네다섯 번 정도 해서 가짜 거래를 양호하게 마무리한 다음 규칙을 확대 적용하고는 실제 거래에 진입했다. 그런데도 이상하게 그 거래는 손실 거래로 끝나버리곤 했다. 이론적인 트레이딩으로 돌아가 대여섯 개의 가짜 이익 거래를 체결한 뒤 진짜 돈으로 트레이딩하면 또 돈을 잃었다. 그럴 때마다 감정의 롤러 코스터를 탄 기분이었다. 천재가 된 느낌이 들었다가 손해를 보고 나면 바보로 추락하는 느낌이었다. 트레이딩을 하다 보면 마음이 어지러워지는데, 그러다 보면 위험 신호를 놓치게 마련이다.

트레이딩 규칙을 제대로 따랐더라면 돈을 벌었을 테지만, 나는 몇 년 동안 고된 시간을 보내야 했다. 나는 틀에 박힌 생활 방식에서 벗어나지 못했다. 그러다가 서서히 체계적으로 트레이딩을 하게 되었고, 기록일지를 작성하기 시작했다. 내가 그 시절을 견뎌낼 수 있었던 것은 2퍼센트의 법칙을 충실하게 따른 덕택이었다. 나는 리스크를 1퍼센트로 줄였고, 손해를 몇 번 더 본 다음에는 0.5퍼센트로 줄였다. 결과적으로 연간 손실률이 10퍼센트 이하에 머물렀다. 나는 그 법칙 없이는 시장에서 살아남지 못했을 것이다.

나는 트레이딩의 심리적인 측면에 대해서는 별로 생각해보지 않았고, 심리를 중요한 요소로 여기지도 않았다. 양호한 패턴을 인식할 경우 곧바로 거래에 뛰어들면 그만인 줄 알았다. 나 자신의 트레이딩 패턴을 살펴보기 전까지는 트레이딩의 세계가 어떻게 돌아가는지 이해하지 못했다. 어떤 조치를 취해야 하는지 (패턴을 전문가처럼 인식하고, 시스템을 설계하고) 알았더라도 막상 진짜 돈으로 거래했으면 방아쇠를 당기지 못했을 수도 있다. 나는 이런 경우는 꿈에도 생각해보지 못했다. 화학제품의 경우 화학 약품을 섞는 특정한 방식에 따라 매일매일 똑같은 방식으로 섞으면 된다. "어떻게 하는 줄은 알지만 저라면 다른 방식으로 해보겠어요"라고 말하는 사람은 없을 것이다. 트레이딩의 세계에서도 이런 식으로 행동하면 결과는 기계적으로 나올 것이다. 주식 투자에 관해 책을 쓰는 사람 중에도 막상 자기 돈을 걸고 거래하면 리스크를 감당하지 못하는 사람이 있다. 위험을 감수할 수 있는 정신력이 없으면 트레이딩을 할 수 없다.

예전의 나는 쳇바퀴 굴리는 햄스터 같았다. 일일이 차트를 인쇄하고 그 위에 표시하기 전까지는 행동에 변화가 없었다. 매달 말이 되면 그달의 실적을 살펴보고 실수를 기록해두었다. 그렇게 몇 달 지나니 슬슬 패턴이 눈에 띄었다. 트레이딩하면서 나는 여러 차례 똑같은 실수를 반복했다. 나는 벽에 게시판을 걸어놓고 완벽한 트레이딩 차트를 붙여뒀다. 그리고 트레이딩에 뛰어들 때마다 스크린에 띄운 패턴을 보고 나서 고개를 들어 게시판의 차트를 확인했다. 패턴이 깔끔한가? 긴 꼬리가 여러 개 있지는 않은가? 자주 저지르는 실수의 목록을 만들어 모니터 옆에 붙여두기도 했다. 과거에 범한 실수들을 바탕으로 자잘한 규칙들을 만들어 적어두었다. 나는 모든 요소가 체크리스트에 있는 것만큼 시각적으로 완벽해 보일 때 매매 주문을 냈는데, 게시판과 체크리스트는 확실히 도움이 됐다.

엘더 박사가 강조하는 2퍼센트의 법칙이 나를 살렸다. 박사는 거래일지를 작성해야 한다고도 주장했다. 나는 트레이딩을 사업처럼 여기기 시작했다. 강령과 사업 계획서도 작성했다. 처음에는 한동안 마음에 드는 패턴을 찾지 못하면 다른 패턴을 뒤져보곤 했다. 상당히 체계적이지 못했다. 그러다가 하루를 마감할 때 내가 선택하거나 놓친 트레이딩에 대해 메모하기 시작했다. 그리고 주말마다 '내가 이번 주에 배운 것'을 기록으로 남겼다. 그것은 나의 트레이딩 패턴을 알아보는 데 큰 도움이 되었다. 내가 무엇을 올바르게 하고 무엇을 잘못 하는지 알 수 있었다. 수익을 올렸어야 하는 날 손실을 입었을 경우 특히 많은 도움이 되었다. 나는 지난 거래를 살펴보고 차트를 모으기 시작했다. 내가 실제로 선택한 거래와 선택했어야 했던 거래에 대해 알아보기 위해서였다. 나는 항상 S&P 차트를 시간 스케일별로 출력한다. 지난 거래를 돌아보고, 메모를 하고, 앞으로 다가올 트레이딩을 위해 여러 가지 규칙을 마련한 덕택에 트레이더로서 성장할 수 있었다. 이전 같았다면 주간 차트에서 커다란 하락 디버전스가 나타나는 것도 모른 채 일간 차트만 보고 롱 포지션에 진입했을 것이다. 모든 것이 자연스럽게 서서히 진화했다. 나는 작년에 나만을 위한 트레이딩 매뉴얼을 만들었다. 킴벌리가 자기 일에 대해 이야기하는 것을 듣고 거기에서 아이디어를 얻었다. 그녀가 일하는 은행에는 부서마다 특유의 다양한 절차를 개괄적으로 서술한 안내서가 구비되어 있다. 나와 함께 캠퍼 모임에 갔던 프레드Fred는 항공기 조종사다. 그는 조종사들이 인쇄된 체크리스트를 활용한다고 이야기했다.

나는 매뉴얼을 10페이지로 압축했다. S&P를 살펴보면서 하루를 시작하고, 시장이 전환점에 이르렀을 경우(내가 트레이딩하기 좋아하는 시점이 바로 이 부분이다) 주식을 스캔하기 시작한다. 주간 차트를 살피고, 그다음에 일간 차트를 살핀다. 검토해야 할 주식이 200개나 있는데, 서로 같은 방향을 향하는지 알아본다. 무엇인가를 찾으면 스윙 트레이딩 규칙을 적어둔 페이지를 펼친다. 나는 네댓 개의 패턴을 애용하며, '수익 공고가 날 때 스윙 트레이딩한 포지션을 보유하지 마라' 등의 규칙을 만들었다. 나는 야후에서 수익 공고 일자를 확인하고, 일주일 이상 시간적인 여유가 없을 때는 포지션을 청산한다. 이 규칙이 오히려 문제가 되어 좋은 거래를 놓치는 경우도 있지만 커다란 하락 갭이 발생할지도 모르는 위험을 감수할 필요는 없다. 매뉴얼의 두 번째 페이지를 확인하는 작업이 끝나면 세 번째 페이지로 넘어간다.

다음 페이지에는 자금 관리 규칙을 적어두었다. 실적이 좋을수록 리스크가 2퍼센트에 가까워지도록 포지션을 확장한다. 승승장구할 때는 리스크를 1~1.5퍼센트로 설정하고, 손실 거래를 연달아 세 건 체결했을 때는 0.5퍼센트로 되돌아간다. 어떤 경우든 월별 한계인 6퍼센트는 절대로 넘기지 않는다. 그 뒤에는 메타스톡 매매 신호 설정에 관한 내용이 있다. 나는 갭을 피하기 위해 장이 열리고 나서 거래에 진입하는 것을 선호한다. 시간별 차트가 내가 선택하려던 거래에 반해 커다란 디버전스를 보일 경우엔 그 거래를 포기한다.

매뉴얼의 나머지 부분은 데이 트레이딩을 위한 것이다. 나는 항상 S&P와 보조를 맞춘다. 매뉴얼에는 모든 절차가 단계별로 상세하게 적혀 있다. 시간별, 25분, 5분 차트를 어떻게 추적하는지 세세하게 적어두었다. 규칙 역시 세부적으로 명시했다. 시간별 차트에서 과매도 혹은 과매수 현상이 나타날 때 어떤 패턴

마이클은 이렇게 말했다.

낮에는 집이 조용해서 세상에서 멀리 떨어져 있는 것 같은 기분이 든다. 그래서 쉽게 집중력을 잃거나 지루해진다. 2~3일 동안 거래를 하지 않은 경우에는 더욱 그렇다. TV를 보거나 간식거리를 먹기 시작했다가 완벽한 패턴을 놓치는 일이 일어나기도 한다. 조금 전 먹은 샌드위치가 400달러어치였던 셈이다. 나는 완벽한 거래를 놓치는 일이 없도록 주의력이 산만해져 발생하는 이런 작은 결점들을 찾아 고치려고 노력한다. 지루한 날, 이 같은 실수를 방지하기 위해 설정 환경을 훑어볼 시간임을 상기시켜줄 알람을 메타스톡에 설정해두기도 했다. 나는 영화 「월스트리트(Wall Street)」의 오디오 웨이브(.wav) 파일을 구했다. 이 파일에는 "돈은 절대로 잠들지 않습니다. 얼른 일어나서 일하러 가세요" 라는 음성이 담겨 있는데, 나는 이 파일을 5분 단위 S&P 차트에 첨부해서 바가 새로 시작될 때마다 울리도록 설정해뒀다. S&P가 전환점에 이를 경우 나는 일하러 가고, 그렇지 않으면 5분 뒤에 다시 울릴 때까지 그 음성을 무시한다.

을 찾아야 하는지, 25분 차트나 5분 차트에서 그런 현상이 나타날 때는 어떻게 해야 하는지 적어두었다.

나는 데이 트레이딩을 할 때도 매뉴얼을 재빠르게 확인한다. 패턴 목록을 살핀 다음 '진입할 때는 항상 지정가 주문을, 청산할 때는 시장가 주문을 이용하라' 등의 규칙이 실린 두 번째 페이지를 훑어본다. 모든 규칙은 실패한 트레이딩에 바탕을 두고 있다. 나의 목표는 올바르게 한 행동을 꾸준히 반복하는 것이고, 매뉴얼을 충실하게 따라서 더욱 일관성 있는 트레이딩을 하는 것이다.

그 어떤 규칙도 트레이더가 매매 주문을 내게 할 수 없으므로, 방아쇠를 당길 수 있을 만큼 대담해야 한다. 거의 완벽한 것 같지만 무엇인가가 빠진 것 같다면 그 주식은 포기하라. 나중에 제법 괜찮았던 것으로 밝혀지더라도 자책할 필요는 없다. 매뉴얼의 마지막 페이지는 하루를 어떻게 마감할 것인지에 관한 내용이다. 나는 거래를 퀴큰Quicken에 입력하고 기록일지에 차트를 붙인 뒤 짧게 메모를 하면서 하루를 마무리한다. 한 번 습관이 들면 오래 걸리는 일이 아니다. 하루에 5분이면 충분하다. 5~6년 전에 이런 습관을 들이지 않은 것이 후회스러울 뿐이다. 그때 시작했더라면 거래 실적이 훨씬 좋았을 것이고, 실수도 일찍 발견할 수 있었을 것이다.

현재 나에게 가장 중요한 사항은 일관성을 유지하는 것이다. 나는 1년 동안 손본 끝에 드디어 매뉴얼을 완성했다. 목표는 가능한 한 로봇처럼 하루하루 매뉴얼을 충실히 따르고, 리스크를 관리하고, 일관성 있게 트레이딩하는 것이다. 아무것도 놓치지 않기란 어려운 일이다. 시장이 며칠 동안 별다른 움직임을 보이지 않으면 집중력이 떨어지게 마련이다. 그러다가 시장이 분명한 패턴을 보일 때 그렇게 하지 스윙 트레이딩을 놓쳐 한 달 내내 위기에 처할 수도 있다. 시장이 방향을 바꾸면 추세를 추종해야 한다. 하지만 나는 절대로 그렇게 하지 않는다. 위험 부담이 너무 크기 때문이다.

나는 아침에 일어나 커피를 마시고 모니터를 켠다. 그러고는 매뉴얼을 옆에 두고 트레이딩 단계를 하나씩 밟아간다. 나는 트레이딩에 사업처럼 임한다. 아침에 출근해서 고객에게 전화를 건다. 특히나 변동성이 적을 때 이것은 대단히 지루한 일이다. 거래할 만한 설정 환경을 찾지 못한 채 며칠이 흘러갈 수도 있다. 나는 스윙 트레이딩과 데이 트레이딩을 둘 다 하다 보니 온종일 정신이 또렷하다. 웨이브 파일 때문에 가끔 짜증이 날 때도 있지만 말이다. 데이 트레이딩을 할 때는 항상 경계를 늦추지 말아야 한다. 몇 초 안에 매매에 나서지 않으면 기회를 놓칠 것이기 때문이다. 나는 주로 20센트 정도 움직이는 주식을 거래하고 10센트 정도의 리스크를 감수한다. 모니터 앞에 앉았을 때 이미 5센트 늦었다면 그 거래는 선택할 가치가 없다. 15센트를 벌기 위해 15센트의 리스크를 감수할 필요는 없지 않은가. 데이 트레이딩을 하다 보면 대단히 지루한 날도 있고,

상당히 흥미진진한 날도 있다. 하지만 너무 흥미진진해서 심장이 쿵쾅거린다면 무엇인가가 잘못된 것이다. 그럴 때는 그 거래를 선택하지 말고 밖에 나가서 시원한 공기를 마셔라. 나는 흥분되거나 신이 나거나 겁이 나지 않을 때만 성공적으로 트레이딩할 수 있다. 마크 더글러스는 이를 두고 '인 더 존in the zone*'이라는 표현을 썼다. 신이 난다는 것은 불길한 징조인 경우가 많다. 영화 〈스타트렉Star Trek〉을 본 사람이라면 벌컨*이 어떤지 잘 알 것이다. 그들은 논리적이고, 두려움이나 흥분을 느끼지 못하며, 대단히 차분하고 침착하다. 나는 증권사의 데이 트레이딩 룸에서 일한 적이 있는데, 하루는 매니저가 직원 한 명을 가리키더니 이렇게 말했다. "이 직원이 우리 회사에서 실력이 가장 좋은 트레이더입니다. 하지만 성격은 가장 따분하답니다." 물론 누구나 돈을 벌려고 트레이딩하는 것이므로, 포인트를 따려고 비디오 게임을 한다는 생각을 지녀야 한다. 트레이딩의 세계에서 성공하려면 자기 자신을 재프로그래밍해야 한다. 욕심과 두려움을 없애고 최대한 로봇에 가까운 모습을 보여야 한다. 나는 개인적으로 이 부분이 트레이딩하면서 가장 어렵게 느껴진다. 돈을 진짜 돈이 아닌 비디오 게임의 포인트라고 생각하기는 결코 쉽지 않다.

트레이딩에는 화려하지 않은 면모도 있다. 트레이더는 혼자 고립되어 동료 하나 없이 사람들과 단절된 생활을 해야 한다. 다른 사람들처럼 학교나 직장에서 새로운 사람을 만날 기회가 없다. 출근하고, 직장에 입고 갈 옷을 세탁하고, 차 속에서 교통 체증을 견디는 사람들은 트레이더를 부러워할지도 모른다. 하지만 트레이더들은 외출하기 위해 훨씬 많은 노력을 들여야 한다. 돈을 바라보는 시각이 크게 다르기 때문이다. 자동차를 구입하는 데 2만

---

*고도로 집중하여 특정 활동을 구성하는 모든 요소가 착착 들어맞는 상.
*Vulcan; 영화에 등장하는 외계 종족.

5,000달러를 쓰려고 하다가도 '잠깐만, 수입을 얼마나 잃게 되는 거지? 이 차가 그만큼의 가치가 있는 것일까?'라는 의문이 든다.

나는 일주일 내내 집에서 생활한다. 트레이딩하고 잠을 자고 운동하는 것이 생활의 전부다. 매일같이 그렇게 생활하다 보니 밖에 나가야겠다는 필요성이 느껴졌다. 나는 요즈음 펜싱에 관심이 많다. 사람들도 만나고, 빠르고 공격적이며, 트레이딩에도 어느 정도 도움이 될 만한 스포츠를 하고 싶다. 금요일이 되면 나는 '이런, 주말 이틀 동안 뭐하지?'라는 고민에 빠진다. 하지만 일요일 저녁이 되면 어깨가 저절로 들썩인다. 월요일이 다가오는 것이 끔찍하다면 나는 위기에 처한 셈이다.

킴벌리는 조용히 기다려주고 있지만, 마음이 아주 편하지는 않은 것 같다. 그녀는 위험 부담이 따른다는 사실이 마음에 들지 않아도 나를 믿고 열심히 지지해준다. 아내가 여러분의 결정을 지지하지 않는다면 절대로 트레이딩하지 마라. 혼자 감당해야 할 짐도 많은데 아내까지 부담을 준다면 계획을 조정해야 한다. 트레이딩을 관두거나 아내와의 관계를 끝내는 수밖에 없다. 지나친 압박감은 트레이딩에 악영향을 미친다. 트레이딩하는 방법을 배우는 동안 다른 수입원이 있으면 도움이 된다. 압박이 덜할수록 성공할 확률은 더 높아진다.

거래 #1 마이클의 포지션 진입   Trade#1

YHOO

나는 S&P 차트를 추적하면서 데이 트레이딩에 적합한 거래를 찾는다. 처음에는 시간별 차트를 살펴보고, 그다음에는 5분 차트를 본다. 차트에서 신호를 감지하면 거래에 나서기 위해 26개의 데이 트레이딩 종목이 적힌 목록을 훑어보면서 S&P와 패턴이 가장 비슷한 것을 찾는다.

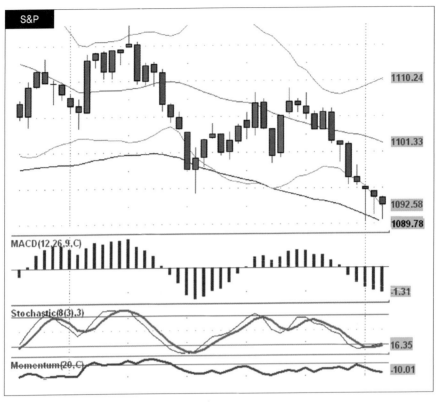

첫째 | 시간별 캔들 차트와 디폴트 옵션을 이용한 볼린저 밴드 두 개(20일 이동평균, 표준편차 2.0).
옅은 회색-시간별 밴드. 진한 회색-일간 밴드. 적색 선-20개의 바로 이루어진 단순이동평균. 나는 이동평균의 경우
단순이동평균만 이용한다. 지수이동평균을 이용하다가 여러 건의 거래를 놓친 후 단순이동평균으로 실험을 해보다가
계속 이용하게 되었다.
둘째 | MACD 히스토그램(12-26-9)
셋째 | 스토캐스틱(8-3-3)
넷째 | 모멘텀(바 20개)

   시간별 S&P 차트는 전환점에 이른 것처럼 보인다. S&P는 과매도 상태며, 하단 볼린저 밴드 내에서 이중 바닥을 형성하고 있다. 스토캐스틱 역시 과매도 상태며, MACD 히스토그램이 완벽한 양(+)의 디버전스를 보이고 있지는 않으나 여전히 조금 벗어나는 모습이다. 결론적으로 S&P가 전환점에 이르렀다고 볼 수 있다.

   5분 차트는 하단 볼린저 밴드에서 이중 바닥이 형성된 것을 보여준다. 두 저

240

점의 종가가 정확하게 일치하지 않기 때문에 바닥이 완벽하다고 볼 수는 없다. 두 번째 저점이 첫 번째 것과 똑같은 수준이거나 첫 번째 것보다 더 낮을 경우 디버전스는 양호한 편이다. 하지만 두 번째 저점이 더 높을 경우 문제가 발생할 수 있다. 그런 거래에서는 이익/손실 비율이 그렇게 좋은 편이 아니기 때문이다. 시간별 차트가 워낙 좋아보여서 나는 그 사실을 알면서도 그냥 넘겨버렸다.

스토캐스틱 역시 과매도 상태고, 이전 저점보다 더 높은 지점에서 저점이 형성됐다. MACD 히스토그램은 디버전스가 발생할 때 내가 보고 싶어 하는 모습을 보인다. 히스토그램이 0 선 아래로 떨어진 정도가 0 선 위로 올라간 정도보다 적을 경우 나는 디버전스가 강력하다고 여긴다. 이 디버전스를 확인하는데, 눈을 가늘게 뜨고 살펴볼 필요는 없다. 이 두 가지 차트를 보고 나니 시장이 전환점에 이르렀다는 생각이 들었다.

그날 목록의 맨 마지막에 있었던 종목이 바로 YHOO다. 이 종목은 시장과 거의 똑같은 움직임을 보였다. 개별적인 바마저 거의 일치할 정도였다. 5분 차트에서 주가는 하단 볼린저 밴드에 닿았고 과매도 상태를 보였으며, MACD는 양호한 디버전스를 나타냈다. MACD는 높이 상승했으며 0 선 아래로 떨어지지도 않았다. 모멘텀은 바닥을 확인했고, 나는 마지막 바보다 1센트 높은 34.70달러에 지정가 주문을 내며 시장에 진입했다. 역지정가 주문은 34.58달러에 냈다.

내 데이 트레이딩 목록에는 26개 종목이 알파벳순으로 정리되어 있다. 나는 S&P와 패턴이 똑같은 것을 찾기 위해 목록을 훑어본다. 나는 상장지수펀드나 SPY(S&P500를 추적하는 상장지수펀드-옮긴이), DIA(다우 지수의 흐름을 쫓는 상장지수펀드-옮긴이) 대신 주식을 거래하는 편을 택한다. 가격도 너무 높고 동일한 패턴이 나타나도 주식만큼 멀리 나아가지는 않기 때문이다.

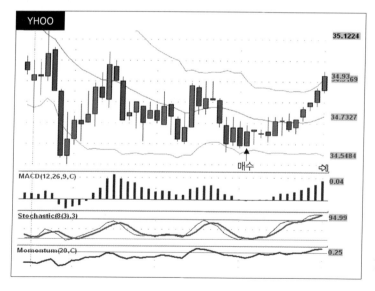

내 목표는 예전의 고점 근처인 35.20달러로, 시간별 이동평균은 그 수준을 막 넘은 상태였다. 포지션에 진입하고 나서 주가는 등락을 거듭했으나 곧 가파르게 상승했다. 나의 평균 수익인 주당 20센트의 수익이 나자 포지션의 절반을 청산했다. 시간 차트의 이중 바닥 패턴이 5분 차트의 이중 바닥 패턴보다 더 나은 결과를 낳는 경향이 있다는 것을 알면서도 이런 결정을 내렸다.

242

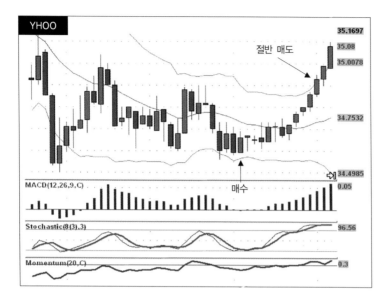

YHOO

35.1697
35.08
35.0078

절반 매도

34.7532

34.4985

매수

MACD(12,26,9,C)   0.05

Stochastic(8(3),3)   96.56

Momentum(20,C)   0.3

나는 주가가 목표가인 35.20달러에 닿을 때까지 포지션의 나머지 절반을 보유할 생각이었다. 그런데 35.10달러에 이르자 주가가 동력을 잃은 모습을 보이기 시작했다. 다음 바가 이전 바보다 높이 올라가지 못하는 것을 보고 나니 결국 감정이 개입되고 말았다.

자기 자신의 성적 매기기

마이클은 다음과 같이 설명했다.

나는 트레이딩 계좌가 두 개 있다. 자금의 4분의 3 정도는 스윙 트레이딩 계좌에, 나머지는 데이 트레이딩 계좌에 들어 있다. 나는 주간 이익/손실 비율을 기준으로, 수수료, 순이익/손실 비율로 두 계좌의 수익성을 지속적으로 비교한다. 나의 트레이딩 세계에 이중 천장이 다섯 개 있었다고 가정해보자. 그런데 나는 세 개밖에 거래하지 못했다. 컴퓨터를 너무 늦게 켜거나 너무 긴장해 그랬을 수도 있다. 각각의 패턴에는 이름이 있는데, 나는 모든 패턴을 포착함으로써 내가 최선을 다하고 있는지 확인하고 싶다. 패턴을 절반이나 3분의 1밖에 포착하지 못하는 엉망인 달도 있다. 매월 12개의 패턴이 나타날 경우 내 트레이딩 성적은 똑같은 이익/손실 비율을 보이며 12점이 되어야 마땅하다. 하지만 인생에는 어쩔 수 없는 요소도 있다. 치과 예약이 잡히거나, 인터넷 연결에 문제가 생길 수도 있다. 하지만 나는 그런 달을 완벽한 달이라고 여긴다. 나는 양호한 액수의 수익을 올렸다는 사실에 만족하지 못하는 성격이다. 반드시 완벽한 성적을 얻어야만 성에 찬다.

나는 포지션 전체를 보유하지 않은 자신을 비난했다. 절반을 미리 매도하지 않았더라면 이 거래가 몇 달 만에 체결한 것 중 가장 실적이 좋은 거래였을 것이다. 추세가 반전되니 겁이 나서 35.05달러에 꽁무니를 빼고 말았다. 그런데 매도하자마자 주가가 내 이익 목표에 도달했다. 내가 시장에서 빠져나가기를 기다렸던 것만 같았다. 만일 포지션 전체를 보유했더라면 한 시간도 채 안 돼 1,000달러를 벌어들였을 것이다. 달콤하기도 하고 씁쓸하기도 한 거래였다.

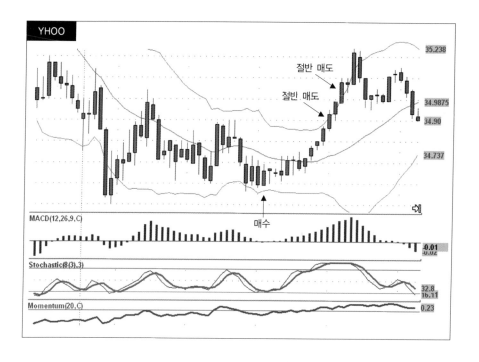

▶거래 요약　　*TRADE SUMMARY*

YHOO 롱 포지션
매수 2004.10.25 34.72달러
절반 매도 34.92달러(수익=주당 0.20달러)
나머지 절반 매도 35.05달러(수익=주당 0.33달러)
포지션 전체 이익=주당 0.265달러

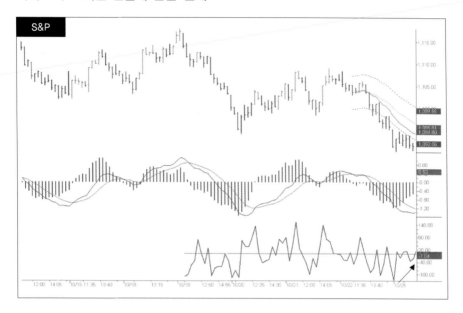

마이클은 지수 차트를 보고 진입 결정을 내린 뒤 개별 주식에 자신의 결정을 적용한다. 나는 도구를 개별적으로 살펴보는 것을 선호한다. 지수가 신호를 보내면 나는 지수 선물을 거래할 것이고, 주식이 신호를 보내면 주식을 거래할 것이다. 시장은 분명히 서로 연관되어 있는 만큼, 하나의 시장에서 거래하면서 다른 시장도 눈여겨봐야 하지만, 궁극적으로 각각의 결정은 개별적으로 내릴 것이다. 그렇다고 해서 내 방식이 옳고 마이크의 방식이 잘못되었다는 것은 아니다! 성공한 트레이더의 방식을 비판하고 싶은 마음은 조금도 없다! 시장은 본래 규모가 크고 복잡해서 진지한 트레이더들이 다양한 각도에서 접근할 수 있다.

마이클의 행적을 따라가면서 이 거래를 분석해보자. 먼저 개별적인 주식에 앞서 지수를 살펴보기로 하자. 나는 25분 차트와 5분 차트를 이용하려고 한다. 『주식시장에서 살아남는 심리투자 법칙』에서 처음으로 소개한 '5의 법칙'은 다양한 시간 스케일 차트는 '5'라는 인수를 통해 서로 연관성을 지녀야 한다

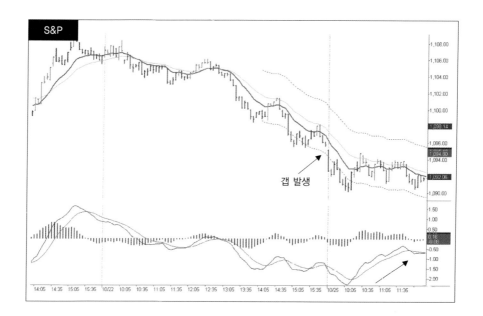

S&P

갭 발생

고 명시한다. 60분 차트와 5분 차트의 경우 둘 사이의 시간 차이가 너무 많이 나는 것 같다.

　　25분 차트에서 임펄스 시스템이 청색을 띠므로 롱 포지션이나 숏 포지션을 취할 수 있다. 긍정적인 관점에서 보면 주가는 하단 채널선 아래 저평가 영역에 머물고 있다. 주가는 사흘 전에 형성된 저점보다 더 낮은 수준으로 떨어졌는데, 지금은 하락세가 멈춘 분위기다. 이는 우리에게 "신저점에 매수하고 신고점에 매도하라"라는 원칙을 상기시켜준다. 강도 지수는 약간의 상승 디버전스를 보이는 모습이다. 반면 두 이동평균이 모두 여전히 아래를 향하고 있다는 점은 부정적인 요소로 꼽을 수 있다. 전반적으로 S&P의 이 25분 차트는 특별히 흥미로워보이지는 않지만, 매매하고 싶다면 매도보다는 매수하기를 권한다.

　　S&P의 5분 차트는 전날이 '추세일'이었다는 것을 보여준다. 주가가 온종일 정렬된 계단식으로 하락했기 때문이다. 이날은 주가가 전날의 저가 아래에서 날카롭게 출발하면서 약한 포지션 보유자들을 내쫓았다. 곰은 수익을 유지하지 못

했고, 가격은 주춤거렸다. MACD 히스토그램뿐 아니라 MACD선도 분명한 상승 디버전스를 나타낸다. MACD선이 이런 모습을 보이는 것은 아주 흔한 광경이 아니다. 5분 차트는 25분 차트가 보내는 메시지가 옳다는 것을 확인시켜준다. 곰은 힘이 다해가고 있는데, 시장 같은 양당 체제에서는 이는 곧 황소가 시장을 장악할 준비가 되었다는 의미다. 따라서 하락세보다는 랠리가 나타날 가능성이 훨씬 크다. 이 시장을 거래하고 싶다면 롱 포지션을 취하는 것이 좋다.

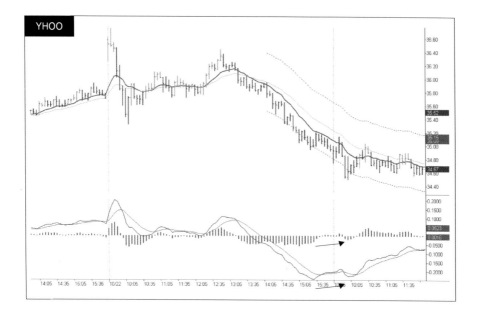

나는 YHOO의 5분 차트에 나타난 패턴이 S&P의 패턴을 거의 완벽하게 따라 간다는 마이클의 의견에 동의한다. 주가 하락 속도가 느리고 상승 디버전스가 발생한 점을 생각하면 하락세보다는 랠리가 나타날 확률이 훨씬 높다. 차트 오른쪽 가장자리에서 임펄스 시스템은 적색에서 청색으로 바뀌어 더 이상 매수를 금지하지 않고 롱 포지션을 취하도록 허용한다. 이 최종 신호는 더 기다릴 필요가 없다는 사실을 알려준다. 황소라면 지금이 거래에 뛰어들 시점이다!

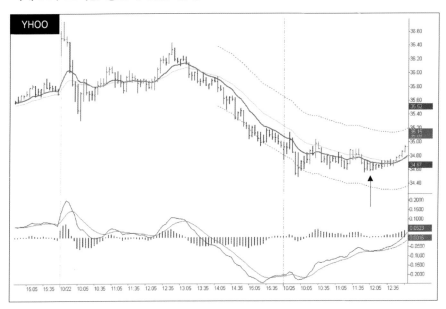

마이클의 성향을 고려해볼 때, 그는 대단히 신중한 트레이더다. 그는 데이 트레이딩으로 꾸준히 적은 이익을 취하는 스타일이다. 마이클이 더 큰 스윙을 거래하기 좋아하는 트레이더였다면 포지션을 조금 더 오랫동안 보유했을지도 모른다. 차트 오른쪽 가장자리에서 가격은 위를 향해 박차를 가하고 있다. 바는 점점 길어지고, 주가의 상승 각도도 점점 가팔라지는 모습이다. MACD 히스토그램 또한 상승해서 랠리를 확인해준다. 다운틱*은 전혀 없으며, 아직 극단적인 상황에 이르지도 않았다. MACD선은 0 선을 막 넘어서서 비교적 낮은 수준에 있는데, 이는 상승 여력이 충분함을 입증해준다. 주가는 고평가 영역인 상단 채널선 근처에도 가지 않았다. 마이클이 한 것처럼 포지션의 절반으로 이익을 취한 것에

---

*downtick; 직전의 거래가보다 낮은 금액에 거래된 가격.

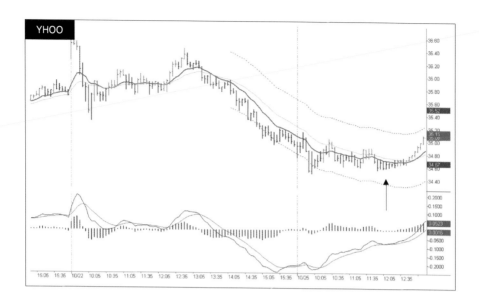

는 전혀 문제가 없다. 포지션을 조금 더 오랫동안 보유했더라도 아무 문제 없었을 것이다.

포지션의 남은 반을 청산할 때 마이클은 차트에 나타나는 신호를 보고 결정

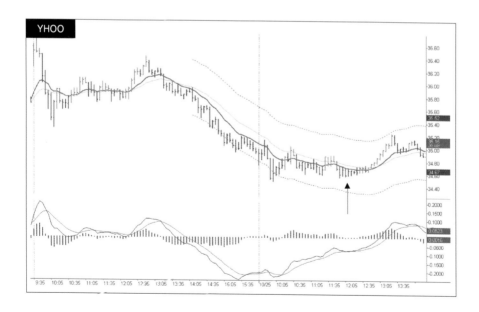

을 내리지 않고 주가가 앞으로 힘을 잃을 것이라는 예상하고 결정을 내렸다. 현재 랠리는 분명히 이어지고 있으며, 여러 지표가 이 현상을 뒷받침해준다. 장기적으로 봤을 때 주가의 상승폭이 이때만큼 클 수는 없겠지만, 새로운 바마다 신고점을 찍고, MACD 히스토그램이 상승하고, 상단 채널선이 아직 멀리 떨어져 있는 만큼 포지션을 보유하는 것이 유혹적으로 느껴진다.

마이클은 모든 프로 트레이더가 좋아하는 일을 했다. 상승세의 중간에서 수익을 상당히 많이 올린 것이다. 마이클은 상승세의 바닥이나 천장을 노리려고 하지 않았다. 이 차트는 채널이 목표를 설정할 때 유용하다는 사실을 확인시켜준다. 랠리가 이어지면서 가격이 상단 채널선에 상당히 근접했기 때문이다. 차트의 오른쪽 가장자리 부근에서는 MACD선의 넓은 천장을 따라 임펄스 시스템이 다시 적색으로 변했다. 장이 닫히면 마이클은 여러 차트를 꼼꼼히 연구하여 다음 날을 위한 쇼핑 목록을 준비할 것이다.

소프트웨어 선택하기

마이클은 이 주제에 대해 다음과 같이 의견을 밝혔다.

이시그널에서는 맞춤형 시세 창을 만들 수 있다. 여러 개의 주식을 넣어두고 왔다 갔다 하면 된다. 이 시스템은 1분도 채 안 되는 시간에 20개의 주식을 살펴볼 수 있기 때문에 데이 트레이딩에 적합하다. 주식을 연구하기에는 메타스톡이 훨씬 적합하다. 자신의 기준에 부합하는 주식을 찾을 수 있으며, 기술 지원도 대단히 잘되어 있다. 이시그널에서 주식 검색 기능을 이용하려면 매달 50달러의 추가 비용을 지급해야 한다. 포지션 트레이더에게는 메타스톡을, 데이 트레이더에게는 이시그널을 추천한다. 참고로, 나는 두 가지 소프트웨어를 모두 이용한다.

S&P 일간 차트에는 100일 이동평균을 나타내는 청색선이 추가로 그려져 있다. 이는 상위 시간 스케일을 위한 20주 이동평균에 5를 곱한 값이다(20주 이동평균을 일간 차트로 옮겨옴). S&P는 과매도 상태고 하락세를 보인다. 주간 추세는 상승 중이며, 일간 가격은 하단 볼린저 밴드 내에 있다. 이는 긍정적인 신호다. 다른 긍정적인 신호는 하락 디버전스가 발생하지 않았다는 점과 스토캐스틱이 과매도 상태라는 점이다.

RSH

나는 포지션 트레이딩뿐 아니라 데이 트레이딩에서도 전환점을 찾는 데 주력한다. 나는 시장이 끔찍한 하락세를 보이고 나서 롱 포지션에 진입하는 것을 선호한다. 주간 차트와 일간 차트가 베이스를 형성하면 추세가 오래 지속되게 마련이다. 나는 시장이 극단적인 순간을 경험할 때 뛰어드는 것을 좋아한다. 추세가 극적으로 전환될 경우 변동성이 너무 적지 않은 양호한 추세가 나타나는 경향이 있기 때문이다. 시장이 방금 큰 폭의 되돌림 현상을 보인 만큼 가격의 되돌림 현상이 또 다시 일어날 확률도 적다. 스톱을 관리하기 쉽다는 장점도 있다. 이때가 내가 피보나치 조정 비율을 이용하는 유일한 경우다. 시장이 추세를 타기 시작하면 나는 50퍼센트의 되돌림 현상이 어디에서 나타날 것인지 살펴보고, 주가가 그 지점에 이를 때까지, 혹은 일간 차트가 천장을 형성하는 기미를 보일 때까지 포지션을 보유한다.

RSH의 일간 차트는 완벽해보이지만 바닥을 친 모습이다. 하단 볼린저 밴드 내에서 이중 바닥이 형성되었고, 스토캐스틱은 이전 바닥보다 약간 높은 저점을 찍으며 과매도 상태를 보인다. MACD 히스토그램은 상당히 양호한 디버전스를 나타낸다. 가장 최근의 천장에서 더 높은 고점을 형성했고, 가장 최근의 바닥에서 더 높은 저점을 형성했다. 황소에게 유리한 또 한 가지 신호는 MACD 히스토그램이 0 선 위로 치솟았다가 마지막으로 하락세를 보였을 때 0 선 아래로 떨어졌다는 점이다.

RSH 주간 차트는 상승세를 보인다. 하락세는 50일 이동평균(주황색)에서 멈췄고, 스토캐스틱은 과매도 상태다. S&P와 RSH 모두 상승세를 보이고 있으며, RSH는 과매도 상태다. 그 주에 주가는 하단 볼린저 밴드에 닿았지만 반작용은 금세 끝났으며 바는 50일 이동평균 위에서 장을 마감했다. 약간 부정적인 요소가 두 가지 있다. 첫째, 가장 최근에 형성된 가격의 천장이 더 높은 MACD 천장을 동반하지 않는다는 점으로, 곰에게 희소식이 될 수 있다. 둘째, MACD 히스토그램이 0 선보다 한참 아래 있다는 것으로, 이것은 그다지 긍정적인 신호가 아니다.

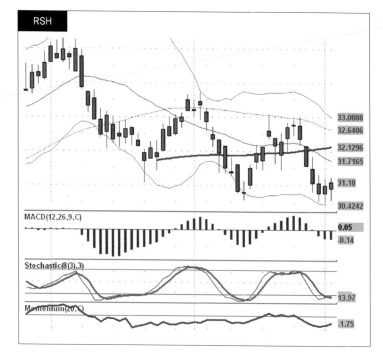

모멘텀은 디버전스를 확인시켜주지 않지만 스토캐스틱은 이를 확인하는 모습이다. 나는 MACD와 모멘텀이 같은 신호를 보내는 것을 좋아한다. 신호가 상충될 경우 스토캐스틱이 두 번째 고려 대상이 된다. 두 지표 모두 디버전스를 확인하지 않으면 그 거래에서는 손을 뗀다. 스윙 트레이딩에서는 펀더멘털에 신경 쓰지 않는다. 내가 이용하는 시간 스케일이 너무 짧기 때문이다. 나는 최근에 가치가 떨어졌거나 수익이 보고되는 시기가 임박했을 때만 시장에서 멀리 떨어져 있다. 진입 주문은 마지막 일간 바의 고가보다 1틱 위에 냈고, 역지정가 주문은 하루 전에 형성된 저가 바로 아래 냈다.

나는 포지션에 진입하고 나서 바로 다음 날 청산했다. S&P는 그날 갭다운gap down했고, RSH는 비록 갭이 발생하지 않았지만 주가가 밑으로 끌려 내려갔다. 시가도 낮았는데 주가는 온종일 더욱 낮은 움직임을 보였다. 나는 이 주식의 움직임에 대단히 실망하고 말았다. 보통 볼린저 밴드에서 주간 및 일간 되돌림 현상이 나타나는 경우, 상당히 양호한 설정 환경에 속하기 때문이다. 나는 불안하지도 않았고, 이 거래가 좋은 거래가 될 것이라고 거의 100퍼센트 확신했었다.

내가 이 거래에서 배운 것은 반드시 넓은 시장이 트레이더의 결정을 지지해야 한다는 점이다. 주간 및 일간 차트에서 주식이 좋아보여도 시장이 방향을 바꾸면 대부분의 경우 트레이더의 주식도 함께 들고 가버린다. 그것이 바로 S&P가 주식과 똑같은 기본 패턴을 따르고 전환점에 있도록 해야 하는 이유다.

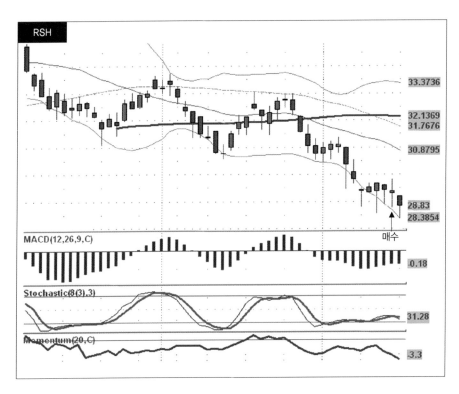

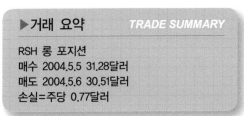

▶거래 요약　　　**TRADE SUMMARY**

RSH 롱 포지션
매수 2004.5.5 31.28달러
매도 2004.5.6 30.51달러
손실=주당 0.77달러

거래 #2 | 포지션 진입에 관한 견해

S&P의 주간 차트를 건너뛰고 일간 차트를 살펴보는 것이 어색하게 느껴진

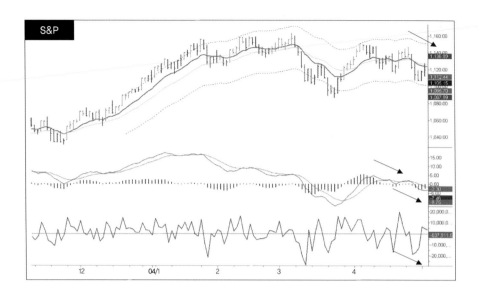

다. 가장 오른쪽에 있는 바가 청색으로 변했기 때문에 롱 포지션이나 숏 포지션을 취할 수 있다. 가격은 하루 전에 급등했지만, 여러 가지 신호가 곰의 편을 지지하고 있다. 4월 이중 천장 패턴이 나타났고, MACD 히스토그램이 하락 디버전스를 보였다. 이 지표는 며칠 전에 신저점을 찍어 곰의 세력이 강하다는 점을 확인시켜줬고, 앞으로 문제가 발생할 것이라고 경고하기도 했다. 두 이동평균 모두 아래를 가리키고 있는데, 이는 단기간에 걸쳐 하락세가 나타난다는 사실을 뒷받침해준다. 강도 지수는 최근 몇 주간 하락세가 소폭으로 발생할 때마다 더 낮은 바닥을 찍었다. 이는 곰이 세력을 확장하고 있다는 증거다.

아래 차트를 보자. 임펄스 시스템은 RSH를 매수해도 되겠느냐는 질문에 분명하게 '아니오'라는 대답을 내놓았다. 가장 오른쪽에 위치한 주간 바가 적색을 띤다는 것은 빠른 지수이동평균과 MACD 히스토그램이 둘 다 하락하고 있다는 의미다. 하락세가 분명히 자리 잡고 있는 것이다. 이 검열 시스템은 하락세가 나타날 때 롱 포지션을 취하도록 허용하지 않는다. 이런 경우에는 숏 포지션을 취하거나 관망할 수 있다.

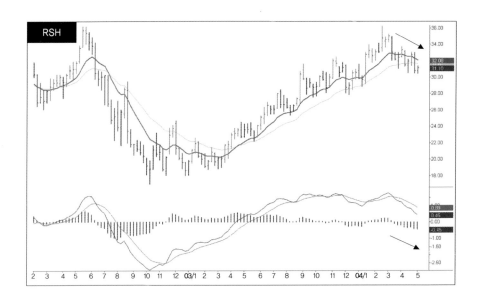

주간 임펄스가 적색이므로 일간 차트를 보는 건 의미가 없다. 매수하려는데 임펄스가 주간 차트에서 적색으로 변하면, 나는 일간 차트를 거들떠보지도 않는 다. 주간 임펄스가 롱 포지션에 진입하는 것을 막으면 다른 주식을 살펴볼 때다.

RSH 일간 차트는 황소에게 유리한 신호를 보내고 있다. 3월 이후 하락 동력

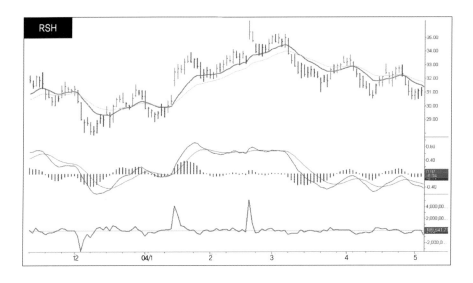

이 약해졌고, MACD 히스토그램은 상승 디버전스를 보여주며, 마지막 바는 청색으로 변했다. 하지만 주간 임펄스가 적색이므로 이런 신호는 조기 경고에 불과하다. 주간 임펄스가 다른 색으로 변하기 전까지는 매수가 허용되지 않는다.

거래 #2 | 포지션 청산에 관한 견해

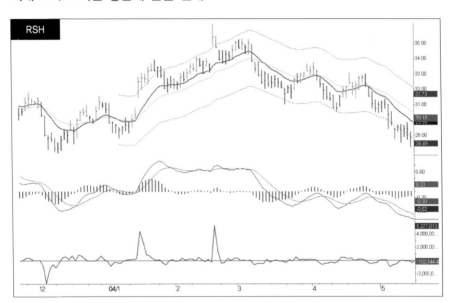

마이클이 손실 거래를 청산하고 놀랍도록 **빠른** 속도로 시장을 벗어난 것은 칭찬받아 마땅하다. 프로 트레이더답게 그는 어떤 일이 벌어질지 기다리면서 시장에서 배회하지 않았다. 그가 손실을 제한하고 다른 거래로 넘어간 속도는 인상적이다. 경험이 적은 초보 트레이더는 강세장이 나타나는 시나리오를 만들어내고 그것이 사실인 것처럼 믿는다. 하지만 경험이 많은 트레이더는 모든 시나리오를 현실적으로 테스트해보며, 둘이 서로 다를 경우 시나리오를 버리고 현실을 택한다.

"2퍼센트의 법칙이 나를 살렸다."

순진한 아마추어로 트레이딩의 세계에 발을 들여놓았더라도 누구나 진지한 트레이더로 성장할 수 있다. 트레이딩이라는 게임에서 승리하는 일은 누구나 가능하지만, 설령 불가피하게 차질이 생기더라도 견뎌낼 수 있어야 한다. 마이클의 여정에서 우리는 여러 가지 교훈을 얻을 수 있다.

트레이딩을 배우는 데 드는 교육비는 비싸다. 마이클이 쓸데없는 구독료를 포함해서 서비스 비용으로 매년 지급한 3,500달러는 그가 손실 거래로 잃은 돈에 비하면 새 발의 피다. 마이클은 트레이딩 자본이 탈출용 창문이며, 손실이 생길 때마다 창문이 조금씩 닫힌다는 사실을 일찌감치 깨달았다.

마이클은 어둠 속에서 허우적거리던 시기에 자신을 살린 것이 2퍼센트의 법칙이라고 말했다. 이 법칙은 『주식시장에서 살아남는 심리투자 법칙』에서 처음 소개했고 『나의 트레이딩 룸으로 오라』에서 보다 자세하게 다뤘다. 2퍼센트의 법칙에 따르면, 어느 거래에서든 자산의 2퍼센트 이상 리스크를 감수해서는 안 된다. 물론 거래마다 반드시 그래야 하는 것은 아니다. 그것보다 덜 감수하는 것은 언제나 환영이다. 신중한 마이클은 자산의 0.5퍼센트 이상의 리스크를 감수하지 않는 경우가 많다. 계좌에 10만 달러가 들어 있다고 가정해보자. 이때 자산의 2퍼센트는 2,000달러다. 15달러에 주식을 사고 싶다고 치자. 이익 목표는 20달러로 설정하고, 역지정가 주문은 13.50달러에 낸다고 치자. 이 역지정가에 의하면 매수하는 주식당 리스크는 1.50달러 이하여야 한다. 최대 허용되는 리스크는 2,000달러이므로 최대 매수량을 계산하기는 쉽다. 실제로 매수하는 주식은 이론적인 최대 수량보다 적어야 한다. 수수료를 지불하고 슬리피지*도 감당해야 할지 모르기 때문이다.

---

*slippage; 매매 주문 시 체결 오차 현상으로 인해 원하는 가격에 매수할 수 없을 때 발생하는 비용.

2퍼센트의 법칙을 따를 경우 치명적인 손실, 즉 대부분의 트레이딩 계좌를 전멸시키는 상어의 위협으로부터 보호받을 수 있다. 욕심이 지나치게 많은 트레이더는 대규모 포지션을 사서 일확천금하기를 꿈꾼다. 2퍼센트의 법칙은 트레이더의 목숨을 구해준다. 우리가 마이클에게서 배울 수 있는 또 한 가지 소중한 교훈은 그가 기록 관리를 꼼꼼하게 하고 기록을 철저하게 분석한 뒤에야 성공하는 트레이더가 되었다는 점이다. 마이클은 2퍼센트의 법칙으로 생존을 보장받았지만, 그의 자산 규모는 그가 기록일지를 관리하고 실수에서 배우기 전까지 커졌다가 작아지는 일을 반복했다.

내가 정신과 의사로 일하던 당시에 가끔 심각한 알코올중독 환자가 찾아왔다. 그가 나의 진단에 동의하지 않을 경우 나는 환자와 말싸움을 하기보다는 간단한 제안을 했다. 평소와 다름없이 계속 술을 마시되 술 마신 기록을 꼼꼼하게 작성한 뒤 일주일 뒤에 들고 오라는 제안이었다. 알코올중독자 중에 술 마신 기록을 제대로 작성할 수 있는 사람은 거의 없다. 기록해야 한다는 부담감 때문에 술 마시는 즐거움이 줄어들기 때문이다. 극소수의 환자가 일주일 뒤에 기록을 들고 와서는 내 말이 맞다고 털어놓았다. 문제를 확인하고 난 그들은 문제를 해결할 준비도 되어 있었다. 기록을 꼼꼼하게 남기는 것은 사람들이 경험에서 배우고 인생을 원하는 방향으로 돌릴 수 있도록 돕는다.

트레이딩에서는 대부분의 사람이 자신의 행동을 돌아보지 않고 앞으로 달려나가기 바쁘다. 그러다 보니 경험에서 무언가를 배우지 못하고 실수를 반복한다. 나는 학생들에게 항상 이렇게 말한다. "실수를 범해도 괜찮습니다. 새로운 것을 시도하다 보면 자연스럽게 실수를 저지르게 되죠. 하지만 같은 실수를 반복해서는 절대로 안 됩니다." 마이클은 거래일지와 여러 가지 기록 덕택에 많은 트레이더가 쉽게 벗어나지 못하는 악순환에서 벗어날 수 있었다.

마이클에게 인터뷰를 요청했을 때, 그는 인터뷰거리를 충분히 얻을 수 있을지 모르겠다고 했다. 대부분의 시간을 스크린 앞에서 혼자 보내기 때문에 독자가 흥미를 가질 만한 이야기가 없다는 것이었다. 나는 이 장을 편집하면서 웃을 수밖에 없었다. 이 장이 책에서 가장 많은 분량을 차지한 장이었기 때문이다. 수년간 혼자 지내며 마이크의 머릿속에는 아이디어가 산더미처럼 쌓인 모양이다. 마이크의 놀라운 정신력은 그를 돋보이게 한다. 웨이브 파일이 5분에 한 번씩 못 살게 굴 경우 나라면 컴퓨터를 망치로 내려쳤을 것이다. 마이클처럼 여러분도 자신에게 맞는 트레이딩 스타일을 찾아라.

마이클의 e-mail
; 내 평생 최고의 도전

시장에 대해 아무것도 모르는 채 거래를 처음 체결하는 순간부터 꾸준히 수익을 올릴 수 있는 시점에 이르기까지의 여정은 길고 고되다. 자신이 천재처럼 느껴지는 날도 있지만 세상에서 제일 멍청한 사람처럼 느껴지는 날도 있을 것이다. 이제 마침내 어떻게 트레이딩할지 알겠다는 생각이 들고 돈이 굴러들어올 때마다 시장은 아직도 갈 길이 멀다는 사실을 상기시켜준다. 아는 것이 하나도 없거나 거의 없는 상태에서 트레이딩을 시작해서 책을 몇 권 읽고 세미나에 참석한 뒤 1~2년 만에 트레이딩으로 먹고살 수 있을 것이라고 생각한다면 오산이다. 그것은 골프 클럽 세트를 사서 레슨을 몇 번 받은 뒤 1년 만에 타이거 우즈와 겨룰 수 있을 것이라고 생각하는 것이나 다름없다.

지난 10년을 되돌아보면 처음부터 좀 더 상세하게 거래일지를 쓰지 못한 게 후회스럽다. 트레이딩의 심리라는 개념을 좀 더 진지하게 다루지 못한 점도 아쉬움으로 남는다. 그랬더라면 수년간 실적이 악화되는 고통스러운 경험을 하지 않았을지도 모른다.

이쯤에서 나에게 가장 도움이 많이 되었던 사항을 몇 가지 언급하고자 한다.

260

우선, 다른 생계수단이 없다면 현재 하고 있는 일을 관두지 마라. 트레이딩으로 먹고살 수 있을 때까지 얼마나 걸릴지 예상해보고, 그 기간에 3을 곱하라. 트레이딩 수익으로 생활비를 대야 한다면 압박감이 너무 심할 것이다. 그런 처지에 놓여 있다면 트레이딩은 생각도 하지 않는 것이 좋다. 돈만 잃을 뿐이다.

기록을 철저하게 관리하라. 트레이딩할 때마다 차트를 인쇄해 진입 지점과 청산 지점을 표시하라. 주식을 보유하는 동안 S&P의 움직임을 알 수 있도록 S&P 차트도 인쇄하라. 대부분의 주식이 시장을 따라간다는 사실을 염두에 둬라. 나는 약세장에서 롱 포지션에 진입하는 게 위험한 방법임을 깨닫기 전까지 여러 번 손실을 입었다. 한 주 혹은 한 달 간격으로 보유 중인 포지션을 찬찬히 살펴보고, 반복적으로 저지르는 실수는 없는지 찾아봐라. 거래가 시장과 같은 방향으로 나아가고 있는가? 자신의 결정에 반하는 디버전스는 없는가?

체계적인 트레이딩 시스템이 갖춰져야 트레이더로서 성공할 수 있다. 언제 진입할지, 어디에 역지정가 주문을 낼지, 언제 주문 지점을 옮겨 이익을 보호할지, 언제 청산할지에 관한 규칙을 마련해두어야 한다. 지난달 이 수준에서 반등했다는 이유로, TV에 출연한 누군가가 사라고 말했다는 이유로 주식을 산다면 시스템이 갖춰졌다고 볼 수 없다. 트레이딩할 때 각기 다른 이유를 든다면 무엇을 잘못했기 때문에 손실 거래가 발생했는지 알아내기 어렵다.

많은 사람이 이론적으로 트레이딩을 연습하는 게 시간 낭비라고 생각한다. 그들은 중요한 사항을 간과하고 있다. 이론적인 트레이딩은 거래하려는 패턴이 전개되는 동안 그것을 인식하도록 도와준다. 방아쇠를 당길 수 있게 자신의 시스템에 확신을 갖도록 도우며, 다양한 시장 환경에서 시스템이 어떤 성과를 거둘지 알게 해준다. 이론적 트레이딩의 이익/손실 비율이 70퍼센트고, 실제 트레이딩에서의 비율이 40퍼센트라면 문제는 시스템이 아니라 방아쇠를 당기는 데 있다.

이론적인 트레이딩은 감정이 개입되지 않으므로 시스템을 모니터하기에 좋은 방법이다. 시스템이 어떻게 작동되는지 확인하고 나면 진짜 돈으로 트레이딩해보라. 트레이딩의 심리에 대해 배우게 될 것이다. 손실보다는 이익을 더 많이 창출하는 시스템이 필요하며, 계획을 실행에 옮길 수 있을 만큼 자신의 마음을 통제할 수 있어야 한다. 이 두 가지 요소는 모두 필수불가결하다. 둘 중 한 가지라도 없다면 꾸준히 수익을 올릴 수 없다.

소규모 포지션으로 트레이딩을 시작하라. 돈을 빨리 버는 데 혈안이 되어 포지션을 마구잡이로 확장했을 당시, 나는 2주 동안 일해서 벌 수 있을 만큼의 돈을 단 세 시간 만에 잃었다. 그것은 상당히 충격적인 일이었다. 트레이딩하는 방법을 배우는 동안 소규모 포지션이 계좌의 손실률을 조금이나마 줄여줄 것이다. 역지정가 주문이 잠정적인 손실액을 1,000달러가 아닌 150달러로 제한한다면, 포지션을 계속 보유한 채 상황이 어떻게 전개되는지 지켜보기가 훨씬 쉽다. 이익 거래를 한두 건 체결하고 나면 그때부터 서서히 포지션의 크기를 늘려라.

시장의 변동성은 지속적으로 커지거나 작아진다. 시장의 환경에 따라 효과적인 트레이딩 시스템은 다르다. 현재 쓰는 시스템이 더 이상 효과가 없는 듯 보인다고 해서 다른 시스템을 찾아 나설 필요는 없다. 시장의 환경이 변할 때까지 기다려라. 매달 설정 환경의 개수가 일정하게 설정되는 패턴이나 방법은 없다. 더 바쁘게 돌아가는 달도 있고, 그렇지 않은 달도 있게 마련이다.

트레이딩으로 먹고사는 방법을 배우는 것은 사업을 시작하는 것과 비슷하다. 관련 지식을 충분히 갖췄고, 수익을 올리지 못하는 처음 몇 년을 견딜 만한 자본이 있다면 사업가로서 성공할 가능성이 높다. 트레이딩과 사업 간의 커다란 차이점은 두 가지다. 첫 번째, 사업할 때는 감정이 그다지 중요한 역할을 하지 않는다. 돈이 빠른 속도로 들어오거나 빠져나가지 않기 때문이다. 두 번째는 사업이 내리막길을 걷기 시작하면 수익을 다시 끌어올리기 위해 일을 더 많이 하고, 더 오랫동안 일하고, 고객에게 전화도 더 많이 걸어야 한다. 하지만 트레이딩할 때는 아무것도 하지 않고 가만히 지켜보는 것이 최고의 전략일 때가 있다. 나는 처음에는 이런 사실을 인정하지 못했다. 아무것도 하지 않는 것이 사실은 무엇인가 하는 것임을 알지 못했다. 그것이 자본을 보호하는 전략임을 나중에야 깨달았다. 트레이딩하는 방법을 배우는 것은 내 평생 가장 어려운 도전이었지만, 지금은 내가 다른 일을 하면서 행복할 수 있으리라고는 상상도 할 수 없다.

ENTRIES & EXITS
VISITS TO SIXTEEN TRADING ROOMS

CHAPTER
09

케리 로보른
Kerry Lovvorn

압박 플레이

이름 | 케리 로보른
거주지 | 앨라배마 주 스코츠보로
전 직업 | CEO/사업주
트레이딩 분야 | 주식, 선물
트레이딩 경력 | 1995년부터
계좌 규모 | 중간 규모(25만~100만 달러)
소프트웨어 | 트레이딩 시에는 TradeStation,
주식 스캐닝 시에는 TC2005
트레이더스 캠프 | 2004년 카리브 해 캠프,
2005년 고급 캠프. 스파이크 그룹의 멤버

나는 우리 회사가 트레이더들을 위해 개설한 대화방에서 케리를 만났다. 나는 그의 아이디어가 마음에 들어 그에게 이메일을 보냈다. 이듬해 우리는 드디어 얼굴을 볼 기회가 생겼다. 케리가 카리브 해에서 열린 트레이더스 캠프에 참석한 덕택이었다. 대단히 사려 깊어 보이는 케리는 수줍음을 많이 탔다. 어느 날 밤, 그는 현지 음식점에서 파티를 즐기다가 자신이 노래하는 것을 좋아한다고 털어놓았다. 우리는 밴드 리더에게서 마이크를 빼앗아 케리에게 넘겨주었다. 음악가들이 반주를 해주는 가운데 케리는 당황한 나머지 가사를 잊어버리고 말았다. 나는 나중에 아무래도 가수가 되기는 어려워 보이니 트레이딩하는 법을 보다 열심히 배우는 길밖에 없을 것 같다고 그를 놀렸다.

우리는 캠프가 끝난 뒤에도 계속해서 이메일을 주고받았다. 이 책을 작업하기 시작했을 때 나는 케리에게 인터뷰에 응해달라고 부탁하고 그를 뉴욕에 초대했다. 케리는 아내와 함께 뉴욕을 방문해서 센트럴 파크 근처에 있는 멋진 호텔에서 며칠간 묵었다. 맨해튼은 걷기 좋은 곳이지만 처음 와보는 사람들은 그 규모나 돌아가는 속도에 겁을 내기도 한다. 하지만 앨라배마 주에 있는 소도시 에 사는 케리와 캐런Karen은 맨해튼에 처음 와봤는데도 구석구석을 잘만 걸어다녔다. 첫날 저녁 케리는 지하철을 타고 내가 살고 있는 아파트까지 와서 캠프 참가자 모임에 참석했고, 그 다음 날 아침에는 인터뷰를 하러 우리 아파트를 또 방문했다.

케리: 나는 어렸을 때부터 숫자, 사업, 대도시, 월스트리트에 관심이 많았다. 나는 인디애나 주 게리에서 태어났는데, 아버지께서는 제강소에서 일하셨다. 여섯 살 때 고향인 앨라배마 주에 새로운 공장이 문을 열어 우리 가족은 남부 지방으로 돌아갔다. 아버지께서는 그곳의 공장에서 한동안 일하시다가 철강 제조 사업을 시작하셨다. 우리 가족은 모두 철강 산업의 영향을 받았고, 아버지를 위해 일했다. 1986년 아버지께서는 사업체를 매각하셨다.

나는 사업가가 되고자 하는 야망이 있었는데, 아버지에게 의지하지 않고 자수성가하고 싶어 1988년에 텔코TELKO라는 회사를 설립했다. 나는 건물, 특히 음식점과 소매업 체인점을 위해 구조적인 철강을 제조하는 일을 했다. 우리 회사는 수년간 계속 성장한 끝에 35명의 직원을 두게 되었다. 그들과 함께 일할 수 있는 것이 사업을 하는 가장 큰 기쁨이 아니었나 싶다.

아는 것이라고는 철강 산업이 전부였지만, 나는 항상 언젠가 성공하는 트레이닝의 비결을 알아내겠다고 다짐했었다. 당시에는 주식을 한 번 사서 50년 동안 갖고 있으면 많은 부를 축적할 수 있을 줄로만 알았다. 쉽게 말해 매수하고 보유하는 전략이 내가 아는 트레이딩 기법의 전부였다. 미래에 대한 꿈도 컸고, 트레이딩에 대한 기대감은 하늘을 찔렀다. 1990년대에 나는 은퇴 대비용 계좌를 개설하고 내가 뮤추얼 펀드에 뛰어들게 만든 조언자와 브로커들에게 의지했다. 내가 처음에 샀던 펀드 두 개는 더 이상 존재하지 않는다(그런데도 그들은 아직도 뮤추얼 펀드가 안전하다고 말한다). 나는 적은 돈을 투자했지만 그것보다도 더 적은 금액을 수익으로 돌려받았다. 당시의 시장이 1990년대 초반의 강세장이었는데도 말이다!

401k가 등장했을 때 나는 공장 운영 계획을 새로 마련하고, 1997년 처음으로 개별 주식을 샀다. 당시 우리의 가장 큰 고객이던 회사의 주식이었다. 주가는 이미 4배나 뛰어오른 상태였는데, 나는 하필 천장 부근에서 매수하는 바람에 주가가 43달러에서 9달러까지 추락하는 광경을 고스란히 지켜봐야만 했다. 주가가 9달러까지 떨어졌을 때 나는 '지금 워낙 싸니까 포지션을 두 배로 늘려야겠어'라는 생각이 들었다. 결국 나는 포지션을 세 배로 늘렸고, 주가가 9달러에서 25달러까지 오르는 광경을 흐뭇하게 지켜봤다. 돈을 조금 벌기는 했으나 나는 이 투자로 31퍼센트의 수익을 올리기 위해 1997년부터 2000년까지 기다려야만 했다. 결국 25달러에 매도한 뒤 주가가 40달러까지 올라가는 것을 지켜보고 나서 시장에 대해 배워야겠다고 단호하게 결심했다.

이 기간 시장은 매력적인 움직임을 보였다. 1999년 주가는 하늘 높은 줄 모르고 치솟았다. 당시 내가 만나는 사람치고 주식을 사지 않은 사람이 없었다. 다행히도 나는 1999년에 시작하지는 않았다. 하루에 15~16시간씩 일하느라 너무 바빴기 때문이다. 1999년이 내 인생에서 스트레스를 가장 많이 받은 해가 아니었나 싶다. 회사의 경영 방식에 총체적으로 변화를 주는 상황에서 주요 고객 중 하나가 파산하는 바람에 나는 극도로 지쳐 있었다. 아무 때고 누군가가 나에게 1달러에 사업체를 팔라고 제안했더라면 기꺼이 넘기고 싶었다. 하지만 나는 상황이 어렵다고 해서 자리를 박차고 일어나 떠나버리는 유형의 사람이 아니다. 내 사무실에는 이런 문구가 붙어 있다. '나는 타의에 의해 포기하거나 멈추지는 않을 것이다.'

그 당시는 나의 경영 인생에서 최악의 시기였다. 나는 사업을 관두고 싶었고, 내가 정말로 하고 싶은 일이 무엇인지 고민하기 시작했다. 그러다가 시장에 관심을 갖게 되었고 관련 저서를 여러 권 읽었는데 그중 한 권이 2000년에 읽은 『주식시장에서 살아남는 심리투자 법칙』이다. 페이지를 넘길수록 점점 흥미진진해졌다. 시장이 꼭 나를 위해 만들어진 것만 같은 기분이 들었다. 나는 시장이 자기 하기 나름이라는 점이 좋았다. 의존해야 할 사람이 없다는 것이 마음에 들었다. 나는 사업을 재건하고, 관리 부서를 신설하고, 사업 부문을 다각화하면서 그 부서와 회사의 재정을 직접 관리하기로 결정했다.

2000년 시장이 주식을 대량 매각하기 시작했을 때 나는 매수할 만한 종목을 찾으려고 주식을 모니터하기 시작했다. 2000년 8월 나는 학습 여정이 이제 막 시작되었다는 사실도 모른 채 처음으로 온라인 위탁 계좌를 개설했다. 시장은 트레이드에 관해 많은 것을 가르쳐준다. 나는 관련 서적을 몇 권 읽기는 했지만 아는 게 아무것도 없었다. 나는 2만 5,000달러가 들어 있는 소규모 계좌로 트레이딩을 시작했다.

계좌 잔액은 첫 아홉 달 동안 약간 적자를 보거나 본전을 되찾는 정도에서만

왔다 갔다 했다. 나는 서서히 트레이딩하는 데 자신감이 생겼지만, 내가 할 줄 아는 것이라고는 롱 포지션을 취하는 것뿐이었다. 역사적으로 가장 막강한 약세장 중 하나가 나타나는 시기였는데도 롱 포지션을 취하는 방법을 배우려고 했던 것이다! 공매도하는 것은 어쩐지 무엇인가에 반하는 못되고 사악한 행동이라는 느낌이 들었다. 9월 11일이 지나자 계좌에는 잔액이 7,000달러밖에 남지 않았다. 나는 더 이상 모니터를 들여다보지 않고 조용히 기다렸다. 시장은 결국 9월 11일의 악재에서 벗어나 활기를 되찾았다. 2001년이 끝나갈 무렵 나는 보유하고 있던 포지션을 모두 청산하고 새로 시작하기 위해 계좌의 잔액을 비웠다. 새로운 출발이 정신건강에 득이 될 것이라고 생각했기 때문이다.

약세장은 2002년에도 계속되었고, 나는 여전히 본전을 되찾기 위해 매수 기회를 엿보고 있었다. 계좌 잔액의 15~30퍼센트를 손해 본 뒤 손실을 만회하려는 노력을 계속했다. 나는 트레이드 쇼에 참석하기 시작했고, 라스베이거스에서 열리는 엘더 박사의 강연을 듣기도 했다. 나는 강도 지수와 이동평균을 활용하는 등 나 자신을 위한 트레이딩 기법을 확립하기 시작했다. 모든 것을 시도해보고, 여러 가지에 관해 골고루 읽으며, 남들처럼 돈을 잃기도 했다. 나는 새로운 지표에 대해 알게 되면 곧바로 트레이딩에 적용해보고 변수를 이리저리 바꿔가면서 성공의 비밀을 캐내려고 노력했다. 차트를 보고 수십 가지 전략이 떠오를 경우 전략이 서로 상충되게 마련이다. 그중에서 어떤 것을 택해야 할지 알기란 매우 어려운 일이다. 내가 공매도하는 방법을 조금 익혔을 무렵 약세장은 막 끝나가고 있었다!

2002년에 내 트레이딩은 본전을 되찾는 데 한결 가까워졌고, 그해 후반에는 자주 적용하는 기법을 만들어내기 시작했다. 당시에 나는 무엇을 해야 할지에 대해 남의 아이디어를 훔치지 않고 스스로 생각하고 있다고 느꼈다. 책을 읽고 계좌를 개설한다고 해서 바로 성공할 수 있는 것이 아닌데도 모두가 그런 과정을 원한다. 50달러를 주고 책을 한 권 사서 필요한 내용을 컴퓨터에 입력한 다음

잠든 사이에 돈이 무한 복제되기를 바라는 것이다. 나는 2003년 나 자신의 시스템에 집중하기 시작했다. 그 시점이 바로 내가 트레이더로서 전환점을 맞이한 때다.

나는 여전히 다른 사람들의 아이디어에 대해 읽기를 좋아하며, 트레이드 쇼나 회의에도 참석한다. 다른 사람들이 하고 싶어 하는 이야기도 곧잘 듣는다. 하지만 몇 분 정도 들어보고 나서 논리성이 부족하다는 생각이 들면 끝까지 듣지 않는다.

나는 책이나 글도 많이 읽고 사람들의 이야기도 많이 들었다. 말이 되는 소리를 하는 사람과 말이 되지 않는 소리를 하는 사람의 이야기를 한데 모아 그중에서 내가 이해할 수 있는 것을 취사선택했다. 내가 가장 좋아하는 패턴 한 가지는 주가가 지루할 만큼 폭이 좁은 박스권에서 미미한 움직임을 보이다가 갑자기 폭발적인 움직임을 나타내는 것이다. 나는 그런 패턴을 발견하면 얼른 포지션에 진입하려고 노력한다. 문제는 가격이 어느 방향으로 움직일지 알아내는 것이다. 며칠 동안 추세를 타게 되면 그렇게 기쁠 수가 없다. 시장이 제공하는 것을 받은 뒤 다른 곳으로 가서 비슷한 설정 환경을 찾아보면 된다. 문제는 어떤 지표를 활용할지, 어떤 선을 그릴지가 아니라 나 자신에게 있다. '나는 무엇이 하고 싶은 거지?' 이는 대학에 진학하는 것과 흡사하다. '더 크면 나는 무엇이 하고 싶어질까?'

어떤 종류의 거래를 체결할 것인가? 차트를 살펴봤을 때 자신이 무엇을 좋아하는지 알지 못하면 체결할 만한 거래를 어떻게 알아볼 것인가? 최악의 상황은 거래할 만한 것이 없는데도 거래할 거리를 찾아내는 것이다. 사람들은 돈을 벌고 싶어 하지만 시장에서 무엇을 원하는지 알지 못한다. 거래를 체결할 때 무엇을 예상하는가? 일자리를 구할 때도 급여가 어느 정도인지 알아보고 혜택이 무엇일지 조사하지 않는가. 이익 목표를 설정하는 것은 나에게 도움이 된다. 너무 일찍 매도하게 되는 경우도 생기지만 말이다.

나는 이메일을 보낼 때 맨 아래 다음과 같은 문구를 첨부한다. '시장이 어떤 행동을 취할지 알기도 어려운데, 본인이 어떤 행동을 취할지조차 모른다면 승산이란 있을 수 없다.' 포지션에 진입한 뒤 장이 열려 있는 사이에 신호를 발견하고 곧바로 매도에 나선 적이 몇 번이나 있는가? 내가 어떤 행동을 하고 싶은지, 내 성격이 어떤지 알아야 한다. 트레이딩을 성격에 맞추는 것이 성공의 관건이다. 나는 단기간에 끝나는 거래를 선호하며, 포지션을 오래 보유해야 하는 거래는 잘 견디지 못한다. 한마디로 인내심이 부족하다. 주가가 10달러일 때 진입해서 15달러까지 오르는 것을 보고 나면, 주식이 전반적으로 상승세를 보이더라도 12달러까지 내려가는 것을 지켜보지 못한다.

사람들은 트레이딩할 때 감정을 배제해야 한다고 말하지만, 시장은 감정의 바다나 마찬가지다. 그런 감정을 어떻게 다스리느냐가 성공의 관건이다. 나는 유능한 트레이더는 언제나 이익 거래만 선택하는 줄 알았다. 하지만 훌륭한 트레이더가 지닌 핵심적인 특징은 실수를 저지른 뒤에 얼마 지나지 않아 이내 재기하는 데 성공한다는 점이다. 마이클 조던처럼 훌륭한 선수의 경우를 떠올려보라. 그가 놓친 공이 몇 개나 되는가? 조던은 자신의 잘못, 실패, 실수를 딛고 어떻게 재기했는가?

나의 아내 캐런은 나의 트레이딩과 사업을 전폭적으로 지지한다. 그녀는 내가 하는 일에 항상 100퍼센트의 믿음을 보여주지만, 나의 가장 무시무시하고 객관적인 비판가이기도 하다. 그녀는 결코 나를 무조건 응원해주지는 않는다. 스스로에게 도움되지 않는 일을 하려고 할 때 유용한 충고를 해주는 친구가 진정한 친구이지 않은가. 캐런이 바로 나에게 그런 존재다. 내가 최악의 상태일 때 캐런은 최상의 상태를 보인다. 그녀는 한 번도 나의 트레이딩에 불만을 표한 적이 없다. 단지 나에게 이렇게 말할 뿐이다. "마음을 다잡고 노력하면 성공할 수 있어요."

위 | 임펄스 시스템(11-25-8, 12주 지수이동평균), 점선-12주 지수이동평균, 실선-26주 지수이동평균
두 번째, 세 번째 칸 | 주간 차트에 이중 MACD 이용. 두 칸의 설정이 다름(중간 칸: 11-25-8, 아래 칸: 19-39-8),
MACD가 상승하면 녹색, 하락하면 적색

LAYN

나는 이것을 '압박 플레이squeeze play'라고 부른다. 나는 상승세를 보이고 있는 주식을 보유 중이다. 나는 가격의 수축(되돌림 현상이 일어날 때 박스권의 폭이 점점 작아짐)을 동반하는, 빠른 지수이동평균선으로의 되돌림 현상이 나타나는지 살펴보고 있다. 되돌림 현상이 발생하는 동안 임펄스 시스템이 적색으로 바뀌지 않고 청색을 띠기를 바란다. 나는 되돌림 현상이 발생하기 시작하고 나서 박스권의 폭이 가장 좁을 때 진입 지점을 찾는다. 폭이 커지면 리스크도 커지기 때문에 관심이 줄어든다. 이 주식은 리스크가 대단히 적을 때 진입했다. 주가가 움직이기 전에 얼른 포지션에 진입해야 한다. 미리 예측해야 하지만 어차피 리스크는

272

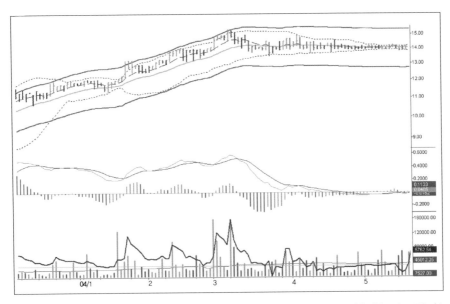

위 | 임펄스 시스템(11-25-8. 11일 지수이동평균), 점선-9일 지수이동평균, 실선-22일 지수이동평균. 회색 엔벨로프는 22일 지수이동평균에 기반을 둔 2.7 표준편차 채널. 나는 볼린저 밴드를 껐다 켰다 하면서 용수철이 얼마나 세게 감겼는지 확인한다. 가격 바와 비교했을 때 볼린저 밴드의 폭이 얼마나 넓은지 살펴보는 것이다.
중간 | MACD선과 MACD 히스토그램(11-25-8)
아래 | 거래량을 나타내는 바와 강도 지수. 거래량을 나타내는 바는 주가가 더 높은 가격에서 장을 마감하면 녹색을, 더 낮은 가격에서 마감하면 적색을, 변동이 없었으면 청색을 띤다. 강도 지수-11일 지수이동평균과 0 선. 보라색 선-거래량의 63일 지수이동평균(분기마다 거래일이 63일 있기 때문. 규모가 큰 펀드와 중개 수수료는 분기별로 진행됨)

아주 적다.

이 설정에는 박스권의 폭을 줄이는 것과 지지선에 기초해 가격을 정하는 것도 포함되어 있다. 나는 엘더 박사의 캠프에 참가했다가 데이비드 바이스에게 이 기법을 배웠다. 되돌림 현상이 발생한 시점에 지지선이 어디에 있는가? 가장 낮은 저점은 13.53달러인데, 나는 그 저점이 붕괴되는 순간 포지션을 청산하고 싶을 것이다. 주가가 가장 낮은 저점 아래로 떨어지면 되돌림 현상이 추세 반전으로 이어질 수 있으므로 저점이 붕괴되지 않기를 바라는 심정이다.

오른쪽 가장자리에서 나타나는 패턴은 마치 감겨 있는 용수철 같다. 주식은 이미 똘똘 감겨 있어 폭발적으로 달려 나갈 준비를 마쳤다. 나는 MACD가 의미

있는 디버전스를 나타내지는 않는지 확인하고 일간 차트를 살펴보며 진입 지점을 찾는다. 내가 이 설정에서 얻고자 하는 바는 리스크가 대단히 적고 역지정가 주문이 1달러도 되지 않는 거래다. 하지만 이것이 항상 효과가 있는 것은 아니며, 돌파의 반 정도는 실패로 끝나고 만다.

마땅한 진입 지점이 생기기를 기다리고 있는데, 거래량이 늘어나는 것이 나의 관심을 끌었다. 차트의 오른쪽 가장자리에서 거래량은 63일 이동평균을 넘어섰고 앞서 며칠간 점점 증가하는 모습을 보였다. 주가는 볼린저 밴드의 폭에서 거의 벗어나지 않았다. 거래량이 이렇게 많고, 가격이 보합세를 보이고, 설령 움직이더라도 더 낮은 가격에서 장을 마감하는 상황이다 보니, 시장은 매도자들이 장악한 것이 아니라 점점 늘어나는 매수자들이 장악한 것처럼 보였다. 그래서 나는 다음 날 매수 주문을 냈다. 나는 박스권의 바닥에서 매수하기를 좋아한다. 가격이 이미 움직이기 시작한 돌파 지점에서 매수하는 것은 좋아하지 않는다. 최근의 저가는 13.85달러와 13.88달러였다. 나는 이 정도의 가격대에 매수하고 싶지만, 일이 정말 그렇게 원활하게 돌아갈지는 알 수 없다. 중요한 것은 기차가 역을 벗어나기 전에 올라타야 한다는 것이다.

나는 5월 20일 가격이 14.06달러일 때 포지션에 진입했고, 일간 차트를 참고하여 역지정가 주문을 냈다. 주가가 보합 국면을 형성한 이 기간 가장 낮은 저점은 13.53달러였다. 나는 최저점보다 11센트 낮은 지점에서 역지정가 주문을 내는 것을 좋아한다. 노이즈 범위에서 벗어나 있기 위해 이 수치를 이용한다. 나는 개인적으로 짝수를 좋아하지 않기 때문에 1달러, 50센트, 10센트 같은 가격은 반기지 않는다. 나는 저점보다 10센트^{dime} 낮은 지점에서 역지정가 주문을 내고 1센트 ^{penny}를 얹어 11센트가 되게 만든다. 그 저점이 붕괴되면 거래에 문제가 발생했다는 신호다. 나는 남들과 똑같은 지점에서 역지정가 주문을 내는 일은 되도록 피하려고 한다.

나는 볼린저 밴드가 압박을 가하는지 살펴보고 밴드가 없는 일반 채널로 넘어간다. 이 거래의 목표는 채널의 천장을 포착하는 것이다. 밴드가 압박을 가하면 주식은 폭발적인 움직임을 보일 준비가 되어 있는 것이다. 대체 어느 방향으로 움직일 것인가? 우리는 주가가 상승하는 동안 질서정연한 되돌림 현상이 나타난 주간 차트에서 이 질문의 답을 찾는다. 우리와 달리 대부분의 트레이더는 이 종목에 흥미를 잃었다. 주가가 보합세를 보였기 때문이다.

거래 #1 ── 케리의 포지션 청산 ── Trade#1

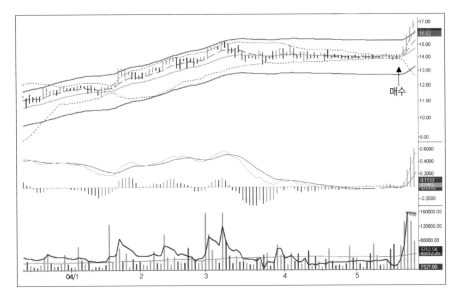

시장에 진입하고 나서 거래량은 다음 날(5월 21일) 폭발적으로 증가하는 모습을 보였다. 그래서 나는 주말 넘어서까지 포지션을 계속 보유하기로 마음 먹었다. 그 다음 거래일(5월 24일)에도 거래량은 여전히 엄청났다. 주가는 채널의 천장에 닿으며 그날의 고가 근처에서 장을 마감했다. 그 지점이 목표 지점이었으나 나는 기계적으로 매도하고 싶지는 않았다. 이 시점에서 본전이라도 찾을 수 있게 역지정가 주문 지점을 끌어올리고 싶을 뿐이었다. 거래량이 이토록 폭발적인 움직임을 보이는 만큼 이날의 저점 아래에서 역지정가 주문을 낼 경우 적은 액수의 수익이 나마 보호할 수 있을 것이다. 이런 유형의 움직임은 여러 거래일에 걸쳐 지속될 것이다.

주가는 그 다음 날(5월 25일) 채널의 천장을 돌파했고, 26일에는 바 전체가 채널에서 벗어났다. 그러나 거래량이 줄어들어 주가가 보합세를 보였으므로 나는 매도에 나섰다. 폭이 좁은 박스권이 채널을 벗어나는 것은 전형적인 약세 신호다. 트레이딩의 세계에는 "팔아야 할 때 팔지 말고 팔 수 있을 때 팔아라"라는 말이 있다. 나는 포지션을 접고 되돌림 현상이 어떻게 전개되는지 살펴보기로 했다. 그것이 바로 지수이동평균의 강점 아니겠는가. 돌파가 일어나고 가격이 지수이동평균으로 되돌림 현상을 보이고 나면 움직임이 계속되는 경우가 많다.

나는 설정 환경을 발견하고 거래를 관리하며, 채널의 천장을 노린 결과 약간의 추가 이익을 얻었다. 50센트의 리스크를 감수해서 2달러의 수익을 올린 것이다. 비율로 따지자면 보상 대비 리스크가 4대1이 된다. 이런 거래에서는 판단을 세 번이나 잘못하더라도 한 번이라도 올바른 행동을 취하면 적은 액수의 수익이나마 올릴 수 있다. 이것은 여러 초보 트레이더가 기대하는 홈런은 아니지만 1루타와 2루타를 여러 번 칠 수 있다는 장점이 있다. 나는 이런 사고방식의 함정에 자주 빠지곤 했다. '이 상승세가 얼마나 오래 갈지 한 번 보자.' 이익 거래가 손실 거래로 변하는 것은 바로 그런 생각이 들 때다. 이 종목은 불과 며칠 만에 다시 13달러까지 떨어졌다.

▶**거래 요약**　　　*TRADE SUMMARY*

LAYN 롱 포지션
매수 2004.5.20 14.06달러
매도 2004.5.26 16.29달러
이익=주당 2.23달러

거래 #1 | 포지션 진입에 관한 견해

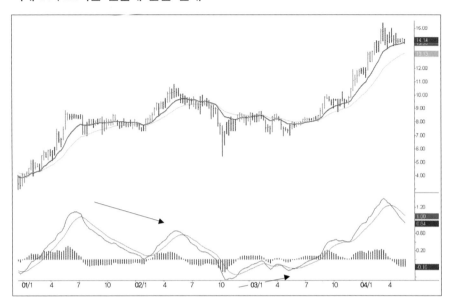

　　시장을 분석하고 거래하는 데는 여러 가지 방법이 있다. 초보 트레이더만이 자신의 방법은 옳고 남의 방법은 그르다고 말할 만큼 자만한다. 경험이 많은 트레이더는 자신이 이용하는 방법이 잘못되었던 경험을 한 적이 분명히 있다. 이것이 바로 경험이 많은 트레이더들이 마음이 넓고 다른 사람들의 의견을 존중하는 이유다. 나라면 폭 좁은 박스권을 지켜보면서 잠이 들었을 것 같지만, 그렇다고 해서 케리의 접근법에 불만이 있는 것은 아니다. 케리가 내세우는 논리는 명쾌하고 일관성이 있으며, 그가 이용하는 방법은 그 자신에게 잘 맞는다. 내가 갖고 있는 주간 차트에서는 임펄스 시스템이 이 시점에서 매수하는 것에 이의를 제기하지 않는다. 주간 바가 청색을 띠므로 롱 포지션이나 숏 포지션을 취하는 것이 가능하다. 주가는 상승하고 있지만 최근 몇 주간 가치 부근까지 되돌림 현상을 보였다. MACD 히스토그램은 낮은 수준에 머물러 있으며, 주가의 바닥과 일치하는 모습이다.

Q. 박사님께서 최근의 최저가나 최고가로부터 1틱 위 또는 1틱 아래에 주문을 내라고 말씀하셨는데, 대체 '1틱'이라는 말은 어떤 의미입니까?

A. 틱(tick)이란 어느 시장에서든 허용되는 최소한의 가격 변화를 의미합니다. 미국 주식을 거래할 경우 틱은 대체로 1센트를 뜻하고, 곡물을 거래할 경우 틱은 1센트의 8분의 1에 해당합니다. 곡물 시장에서는 여전히 거래가 1센트의 8분의 1 단위로 이루어지기 때문입니다.

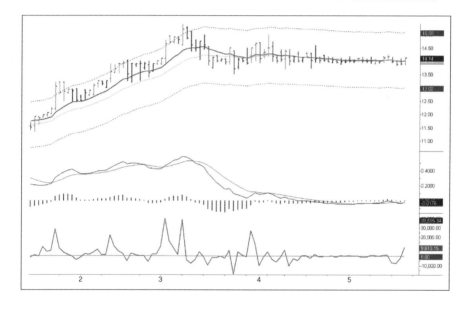

주가가 움직이기를 바라는 기분은 '페인트가 마르기를 기다리는' 기분과 같다. 거의 두 달 동안 일간 바의 평균 높이는 20센트가 채 되지 않았고, 기간 전체를 통틀어도 박스권 폭이 1달러를 넘지 않았다. 이런 패턴을 매일 꼬박꼬박 주시하고 주가가 움직일 기미를 보이는지 살피는 일은 고도의 집중력과 인내심을 요한다.

278

임펄스 시스템은 박스권의 폭이 이렇게 좁을 때(주가가 하루는 올라가고 다음 날은 떨어질 때)는 거의 도움이 되지 않는다. MACD 히스토그램 역시 0 선 주위를 맴돌고 있는 만큼 여기에서는 별로 도움이 되지 않는다. 히스토그램은 0 선에서 멀리 떨어져 있을 때 훨씬 유용한 메시지를 전달하기 때문이다. 최근 들어 강도 지수만이 활력을 보이는 모습이다. 차트의 오른쪽 가장자리에서 임펄스 시스템이 녹색을 띠므로 매수가 가능하다.

거래 #1 | 포지션 청산에 관한 견해

케리의 인내심이 마침내 빛을 발했다. 주가가 채널에서부터 폭발적인 움직임을 보였다. 3개월간 움직인 것보다 3일간 움직인 거리가 훨씬 길 정도다. 케리의 시스템이 제대로 작동하는 것이 분명해지는 순간이었다. 차트 오른쪽 가장자리에서 모든 지표가 확실하게 신호를 보내는 것을 확인할 수 있다. 임펄스 시스템은 녹색을 나타내고 있으며, '고무줄'은 위로 잡아당겨진 상태다. 이런 경우 주

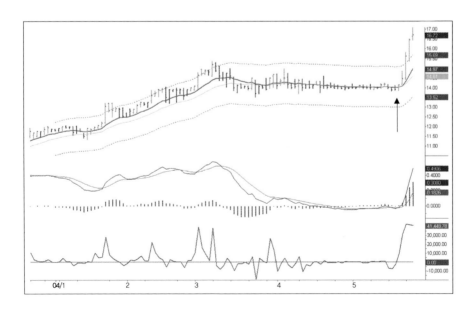

가의 상승세가 언제까지 지속될지 좀 더 지켜본 다음에 이익을 취할 수도 있고, 지금 이대로 그림이 완벽하다고 생각할 수도 있다. 그림이 더 이상 좋아질 리 없다는 판단이 들 때가 바로 포지션을 청산할 때다. 그것이 바로 케리가 취한 행동이다.

포지션을 청산하는 케리의 목소리가 얼마나 차분한지 주목하라. 으스대거나 가슴 두드리는 기색이 전혀 없다. 케리는 수익을 더 올리지 못하고 시장에서 너무 일찍 빠져나왔다고 불평하지도 않는다. 그는 자신만의 트레이딩 시스템을 갖추고 있고, 시스템을 따를 줄 알며, 자신의 행동에 대한 결과를 차분히 받아들인다.

규모가 아주 작은 계좌   A Tiny Account

Q. 저는 현재 대학생인데요, 제가 모은 돈으로 주식시장에 투자해보려고 합니다. 지금까지 모두 8,000달러 정도를 모았는데요, 트레이딩을 시작할 때 적합한 금액은 어느 정도인가요?

A. 우선 절약할 줄 아는 점을 높이 사고 싶습니다! 8,000달러는 투자하기에는 적당한 액수지만 트레이딩하기에는 적은 액수입니다. 바로 거래 비용 때문입니다. 가령 매도나 매수할 때 20달러를 수수료로 지불한다고 칩시다. 한 번 사고팔기만 해도 40달러 혹은 트레이딩 자산의 0.5퍼센트가 듭니다. 일주일에 한 번만 거래해도 1년이 지나면 수수료가 계좌의 25퍼센트를 갉아먹습니다. 그러면 트레이딩으로 돈을 벌기가 매우 어려워지죠. 갖고 계신 돈은 미래에 투자하는 의미로 계속 모으시고, 시장을 연구하라고 권하고 싶습니다. 그리고 학생의 나이에는 남의 돈으로 트레이딩하는 수습 트레이더로 일해보는 것도 도움이 될 것 같군요.

Q. 1999년 5만 달러로 데이 트레이딩을 했다가 2만 5,000달러를 잃은 적이 있습니다. 계획이나 체계 없이 무리하게 트레이딩에 뛰어들었다가 시장의 피해자가 된 거죠. 지금은 다른 일을 하고 있지만 트레이딩의 세계로 돌아가고 싶습니다. 소규모 계좌를 이용해 파트타임으로 트레이딩을 하는 것이 가능하다고 보십니까?

A. 데이 트레이딩이 아니라 스윙트레이딩을 하신다면 파트타임으로도 충분히 가능합니다. 스윙트레이딩에 적합한 주식을 몇 개 선택해서 매일 꼬박꼬박 추적하세요. 지난 며칠간 주가의 움직임을 바탕으로 수익을 올리도록 노력하세요. 그 정도는 온종일 스크린 앞에 앉아 있지 않아도 할 수 있습니다.

거래 #2   케리의 포지션 진입   Trade#2

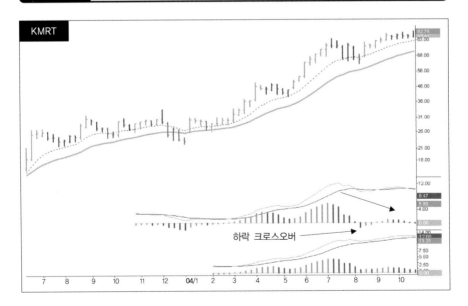

KMRT

디버전스를 발견하면 추세가 반전될 것이라고 생각하는 사람이 너무 많다. 하지만 디버전스가 추세 반전으로 이어지는 경우는 흔하지 않다. 위의 주간 차트를 살펴보면 8월에 황소의 세력이 꺾인 것을 볼 수 있다. KMRT는 강한 상승세를 보였으며 9월 17일이 포함된 주에는 신고점을 경신하기도 했다. MACD는 힘을 상당히 잃은 모습이다. 임펄스 시스템이 여전히 녹색을 띠고 있기 때문에 그 다음 주에도 공매도가 가능하지 않았는데, 나는 이 주식에 관심이 생겼다. 9월 24일이 포함된 주에는 MACD 히스토그램이 하락함에 따라 임펄스가 청색으로 변했다. MACD선마저도 약한 음(-)의 디버전스를 나타냈다. 나는 이 종목이 롤오버roll over할 준비를 하고 있다고 생각했다.

누가 나에게 이런 주식을 100번 보여준다면 나는 100번 모두 트레이딩에 응할 것이다. 그것이 바로 노련한 트레이더와 초보 트레이더의 큰 차이점 중 한 가지다. 노련한 트레이더는 적합한 환경이 갖춰진 주식의 경우 언제든지 거래할 줄 안다. KMRT는 엘더 박사의 말처럼 "이 거래를 선택하지 않으면 대체 어떤 거래를 선택할 것인가?"라는 질문이 떠오를 만한 종목이다.

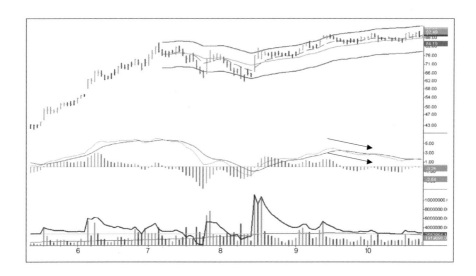

위 차트에서는 주간 디버전스뿐만 아니라 일간 디버전스도 나타난다. 게다가 MACD 히스토그램과 MACD선도 협조적이다! 강도 지수의 디버전스도 한 번 살펴보라. 8월에 거래량이 그렇게 많았는데도 KMRT 주가는 상승하지 못하고 그 후로 보합세를 보였다. 상승 여력이 바닥난 주식에 투자하는 것은 높은 건물에서 뛰어내리기를 기다리는 것이나 마찬가지다. 나는 이 거래를 지켜보면서 머리에서 김이 모락모락 나는 기분이 들었고, 여기에 농장을 걸지 않았다는 사실이 기뻤다.

거래 #2 케리의 포지션 청산 Trade#2

설정 환경이 아무리 좋아도 실패할 때가 있다. 공매도했는데 주가가 고점을 돌파할 경우 나는 나 자신을 보호하고 싶어진다. 포지션에 진입한 날 KMRT는

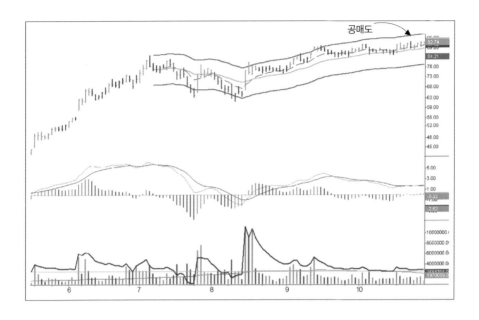

공매도

92.80달러에 신고가를 기록했다. 주가가 더 낮은 가격에 장을 마감하고 신고점을 유지하지 못했기 때문에 나는 공매도를 택했다. 그 다음 날에는 주가가 약간 오른 채 장을 마감했다. 장이 열려 있는 동안 일간 신저가를 찍기는 했으나 박스권 천장 부근에서 장을 마감했다. MACD는 다시 상승하면서 일간 임펄스 시스템을 녹색으로 되돌렸다. 역지정가 주문이 체결되지 않았기 때문에 나는 시장에 남아 있었지만 상황 전개가 마음에 들지 않았다. 주가가 떨어졌어야 했다! 다음 날다시 한 번 더 높은 가격에 장이 마감됐다. 이틀 동안 종가가 점점 더 높아져 임펄스 시스템은 여전히 녹색을 띠었다. 그 다음 날인 10월 27일 주가는 93.18달러로고점을 찍었다. 결국 나는 장이 열려 있는 동안 포지션을 환매했다. 가격 움직임의 영향을 받아 계획했던 것보다 시장에서 더 빨리 빠져나오고 말았다.

　내가 말하려는 바는 종목의 설정 환경이 마음에 들어 선택했는데 거래가 예상과 다르게 진행될 경우 한쪽으로 물러나 있는 편이 낫다는 것이다. 운전하는 것이나 마찬가지다. 누가 방향을 알려줘서 어떤 길로 가고 있었는데, 가다 보니 무엇인가 잘못되었다는 생각이 든다고 치자. 아무리 가도 목적지를 알리는 표지판이 나타나지 않으면 쓸모없는 지시를 계속 따르는 대신 차를 세우고 다시 한번 길을 물어봐야 한다. 이 거래는 리스크 관리 면에서 그해 체결한 가장 성공적인 거래인지도 모른다. 비록 돈을 잃기는 했지만 나는 주가가 117달러로 치솟을 때까지 기다리지 않았다.

　　나는 이 차트들을 인쇄해서 기록일지에 붙였다. 처음에 세운 계획을 따르고 어떤 행동을 취할 것인지 아는 것이 얼마나 중요한지 잊지 않았기 때문이다.

▶ **거래 요약**　　*TRADE SUMMARY*

KMRT 숏 포지션
공매도 2004.10.22 89.79달러
환매 2004.10.27 91.59달러
손실=주당 1.80달러

거래 #2 | 포지션 진입에 관한 견해

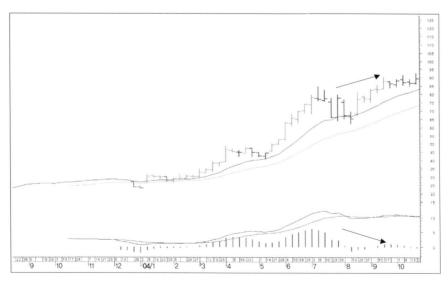

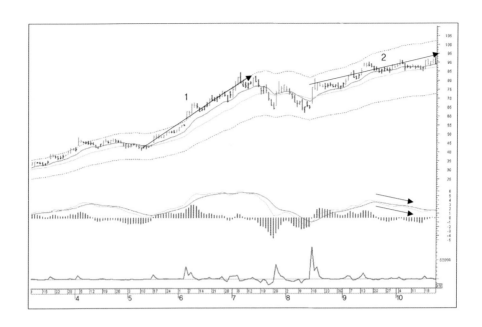

　　케리와 인터뷰를 하고 나서 몇 달 지난 뒤에야 이 거래에 대한 견해를 적게 되었다. 자리에 앉아 KMRT를 트레이드 스테이션에 입력했는데 이상하게도 아무것도 뜨지 않았다. TC2005도 사정은 마찬가지였다. 알고 보니 인터뷰를 진행하고 나서 몇 달 만에 케이마트^{Kmart}가 시어스^{Sears}에 인수된 것이다. 다행히 친구 한 명이 인수가 이루어지기 전에 메타스톡에서 데이터를 다운받아둔 것이 있어서 이 차트들을 프로그램에 입력해달라고 부탁할 수 있었다. 이것이 바로 이 차트들이 나의 다른 차트들과 약간 달라 보이는 이유다. 여기서 나타나는 약간의 시각적 차이가 나의 주장을 뒷받침해준다. 제대로 된 도구 상자를 이용하는 이상 어떤 소프트웨어를 선택하는지는 크게 중요하지 않다.

　　주간 차트는 가격과 MACD 히스토그램 사이의 강력한 하락 디버전스를 보여준다. 10월의 고점은 7월의 것보다 높지만, 지표는 더 낮은 두 번째 고점을 나타내고 있다. MACD선은 하락 디버전스가 나타나는 가운데 이중 천장을 형성하고 있는데, 이는 보기 드문 현상이다. 가장 오른쪽에 위치한 바가 신고점을 돌파하

286

려고 시도했으나 실패하고 말았다. 임펄스 시스템은 청색을 띠며 공매도가 가능하다는 신호를 보내고 있다.

일간 차트는 주간 차트가 보내는 메시지를 분명하게 보여준다. 상승세는 점점 덜 가파르게 진행되고 있으며, MACD 히스토그램은 대단히 약한 모습을 보이고 있다. 가장 오른쪽에 있는 바보다 딱 하루 전에 형성된 마지막 랠리는 0 선 위로 간신히 고개를 내밀었을 뿐이다. MACD선은 상승세에서 눈에 띄게 멀어지며 아래를 향하고 있고, 강도 지수는 한 달 넘게 강세장이 나타날 것이라는 명백한 신호를 보내지 않았다. 상승세는 관성에서 벗어났을 뿐 여전히 약해보였다. 가장 오른쪽에 위치한 바가 청색으로 바뀌었는데, 이는 임펄스 시스템이 공매도를 허용한다는 의미다.

거래 #2 | 포지션 청산에 관한 견해

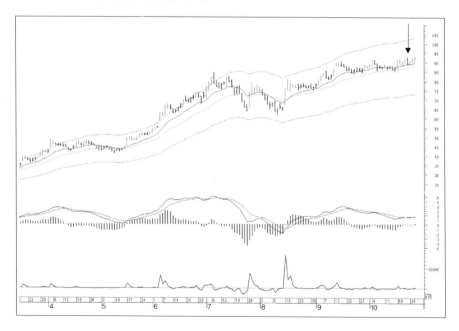

규율을 엄격하게 지키는 것은 성공한 프로 트레이더의 특징이다. 케리는 이상적인 설정 환경처럼 보이는 상황에서 공매도했다. 하지만 시장이 그에 반하는 방향으로 나아가기 시작하자 뒤돌아보지 않고 곧바로 시장을 빠져나갔다. 케리가 언급하듯이 주가는 결국 117달러까지 치솟았다. 그가 만일 아마추어처럼 시장에서 계속 어슬렁거렸다면 큰 곤경에 처했을 것이다. 하지만 케리는 이 설정 환경을 여전히 좋아하는 만큼 앞으로도 눈에 띄면 다시 거래할 것이라고 밝혔다.

주식시장의 중요한 특징 중 한 가지는 대부분의 과정이 결정론적이기보다는 확률론적이라는 것이다. 결정론적인 과정에서는 구체적인 행동이 구체적인 결과로 이어진다. 문을 밀면 문이 열리는 식이다. 하지만 확률론적인 과정에서는 원하는 결과를 얻을 확률이 높기는 하지만 그것이 보장된 것은 아니다. 흰색 양말 세 켤레와 검은색 양말 일곱 켤레가 들어 있는 서랍에 손을 넣으면 검은색 양말을 꺼낼 확률이 더 높지만 결과를 확실히 알 수는 없지 않은가.

차트의 오른쪽 가장자리에서 일간 임펄스는 녹색으로 변했다. 마치 『주식시장에서 살아남는 심리투자 법칙』에 등장하는 신호 '배스커빌가의 개The Hound of the Baskervilles'를 다루는 것 같다. 강력한 디버전스가 제 기능을 발휘하는 것을 거부하는 것은 시장의 표면 아래에서 무엇인가가 근본적으로 변하고 있다는 의미다. 아서 코난 도일 경Sir Arthur Conan Doyle의 유명한 이야기에서 살인 사건을 푼 열쇠는 범죄가 일어나는 동안 피해자의 집에서 키우던 개가 짖지 않았다는 것이었다. 이것은 개가 낯설어하지 않는 가족 구성원 중 누군가가 범죄를 저질렀다는 증거다. 신호의 부재가 형사에게 신호를 보낸 셈이다. 강력한 기술적 신호가 가리키는 방향으로 시장이 움직이지 않을 때는 반대 방향으로 강력한 움직임이 나타날 것이라는 경고나 다름없다.

스스로를 제약하기

진지한 트레이더들은 즐겨 거래하는 패턴을 몇 개씩 갖고 있다. 시장은 규모가 너무 크고 너무 많은 신호를 발효하기 때문에 모든 움직임을 파악하기란 불가능하다. 성공은 규율과 한계를 받아들일 때 쟁취할 수 있다. 아침에 일어나 밖에 나가서 뛰고 싶지 않더라도 조깅화를 신고 빗속을 뛰어야 한다. 맛있어 보이는 케이크가 있더라도 체중을 줄이기로 한 결심을 떠올리며 먹지 말아야 한다. 이는 트레이더가 수천 개의 주식이 거듭 등락하는 시장을 바라보는 것과 흡사하다. 시장은 아무런 추세 없이 움직이는 가격과 가짜 돌파로 초보 트레이더들을 농락한다. 초보자들은 많은 수익을 올리기를 꿈꾸면서 시장에 뛰어든다. 하지만 프로들은 케이크 조각을 일일이 쫓아다니지 않는다. 몇 개의 패턴만이 우위를 점하게 해준다는 사실을 알기 때문에 그런 패턴을 발견하기 전까지는 트레이딩에 나서지 않는다.

어떤 패턴을 거래할 것인지는 트레이더의 개인적인 선택에 달려 있다. 회사의 펀더멘털이 발전하는 모습, 기술적 신호, 뉴스 등에 근거해서 매수나 매도에 나설 수 있다. 하지만 어느 상황에서든 자신의 기법에 충실해야 한다. 초보 트레이더는 다른 사람의 영향을 쉽게 받는다. 특정 종목에 대해 좋은 이야기를 들으면 전혀 준비되지 않은 상태에서도 트레이딩에 뛰어들기 일쑤다. 프로 트레이더는 흥미로운 조언을 듣더라도 일단 테스트해보고 자신의 시스템을 이용해서 트레이딩 여부를 결정한다.

케리는 자신이 가장 좋아하는 패턴 두 개를 소개해줬다. 바로 압박 플레이와 디버전스다. 이 두 가지 외에도 선호하는 패턴이 몇 가지 더 있으나 진지한 트레이더들이 이용하는 패턴 수는 대체로 많지 않다. 주식의 종류는 수천 가지에 이르며, 선물도 종류가 수십 가지나 된다. 이렇듯 시장의 도구가 워낙 많다 보니 특정한 몇 가지 패턴에서만 거래하더라도 기회는 많이 찾아온다.

케리가 소개한 패턴이 그가 시장을 이해하는 방식을 반영한다는 사실에 주목하라. 케리는 시장이 과거에 보인 움직임을 컴퓨터로 테스트해서 아이디어를 얻은 것이 아니다. 대신 시장이 어떤 움직임을 보이는지, 그 움직임을 어떻게 유리하게 이용할 것인지에 관해 몇 가지 개념을 보유하고 있다.

케리는 압박 플레이에 관한 아이디어를 트레이더스 캠프에서 여러 차례 강연한 데이비드 바이스에게서 얻었다고 밝혔다. 물론 케리는 데이비드의 아이디어를 출발점으로 삼았을 뿐, 그의 것을 베끼지는 않았다. 예컨대 데이비드는 전산화된 지표를 거의 이용하지 않는(제11장 참고) 반면 케리는 그런 지표에 상당히 많이 의지한다. 그는 비록 다른 사람의 개념으로 시작했지만, 그것을 발전시키고 가장 선호하는 도구를 적용해 자기 것으로 만들었다.

케리는 인터뷰에서 다음과 같이 밝혔다. "저만의 시스템에 집중하기 시작했더니 적자를 면하게 되었습니다. 저는 여전히 다른 사람의 아이디어에 관해 읽는 것을 좋아하고, 트레이드 쇼나 학회에 참석해서 다른 사람들의 이야기를 듣는 것도 좋아합니다. 이제는 누군가가 처음 몇 분 동안 논리적으로 말이 되지 않는 소리를 늘어놓으면 곧 흥미를 잃어버립니다."

자신만의 방법을 개발하려면 무엇보다 기록을 꼼꼼하게 관리할 필요가 있다. 무엇을 시도할 계획인지, 목표를 어떻게 달성할 생각인지 적어둬라. 시장이 어떤 움직임을 보일 때 기회를 노릴 것인지, 어떤 도구를 이용하고 어떤 방법으로 신호를 감지할 것인지도 기록하라. 진지함, 책임감, 스스로에게 제약을 가하는 것이 체계적이지 못하고 욕심과 두려움이 많은 트레이더들을 앞지르도록 도와줄 것이다.

케리의 e-mail
; 자신의 트레이딩 스타일을 성격에 맞게 변형시켜라

프로 트레이더의 길을 걷기로 결심했을 때, 나는 시장에 관한 책을 몇 권 읽고 몇 가지 지표를 연구하고 나서 트레이딩이 비교적 간단해 보인다는 결론을 내렸다. 그때까지만 해도 내 자아를 찾는 여정이 시작될 것이라는 사실을 알지 못했다. 내가 선택한 거래를 살펴보니 내가 무엇을 추구하고 있는지 알 때 수익을 더 많이 올리는 경우가 많다는 것을 알아냈다. 설령 그 거래가 손실 거래로 끝났더라도 손해를 본 금액이 크지 않았다. 내가 원하는 것이 거기 없다는 사실을 깨닫고 소중한 자산을 보호하기 위해 시장을 즉시 빠져나갔기 때문이다. 이에 반해, 손해를 본 금액이 훨씬 큰 거래들을 살펴보면 한 가지 공통점을 발견할 수 있었다. 혼란스러운 요소가 존재할 뿐 아니라 내가 그 거래에서 정확히 무엇을 찾고 있는지 알지 못했던 것이다.

자신이 무엇을 하고 있는지 분명하게 알지 못하면 손실을 키우게 되며, 괴로움을 떨쳐내고 싶다는 이유만으로 매도에 나서게 된다. 트레이더라면 누구나 이런 경험을 해봤을 것이다. 이런 경험으로 자기 자신에 대해 배우면 트레이더로서 성장하는 데 도움이 된다. 성격에 맞는 트레이딩 스타일을 찾는 것이 성공에 이르는 가장 핵심적인 요소다. 나는 나 자신을 관찰하는 일을 게을리하지 않도록 매일 스스로를 다잡는다.

나는 성공한 트레이더들에게서 여러 가지를 배울 수 있는 행운을 얻었다. 그 과정에서 내가 얻은 가장 귀중한 교훈은 내가 참여하고 싶은 게임이 정확히 무엇인지 찾는 것이 얼마나 중요한 일인지 깨달은 것이다. 트레이딩하고 싶다고 말하는 것은 운동선수가 되어 스포츠를 하고 싶다고 말하고 나서 제일 처음 접할 경기 종목을 선택하는 것과 같다. 스포츠에는 여러 가지 종류가 있는데, 기수가 역도 대회에 나가거나 역도 선수가 경마장에서 말을 타는 것은 권장할 만하지 않다.

나는 자신의 개인적인 성향을 알고 이해하는 것이 그 어떤 지표나 트레이딩 기법보다도 성공에 긍정적인 영향을 미친다는 사실을 깨달았다. 트레이더는 자신에게 맞는 것과 맞지 않는 것을 찾아내야 한다. 예컨대 마이클 조던은 농구 역사상 가장 위대한 선수로 평가받고 있지만, 야구에는 재능이 없었고 골프 실력도 뛰어나지 않았다. 그렇다고 해서 조던이 훌륭하지 않은 운동선수라고 말할 수 있는가? 그렇게 말할 사람은 아무도 없을 것이다! 그의 전문 분야는 농구고, 농구를 잘한다고 해서 야구도 잘하라는 법은 없다. 이처럼 시장에도 여러 가지 분야가 있는 만큼 자신의 실력을 뽐낼 수 있는 분야를 찾아야 한다. 자기 자신에게서 최상의 실력을 끌어내기 위해서는 트레이딩에 전념하고 인내심을 가질 필요도 있다.

예컨대 나에게는 장기적인 추세를 지켜볼 만한 인내심이 없다. 나는 하나의 추세가 오랫동안 지속적으로 나타나면 지치고 피곤하며 불안해진다. 장기적인 추세가 나에게 유리하게 움직일 때까지 기다리면서 포지션이 나와 반대로 움직인 뒤 수익을 돌려주는 광경을 지켜보지 못하는 것이다. 그런 점을 이해하기 때문에 나는 다른 기법을 찾아보고 다른 도구를 이용할 수 있다. 나는 내가 '재고 기법inventory method'이라고 부르는 것을 이용하게 되었다. 추세를 타려고 노력하면서 포지션을 키우고 줄이고, 매수하고 매도하는 일을 반복하는 것이다. 이 기법에 대단한 비밀이 숨어 있는 것은 아니지만, 시장에서 이기고 지는 것의 차이가 어디에서 발생하는지에 대한 나의 이해가 반영되어 있다.

나는 천성적으로 완벽주의자이다 보니 하나의 종목에 진입하고 청산할 때마다 스트레스를 많이 받는 편이다. 거래가 끝난 뒤에는 항상 좀 더 잘했어야 했다는 후회가 들기 때문이다. 나의 이런 면을 이해하고 나니, 같은 종목 내에서 포지션 규모에 지속적으로 변화를 주는 기법이 더욱더 큰 효과를 발휘하기 시작했다. 시장에 완벽이란 존재하지 않는다. 하지만 '재고 기법'을 적용한 결과 나의 진입과 청산 전략 중 일부는 완벽에 가까워졌다고 할 수 있다.

내가 트레이더로서 지닌 결점에 대해 계속 이야기할 수도 있지만, 가장 중요한 것은 무엇보다 자신의 성격을 이해하고 거기에 자신의 트레이딩 스타일을 맞추는 것이다. 처음에는 대부분의 사람이 대부분의 트레이더가 하는 대로 행동하고 스스로에게 의심을 품는다. 그러다가 시장에서 자신을 이끌어줄 사람을 찾는다. 시장이 어떤 행동을 취할지 알기도 어려운데, 자신이 어떤 행동을 취할지조차 모른다면 승산이 있을 수 없다. 성공하기 위해서는 자신의 고유한 능력과 강점, 약점 등을 이해해야 한다.

ENTRIES & EXITS

VISITS TO SIXTEEN TRADING ROOMS

CHAPTER

10

다이앤 버팔린 박사
Dr. Diane Buffalin

프레드 애스테어처럼
춤추되 하이힐
신고 뒤로 가기

이름 | 다이앤 버팔린 박사
거주지 | 미시간 주 래스럽 빌리지
전 직업 | 임상 심리학자
트레이딩 분야 | 주식, 옵션
트레이딩 경력 | 1996년부터
계좌 규모 | 소규모(25만 달러 이하)
소프트웨어 | QCharts
트레이더스 캠프 | 1999년 플로리다 주

나는 1999년에 플로리다 주에 있는 사니벨 아일랜드에서 다이앤을 만났다. 그것은 우리가 미국에서 개최한 유일한 트레이더스 캠프였다. 요즈음에는 이런 부부가 여럿 있지만, 당시만 해도 남편이 골프를 치는 동안 아내가 수업을 들으러 오는 일은 흔하지 않았다. 다이앤은 조지^{George}가 일찍 퇴직할 수 있을 만큼 옵션 매도로 많은 돈을 벌었다. 조지를 놀리려는 남자들이 있었지만, 그녀는 그들을 무시했다. 결혼한 지 30년 가까이 되었는데도 다이앤과 조지는 여전히 손을 잡고 다닌다.

다이앤은 심리학 박사 학위가 있는데, 대화를 나누다 보니 내가 정신의학과 레지던트로 근무했던 병원에서 그녀가 똑같은 시기에 인턴으로 일했다는 사실을 알게 되었다. 똑같은 병원 식당에서 밥을 수백 번이나 먹었을 텐데도, 그녀가 캠프에 참가하기 전에는 한 번도 만나지 못했던 것이다. 다이앤과 나는 죽이 잘 맞았다. 그녀가 뉴욕에 올 때마다 우리는 저녁 식사를 같이했다. 어느 해 여름 그녀가 조지와 함께 왔을 때 나는 야외 식당에서 식사를 하자고 제안했다. 하지만 조지는 베트남에서 돌아온 뒤로 두 가지 결심을 했다면서 그중 한 가지는 절대로 헬리콥터를 타지 않겠다는 것이고, 다른 한 가지는 야외에서 식사하지 않겠다는 것이라고 했다.

내가 다이앤을 인터뷰에 초대했을 때 우리 둘의 스케줄을 조정하는 데 제법 난항을 겪었다. 나는 겨울 내내 카리브 해에 있는 빌라에서 지냈고, 다이앤은 조지와 함께 크루즈 여행을 다니느라 바빴다. 그러다 마침내 다이앤이 캠프에 참가하려고 시기를 맞춰 뉴욕에 오게 되었다.

다이앤: 1996년 어느 주에 무려 세 사람이나 나에게 보유 중인 주식의 옵션거래를 해야 한다고 일러주었다. 나는 그들이 무슨 이야기를 하는지 전혀 이해하지 못했다. 세 명 중 두 명은 브로커고, 다른 한 명은 나와 친한 여성 엔지니어였는데, 이들이 모두 똑같은 제안을 한 만큼 곰곰이 생각해봐야겠다고 결심했

다. 엔지니어인 친구는 로켓을 연구하는 일을 했다. 그녀는 5,000달러를 지급하면 정확히 어떻게 트레이딩해야 하는지 알려주는 서비스에 가입하고 싶어 했다. 나는 남이 하라는 대로 하는 성격이 아니다. 심지어 조지가 하라고 말하는 것도 그대로 따르지 않는다. 나는 친구에게 "책을 한 권씩 사서 각자 공부를 좀 해보자"라고 권했다. 나는 당시에 찾을 수 있는 가장 얇은 책인 제임스 비트먼James Bittman의 『주식 투자자들을 위한 옵션거래Options for the Stock Investor』를 샀다. 처음에는 소유하고 있지 않은 것을 어떻게 팔 수 있는지 이해하지 못했다. 아무리 초콜릿을 많이 먹고 몇 시간 동안 머리를 싸매고 읽어도 트레이더들이 이용하는 표현과 기술적인 개념을 도저히 이해할 수 없었다. 결국 12페이지까지만 읽고 책을 덮고 말았다(나중에 다시 읽어보곤 이 책이 명료하게 쓰였고 유용하며 쉽게 읽힌다는 사실을 깨달았다).

나는 결국 정사각형 네 개를 그리고, 그 안에 각각 매수/매도, 콜옵션/풋옵션으로 만들 수 있는 조합을 적어넣었다(312페이지 참고). 주식이 어떤 움직임을 보여야 수익을 올릴 수 있는지 여러 가지 시나리오를 따져보니, 돈이 들어오려면 옵션을 매도해야 한다는 사실을 깨달았다. 나는 브로커에게 전화를 걸어 "제가 옵션에 대해 설명해볼 테니 한 번 들어보세요. 그런 뒤에도 제대로 설명할 수 없다면 거래하지 않는 편이 나을 것 같아요"라고 말했다. 브로커는 나를 말리려고 했지만, 나는 "대부분의 옵션 매수자가 돈을 잃는다면 그 돈은 누구에게 가는 거에요?"라고 물었다. 정답은 매도자 아니겠는가! 모든 트레이더가 옵션을 사들이기에 바쁘다면 나는 그와 반대로 행동할 것이다. 진저 로저스Ginger Rogers가 어떻게 춤을 췄는지 아는가? 그녀는 프레드 애스테어Fred Astaire만큼이나 춤을 잘 췄는데, 대신 하이힐을 신고 뒤로 가면서 췄다!

처음으로 트레이딩을 한 날, 조지는 밤이 되어서야 집에 돌아왔다. 나는 보라색 플란넬 나이트가운을 입고 있었는데, 아직 샤워도 못 하고 저녁도 먹기 전이었다. 물론 저녁 식사를 준비하지도 못했다. 조지는 나에게 "오늘 별로 한 일도 없잖아요"라고 말했다. 나는 "오늘 475달러를 벌었으니까 나가서 밥 살게요!"라고 대꾸했다. 이런 일이 몇 주간 반복되고 나서 조지가 제안했다. "한 번에 1계약 말고 좀 더 해보는 게 어때요?" 당시에 5계약을 거래하고 있었고 주당 수익이 1,500달러나 됐지만, 나는 한 번에 2계약 이상 거래하는 일이 가능하리라고 믿지 않았다. 나는 오래된 컴퓨터와 다이얼로 접속하는 AOL*선을 구비하고 있었기 때문에 5분 차트를 띄우는 데 2분이나 걸렸다. 데이터는 무려 20분이나 늦었다. 당시 시장은 강세장이었는데, 나는 주식 기호와 옵션 가격을 줄이 있는 노란색 종이에 적었다. 금융 테스트를 위한 데이터를 모으는 것의 일환으로, 어떤 종목이 가장 큰 움직임을 보이는지 알아내기 위한 것이었다. 나의 목표는 남편이 은퇴할 수 있을 만큼 돈을 버는 것이었다.

나는 살아오면서 옵션거래에 도움이 될 만한 것을 배운 적이 없다. 그 세계에 대해 아는 것도 없었고, 열망도 없었다. 하물며 경제학 수업을 받은 적도 없다. 아버지께서는 "쌀 때 사서 비쌀 때 팔아라"라고 말씀하셨지만 정작 당신은 주식을 한 번도 팔지 않으셨다. 주식을 보유하고 있는 것이 안정감을 준다는 이유에서였다. 그러다 문득 내 인생의 모든 것이 내가 옵션 트레이더가 되는 데 도움을 줬다는 사실을 깨달았다. 나는 스트레스 관리에 대해 가르치는 일을 한다. 생각하기, 즐겁게 지내기, 옳은 의견 내기, 가설 시험하기 등의 활동을 대단히 좋아한다. 이전에는 내가 위험을 감수하는 사람이라는 것을 몰랐지만 트레이딩을 하면서 깨닫게 되었다.

나는 체스를 둘 줄 아는데, 아버지께서는 체스를 두다가 공격을 당하면 난관을 헤쳐 나갈 방법이 세 가지는 있다고 가르쳐주셨다. 말을 움직이거나, 위협적인 말을 공격하거나, 다른 말을 공격하는 방법이다. 옵션거래는 트레

---

*America Online; 미국의 인터넷 회사.

다이앤은 웃으며 다음과 같은 이야기를 들려주었다.

대부분의 트레이더는 남자다. 남자들이 시장에 접근하는 방식은 여자를 찾는 것과 비슷하다. 술집에 들어가서 몸매나 머리색이 마음에 드는 여자가 있는지 쭉 훑어보고는 한 여자를 골라 추파를 던진다. 소득이 없으면 다른 여자를 골라 똑같은 행동을 반복한다. 남자들은 항상 물어본다. "대체 어디서 고르세요?" 올바른 유형, 올바른 형태를 갖춘 주식을 찾기만 하면 성공이 보장될 것이라고 생각하는 모양이다. 이에 반해 여자에게 남자를 소개해주면 제일 먼저 물어보는 질문은 이것이다. "직업이 뭐예요?" 남자는 외모에, 여자는 펀더멘털에 더 관심이 많다. 남자들은 대개 조언을 받거나 성공 비법을 듣고 싶어 한다. 나는 그들에게 올바르게 움직이기만 한다면 어떤 주식을 선택하든 성공을 거둘 수 있다고 말해준다. 주식에 대해 잘 알아본 다음 어떤 상황에서 주가가 상승하거나 하락할 확률이 높은지 살펴보라.

나에게는 시장과 같은 방향으로 자주 움직이는 종목이 적힌 명단도 있고, 시장과 반대 방향으로 자주 움직이는 종목이 적힌 것도 있다. 나는 언제나 수익 달력을 확인한다. 주가는 대체로 수익이 발표되기 전에 상승하고 발표되고 나면 하락하는 경향이 있다. 수익이 얼마나 났는지는 중요하지 않다. 소식이 이미 알려졌기 때문에 주가가 하락하는 것일 뿐이다. 젊은 여성들이 월경 달력을 갖고 있듯이 나는 보유하고 있는 모든 주식의 수익 달력을 갖고 있다. 여자들은 특정한 날을 피해 계획을 세우는 데 익숙하지만 남자들은 일단 저지르고 본다. "지금 당장 거래하죠." 여러분은 보유 중인 주식의 신호에 관심을 기울이는가? 아니면 하나의 모델만으로 성공하기를 바라는가? 주식을 고르는 것이 아니라 포지션을 관리하는 것이 관건이다. 나는 수익이 발표되는 날짜와 뉴스를 확인하고 나서 내가 원하는 음악이 아닌 누군가가 틀어놓은 음악에 맞춰 춤을 춘다. 내가 옵션을 마음에 들어 하는 이유는 게임이 영영 끝나지 않기 때문이다. 옵션 시장에는 5분기가 있다. 게임이 끝없이 이어지는 것이다.

이더가 시장에 반해 거래하게 해준다. 시장이 움직일 때 포지션을 환매하고 이익을 취하게 해준다. 시장이 트레이더가 보유한 포지션에 반하는 움직임을 보이면 콜옵션을 매도하거나, 주식을 공매도하거나, 풋옵션을 매수해서 잠재적인 손실을 상쇄하는 방법이 있다. 나는 강세장일 때 풋옵션을 매도해서 돈을 벌었다. 시장이 약세장으로 변했을 때는 옵션을 이용해 주가 폭락으로 수익을 올릴 수 있었다. 예컨대 등가 콜옵션을 공격적으로 매도함으로써 야후가 180달러에서 90달러로 추락할 때 무려 12만 달러나 벌어들였다. 해당 주식을 더 이상 보유하지 않았는데도 말이다.

아버지가 주신 교훈

My father's lessons

다이앤은 다음과 같이 회상했다.

아버지는 내가 만나본 남자 중에서 가장 똑똑한 분이셨다. 풍요롭게 사는 방법을 터득한 분이기도 하셨는데, 특허를 무려 21개나 갖고 계셨다. 나는 아버지에게서 생각하고 결정을 내리는 방법을 배웠다. 아버지께서는 선택 사항이 많을수록 현명한 선택을 내릴 수 있다고 말씀하셨다. 선택 사항이 두 가지밖에 없다면 현명한 결정을 내리기 어려울 것이므로, 여러분이 할 일은 선택 사항의 개수를 늘리는 것이다. 아버지께서는 일찍이 다른 사람을 위해 일하지 않고 자기 사업을 하는 것의 장점을 깨달으셨다. 아버지께서는 당신의 아이디어를 팔아 돈을 버셨다. 나에게 배움의 가치도 일깨워주셨는데, 배운 것은 어떤 것이든 그 누구도 빼앗아갈 수 없다고 말씀하셨다. 그것이 내가 유럽으로부터 배운 교훈이다. 물품은 압수당할 수 있지만 능력은 압수당하지 않는다. 아버지께서는 나에게 체스를 두는 법도 가르쳐주셨다. 사업이 번창하셨을 때 "나는 62건의 융자 상환 책임이 있다"라고 말씀하곤 하셨다. 직원 수가 62명이었기 때문이다. 아버지께서는 83세에 돌아가시기 전까지 신체적으로나 정신적으로나 건강하셨다. 내가 아버지가 그토록 좋아하셨던 벨(Bell)의 옵션을 매도해서 매달 5퍼센트의 수익을 올리는 것을 보셨다면 정말 기뻐하셨을 것이다.

옵션 트레이더는 유람선에서 룰렛 놀이를 하는 사람들이나 마찬가지다. 금으로 된 화려한 장신구를 잔뜩 착용하고 현금을 물 쓰듯 펑펑 쓰는 사람들 말이다. 이들은 호화로운 생활을 즐기는 것처럼 보이지만 마이크로소프트 1,000주를 살 돈은 없으며, 콜옵션에 몇 달러 들일 수 있는 정도다. 딜러가 룰렛의 바퀴를 돌리면 그들이 선택한 숫자는 하나도 나오지 않고, 결국 딜러가 돈을 쓸어간다. 나는 시간을 팔고, 현금을 간직한다. 내가 풋옵션을 매도한다고 이야기할 때마다 사람들은 하나같이 위험 부담이 너무 크다고 말한다. 하지만 주가가 50달러고 내가 45짜리 풋옵션을 5에 매도할 경우 그것이 주식을 매수하는 것보다 위험 부담이 크다고 볼 수 있는가? 상황이 내가 원하지 않는 방향으로 전개되더라도 내가 얼어붙지만 않으면 괜찮은 것 아닌가? 설령 그런 상황이 벌어지더라도 나에게는 세 가지 선택 사항이 있다. 콜옵션을 매도하거나, 주식을 공매도하거나, 풋옵션을 매수하고 포지션을 청산하는 방법이다.

어느 토요일 새벽 2시 나는 미결제약정이 가장 큰 풋옵션을 찾기 위해 시카고 옵션거래소Chicago Board Options Exchange의 데이터를 훑어보다가 아메리카 온라인America Online 대화방에서 비니Vinny라는 트레이더를 만났다. 그는 옵션에 대해 모르는 것이 없었으나 트레이딩 계좌에 돈이 너무 적게 들어 있었다. 나는 당시 옵션거래를 1년 넘게 했는데, 4만~5만 달러를 벌었어도 지지선이나 저항선이라는 개념을 들어보지 못했다. 비니의 지시대로 스크린을 클릭한 뒤 볼린저 밴드가 나타났을 때 나는 수화기에 대고 헉 소리를 냈다. 장님이나 마찬가지인 상태에서 트레이딩을 하다가 비니를 만나 비로소 세상에 눈을 뜬 것이다. 비니는 스토캐스틱과 MACD를 활용하는 방법을 가르쳐줬고, 엘더 박사의 책을 소개해주었다. 스크리닝screening할 때는 장기 차트와 일간 차트를, 진입과 청산 지점을 연구할 때는 5분 차트를 이용하라고 알려주기도 했다. 나는 여전히 20분 늦은 차트가 제공되는 무료 데이터 서비스를 이용하는 데 반해 비니는 실시간 차트를 이용했다. 그는 마치 잠망경을 가지고 있는 것 같았다. 비니는 나를 프로 트레이더 수준으로 끌어올려준 장본인이다.

우리는 내 계좌를 이용하여 트레이딩했고, 같이 작업한 트레이딩의 수익을 똑같이 나눠 가졌다. 우리는 비록 스타일은 달랐으나, 초반에 같이 작업해서 놀라울 만큼 좋은 성과를 내기도 했다. 어느 날 새벽 2시에 비니는 로이터 통신을 통해 우리가 주식을 거래하는 기업의 임상시험에서 사망자가 나왔다는 소식을 접했다. 그는 "견디지 못하고 바닥이 무너질 겁니다"라고 예상했고, 나는 이렇게 제안했다. "이미 최악의 상황은 넘긴 것 같으니까 종가에서 갭다운하면 그때 풋옵션을 팔죠. 만일 주가가 반등하면 콜옵션을 팔고요. 변동성이 크긴 하지만 주가가 큰 폭으로 반등할 리는 없겠죠." 우리는 포지션별로 9,000달러의 수익을 올렸다. 우리는 1년 동안 대단히 성공적으로 트레이딩했지만 스타일이 워낙 달라서 결국에는 갈라서고 말았다. 나는 3개월짜리 옵션을 팔고 수익이 100퍼센트가 될 때까지 보유하는 것을 대단히 좋아했다. 그는 나와 달리 단기 트레이더에 더 가까웠다. 우리는 친구로 남았고, 나는 그에게 고마운 마음을 영원히 간직할 것이다.

나는 시카고 옵션거래소에서 강좌를 하나 찾았다. 수업을 듣는 사람들은 깃과 나비에 대해 이야기를 나눴다. 하지만 그것으로 어떻게 돈을 벌 수 있단 말인가? 나는 가설을 테스트하고 기록을 철저하게 관리했다. DELL만으로도 주식을 보유하지 않는데도 매달 4,000달러의 수익을 올릴 수 있었다. 나는 야후의 IPO*를 매수했는데, 두 명의 브로커가 모두 쓸모 없으니 당장 팔라고 재촉했다. 하지만 나는 남자들의 말을 잘 안 듣는 경향이 있다. 그들의

---

*initial public offering; 주식 상장.

반대를 무릅쓰고 포지션을 계속 보유한 결과 40만 달러의 수익을 올렸다. 조지가 1년 내내 골프를 칠 수 있게 그 돈으로 버진군도에 콘도를 샀다.

2000년 나의 스프레드시트에는 80건의 거래가 담겨 있었는데, 그중 손실 거래는 8건이다. 그해 총 28만 6,000달러의 수익을 올렸고, 세상이 어떻게 돌아가는지 드디어 이해했다는 생각이 들었다. 내 시스템은 주가가 낮을 때는 풋옵션을 매도하고, 주가가 높을 때는 콜옵션을 매도하는 것이었다. 돈을 버는 일보다 더 나은 유일한 것은 똑같은 방법으로 돈을 두 번 버는 일이다. 풋옵션을 매도하고, 이익을 취하고, 다시 풋옵션을 매도하는 식이다. 똑같은 거래를 반복해서 체결할 수 있으므로 주가가 급등해야 할 필요는 없다. 비니가 그 차트를 처음으로 보여줬을 때 나는 이렇게 말했다. "이런 패턴을 예전에도 본 적이 있어요. 꼭 가중치를 부과한 제 차트가 생각나네요. 상승과 하락을 반복하면서 위로 조금씩 향하고 있네요." 천장이 보이면 콜옵션을 매도할 수 있고, 바닥이 보이면 풋옵션을 매도할 수 있다.

2001년이 되자 시장은 점점 더 불안정해지기 시작했다. 나는 당시에 XTND의 풋옵션을 매도하고 있었는데, 어느 날엔가 공항으로 가는 길에 무려 3만 5,000달러의 손실을 입은 적이 있다. 장이 닫힌 뒤 불과 20분 만에 일어난 일이었다. 우리는 100달러를 아끼려고 스피릿Spirit 항공을 이용할 계획이었는데, 공항에 도착하기도 전에 3만 5,000달러나 잃은 것이다! 나는 INTC로도 돈을 잃었다. 수익이 발표된 후에도 팔지 않고 계속 보유해서 벌어진 일이었다. 나는 다시는 그런 위치에 놓이지 않겠노라고 다짐했다. 수익이 발표되기 2주 전에는 변동성이 매우 크다.

나는 2001년 이익 거래를 31건, 손실 거래를 8건 체결해 12만 달러의 수익을 올리고 6만 4,000달러의 손실을 입었다. 번 돈의 50퍼센트를 잃었기 때문에 실적이 좋은 건 아니었다. 나는 손실 거래를 분석하고 역지정가 주문으로 실험을 하기 시작했다. 나는 이론상의 계좌를 개설해 역지정가 주문을 종교처럼 신봉하는 전자 브로커의 도움을 받았다. 나는 그가 역지정가 주문을 낼 때마다 기계적으로 매수 포지션에 진입했다. 그 결과 모든 거래에서 수익을 올릴 수 있었다. 그는 50퍼센트의 손실을 입었고, 나는 20퍼센트의 수익을 올렸다. 내가 갖고 있는 데이터에 따르면 스톱은 손실이 보장된 상황을 초래한다. 그 이유는 아직 찾아내지 못했는데, 열심히 연구 중이다.

나는 2003년에는 이익 거래를 29건, 손실 거래를 3건 체결하여 7만 8,000달러의 수익을 올리고 1만 5,000달러의 손실을 입었다. 트레이더로서 한결 향상된 기량을 선보였으나, 손실액이 여전히 너무 컸다. 2004년 예순이 되었을 때 나는 자금 관리 전략을 바꿨다. 마흔 살일 때는 은퇴 자금을 마련하기까지 20년 동안 준비할 수 있지만 예순에는 더 이상 준비할 시간이 없다. 나는 1998년 목표를 달성해서 남편의 조기 은퇴 자금을 마련했다. 대부분의 돈을 안전한 이론상의 계좌에 넣고 7.5퍼센트의 수익을 올렸으며, 10만 달러가 든 소형 계좌로 트레이딩을 시작했다. 나는 그해 내가 운영하는 여성을 위한 그룹의 박람회를 개최했다. 2004년 하반기는 내가 트레이딩을 시작한 이래 가장 별 볼일 없는 시기였다. 그러다가 엘더 박사에게서 인터뷰를 해달라는 전화를 받고 트레이더로서 활기를 되찾았다. 2004년 말 나는 이익 거래를 35건, 손실 거래를 9건 체결한 상태로, 수익은 3만 5,000달러, 손실은 1만 9,000달러였다. 총수익률 16퍼센트는 프로 트레이더의 수준이라고 볼 수는 없지만, 트레이딩에 집착하지 않는 것치곤 괜찮은 성과라고 생각한다.

현재의 옵션 프리미엄은 강세장이 형성됐을 당시에 비하면 턱없이 낮다. 그래서 나는 주식을 거래하는 일이 점점 잦아지고 있다. 콜옵션이나 풋옵션을 매도해서 올릴 수 있는 최대 수익은 옵션이 0까지 떨어질 때의 가격이다. 풋옵션이 50센트에 팔리고 주가가 2달러 정도 움직일 것으로 기대될 경우 거래를 주식시장에서 체결하는 편이 낫다. 그것이 바로 내가 소개할 두 건의 거래가 모두 주식 거래인 이유다.

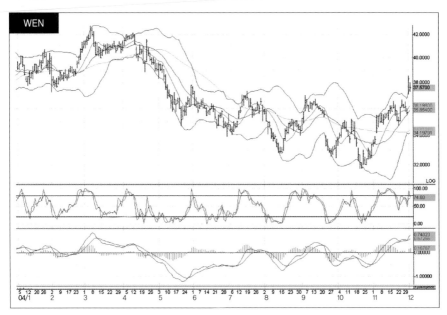

WEN

위 | 10일, 20일, 50일 단순이동평균, 볼린저 밴드
중간 | 14-1-3 스토캐스틱(차트에 디폴트로 설정되어 있음)
아래 | 12-26-9 MACD

WEN

　이 거래는 뉴스를 보고 체결했다(나는 이런 트레이딩 방식을 이용하는 시스템에 대해서는 한 번도 읽어보지 못했다). 뉴스는 중력처럼 작용하며 주식을 밀거나 당긴다. 나는 웬디즈Wendy's가 남서부에서 새롭게 출시한 메뉴가 대단히 많은 수익을 올렸다고 발표할 예정이라는 기사를 읽었다. 주가는 12월 1일 급등했지만 12월 2일 열린 회의에서 나쁜 소식이 있었다. 새로운 메뉴가 인기를 끌지 못해 판매를 중단했으며, 지점 몇 개를 팔아버리는 바람에 큰 손실을 입게 되었다는 것이었다.

　나는 차트를 열어 유심히 들여다보았다. 주가가 상승세를 보이며 갭 업하기 하루 전날, 이 메뉴 덕택에 수익을 많이 올릴 것이라는 기대감에 주가가 볼린저 밴드를 뚫었다. 그러다가 12월 2일이 되자 전날 고가에 이르지 못하고 상단 볼린저 밴드까지 다시 하락하는 모습을 보였다. 스토캐스틱 역시 하락하기 시작했고, MACD 히스토그램은 상승세를 이어갔으나 신고점을 경신하지는 못했다. 차트에는 12월 1일에 대한 높은 기대감이 여실히 드러났지만, 오른쪽 가장자리(12월 2일)에서는 투자자들이 원하는 것을 얻지 못했음이 분명해졌다. 그래서 나는 장이 닫히기 전에 얼른 공매도에 나섰다.

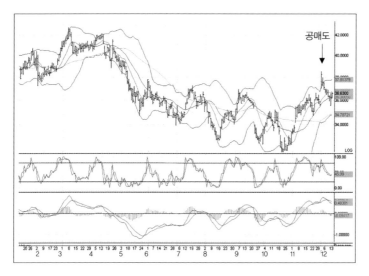

거래 #1   다이앤의 포지션 청산   Trade#1

나는 아주 단순한 이유로 환매에 나섰다. 주가가 하락세를 멈춘 것이다. 차트 오른쪽 가장자리에 있는 바는 갑자기 위로 펄쩍 뛰었고, 스토캐스틱은 더 이상 하락하지 않았다. 거래는 내가 예상한 대로 진행되다가 움직임을 멈췄다. 상당히 좋은 거래였다는 생각이 든다. 거래는 깔끔했고, 감정이 많이 개입되지 않았으며, 속이 뒤틀리지도 않았다.

내가 환매하고 나서 WEN의 움직임을 살펴보면 내 결정이 옳았다는 것을 알수 있다. 가격은 내가 시장에서 빠져나간 지점에서부터 상승하기 시작했다. 이거래로 알게 된 사실은 주식이 희소식 덕택에 엔벨로프 밖에서 갭 업하고 나서나쁜 소식이 들린 뒤에 큰 변화를 보이지 않을 경우 당장 공매도해야 한다는 것이다.

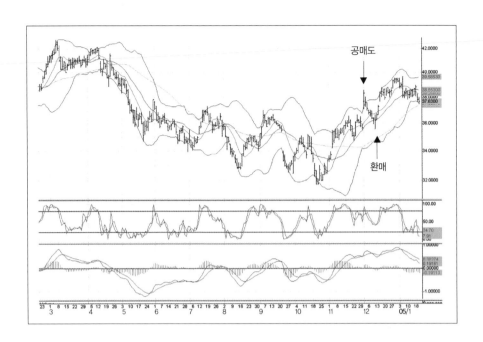

공매도

환매

거래 #1 | 포지션 진입에 관한 견해

　주간 차트는 WEN이 지난 2년간 26달러와 42달러 사이에서 박스권을 형성했다는 것을 보여준다. MACD선의 천장과 바닥은 박스권의 천장과 바닥을 추적할 수 있게 도와주며, 주간 MACD 히스토그램의 상승 및 하락 디버전스는 주가의 반전이 나타나는 것을 족집게처럼 맞혔다. 2002년 4월과 6월 사이, 2003년 11월과 2004년 3월 사이에 발생한 하락 디버전스는 중요한 천장이 형성되었음을 알리는 신호였다. 2002년 11월과 2003년 3월 사이, 2004년 5월과 10월 사이에 발

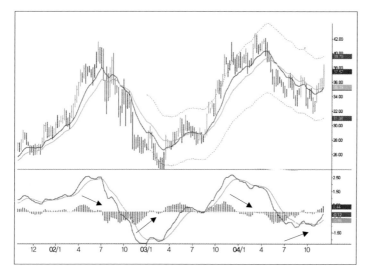

차트의 오른쪽 가장 자리에서 WEN은 최근에 상승 디버전스를 바탕으로 가격이 오르고 있다. 마지막 다섯 개의 주간 바는 녹색을 띠며 상승세를 확인하고 있는데, 이때 매수하거나 관망할 수는 있어도 공매도하지는 못한다. 마지막 바는 상단 채널선에 접근 중이며 '고무줄'이 위로 당겨지고 있다는 것을 보여준다. 가격은 두 지수이동평균 사이에 위치한 스위트 존보다 위에 머무르고 있다. 매수하기에 너무 늦었으나 내 시스템은 공매도를 허용하지 않는다.

생한 상승 디비전스는 의미 있는 바닥을 형성했다.

　일간 바 중 마지막 두 개는 공매도를 부추기는 것처럼 보인다. 가격은 로켓처럼 채널을 넘어서서 치솟았고 그 수준에 머물렀다. 추진력을 잃은 로켓은 떨어지는 길밖에 없다. MACD 히스토그램은 관성에서 벗어나고 있지만 다운틱이 조금

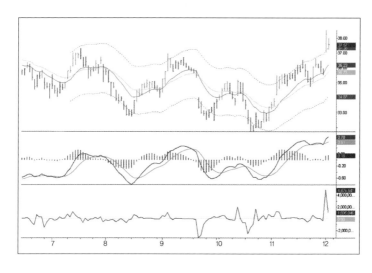

일간 채널은 최근 몇 달에 걸쳐 천장과 바닥을 성공적으로 억제했다. 가격이 하단 채널선 부근까지 떨어질 때마다 매수하기 좋은 환경이 조성되었고, 상단 채널선 근처까지 올라갈 때는 공매도하기 좋은 환경이 조성되었다.

만 나타나도 하락할 것이다. 이 경우 막강한 하락 디버전스가 발생하고 공매도 신호를 확인하게 될 것이다.

　　차트를 읽는 트레이더로선 주가가 상승 돌파에 실패하는 것을 보고 나서 공매도하고 싶은 유혹에 빠질 만하다는 생각이 든다. 다이앤의 논리에 반대하는 것은 아니지만, 내가 이용하는 시스템의 규칙을 따른다면 이 종목을 공매도하지 않을 것이다. 임펄스 시스템이 주간 차트와 일간 차트에서 녹색을 띨 때는 공매도가 허용되지 않기 때문이다. 시스템은 내가 매수하도록 허용하지만 나는 이 가격 수준에서 매수하는 데 전혀 관심이 없으므로 관망할 것이다.

거래 #1 | 포지션 청산에 관한 견해

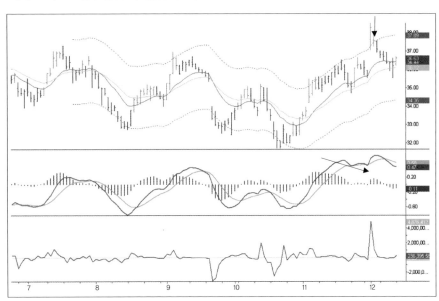

　　다이앤은 이 거래를 상당히 전문가답게 마무리했다. 가짜 돌파가 발생했을 때 채널선 위에서 공매도하고, 고평가된 주식이 가치 아래로 떨어졌을 때 이동평

균 아래에서 환매했다.

일간 차트에서 발생한 하락 디버전스는 가격이 더 떨어질 수도 있음을 암시한다. 하지만 다이앤은 목적을 달성한 다음에 거래할 종목을 찾아 떠났다. 디버전스가 가격을 더 떨어뜨릴 가능성도 있지만, 지수이동평균 아래에서 가격이 급등하는 조짐이 나타난 것으로 봐 더 낮은 가격이 거부당하고 이 하락세가 끝날 가능성도 있다.

눈을 가늘게 뜬 채 차트를 오랫동안 살펴보면 매수 신호와 공매도 신호가 둘 다 보일지도 모른다. 하지만 프로 트레이더는 눈을 가늘게 뜨지 않는다. 좋아하는 패턴이 눈에 띄면 트레이딩에 나서고, 그 패턴이 제 역할을 다하고 사라지면 포지션을 청산한다. 이 경우에는 가짜 상승 돌파가 그 패턴에 해당한다. 나라면 이 거래를 선택하지 않았을 것 같지만 다이앤의 진입과 청산에는 문제가 없어 보인다.

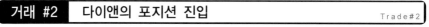

거래 #2 **다이앤의 포지션 진입** Trade#2

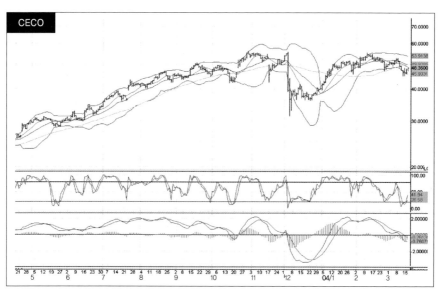

CECO

이 거래는 최근에 나를 가장 애타게 했던 거래 중 하나다. 나는 이 회사에 관한 소식이 아니라 워싱턴에 있는 행정부에 관한 소식을 접하고 나서 CECO를 매수했다. 부시 대통령이 교육의 중요성에 대해 이야기하고 있었는데, 실업 수치가 자막으로 지나가는 동안 대통령이 "우리는 이 근로자들에게 재교육을 시켜야 합니다"라고 말했다.

이 회사가 바로 그런 재교육을 담당하는 회사다. 나는 뉴스를 접한 뒤 차트를 살펴보고는 진입하기에 적기라는 생각이 들었다. 주가가 볼린저 밴드로부터 상승 중이고, 스토캐스틱과 MACD 또한 상승하고 있었기 때문이다. 주가는 50일 이동평균보다 아래 있었는데, 나는 이 선을 주가의 척추로 여긴다. 주가가 그 선보다 아래 있을 경우 상승 여력이 대단히 크다고 해석하는 것이다. 그래서 나는 이 종목을 매수하고는 기쁜 마음으로 지켜봤다.

거래 #2　**다이앤의 포지션 청산**　Trade#2

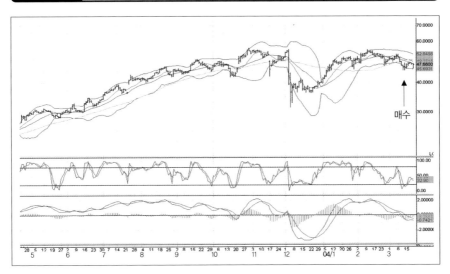

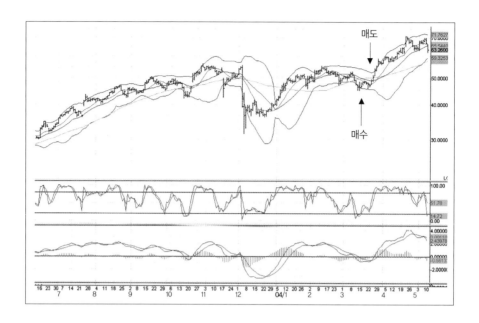

매도

매수

나는 언제나 주식으로 인한 손실을 1포인트로 제한하려고 노력한다. CECO
는 해야 할 일을 더 이상 하지 않았다. 지난 며칠 동안 나타난 상승세는 더 이상
이어지지 않았고, 스토캐스틱은 하락하기 시작했다. 나는 손실이 늘어나는 광경
을 보는 것을 좋아하지 않기 때문에 1포인트를 잃는 순간 시장을 빠져나간다.

주가는 67달러까지 올라갔다. 21일 동안 20달러나 올랐는데도 나는 전혀 모
르고 있었다. 나는 지금까지도 '내가 뭘 실수했지? 거기서 무엇을 놓친 거지?'
라고 나 자신에게 묻곤 한다.

▶거래 요약　　　TRADE SUMMARY

CECO 롱 포지션
매수 2004.3.16　47.99달러
매도 2004.3.19　46.86달러
손실=주당 1.13달러

거래 #2 | 포지션 진입에 관한 견해

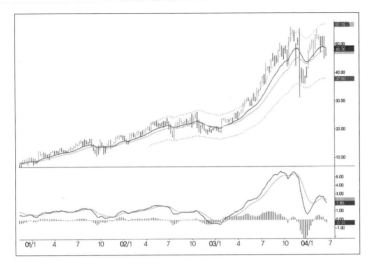

나는 크고 격렬한 움직임을 보이는 주식에는 손대지 않는다. 그런 주식은 투자가와 트레이더들에게 큰 타격을 입히는 만큼 사람들이 몇 년간 그 주식을 계속 겁낼 것이기 때문이다. 사고로 정신적 외상을 입은 사람이 오랫동안 불안감에 떨 가능성이 크듯이, 이런 주식의 가격 또한 매우 예민하게 움직일 가능성이 크다. 이런 주식은 추세가 지속되는 경우가 적기 때문에 거래하기가 쉽지 않다.

주간 차트는 지난 3년간의 거래를 모두 포함하고 있다. 차트를 보면 10달러 아래 있던 가격이 거의 60달러까지 치솟는 모습을 볼 수 있다. 이 상승세는 이중천장을 형성하면서 막을 내렸다. 2003년 추문에 관해 여러 가지 소문이 돌아 가격이 폭락했는데, 그 결과 주가가 일주일 만에 상단 채널선 위에서 하단 채널선 아래로 큰 폭 하락하며 길이가 대단히 긴 바를 차트에 남겼다.

차트의 오른쪽 가장자리에서 빠른 지수이동평균의 적색 선이 하락하고, MACD 히스토그램 역시 똑같은 움직임을 보이고 있다. 임펄스 시스템이 적색을 띠므로 매수 불가능하다. 하지만 오랫동안 지속된 강세장이 건재하는 만큼, 내가 만일 이 종목을 거래해야 했다면 매수하고 싶은 유혹에 시달렸을 것이다. 가격은 이제 막 가치 아래로 떨어졌다가 반등했다. 어떤 경우라도 눈을 가늘게 뜨고 차트를 살펴보면 체결할 만한 거래를 찾을 수 있지만, 그것이 올바른 거래라는 보장은 없다. 주가가 최근에 충격적인 움직임을 보인 것이 내가 이 주식에 손대고 싶지 않은 이유다. 임펄스 시스템이 공매도만 허용하는 만큼 앞서 언급한 것과 같은 이유로 이 종목이 특별히 매력적으로 느껴지지 않는다. 사람들이 느낀 충격이 아직 가시지 않은 것이다.

일간 차트는 주가가 55달러에서 30달러로 거의 절반가량 떨어지기까지 이틀밖에 걸리지 않았다는 것을 보여준다. 주가가 폭락한 것 때문에 상처받고 화가 난 투자자와 트레이더들을 생각해보라. 그렇게 폭락하고 나서 가격은 55달러를 향해 느린 속도로 겨우겨우 상승해 막강한 상승 디버전스를 형성하더니 다시 하락하는 모습을 보였다. 2월에 형성된 MACD 히스토그램의 바닥은 1월의 바닥보다 더 깊다. 이는 곰의 세력이 강해지고 있으며, 가격이 낮아질 확률이 높다는 의미다. 일간 차트의 오른쪽 가장자리에서 임펄스 시스템은 청색을 나타내고 있다. 황소는 45달러 선에서 가격을 이끌어줄 동력을 찾는 중이며, 지표들은 바닥을 치고 있다. 하지만 주간 임펄스가 적색을 나타내고 있으므로 매수는 허용되지 않는다.

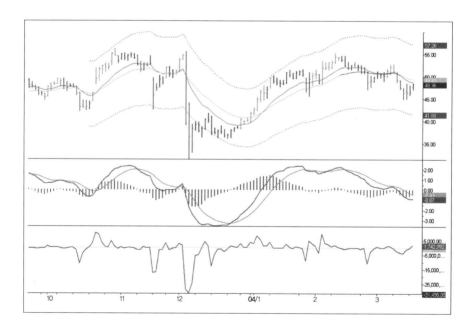

거래 #2 | 포지션 청산에 관한 견해

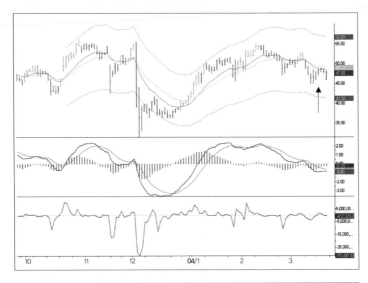

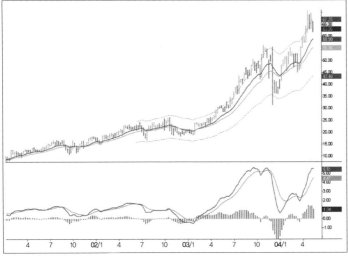

다이앤의 진입 과정은 특별히 마음에 들지 않지만 청산 과정은 마음에 든다. 다이앤은 주식이 힘을 잃기 시작하자마자 손실을 적게 입고 시장에서 빠져나갔다. 헛되이 기대하고 기다리면서 시장에 남아 서성거리지 않았다. 자신이 원하는 대로 주식이 움직이지 않자 다이앤은 지체하지 않고 포지션을 청산했다. 프로 트레이더 중에는 가격뿐 아니라 시간을 기준으로 역지정가 주문을 내는 사람들도 있다. 선택한 주식이 움직이는 데 가격뿐 아니라 시간적인 면에서도 안전망을 제공하는 것이다. 그들은 주식이 원하는 방향으로 움직이지 않으면 빠른 속도로 시장에서 빠져나간다.

다이앤이 주가의 주요 흐름을 어떻게 읽느냐고 물어볼 때면 나는 임펄스 시스템을 살핀다고 답한다. 임펄스 시스템은 이동평균을 이용해서 시장의 관성을 측정한다. MACD 히스토그램을 이용해 황소나 곰의 분투를 측정하기도 한다.

임펄스 시스템은 주목할 만한 상승세가 나타날 때는 녹색을, 주목할 만한 하락세가 나타날 때는 적색을 띤다. 색의 변화가 가격의 주요 움직임을 보여주는 역할을 한다.

그렇다고 해서 이 시스템이 마법처럼 항상 옳은 것은 아니다. 완벽한 시스템은 그 어디에도 없다. 하지만 주간 임펄스 시스템이 계속 녹색을 띠는 한 상승세가 지속된다고 볼 수 있으며, 계속 적색을 띨 경우 하락세가 나타나는 것이 분명하다. 우리는 여기에서 다이앤이 포지션을 청산하고 나서 며칠 뒤에 주간 임펄스가 녹색으로 바뀐 것을 볼 수 있다. 주간 가격이 채널을 넘어서서 상승할 때까지 시스템은 계속 녹색을 띠었다. 따라서 다이앤이 CECO를 다시 매수하고 싶었다면 임펄스 시스템은 그녀를 격려했을 것이다.

옵션: 빨리 가난해지기

다이앤이 최근에 체결한 주식 거래 두 건을 보여주었지만 그녀는 사실 옵션을 매도하면서 대부분의 수익을 올렸다. 다이앤은 옵션 매수자를 유람선에 탄 도박꾼에 비유하며, 그룹으로 모여 있을 때 매수자들은 돈을 잃는 데 반해 매도자들은 돈을 번다는 중요한 사실을 강조했다. 내 경험에 의하면 실제 상황은 더욱 혹독하다. 수년간 수백 명의 옵션 매수자와 이야기를 나눠본 결과, 나는 장기적으로 돈을 번 사람을 단 한 명도 만나지 못했다. 물론 저마다 성공적으로 마무리한 거래가 한 건 또는 몇 건씩 있었으나 옵션을 사서 자산을 늘린 사람은 보지 못했다. 자신이 그런 경우에 해당한다고 말한 사람이 몇 명 있지만, 아무도 증거를 보여주지 않았기 때문에 나는 옵션을 매수하는 것이 금융시장에서 가장 치명적인 거래라는 결론에 이르렀다.

가난한 초보 트레이더들은 자본이 적어서 옵션거래를 하게 됐다고 말한다. 주식을 거래해서는 돈을 충분히 벌 수 없다는 것이다. 그들은 옵션을 주식의 대용물 정도로 여기는데, 나는 그런 이야기를 들을 때마다 그것이 얼마나 위험한 착각인지 경고해준다. 옵션은 주식과는 다른 움직임을 보인다. 유능한 주식 트레이더가 장기적으로 주식을 매수하고 공매도하는 대신 콜옵션과 풋옵션을 산다면 분명히 돈을 잃을 것이다.

옵션거래가 그토록 치명적인 주된 이유는 자산을 낭비하기 때문이다. 주식의 경우 종목을 매수하고 예상했던 것보다 가격이 천천히 올라가면 포지션을 조금 더 오랫동안 보유한 채 주가가 상승하도록 시간을 줄 수 있다. 하지만 옵션거래에서 그런 사치는 있을 수 없다. 만기일이 다가옴에 따라 옵션의 가치가 0을 향해 하락하기 때문이다. 시장, 분야, 주식에 대해 올바르게 판단했더라도 옵션에서는 여전히 돈을 잃을 수 있다.

트레이딩의 세계는 극도로 경쟁적이다. 유능한 트레이더들은 대체로 촘촘히 몰려 있다. 시장의 승리자는 패배자보다 실력이 아주 조금 더 나을 뿐이다. 승리와 패배의 차이는 아주 작다. 트레이딩 실력이 조금만 떨어져도 승리자가 패배자로 전락할 수 있다. 아주 드문 경우를 제외하고 옵션이 자산을 낭비한다는 사실은 장기적인 관점에서 극복할 수 없는 강력한 부정적인 요소다.

"빈곤 속에 돈이 있다There is money in poverty"라는 말을 들어봤을지 모르겠다. 도시 빈민가에서 악덕 집주인 행세를 하거나 가격이 높이 매겨진 물건을 판매하는 것이 돈이 된다는 의미다. 이와 비슷하게 소규모 자산을 갖고 있는 고객에게 옵션을 홍보하는 것도 돈이 된다. 커미션은 빠른 속도로 쌓일 것이고, 대부분의 칠면조가 목이 잘려나가더라도 새로운 새가 충분히 들어오기 때문에 게임은 계속된다. 가난한 사람들이 빨리 부자가 되려고 꿈꾸는 한 복권 판매가 계속될 것처럼 말이다.

옵션 매수가 사실상 손실을 입는 것으로 마무리된다는 것은 앞서 설명한 대로다. 그런데 옵션 매도 또한 만만한 일이 아니다. 옵션 매수자가 잃는 돈이 전부 옵션 매도자에게 가지는 않는다. 매수자와 매도자 사이에는 두 명의 브로커가 있다. 한 명은 매수자를 대표하고, 다른 한 명은 매도자를 대표하는데, 둘 다

대표하는 트레이더에게서 수수료를 받는다. 옵션 매도자들은 시장에 초보 트레이더가 많을 때 더 많은 수익을 올리는 경향이 있다. 새로운 옵션이 소개되면 매도자들에게 유리한 방향으로 가격이 잘못 책정되는 경우가 많다. 이론적인 평가 모델에 따라 옵션이 본래 가치보다 더 높은 가격에 팔리는 것이다. 1970년대에 상장된 스톡옵션이 미국에 처음 등장했을 때, 대부분의 옵션은 가치에 비해 가격이 비쌌기 때문에 매도자들이 돈을 쉽게 벌었다(제7장 참고). 다이앤이 이해할 수 없을 만큼 활력을 띤 강세장에서 옵션을 매도해서 대부분의 재산을 모았다는 사실은 전혀 놀랍지 않다. 혹시 금융시장에 옵션거래가 막 시작되고 있는 나라에 살고 있다면 이 점을 반드시 기억하라. 초기에 옵션을 매도하는 사람들이 가장 성공하게 마련이다!

초보 트레이더는 옵션거래를 할 이유가 없다. 굳이 콜옵션을 사고 싶은 트레이더에게는 한 가지 충고를 해주고 싶다. 옵션에 투자할 돈을 들고 차라리 라스베이거스나 애틀랜틱시티에 가라. 결과는 똑같겠지만 적어도 그곳에서는 돈을 잃는 동안 무료로 술을 마실 수 있다.

다이앤의 e-mail
; 옵션거래와 체스

나는 옵션거래를 대단히 좋아한다. 옵션은 유연하고 신나는 거래 분야며, 시장의 움직임을 예측하고 그 움직임에 반응할 때 창의성을 발휘하게 해준다. 전략과 포지션은 트레이더의 사고와 창의성만큼이나 다양하다. 스프레드에 관한 복잡한 내용은 무방비 풋옵션의 인상적인 아름다움과 현저한 대조를 이룬다. 이는 내가 주식을 매수하도록 "나에게 어디 한 번 줘 봐!"라고 시장에 대담하게 도전장을 내미는 행위다.

처음에 옵션의 복잡함을 이해하느라 고생할 때 나는 상황을 명확하게 파악할 수 있는 간단한 차트를 개발했다. 옵션을 매수하는 게 위험부담이 큰 행위라는 사실이 금세 분명해졌다. 우선 계좌에서 돈이 나가는 것이 문제였는데, 이것은 내가 원하는 목적에 위배되는 일이었다. 나는 정해진 시간보다 더 짧은 시간 안에 주가가 옵션 가격보다 더 많이 움직일 때만 수익을 올릴 수 있었다. 대부분의 옵션 매수자가 시장에서 쓸려나가는 이유를 이해할 수 있었다. 옵션 매수는 돈을 잃기 쉬운 방법이다. 나는 '잃은 돈은 누구에게 가는 것일까?'라는 질문을 놓고 고민하다가 '이왕이면 나에게 왔으면 좋겠다!'라는 생각이 들었다. 그래서 거래의 반대편으로 둥지를 옮겨 틀었다. 옵션을 매도했더니 돈이 계좌로 들어왔다. 이전보다 훨씬 마음에 드는 상황이었다. 나에게 언제나 선택권이 주어진다는 것도 마음에 들었다. 포지션을 정리하거나, 헤지하거나, 수익률이 100퍼센트인 채 만기될 때까지 내버려둘 수 있었다.

나는 매우 단순한 전략을 개발했다. 주가가 낮을 때 등가격at-the-money 풋옵션을 팔고, 주가가 높을 때 등가격 콜옵션을 파는 것이다. 시간을 파는 것이나 다름없었기 때문에 성공할 가능성이 컸다. 주가가 제자리걸음을 하더라도 시간의 흐름이 상황을 나에게 유리하게 돌아가게 했다. 그래서 나는 볼린저 밴드, 스토캐스틱, MACD가 무엇인지 배우기도 전에 천진난만한 태도로 시장에서 돈을 벌게 되었다.

나는 종종 이런 질문을 받는다. "그렇게 간단한 거라면 왜 더 많은 사람이 이용하지 않는 겁니까?" 옵션거래는 마치 체스 같기 때문이다. 그렇다면 왜 더 많은 사람이 체스를 두지 않는 것인가? 초보자들은 '말(풋옵션과 콜옵션)'과 '수(매수와 매도)'에 관심이 많다. 전략을 배우는 데 필요한 집중력과 흥미를 지닌 사람은 드물다. 언제 공격적인 수(포지션 진입)를 둬야 하는지, 언제 수비적인 수(포지션 청산)를 둬야 하는지에 큰 관심이 없다. 상대방이 시장인 게임에서 이기기 위해서는 시장의 움직임을 예측해야 한다는 사실을 아는 사람은 드물다. 시장의 움직임

을 예측하고 그런 움직임이 나타난 뒤에 수익이 나는 포지션을 정리하는 편이 움직임을 확인하고 나서 그에 대한 반응으로 포지션에 진입하는 것보다 낫다. 체스 고수들은 희생 전략을 자주 이용한다. 중요한 말을 상대방에게 넘겨줌으로써 전략적으로 우위를 점하는 방법이다. 무방비 콜옵션을 매도하는 것은 체스에서 퀸을 대담하게 희생시키는 것이나 마찬가지다. 주식이 하락세를 보일 때 트레이더가 매수할 수밖에 없는 상황에 놓이거나 선급 할인이 적용될 때 이런 희생이 요구된다. 체스에서나 옵션에서나 성공은 전략, 용기, 규율의 조합에 달려 있다. 상대방이 다음에 둘 수를 예측하고, 손실을 입으면서 포지션을 정리하지 않는 것이 핵심이다.

대부분의 새로운 트레이더는 '올바른' 주식을 찾고 스크리닝하는 데는 시간을 너무 많이 투자하고, 포지션을 성공적으로 관리하기 위한 전략을 세우는 데는 시간을 너무 적게 투자한다. 옵션거래에서는 트레이더가 보다 애매모호한 포지션을 취함으로써 수익을 올릴 수 있으며, 4차원인 시간을 이용하여 수익을 늘릴 수 있다.

ENTRIES & EXITS
VISITS TO SIXTEEN TRADING ROOMS

CHAPTER

11

데이비드 바이스
David Weis

가격-거래량의
움직임은 현실의
영향을 받는다

이름 | 데이비드 바이스

거주지 | 매사추세츠 주 보스턴

전 직업 | 영어 교사

트레이딩 분야 | 선물

트레이딩 경력 | 1971년부터

계좌 규모 | 대규모(100만 달러 이상)

소프트웨어 | QCharts

트레이더스 캠프 | 뉴질랜드, 카리브 해,
키프로스 캠프에서 강의

나는 1990년대 초 엘리어트 파동에 관한 데이비드의 책을 읽고 그에게 축하 전화를 걸었다. 나는 엘리어트 파동 이론에 큰 흥미가 없었지만, 데이비드가 다른 어떤 사람보다도 그 이론을 명확하게 설명했다고 느꼈기 때문이다. 데이비드가 우리 회사에 세미나를 진행하러 온 적이 있는데, 당시 우리는 말이 잘 통했다. 나는 데이비드에게 트레이더스 캠프에 와서 강의를 해달라고 부탁했지만, 그는 모니터에서 떨어지고 싶지 않다고 이야기했다. 그래서 나는 그에게 더이상 전화를 걸지 않았다. 그런데 몇 년 뒤 데이비드가 느닷없이 전화를 하더니 이렇게 물었다. "뉴질랜드에서 캠프를 여신다고 들었습니다. 캐런^{Karen}이 뉴질랜드에 가고 싶어 하는데요, 거기서 누가 박사님과 강의를 하기로 예정되어 있습니까?" 나는 주저하지 않고 "당신요"라고 대답했다. 한 번 가르치고 나서 마음에 들었는지 데이비드는 캠프에서 몇 차례 더 강의했고, 최근에는 인기 있는 강연자 중 한 명으로 떠올랐다.

데이비드는 엘리어트 파동 이론을 "시장의 역동적인 구조에 고정적인 형태를 부여하려는 시도"라고 설명하며 그 개념에서 손을 뗐다. 대신 가격과 거래량의 상관관계에 관심을 집중시켰다. 데이비드의 강의를 들었다면 누구나 그가 차트를 읽는 법에 감탄할 수밖에 없을 것이다. 친구들과 차트를 살펴볼 때 우리는 서로에게 "데이비드라면 여기에 선을 그었을 거야!"라고 말할 정도다. 데이비드는 현재 새로운 책을 집필하고 있는데, 진도가 빙하가 움직이듯 천천히 나아가고 있다. 집필 속도를 높이려는 시도의 일환으로 나는 그에게 크리스마스 전에 책을 완성하면 유럽으로 여행이나 가라며 비행기 표를 선물했는데, 그 시도는 실패로 돌아가고 말았다. 그래도 내가 데이비드를 인터뷰에 초대했을 때 그는 보스턴에서 기차를 타고 뉴욕으로 와서 나와 이야기를 나누고 점심 식사를 했다.

데이비드: 1960년대에 영문학 학위를 취득하려고 공부하는 동안 나는 가르치

는 일을 맡았고, 처음으로 수요와 공급에 대한 수업을 들었다. 영국인 선생들은 하나같이 서툴렀다. 나는 하던 일을 관두고 친구를 따라 고향 멤피스에 있는 상품 증권사에서 연구직을 맡았다. 나는 기술 분석가들을 위해 손으로 차트를 그리고 에드워즈Edwards, 메기Magee, 엘리어트R. N. Elliott의 책을 읽으며 몇 날 며칠을 보냈다.

1971년 시장은 상당히 활발한 면모를 보였다. 나는 기술적 분석가이자 브로커로 일하게 되었다. 내가 맡은 고객의 계좌 중 하나가 규모가 큰 포지션 덕택에 엄청난 수익을 올렸는데, 몇몇 시장에서는 규모의 한계에 근접했을 정도다. 계좌의 주인은 우리에게 당시 시카고에 있었던 주식시장연구소Stock Market Institute에서 제공하는 와이코프Wyckoff의 강의에 대해 알려주었다. 와이코프는 초창기의 위대한 기술적 분석가 중 한 명인데, 여전히 그의 강의 노트를 바탕으로 수업이 이루어지고 있다. 그의 수업 덕택에 친구와 나는 회사를 위해 시장을 예측하는 능력을 크게 향상시킬 수 있었고, 결국 와이코프 밑에서 일하게 되었다. 와이코프는 세계 방방곡곡을 여행했고, 자신의 포지션과 관련해 중국의 만리장성이나 마추픽추에서 우리에게 전화를 걸었다. 적자 지출은 누워서 침 뱉는 격이었고, 악성 인플레이션은 상품이 오랜 베이스에서 벗어나 장기적인 자본 이득을 얻는 데 기여했다.

나는 이 고객을 위해 3년간 일했다. 그러다가 와이코프가 다른 사업 분야에 관심을 쏟는 바람에 원래 일하던 상품 증권사로 돌아가 기술적 연구를 총괄하는 일을 맡았다. 회사가 팔린 뒤에는 보브 프렉터Bob Prechter 밑에서 일하며 『엘리어트 파동 상품에 관한 편지The Elliott Wave Commodity Letter』를 집필했다. 1987년 시장이 붕괴되고 얼마 지나지 않아서는 훨씬 와이코프 지향적인 나만의 독자적인 뉴스레터 《테크니컬 포시스Technical Forces》를 발행하기 시작했다. 나는 《주식과 상품의 기술적 분석Technical Analysis of Stocks and Commodities》에 여러 차례 기고했고, 당시에 작성한 글은 나중에 책으로 출판되었다. 나는 『엘리어트 파동 이론을 활용한 트레이딩Trading with the Elliott Wave Principle: A Practical Guide』이라는 편람도 출판했는데, 지금은 절판된 상태다. 이제는 자유재량으로 계좌 몇 개만 트레이딩하고 있으며, 공식적으로 고문 역할은 더 이상 하지 않는다. 나는 상담하고, 강연하며, 보도 자료도 가끔 작성한다. 몇 년 전부터 와이코프에 대한 책을 쓰고 싶었는데, 아직까지 기회가 생기지 않았다.

내가 트레이딩에 접근하는 방식은 수년에 걸쳐 진화했다. 다른 사람들과 마찬가지로 나 역시 수익을 올리게 해줄 비밀스러운 자동 기법을 찾아 이곳저곳을 헤맸다. 지표도 활용해봤으나, 다른 사람들에게는 효과가 있었을지 몰라도 나에게는 효과가 없었다. 나는 지표가 트레이더가 용기를 잃지 않을 만큼만 간헐적으로 제 역할을 한다고 생각했다. "진짜 디버전스가 있다면 자리에서 좀 일어나주시겠습니까?"라고 묻고 싶은 심정이었다. 트레이더는 자신에게 맞는 기법에 집중해야 하는데, 나의 경우 그것은 가격-거래량 움직임이었다. 나는 엘리어트 파동 이론에서 벗어나 이제는 가격-거래량 움직임에 관심을 쏟는다. 엘리어트 파동 이론은 명쾌하지만 가격의 움직임이라는 역동적인 독립체에 고정적인 패턴을 부과하려고 한다는 단점이 있다. 가격-거래량 움직임은 현실의 영향을 받으므로 수학적인 접근법보다 나의 흥미를 더 자극한다.

명저 『테이프 판독에 관한 연구Studies in Tape Reading』에 와이코프는 다음과 같이 적었다. "성공적인 테이프 판독은 힘을 연구하는 것이다. 어느 진영이 끌어당기는 힘이 더 강한지 판단할 줄 알아야 하며, 그 진영에 합류할 용기도 있어야 한다. 사업체나 사람의 인생과 마찬가지로 각각의 스윙에서 나타나는 중요한 단계가 있게 마련이다. 이런 단계에서는 깃털만한 무게로도 당장의 추세가 결정되는 것처럼 보인다. 이런 중요한 단계를 포착할 줄 아는 트레이더는 손실 거래보다 이익 거래를 체결하는 경우가 더 많다."

나는 테이프 판독의 원칙을 일간 차트에 적용하지만, 규칙을 일률적으로 적용하는 것은 좋아하지 않는다. 나는 세상을 회색으로 볼 뿐, 흑백으로 보는 경우는 거의 없다. 시장에서 확실한 단 한 가지 요소는 불확실성이 따른다는 것이다. 나는 이 점에 대단히 만족한다. 나는 가격과 거래량을 연구하고, 일간 차트에서든 일중 차트에서든 모든 가격 바의 높이와 종가의 위치에 많은 관심을 기울인다. 가격이 상승하든 하락하든 그 움직임이 얼마나 수월한지 알고 있어야 한다.

트레이딩 종목을 찾는 것은 호수에서 물고기를 찾는 것이나 마찬가지다. 호수 중간에 가서 닻을 내릴 수는 없는 노릇이다. 물고기가 먹이를 먹고 보금자리를 마련하는 곳을 찾은 뒤 그 지역의 가장자리에서 낚시를 해야 한다. 이처럼 트레이딩을 할 때도 주간, 일간, 일중 차트에서 박스권을 찾아야 한다. 돌파가 일어난 뒤 가격이 그 방향으로 계속 나아가지 않는다면 되돌림 현상이 일어나고 나서 가격이 어떤 움직임을 보이는지 살펴라.

진짜 돌파가 일어난 뒤 시장이 그 지역으로 되돌림 현상을 보인 후 종가가 바의 고점을 향하는 동안 박스권의 폭이 좁아지면 강세장이 임박했다는 신호다. 역으로, 돌파가 일어난 뒤 시장이 폭 좁은 박스권으로 되돌아가고 낮은 가격에서 장을 마감한다면 약세장이 임박했다는 신호다. 시장이 더 높은 거래량을 보이며 돌파했는데도 가격이 그 방향으로 계속 나아가지 않으면 강력한 시도가 아무런 보상도 얻지 못했다는 것을 의미한다. 이는 시장이 가격을 밀어 올리며 가짜 상승 돌파를 준비 중이라는 신호일 수 있다. 이와 반대로 주가가 하락하면서 이런 현상을 보일 수도 있다. 그럴 경우 가격이 잠재적인 스프링을 마련하며 가짜 하락 돌파를 준비하고 있다고 보면 된다.

나는 보상은 높고 리스크는 낮은 지점에서 매수하려고 노력한다. 돌파를 추적하는 것은 좋아하지 않는다. 나는 돌파가 실패로 돌아가기 시작하고 나서 흐지부지되는 것을 좋아한다. 내가 주목하는 또 한 가지 요소는 와이코프가 '흡수absorption'라고 부르는 것이다. 시장이 저항선에 가까워져 오랫동안 롱 포지션을 취했던 사람들이 마침내 매도에 나서고 새로 숏 포지션을 취하는 트레이더가 많아진다. 시장에서 '흡수' 현상이 나타날 때 이를 알아볼 수 있는 경우가 많다. 거래량은 대단히 많지만 시장이 반전할 준비를 하기 때문에 보상은 충분하지 않다.

일관성 없는 트레이딩   Inconsistent Trading

Q. 트레이딩하다가 겪는 문제들을 다룬 책이나 저자를 소개해주시겠습니까? 저는 손해를 보고 있을 때도 너무 낙관적인 경향이 있습니다. 시장에서 벗어나지 않고 주가가 다시 제가 원하는 방향으로 움직이기를 바라거든요. 손절매 계획을 세워두지만 막상 포지션에 진입하면 계획한 바를 실행에 옮기기가 어렵습니다. 제 계산에 의하면, 제가 계획대로 청산했더라면 지금보다 수익이 두 배는 많았을 겁니다. 제가 손절매 계획을 변경하는 이유는 가끔 효과가 있기 때문인지도 모르겠습니다. 거래의 3분의 1 정도는 시간을 더 주면 주가가 제가 원하는 방향으로 나아가서 손실을 만회하거나 손실 거래가 이익 거래로 변신하는 경우가 있거든요. 대신 나머지 3분의 2의 경우에는 여러 건의 이익 거래로 얻은 수익이 몽땅 날아갈 정도로 손해를 보기도 합니다. 선생님의 저서는 당연히 모두 섭렵했습니다. 마크 더글러스가 쓴 책도 마찬가지고요. 다른 저자가 쓴 책도 몇 권 더 읽었습니다. 혹시 이외에 더 추천해주실 만한 책이 있습니까?

A. 책을 추천해드리는 대신 경쟁하시라고 제안하고 싶습니다. 지금 이용하시는 계좌 이외에 작은 계좌를 하나 더 만드세요. 현재 계좌에서는 지금처럼 계획을 수정하면서 이것저것 시도해보시고(선택적 강화는 큰 동기 부여 요인입니다), 새 계좌에서는 규칙을 엄격하게 적용해보세요. 이때 새로운 계좌는 타격이 거의 없을 정도로 규모가 작은 것이 좋습니다. 두 계좌 중에서 어떤 것이 수익을 더 많이 올리는지 비교해보세요. 자유 기업 체제와 경쟁 구도에 기회를 주시기 바랍니다.

연간 원당 현금 중장기 규모

↑ 평균 17.5년 주기의 저점

원당 현금 및 선물 가격은 2000년 형성된 박스권을 4년간 유지하다가 최고의 정점에 이르렀다. 가격이 이처럼 팽팽한 움직임을 보이면 황소가 장기적으로 시장을 장악하는 경우가 많다. P&I 차트는 최소 16센트를, 더 큰 목표는 20~25센트의 범위를 추정한다.

원당

나는 2004년 원당이 장기적으로 상승세를 탈 것이라고 예상했다. 1932년까지 거슬러 올라가는 연간 현금 차트를 살펴보고 내린 판단이다. 차트에는 여러 해에 걸쳐 형성된 고점이 보였으며, 장기 차트의 경우 나는 특히 가격이 팽팽해지는 현상price tightness에 주의를 기울였다. 이는 수요와 공급의 힘이 균형점에 가까워지고 있다는 의미다. 결국에는 산산조각날 것이긴 하지만 말이다. 장기적인 연구가 흥미를 자극하는 것은 분명하지만 엄청난 인내심을 요한다.

원당은 1999년 저점을 찍고 2000년 힘차게 랠리하고 나서 4년 동안 2000년에 형성된 박스권에서 벗어나지 않았다. 토비 크레이블Toby Crabel은 폭이 좁은 바의 범위에 대한 연구를 수행했다. 그의 연구에 따르면, 20개의 바 중에서 폭이 가장

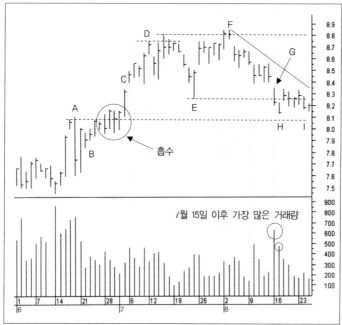

나는 시간을 더 벌기 위
해 2004년 7, 8월부터
2005년 3월까지 원당을
거래했다. 장기적으로 트
레이딩할 때는 그런 조
치가 필요하다. 차환 비
용은 걱정하지 않았으며,
시장이 더 발달하도록
시간을 주고 싶었다. 앞
으로 포지션 규모를 확
대하거나 축소할지는 모
르겠으나, 나는 기본적인
포지션을 유지하는 것
을 좋아한다. 양호한 수
준에서 포지션에 진입
한 뒤 수익을 어느 정도
돌려줄 준비를 하는 것
이다. 이것은 내 멘토에
게서 배운 기술이다. 그
는 전 세계를 여행하면
서 대규모의 롱 포지션
을 보유했다. 그의 트레
이딩 방식은 내게 영향
을 끼쳤다. 대부분의 거
래를 이렇게 진행하지는
않지만, 이런 방식을 도
입할 때 시장을 가만히
내버려두면 수익을 올
릴 가능성이 매우 커진
다. 스크린 앞에만 앉아
있으면 포지션을 장기간
보유하기 어렵다.

위 | 일간 바 차트
아래 | 거래량

좁은 바가 서너 개 연속으로 나타날 경우 힘이 팽팽해진다는 의미이므로 가격이
어느 한 방향으로 폭발적인 움직임을 보일 것이라는 사실을 암시한다. 크레이블
은 이론을 연간 차트에 적용하지는 않았으나, 나는 이 이론이 연간 차트에도 적
합하다고 생각한다. 바닥이 형성되었다는 증거는 순환 주기와 관련해서도 찾아
볼 수 있었다. 다른 시장과 마찬가지로 원당에는 17.5년짜리 주기가 있다. 원당
은 1932년, 1949년, 1967년, 1985년에 강력한 저점을 찍었으며, 2003년인가 2004
년에도 같은 현상을 보였다. 나는 박스권의 폭이 좁아지고 있다는 증거 이외에
순환 주기에 관한 증거도 보유하고 있다. 원당 시장은 값이 싸다. 거래를 따로따
로 살펴보면 수익이 얼마 안 나는 것 같지만 막상 모아보면 그래도 트레이딩할
만한 수준은 된다.

2004년 6월 원당은 상승 곡선을 그렸다. 6월 18일 트레이더들이 대거 매도에 나서며 추세가 반전될 위기가 있었으나, 시장은 곧바로 전열을 가다듬고 랠리를 이어갔다. 가격은 지점 B에 밀집되는 움직임을 보였는데, 나는 그것이 흡수 현상을 나타낸다고 생각했다. 지점 B의 종가들이 고점 근처에 있었기 때문이다. 장이 열려 있는 동안 매수자들이 계속 시장으로 들어오고 있었으므로, 장을 마감할 때가 되면 곰이 항복할 터였다. 지점 C에서 수요가 공급을 능가했으며, 원당은 지점 D까지 상승세를 이어갔다. 7월 15일에는 이전 고가보다 약간 높은 신고가가 형성되었는데, 이는 상승폭이 감소하고 있다는 의미다. 그날 원당은 고가보다 훨씬 낮은 가격에 장을 마감했고, 되돌림 현상이 나타난 뒤 가격이 돌파를 다시 테스트할 것이라는 예측에 무게를 실어주었다. 지점 E에서 시장은 활발한 거래량을 보이며 이전 고가를 테스트했다. 지지선은 유지되었고, 박스권은 지점 D와 지점 E 사이에 형성되었다. 원당은 박스권의 천장인 지점 F로 되돌아갔으나 8월 3일에 일간 박스권의 폭이 좁아진 것을 확인할 수 있다. 상승 동력이 충분하지 않아 보였기 때문에 돌파가 실패로 돌아갈 가능성이 제기되었다. 원당은 갭이 발생한 뒤 무너지며 하락세를 보이기 시작했다. 8월 16일에 형성된 지점 G에서는 거래량이 7월 15일의 고점 이후 가장 활발한 모습을 보였다. 시장은 지점 E에서 형성된 저점 아래까지 하락했다. 다음 날 지점 H에서 원당은 여전히 활발한 거래량을 보이며 더 낮은 수준까지 떨어졌으나 하락 폭은 줄어든 모습이다. 하지만 시장의 이런 노력에도 보상은 크지 않았다. 해당 지역에서 수요가 공급을 능가했으며, 시장은 다음 날 박스권으로 다시 뛰어들었다. 나는 그때 언제 원당 시장에 재진입하는 것이 좋을지 주시하고 있었다. 지점 I에서 그날 가격 폭이 상당히 좁았고 거래량은 적었다. 바는 더 높은 가격에, 그날 등락 범위의 천장 부근에서 장을 마감했다. 나는 지점 H가 다시 테스트되는 것을 롱 포지션을 취하라는 신호로 여겼다. 나는 8.19센트에 진입하고 8.10센트에 역지정가 주문을 냈다. 마치 시장에 대고 "어디 한 번 내가 틀렸다고 말해봐!"라고 소리치는 기분이었다.

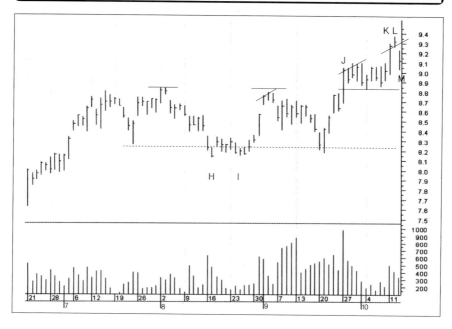

　나는 8월 25일 지점 I에서 8.19센트에 롱 포지션을 취했다. 다음 날 즉각적인
만족감은 누릴 수 없었으나 나는 포지션을 보유했고 역지정가 주문을 낸 지점도
변경하지 않았다. 그랬더니 머지않아 상승세가 이어졌다. 더 높은 고점과 더 높
은 지지선이 연이어 나타났다. 9월 27일 지점 J에서 원당은 대단히 활발한 거래량
을 보이며 7월의 고점을 돌파했다. 수요가 공급을 능가하면서 가격 폭이 커졌고,
강한 면모를 보이며 장을 마감했다. 그 후로 시장은 이익을 취하는 자, 롱 포지
션을 현금화하는 자, 공매도하는 자를 흡수하면서 9일간 보합세를 보였다. 10월
11일 K 지점에서 상승세가 이어졌으나 거래량은 지점 J에 비해 현저히 줄어들었
다. 다음 날(10월 12일) 시장은 상당히 좁은 등락 폭을 보이며 등락 범위의 중간 즈
음에서 장을 마감했다. 거래량은 전날과 비슷하게 활발한 모습이었다. 이는 시
장에서 빠져나갈 필요는 없되 역지정가 주문을 내는 지점을 끌어올려야 한다는

신호였다. 나는 역지정가 주문 지점을 K 바의 저가 바로 아래로 끌어올렸다. 다음 날인 10월 13일(이 차트에 나타난 마지막 거래일)에는 시장이 더 낮은 지점까지 갭 다운하는 바람에 나는 포지션을 청산하고 시장을 빠져나갔다.

내가 이 트레이딩을 청산한 이유는 와이코프가 그의 테이프 판독 강의에서 시장의 전환점을 알아볼 수 있다고 말했기 때문이다. 매매 거래가 물결치는 동안 바의 길이와 거래량을 살펴봄으로써 추세가 언제 끝날지 알 수 있다는 것이다. 내가 포지션을 청산하기 전날, 가격 폭은 좁아졌으나 마지막 날에는 몇 달 만에 가장 넓은 수준을 보였다. 원당 가격이 올라가자 일간 등락 폭은 줄어들었고, 6월 18일 이후 주가가 가장 많이 떨어진 날 하락했다. 그것이 바로 나에게 롱 포지션을 청산하라고 알려준 신호였다. 이 거래는 내가 2004년에 원당 시장에서 체결한 여러 건의 거래 중 한 건이다. 나는 바 차트를 읽는 데 테이프 판독 방법을 적용했다.

> ▶ **거래 요약** *TRADE SUMMARY*
>
> 2005년 3월 원당 롱 포지션
> 매수 2004.8.25 8.19센트
> 매도 2004.10.13 9.15센트
> 이익=파운드당 0.96센트

거래 #1 | 포지션 진입에 관한 견해

주간 차트의 왼쪽을 살펴보면 황소가 원당 시장을 장악하기 시작했다는 것을 알 수 있다. 2003년 7월 형성된 MACD 히스토그램의 바닥에 주목하라. 당시에는 곰이 어느 정도 세력을 과시하고 있었다. 몇 달 뒤 2004년 상반기가 되자 곰은 원당을 신저점까지 몰아붙였으나 이 지표는 훨씬 얕은 바닥을 기록했다. 데이비드라면 이 차트 패턴을 가짜 하락 돌파와 스프링이라고 부를지도 모르겠다. 기술적 지표의 상승 디버전스 역시 똑같은 메시지를 담고 있다. 곰은 힘을 소진

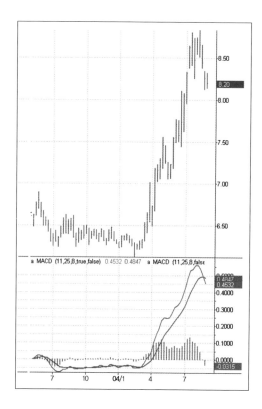

했으며, 황소는 시장을 넘겨받을 준비가 되어 있다. 서로 다른 분석적 기법이 똑같은 메시지를 보낸다면 기법이 서로를 강화시켜준다고 볼 수 있다.

MACD 히스토그램은 2004년 7월 신고점을 경신했는데, 이는 황소의 세력이 대단히 강력하다는 증거다. 지표의 신고점은 원당이 지금의 고비를 넘기고 나면 더 큰 폭의 상승세를 보일 것이라는 사실을 암시한다. 가격이 더 오를 것으로 예상되는 가운데 차트의 오른쪽

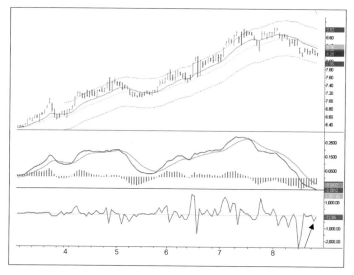

일간 MACD 히스토그램은 여전히 제법 무거우며, 최근에 형성된 신저점은 곰이 단기적으로 시장을 장악할 것임을 암시한다. 상승 디버전스가 나타날 것이라는 신호는 어디에도 없다. 임펄스 시스템이 청색을 띠므로 롱 포지션이나 숏 포지션을 취할 수 있다. 원당 시장은 조정 기간의 막바지에 이른 강세장 같은 모습을 보이지만 조정이 끝났다는 분명한 신호는 아직까지 나타나지 않는다. 주간 임펄스는 매수자들에게 적색에서 다른 색으로 바뀔 때까지 기다리라는 신호를 보낸다.

가장자리에서 임펄스 시스템은 매수를 금지하고 있다. 임펄스가 적색을 띠는 한 곰이 시장을 장악하고 있다는 증거며, 매수자들은 손을 놓고 기다려야 할 것이다.

이 일간 차트는 원당이 되돌림 구간의 바닥에 근접했음을 보여준다. 강도 지수는 상승 디버전스를 나타내며, 수주간 하락했던 MACD선은 정확히 바닥과 연계된 지역까지 상승하기 시작했다.

거래 #1 | 포지션 청산에 관한 견해

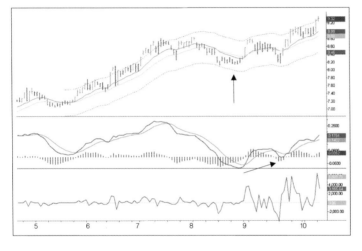

차트의 오른쪽 가장자리에서 원당은 심각한 과매수 지역인 상단 채널선보다 위에 있으며, MACD 히스토그램은 9월보다 훨씬 낮은 수준에 머물러 있다. 약간의 다운틱이 나타나더라도 하락 디버전스가 발생할 것이다. 다음 날 장이 열렸을 때 시가가 더 낮아지자 데이비드는 포지션을 매도했다.

데이비드가 원당을 매수하고 나서 시작된 랠리는 빠른 속도로 상단 채널선 부근의 저항 영역에 진입했다. 가격은 다시 하락세를 보였고 2주 동안 매수자들을 더 양산했다. 9월 중순에 원당 선물은 가치 아래로 하락하며 하단 채널선으로 향했다. 다음 날 가격은 랠리하는 모습을 보였고 기가 막힌 상승 디버전스를 선물로 남겼다. 그 지점에서부터 원당 가격은 치솟아 상단 채널선에 닿았으며 MACD 히스토그램과 강도 지수의 신고점을 확실하게 수립했다. 신고점은 강세를 나타내는 신호인 만큼 가격이 더 오를 것으로 예상할 수 있다.

데이비드의 원당 거래를 살펴보면 조금 일찍 진입하지 않았나 하는 생각이 든다. 나라면 주간 임펄스가 롱 포지션을 취하도록 허락할 때까지 기다렸을 것이다. 반면, 데이비드의 청산 기법은 어디 한 군데 나무랄 데가 없다. 그는 시장이 끓어오를 때 상승 돌파가 나타나는 것을 보고 즉시 매도에 나섰다. 뒤늦게 시장에 진입한 트레이더들은 데이비드에게서 원당을 사려고 북새통을 이루었다. "쌀 때 사서 비쌀 때 팔아라"라는 말은 사실 생각보다 실행에 옮기기가 까다롭다!

편안함을 주는 것을 피하라

Avoid things that give you comfort

데이비드는 다음과 같이 말했다.

어려움을 겪고 있는 트레이더나 트레이더가 되려고 하는 사람들에게 단 한 편의 글만 추천해야 한다면 잭 슈웨거(Jack Schwager)가 윌리엄 에크하르트(William Eckhardt)와 진행한 인터뷰를 추천하고 싶다. 이 글은 『새로운 시장의 마법사들(The New Market Wizards)』에 실려 있다. 에크하르트의 시스템적 접근법은 나의 직관적인 스타일과는 대조적이다. 그런데도 그의 이야기를 들어보면 그의 말이 얼마나 현실적이고 상식적인지 깨닫게 된다. 아래 몇 가지 예를 제시한다.

"제가 시장에 관한 아이디어로 돈을 벌었는지는 잘 모르겠습니다."

"패턴을 너무 쉽게 발견한다면 아무 데서나 찾아낼 수 있을 겁니다."

"우리는 데이터를 중립적인 시각으로 바라보지 않습니다."

되돌림 현상이 발생할 때 매수하는 것에 대해 에크하르트는 이렇게 말했다.

"편안함을 주는 것은 피하셔야 합니다. 그런 편안함은 진짜가 아니거든요."

"트레이딩에 사람의 일반적인 습관과 경향을 적용할 경우 여러분은 다수를 향해 쏠리게 될 것이고 결국 손해를 보고 말 겁니다."

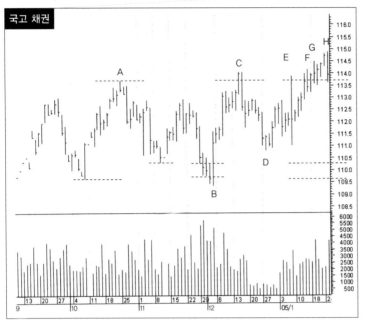

국고 채권

시장에 접근할 때 나는 항상 박스권을 정의하는 작업부터 시작한다. 나는 종이에 자를 대고 물고기가 주로 먹이를 먹는 곳을 찾으려고 노력한다. 2005년 3월의 채권은 2004년 9월부터 2005년 1월까지의 박스권이 3.5 포인트나 되는 변동성이 큰 모습을 보였다. 가격은 지점 A에서 저항선에 부딪혀 하락하기 시작했다. 12월에는 지점 B에서 새로 바닥을 형성했으나 곧 상승하는 모습을 보였다. 12월 16일 지점 C에서 상승세가 나타났으나 시장은 12월 28일에 지점 D에서 저점을 찍었다.

국고 채권

나는 트레이딩 박스권을 바탕으로 채권 시장이 어느 방향으로 나아갈지 알아내려고 했다. 결국 지점 C에서 나타나는 반전을 보고 약세장의 우세를 점쳤다. 2005년 1월 7일 고용 보고서Employment Report가 발표됨에 따라 채권은 신고점을 경신한 뒤 급격한 하락세를 보였다. 나는 매도자들이 시장을 장악하기 시작했다는 증거가 지점 C와 E에서 늘어나고 있다고 생각했다. 시장은 1월 7일 저점을 찍은 이후 서서히 상승하기 시작했다. 나는 1981년부터 채권을 대단히 관심 있게 지켜봤는데, 가격이 이렇게 천천히 오르는 것은 대개 매수자의 세력이 강하다는 것을 의미한다. 채권은 박스권을 넘어서서 올라갔으나 1월 14일을 나타내는 지점 F에서 반전해 하락세를 보였다. 나는 그것을 매도자가 위력을 보이며 매수자보다 우세하게 되리라는 신호라고 여겼다. 1월 19일을 나타내는 지점 G에서 거래량이 많아지며 시장을 위로 밀어 올리려고 노력했다. 채권은 더 큰 상승폭을 보였으나 고점보다 훨씬 낮은 가격에 장을 마감했다. 바로 그 다음 날, 시장은 바위처럼 굳건한 모습을 보였지만 나는 하락 반전한 지점 C, E, F를 추종하는 것이 여전히 미심쩍었다. 랠리는 동력이 부족한 것처럼 보였다. 채권은 새로운 고가 영역에 진입했지만 활발한 움직임을 보이지 않았기 때문에 상승세가 끝나간다는 느낌이 들었다. 이 차트에 나타난 마지막 거래일인 지점 H에서 채권은 큰 거래량을 바탕으로 전고점 돌파에 성공했다. 나는 그것이 공급이 늘어나 하락 반전이 나타날 신호라고 생각했다. 채권은 박스권까지 다시 떨어지지 않았지만 나는 그럴 것이라고 예측했다. 나는 조금 이른 감이 있더라도 6월 채권의 최소량을 공매도하기로 결정했다.

나는 2005년 3월 선물을 관심 있게 지켜봤으나 결국 6월 선물을 113.01달러에 공매도했다. 나는 10년짜리 채권의 최소량도 같이 매도했다. 주요 극단 지점에 대단히 가까워졌다고 확신했기 때문에 역지정가 주문은 내지 않았다. 나는 내가 옳다고 뼛속까지 확신했다.

거래 #2　데이비드의 포지션 청산　　　　　　　　　　　　Trade#2

나는 지점 H에서 숏 포지션에 진입했다. 시장을 빠져나가면서 8포인트를 챙기게 될 것이라고 생각했다. 채권은 상승하기 시작했고, 지점 I에서 상승세에 불이 붙었다. 지점 J에 이르러서는 상승세의 가파른 정도나 추진 속도가 더욱 증가했다. 지점 J에서의 거래량이 더 많았으나 등락 폭이 더 좁고 종가가 고점을 넘어섰기 때문에 나는 사람들이 매도하는 중이라고 생각했다. 오른쪽 가장자리 지점 K에서 나는 포지션을 늘리기로 결정했다. 나는 우리가 천장에 다다랐다는 것을

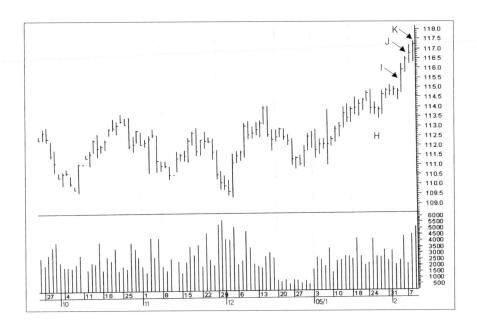

알 수 있었다. 거래량도 많고 채권이 별다른 발전을 보이지 않았기 때문이다. 나는 채권에 관심이 없어져 이번에는 역지정가 주문을 냈다. 손실을 입은 것에 대해 생각하지 않은 날이 하루도 없었다. 채권이 더 높이 올라가지 못할 것인 만큼 역지정가 주문을 내는 것이 좋겠다는 생각이 들었다. 나는 116-20 6월 베이시스에 역지정가 주문을 냈는데, 고점보다 1틱 아래에서 주문이 체결되었다.

역지정가 주문을 내고 시장을 벗어났더니 시장에 다시 들어가 또 공매도할 만큼 감정적으로 유연하기가 어려웠다. 이 거래는 나에게 인내심을 갖고 리스크를 제한해야 한다는 교훈을 안겨줬다.

▶거래 요약   *TRADE SUMMARY*

2005년 6월 국채 숏 포지션
공매도 2005.1.25 113.01달러
환매 2005.2.9 116.20달러
손실 = 3 19/32포인트

거래 #2 | 포지션 진입에 관한 견해

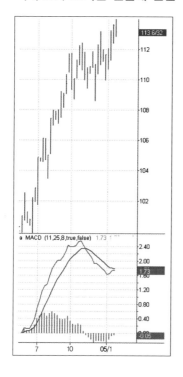

이 차트는 나에게 임펄스 시스템의 주목적은 거래마다 특정 포지션을 취하는 일이 가능한지 검열하는 것이라는 점을 상기시켜준다. 기술적 요소와 기본적 요소 중 어떤 것에 바탕을 두고 거래를 하든지 포지션에 진입하기 전에 주간 임펄스 시스템을 확인하는 것이 좋다.

이 주간 차트의 마지막 바는 녹색을 띤다. 이는 지수이동평균과 MACD 히스토그램이 둘 다 상승하고 있다는 의미다. 시장의 관성과 밀어내는 힘이 서로 조화를 이루며 가격을 끌어올리고 있다. 주간 차트의 녹색 바는 과격한 성향을 지닌 곰마저도 공매도하기를 기다리면서 관망하고 있다는 사실을 알려준다. 미래의 어느 시점엔가 황소가 휘청거릴 것이고, MACD 히스토그램이 하락하면서 임펄스 시스템이 청색으로 바뀌어 공매도를 허용할 것이다. 이 시스템이 상승세의 천장을 포착하지는 못하겠지만, 어차피 그런 성능을 일관성 있게 발휘할 수 있는 시스템은 그 어디에도 없다.

차트 오른쪽 가장자리에서 MACD 히스토그램은 0 선 아래에서부터 상승하고 있다. 이는 상승세가 가장 역동적인 단계에 접어들었음을 의미한다. MACD 히스토그램이 0 선을 넘어서서 상승하기 시작하면 랠리가 더 들쑥날쑥해질 가능성이 커진다. 이것은 강세 신호임이 분명하지만, 랠리의 가장 초기 단계에서 매우 중요한 약세 신호가 나타나기도 한다. 랠리의 수명과 MACD 히스토그램의 수준을 고려할 때 가격이 2004년의 고점에 이를 확률은 희박하다. 가격이 이미 신고점을 경신한 만큼 MACD가 하락하면 막강한 하락 디버전스가 나타나 강력한 공

340

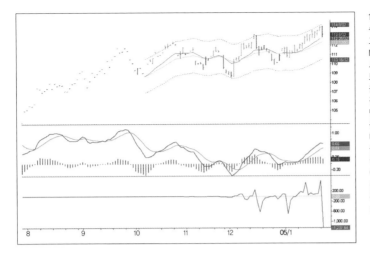

1월에 채권이 12월의 수준을 넘어서서 신고점까지 랠리했을 때 MACD 히스토그램 역시 2월에 형성한 고점보다 더 강력한 고점을 나타냈다. 1월의 고점이 더 높지 않았지만 면적이 넓고 상당히 높다. 전체 면적은 아마도 12월보다 훨씬 넓을 것이다. 황소는 12월에 비해 1월에 세력이 아주 조금 더 강해진 모습이다. 디버전스는 발생하지 않았으며, 상승세가 확인되었다.

매도 신호가 발효될 것이다. 채권은 강력한 천장을 형성하고 있는 것으로 보이지만 완성된 단계는 아니며 상승세는 반전될 준비가 되지 않았다. 채권은 정렬된 채널 안에서 가뿐하게 상승하는 모습이다. 일간 차트의 오른쪽 가장자리에서 채권은 12월의 고점을 넘어서서 랠리를 이어갔다. 이때 다음과 같은 의문이 들 것이다. '이것이 견고한 상승세를 동반한 새로운 랠리인가? 아니면 결과적으로 가격을 하락시킬 가짜 상승 돌파인가?' 증거를 한 번 검토해보자. 강도 지수는 12월 이후 상승세가 나타날 때마다 신고점을 기록했다. 이는 랠리가 진행됨에 따라 채권을 쥐고 있는 황소의 세력이 더욱 거세지고 있다는 것을 의미한다. 모든 지표가 강세 신호를 보이는 만큼 채권을 공매도하기에는 너무 이른 것 같다.

거래 #2 | 포지션 청산에 관한 견해

이 책에 실린 다른 트레이더들처럼 데이비드 역시 일이 잘 풀린 날뿐만 아니라 잘 풀리지 않은 날에도 독자들을 트레이딩 룸에 초대하는 너그러운 모습을 보였다. 이 채권 거래는 데이비드처럼 수준 높은 전문가도 실수할 때가 있다는

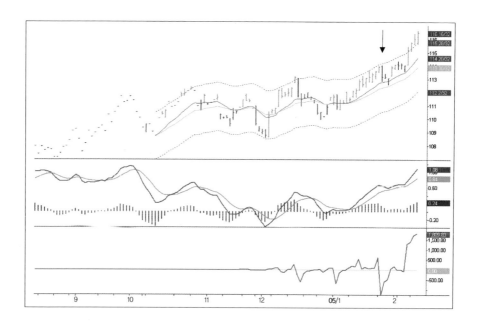

것을 보여준다. 초보 트레이더는 실수를 범하고 나서 심하게 자책을 하는 경우
가 많은데, 그럴 경우 불안감이 증폭되므로 트레이딩에 도움이 되지 않는다. 데
이비드는 차분히 실수를 인정하고, 앞날을 위해 기억해둔 뒤 다음 거래로 넘어갔
다. 단 하나의 실수만으로 거래에서 손해를 보는 일은 드물다.

　트레이더는 대체로 실수를 연달아 저지르며, 그것이 곧 손실 거래로 이어진
다. 이 거래도 그런 경우에 해당한다. 데이비드는 상승세가 나타날 때 공매도했
고, 역지정가 주문을 내지 않았으며, 가격이 신고점을 경신했을 때도 공매도 포지
션을 유지했다. 그는 상승 돌파가 일어날 때마다 거래를 합리화하기에 바빴다.

　시장에는 "빨리 달리거나 아예 달리지 마라"라는 오래된 격언이 있다. 충분
히 빨리 달리지 못하는 트레이더는 손실 거래를 붙잡고 있다가 절박해진 나머지
최악의 순간에 달리게 된다. 차트의 오른쪽 가장자리에서 채권을 살 것인지 생각
해보라. 물론 그래서는 안 된다. 그 지점은 완벽한 과매수 지점이며, 상단 채널선
보다 훨씬 높은 지점에 위치해 있다. 하지만 손실 거래의 주인은 이런 식의 결정

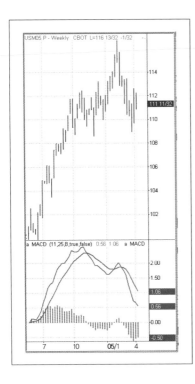

을 내리는 경우가 많다. 공매도 포지션을 환매하고 통증을 멈추게 하려고 매수에 나서는 것이다. "빨리 달리거나 아예 달리지 마라!"라는 격언을 기억해두기 바란다.

나는 보통 사후에 트레이더들을 비판하지는 않지만 이 주간 채권 차트를 보여주지 않을 수 없었다. 채권이 천장을 형성한 뒤 하락세를 보이며 반전할 것이라는 데이비드의 예측은 옳았다. 하지만 타이밍이 좋지 않았다. 너무 일찍 포지션을 청산한 것이다. 이것은 제법 똑똑한 사람들도 자주 저지르는 실수다. 데이비드가 역지정가 주문을 내고 시장을 빠져나가자마자 채권은 하락하며 막강한 하락 디버전스를

형성했고, 임펄스 시스템은 청색으로 변해 공매도를 허용했다. 채권은 계속 내리막길을 걸었고, 곰은 돈방석에 앉았다. 데이비드가 공매도하려고 기다렸거나 손실 거래를 일찍 청산했더라면 공매도에 다시 뛰어들 기운이 남아 있었을 것이다.

황소와 곰의 발자취

어떤 금융시장에서든 트레이더는 세 가지 집단으로 나뉜다. 황소는 가능한 한 싼 값에 매수해서 가격이 오를 때 이익을 취하고 싶어 한다. 곰은 가능한 한 비싼 가격에 매도해 가격이 떨어질 때 이익을 취하고 싶어 한다. 결심이 서지 않은 트레이더는 둘 중 어느 진영이든 선택해서 해당 진영의 세력을 키우고 가격을 유리하게 몰아갈 수 있다. 각각의 틱은 황소와 곰 간의 거래를 나타낸다. 그 주위에는 결심이 서지 않은 여러 트레이더가 무리를 이루고 있다. 틱은 가치에 대

Q. 저는 지난 3년간 트레이딩 기록을 철저히 관리했습니다. 연간 수익률은 30 퍼센트가 조금 넘는 정도입니다. 저는 최근에 한 달간 트레이드 스테이션에 가 입했습니다. 더 짧은 시간 프레임 안에서 트레이딩할 수 있다면 어떤 일이 벌어 질지 궁금했거든요. 13일 지수이동평균을 살펴봄으로써 추세를 파악하고 시 간당 MACD 히스토그램(박사님이 개발하신 시스템을 저 나름대로 손봤습니다)을 이용해 양호한 진입·청산 지점을 찾는다면 결과가 어떻게 나올지 알고 싶었습니다. 백테스팅 결과는 사실이라고 믿기 힘들 만큼 좋았습니다. 박사님의 경험상 이 런 결과가 전략적으로 치명적인 단점을 지니고 있다는 사실을 깨닫게 된 적이 있으신지 궁금합니다. 10개의 주식을 거래할 경우 총 36개의 포지션을 보유하 는 것이 가능했습니다. 하지만 2퍼센트의 법칙과 6퍼센트의 법칙 때문에 실제 로 36개를 모두 거래할 수는 없었을 겁니다. 제 시스템은 당시에 72.22퍼센트 의 이익 거래와 27.78퍼센트의 손실 거래를 창출했습니다. 가상 트레이딩 계좌 의 평균 승률은 1.71퍼센트였고, 평균 손실률은 1.33퍼센트였습니다. 거래는 평 균 5.25일간 지속되었고, 잠재적인 수익은 천문학적이었습니다. 수익률이 거래 일당 최소 0.5퍼센트나 됐습니다! 박사님의 경험상 이 결과가 현실적이라고 보 기에는 너무 좋은지 알고 싶습니다. 전업 트레이더가 될 수 있는 방법을 찾고 싶은 만큼, 박사님의 의견에 관심이 많습니다. 하지만 자금이 한정되어 있어 트 레이딩 자본을 더 확보해야 할 것 같습니다.

A. 나는 이런 이메일을 한 달에 한 번꼴로 받습니다. 이 이메일이 다른 것과 차 별되는 특징은 보낸 이가 진짜 돈을 이용하여 3년 동안 트레이딩했다고 밝힌 점 입니다. 내가 받는 대부분의 이메일은 이론상으로 트레이딩하고 나서 얻은 놀라 운 결과에 대한 내용이 담겨 있습니다. 나는 이런 식으로 답변합니다. "진짜 돈 을 이용한 트레이딩만이 테스트해볼 가치가 있습니다. 자신의 돈을 조금도 걸 지 않을 만큼 시스템을 믿지 못하시는 이유가 궁금하군요." 내가 해주고 싶은 충고는 규모가 작은 계좌로 트레이딩을 시작하라는 것입니다. 진짜 돈을 이용 했을 때도 하루에 0.5퍼센트의 수익을 올릴 수 있는지 살펴보세요.

한 순간적인 합의를 반영하며, 틱이 바로 합쳐지면 차트 패턴이 형성된다. 데이비드는 트레이딩에 관한 결정을 내리기 위해 그런 패턴을 연구한다.

데이비드는 바의 높이에 많은 관심을 기울인다. 높이가 높은 바는 움직임이 수월하다는 것을 의미하지만, 높이가 낮고 충분히 발달하지 못한 바가 뒤따를 경우 추세가 저항에 부딪히기 직전임을 의미한다. 데이비드는 황소와 곰의 전투 결과를 반영하는 각각의 바 내에서 마감 틱의 위치에 신경을 많이 쓴다. 그는 이런 요소에 의지하고 다른 사항들을 관찰함으로써 현 추세가 지속될지, 반전될지 판단하려고 노력한다. 데이비드는 거래량에도 큰 관심을 쏟으며, 이를 가격의 변화와 연결시켜 생각한다. 그는 가격의 등락 폭이 좁고 거래량이 많은 거래일을 두고 "적은 이득을 위해 큰 노력을 들이는 것"이라고 표현한다. 그는 이런 현상을 가격이 저항에 부딪힌 것으로 해석하고 지금까지 지속된 추세가 반전될 것으로 내다볼 것이다. 나는 데이비드가 차트에 접근하는 방법을 높이 평가하고, 그에게서 많은 것을 배웠다는 사실을 인정한다. 하지만 강도 지수가 거래량 바보다 시장의 활동을 더 명확하게 보여준다고 생각한다.

나는 데이비드의 새 책이 출간되기를 목 놓아 기다리고 있다. 그 책에서 그는 시장에 대한 자신의 접근법을 전체적으로 다룰 예정이다. 나는 특히 그가 "스프링과 밀어 올리는 힘"이라고 부르는 것에 관심이 많다. 가짜 하락 및 상승 돌파에 관한 표현이다. 프로와 아마추어 간의 큰 차이점 중 한 가지는 돌파를 다루는 방식에 있다. 초보들은 상승 돌파가 발생할 때 매수에 나서고 하락 돌파가 발생할 때 매도에 나선다. 새로운 추세가 빠른 시일 안에 돈을 벌게 해줄 것이라는 기대 심리 때문이다. 하지만 프로들은 이와 반대로 행동하는 경우가 많다. 대부분의 돌파가 흐지부지되고 말 것이라는 사실을 알기 때문이다. 프로가 아마추어에 비해 돌파에 반하여 트레이딩할 확률이 더 높다. 나는 학생들에게 반농담조로 이런 말을 자주 한다. "신저점에서 매수하고 신고점에서 매도하세요." 자동적으로 할 수 있는 일은 아니지만 상승 돌파를 발견할 경우 약세를 나타내는 증거와 공매도 기회를 찾아볼 만하다. 반대로 하락 돌파를 발견할 경우 강세를 나타내는 증거, 즉 매수 기회를 간과하지 않도록 주의하는 것이 중요하다.

대부분의 트레이딩 서적에서는 똑같은 조언을 한다. "롱 포지션을 취할 때는 중요한 저점 아래에 역지정가 주문을 내고, 숏 포지션을 취할 때는 중요한 고점 위에 역지정가 주문을 내라." 데이비드가 저점 아래에 지지선을, 고점 위에 저항선을 그리고 나서 시장이 얼마나 자주 이 선을 소폭으로 침범했다가 반전하며 추세를 힘껏 이어나가는가 지켜보는 것을 보면 감탄이 절로 나온다. 데이비드의 강의를 듣고 배운 게 있다면 지지선과 저항선을 주시해야 한다는 것이다. 지지선이 붕괴되고 가격이 다시 상승해 그 위에서 장을 마감할 경우 강력한 매수 신호 중 한 가지가 발효되는 셈이다. 이때 리스크 또한 제한적이다. 만일 가격이 저항선을 소폭 돌파한 뒤 저항선 아래에서 장을 마감한다면 리스크가 적은 공매도 기회가 찾아온 것이다. 나는 내 지표에 의지하기도 하지만, 트레이딩 추세를 다루는 접근법은 데이비드의 방법에 기반을 두고 있다. 여러분도 자신에게 맞는 기법을 골라 현재 이용중인 다른 기법과 통합시키기 바란다.

데이비드의 e-mail
; 군사 지도와 보물 지도

상황이 진전되는 것을 살펴보면 놀라움을 금할 길 없다. 상품 증권사의 기술적 연구 부서에서 일할 당시만 하더라도 차트를 손으로 직접 그렸다. 부드러운 종이에 얇은 펜으로 똑바로 그린 검정색 선들은 미술 작품을 연상시켰다. 눈을 감고 새로 그린 차트에 손을 대면 추세를 손끝으로 느낄 수 있었다. 차트는 군사 지도, 보물 지도, 또는 과거의 이야기를 간직한 상형문자가 되었다.

나는 엘리어트 파동을 연구했고 그 이론의 신비로운 영향력에 감탄했다. 나

346

는 사람들에게 피보나치 숫자와 비율, 그리고 둘 간의 작용이 시장을 얼마나 정확히 예측하는지 이야기하곤 했다. 그러다가 와이코프의 강의에 등록하게 되었다. 나는 차트의 신비로움뿐 아니라 대규모 이익단체들이 시장을 뒤에서 조종한다는 발상에 흠뻑 빠져버렸다. 시장을 조종하는 커다란 집단의 발자취를 연구하고 그것을 따라가면 되는 것처럼 보였다. 발자국들은 특정 행동 양식에 따라 펼쳐지는 축적과 분배에 관한 이야기를 담고 있었다.

나는 20년간 엘리어트 파동 이론을 이용해서 다양한 단계의 극단적인 수준에 이른, 혹은 그 수준에 가까워진 시장을 찾아냈다. 파동 수를 확인해줄 마지막 움직임을 나타내는 신호를 찾기 위해 가격-거래량 움직임을 연구하기도 했다. 하지만 깔끔하게 얻은 파동 수에 꼭 들어맞지 않는 거래 기회도 많다는 사실을 깨달으면서 차츰 파동 이론에서 멀어지게 되었다. 이와 마찬가지로 마지막 움직임 역시 축적과 분배의 전통적인 특징을 지니는 경우가 드물었다. 대신 군중이 보이는 행동의 미묘한 변화가 황소나 곰에게 유리한 상황을 낳았다.

나는 가격-거래량 움직임에 관한 연구를 토대로 가격 범위의 단순한 요소, 종가의 위치, 노력 대비 보상, 움직임의 수월한 정도, 팔로 스루follow through 또는 팔로 스루의 부재, 다양한 선 간의 상호 작용을 집중적으로 연구했다. 시장은 만화경 같다. 여러 가지 현상이 연속적으로 나타나는 가운데 확실한 것은 불확실성이 따른다는 것뿐이다. 시장은 흑백으로 이루어진 세상이 아니며 온통 회색빛을 띠고 있다. 모든 상황은 두 가지 방식으로 해석할 수 있으며, 황소와 곰 간의 끊임없는 대결을 부른다. 내가 해야 할 일은 논리가 더 분명한 진영의 옹호론을 펴는 것이다. 내가 선택한 방식은 자나 지표 또는 일률적인 접근법을 이용하지 않는 하나의 예술이다. 이제까지의 이야기는 스즈키D.T. Suzuki의 말로 요약할 수 있다. "정말로 예술을 통달하고 싶다면 기술적인 지식을 익히는 것만으로는 충분하지 않다. 기술을 초월해야만 무의식에서 벗어나 '꾸밈없는 예술'이 될 수 있다." 처음에는 아무것도 표시되어 있지 않은 차트만 있을 뿐이다.

ENTRIES & EXITS
VISITS TO SIXTEEN TRADING ROOMS

CHAPTER

12

윌리엄 도앤
William Doane

땅을 깊이 팔수록
건물을 높이
지을 수 있다

이름 | 윌리엄 도앤
거주지 | 매사추세츠 주 렉싱턴
전 직업 | 기술 분석가
트레이딩 분야 | 주식
트레이딩 경력 | 1999년부터
계좌 규모 | 대규모(100만 달러 이상)
소프트웨어 | TC2005

나는 윌리엄을 보러 그가 사는 보스턴까지 자동차를 운전해 갔다. 윌리엄은 고속도로 출구까지 나를 마중 나왔다. 그가 두 대의 자동차로 세워놓은 차고에 링컨을 주차시키는데, 깔끔하게 줄 맞춰 세워놓은 여러 개의 박스가 두 번째 차가 있어야 할 자리를 차지하고 있는 것이 보였다. 박스에는 라벨이 붙어 있었는데, 모두 시장 조사에 관한 서류였다. 긴 선반에는 차트가 연도별로 정리되어 있었다.

윌리엄은 집 안에도 시장에 관한 문서를 보관하고 있었다. 위층의 여러 개의 방에 커다랗고 쉽게 열리는 서류 캐비닛이 있었는데, 알파벳 순서로 정렬되고 색깔별로 구분된 폴더가 가지런히 정리되어 있었다. '알루미늄Aluminum'과 '점성학Astrology'이 '버뮤다 삼각주Bermuda Triangle' 옆에 하나의 캐비닛에 나란히 담겨 있었다. 다른 캐비닛에는 '신고점-신저점New Highs-New Lows'부터 '멕시코Mexico', '지방자치제Municipals', '화폐 연구Numismatics'를 거쳐 '귀리Oats'까지 보관되어 있었다. 또 다른 캐비닛에는 현존하거나 세상을 떠난 지 오래된 분석가들이 쓴 뉴스레터를 오려서 모아둔 폴더가 보관되어 있었다.

"저는 수집가입니다. 잡동사니 수집가죠"라고 윌리엄은 농담을 했다. 하지만 그의 수집품은 깔끔하게 정돈되어 있었고 원하는 것을 찾는 데 불편함이 없어 보였다. 윌리엄은 보스턴에 있는 피델리티Fidelity 조직의 수석 기술 분석가로 일했는데, 그곳에 거대한 차트 룸을 만들었다. 높이가 12피트나 되는 방에는 존재하는 모든 기술적 지표와 기본적 지표가 실린 그래프가 빼곡히 정리되어 있었다. 컴퓨터만 잘 활용한다면 그런 방이 필요 없을 거라고 지적하자 윌리엄은 조금 아쉬워하는 눈치였다. 당시 내 여행 가방에는 얇은 노트북 컴퓨터에 완전한 데이터베이스가 들어 있었다. 트레이더가 키 몇 개를 누르면 원하는 차트를 불러올 수 있는 세상 아닌가.

물론 윌리엄이 컴퓨터를 활용하지 않는 것은 아니다. 그의 책상에는 날렵한 모니터가 넉 대나 있지만 그는 여전히 차트 서비스를 이용한다. 토요일 아침에 대화를 나누는 동안 차트가 잔뜩 들어 있는 택배가 빠른우편으로 도착했다. 윌리엄은 웃으면서 "오랜 습관입니다. 차트를 종이로 출력해서 보는 게 더 좋거든요"라고 말했다.

덴버대학교에서 재정학 석사학위를 취득하고 나서 윌리엄은 회계법인에서 파트타임으로 일했다. 윌리엄은 현금 대신 주식으로 급여를 받았다. 그때 받은 주식은 1.50달러에 발행되었는데, 윌리엄은 그것을 3달러에 얼른 매도하고는 한 번도 뒤돌아보지 않았다. 기술적 분석가가 펜과 먹물로 일하던 시절, 법률 입안자의 아들인 윌리엄은 차트 룸을 집처럼 편안하게 여겼다.

윌리엄: 대부분의 트레이더는 트레이딩에 앞서 일간 차트를 살펴본다. 주간 차트를 보는 경우는 사실 매우 드물다. 나는 월간 차트를 살펴보고 기억에 담아 둔다. 주가는 베이스에서 벗어나면 한 방향으로 달려나가게 마련이다. 나는 긴 베이스를 찾아보고 돌파가 발생할 때 트레이딩에 나선다. 나는 바닥이 형성될 때 매수에 나설 만큼 현명하지 못하다. 나는 강세 신호가 나타날 때 매수하는 편을 택한다. 이런 접근법은 따분하고 재미없기는 하지만 수익을 올릴 잠재력은 있다.

이 주식을 한 번 살펴보라. 1984년 형성한 천장을 막 갈아치운 주식이다. 그렇게 오래된 자료까지 살펴보는 사람은 드물지만 1984년에 형성한 천장을 갈아치웠다는 것은 이 주식이 매우 진지하다는 것을 의미한다. 나는 월간, 주간, 일간 차트를 모두 이용한다. 다양한 지표와 거래량을 바탕으로 트레이딩을 시도해봤지만 결국 가격이 관건이었다. 당시에 나는 피델리티에서 훈련을 받았는데, 그들은 다음 날 당장 전고점을 돌파할 주식을 원하지 않았다. 완전한 포지션을 형성할 때까지는 몇 달이 필요하기 때문이다.

나는 피델리티를 떠나고 나서 사람들에게 자문 서비스를 제공하기 시작했다. 상위 15개 종목을 선정해 몇 안 되는 고객과 친구들에게 매달 보내준 것이다.

나는 가격 수준을 지켜보고 돌파가 발생하기를 기다렸다. 내가 선택한 최고의 종목은 월드컴WorldCom이었다. 당시에는 회사의 이름이 달랐는데, 그 종목은 베이스에서부터 인상적인 움직임을 보이며 상승했다. 회사는 LDDS 커뮤니케이션스 주식회사라고 불렸으며, 1980년부터 1990년 중반까지 꾸준히 보합세를 보였다!

1998년과 1999년에 이르자 나는 베이스가 바닥나 매수할 만한 종목을 매달 15개 추천하는 게 버거워졌다. 그래서 1999년 이 서비스는 막을 내릴 수밖에 없었다. 나도 모르는 사이에 우리는 강세장의 천장에 도달한 상태였다. 2005년 현새 주기가 반복됨에 따라 베이스가 여럿 눈에 띈다.

나는 시장에 질서가 있다고 생각하며, 특정한 시점에 상한가를 치는 주식을 매수하면 돈을 벌 수 있다고 믿는다. 우리는 시장에서 눈에 띄는 고점을 몇 차례 접했는데, 그 후 주식을 다시 활용하기까지 너무 오랜 기간 걸렸다. 재축적 과정이 끝나면 주식은 다시 뻗어나갈 준비를 마친 셈이다. 1996년이나 1998년에 상한가를 친 종목도 있고, 1999년에 친 것도 있다. 물론 2000년에 상한가를 친 종목도 많다. 재축적 과정을 마치고 주식이 베이스에서 벗어나 달리기 시작할 때 이 순서대로 진행될 가능성이 크다. 늦게 출발하는 주식이나 중복되는 움직임 때문에 그림이 혼란스러워 보이겠지만 성향은 분명히 존재한다.

긴 베이스를 기반으로 폭발적인 움직임을 보이는 주식은 발사대에서 쏘아 올리는 로켓 같아서 처음에 막강한 동력을 필요로 한다. 이때 주식이 과매수되었다고 평가하는 사람도 있지만 나는 그저 초기 단계에 불과하다고 생각한다. 하지만 주식이 베이스까지 되돌림 현상을 보일 경우에는 무엇인가가 잘못되었다는 것을 의미하므로, 이 주식을 트레이딩했다가는 십중팔구 손실 거래로 끝날 것이다. 주식이 내가 지켜보는 가운데 생을 마감할 경우 나는 다시 쳐다보지도 않는다.

도시에 고층 건물을 지을 때 인부들은 땅을 깊이 파고 말뚝을 깊이 박아 고층 건물의 토대를 탄탄하게 완성시킨다. 땅을 깊이 팔수록 건물의 층수를 높일 수 있다. 주식시장에서도 마찬가지다. 베이스가 클수록 주가가 오를 때 더 높이 상승한다. 나는 주로 베이스가 큰 주식을 거래하는데, 트레이더로서 이런 면모로 사람들에게 알려졌으면 하는 바람이 있다.

이러한 베이스 원칙은 모든 가격 수준과 수요/공급 상황에 적용되지만, 나는 개인적으로 가격이 낮은 주식을 선호한다. 주가가 낮은 주식의 경우 가격이 소폭 움직임을 보이더라도 그것을 백분율로 환산하면 수치는 증가하게 마련이다. 2달러짜리 주식이 4달러가 되면 수익이 100퍼센트인 셈이다. 종형 곡선의 값싼 끝부분에 주식도 더 많고, 기회도 더 많다. 주당 5달러 이하의 주식으로는 돈을 벌기 어렵다고 말하는 분석가가 많다. 도중하차하고 가격이 하락한 뒤 주식이 사라지는 경우가 많기 때문이다. 이는 어느 정도 사실이다. 하지만 가격이 5달러를 넘어설 경우 주가를 큰 폭으로 끌어올릴 구매력이 있는 기관에 발견될 수 있다.

구리, 원당, 은 같은 상품은 베이스가 긴 경우가 많다. 1965~1971년 사이 원당의 움직임과 1975~1979년 사이 구리의 움직임을 살펴보라. 물론 1980년 은과 금이 베이스를 박차고 나온 과정도 살펴봐야 한다. 이 모두를 알아볼 수 있을 만큼 현명하다면 수익을 올릴 기회를 어디에서나 찾을 수 있을 것이다. 상품이 활발한 움직임을 보이는데도 불구하고 주식시장이 보합세를 보인다고 걱정하는 사람은 항상 존재한다. 대부분의 상품 트레이더가 겪는 문제는 가만히 앉아있지 못하고 돈을 써야 직성이 풀린다는 것이다. 이들은 관망하기보다는 어떤 거래에든 뛰어들어야 한다고 느낀다. 이와 똑같은 문제에 시달리는 집단이 또하나 있는데, 바로 데이 트레이더들이다. 나는 그들이 왜 데이 트레이딩을 즐기는지 이해할 수 없다. 데이 트레이딩은 아무래도 특정한 성격의 사람에게만 어울리는 활동인 것 같다.

주식을 공매도할 때 나는 보합세를 보이는 종목이나 가격이 무너지기 시작한 종목을 찾아본다. 현재 나는 부동산에 공매도 포지션을 집중시켜놓았다. 지난 1~2년 동안 사람들이 부동산 시장이 천장에 닿기를 기대했다는 것은 알지만, 나는 주식이 '고무줄'이 늘어난 취약한 상태며, 공매도에 나서야 할 지점에 빠른 속도로 접근하고 있다고 생각한다. 주가의 하락세는 실제 부동산의 하락세에 선행할 것이다.

자문 서비스를 그만둔 후 뉴욕에 있는 브림버그^{Brimberg} 증권사에서 나에게 헤지

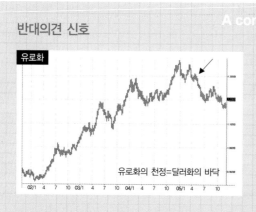

반대의견 신호 — A contrary opinion call

유로화의 천정=달러화의 바닥

윌리엄은 트레이딩 룸에서 나가 복도를 지나더니 곧 《미국 뉴스 및 세계에 관한 보고서(U.S. News and World Report)》 최신호를 들고 돌아왔다. 〈놀랍도록 움츠리는 달러〉라는 제목의 기사가 표지를 장식하고 있었다. "아무래도 바닥에 가까워진 것 같습니다." 윌리엄이 웃으며 말했다. "시장이 극단적인 상황에 놓여 있을 때만 잡지에 이런 기사가 실리거든요."

유로화는 우리가 인터뷰를 진행한 2005년 4월 1.30달러를 기록하더니 그 후로 계속해서 하락세를 나타내고 있다. 이와 달리 달러는 계속해서 상승세를 보이고 있었다. 주요 잡지사의 편집장이 평소의 신중한 태도를 바꿔서 금융에 관한 의견을 잡지 표지에 싣기 위해서는 특정한 추세가 상당히 오랫동안 꾸준히 지속되어야 한다. 잡지사 편집장이 인정할 때쯤이면 추세는 이미 반전될 준비를 끝냈다고 봐야 한다. 이렇게 눈에 띄는 잡지 표지는 몇 년에 한 번 정도만 접할 수 있다. 경험이 대단히 풍부하고 자신감이 있어야만 이런 신호를 눈치챌 수 있다.

펀드를 개설해주었다. 2000년과 2001년 많은 펀드가 위기를 맞았다. 펀드 매니저가 성과급 수수료를 받기 위해서는 이전에 기록한 자산 최고가보다 높은 금액을 기록해야 한다. 많은 자문위원이 상당한 손실을 입고 펀드를 닫은 후 손실을 만회하지 않은 채 수수료를 새로 받으려고 새로 펀드를 개설했다. 우리는 타격을 입었지만 펀드를 없애버리지는 않았다. 몇 되지도 않는 파트너들을 생각하면 차마 그럴 수 없었다.

윌리엄은 나에게 안내인을 붙여 자기 회사를 구경시켜줬다. 창턱과 서류 캐비닛 위에는 그가 수집한 황소 조각상들이 늘어서 있었다. 황소 사이에서 간혹 곰도 보였다. 그의 수집품은 여러 개의 방에 나뉘어 전시되어 있었다. 윌리엄은 오랫동안 보합세를 보이다가 갑자기 활기를 띠며 거래량이 급등한 주식의 차트가 담긴 서류철을 꺼냈다. "돌아가서 이 차트들을 검토해볼 겁니다. 주가가 급등한 것이 의미 있는지 알아보려고요." 그는 서류철 몇 개를 더 꺼냈다. "이것이 제가 겨울 내내 플로리다에서 작업한 겁니다. 『주식시장에서 막대한 수익 올리기Skyscraper Profits in the Stock Market』같은 제목의 책을 쓸 생각이에요. 커다란 베이스를 구체적으로 설명하고, 시장이 어떻게 움직이는지 분명하게 보여주기 위해 전후를 비교한 사례를 많이 수록할 예정입니다." 윌리엄은 나에게 자신의 헤지 펀드 데이터를 보여주기도 했다. "저는 노트북 컴퓨터를 들고 외국에서 펀드를 운용할 수도 있습니다. 제가 여기 없는 동안 뉴욕에 있는 비영업 부서 사람들이 서류 작업을 하는 식이죠. 이런 일은 실제로 자주 일어납니다. 저와 아내는 그리스의 섬에 가는 것을 무척 좋아하거든요. 그리고 손녀 둘이 세계적인 아이스 스케이팅 팀에서 활동하는데요, 저희는 열렬한 팬답게 유럽에서 열리는 대회들을 보러 갑니다."

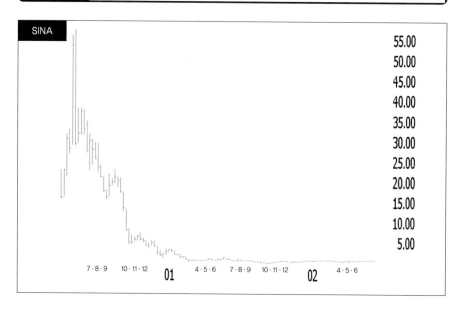

SINA

여기 대단히 높은 가격 수준에서 출발해 급락한 주식이 있다. 2000년 주당 55
달러 이상에 거래되던 SINA는 2002년 현재 5달러 이하에 거래되고 있다. 이 종목
은 시장 참가자들의 눈 밖에 났고, 가격도 크게 하락했지만 2000년 상승세를 보
인 이후 벌써 2년이라는 시간이 흘렀다. 나는 이처럼 가격이 폭락한 주식을 좋아
한다. 특히 베이스를 다지며 수평으로 긴 움직임을 보이는 것을 아주 좋아한다.
SINA는 베이스의 아랫부분에서 거래되고 있으며, 이 수준에서의 리스크는 제한
되어 있다.

Q. 거래에 진입할 때 최소한의 리스크/보상 비율은 보통 어느 정도입니까? 주식이 전혀 새로운 가격 수준을 보일 경우 이 비율을 어떻게 잡아야 합니까?

A. 정해진 수치는 없습니다. 대답은 거래 결과에 얼마나 확신을 갖고 계신지에 달려 있습니다. 리스크/보상 비율을 계산하는 일은 진입 가격과 이익 목표, 손절매 지점의 거리를 비교하는 것처럼 간단한 일이 아닙니다. 거기서 얻는 수치를 그런 일이 실제로 일어날 가능성에 곱해야 합니다. 그리고 선택하신 시스템이 승률이 50대50보다 높기를 바라야겠죠. 단, 예상 수익이 잠재적인 손실의 두 배보다 적을 경우 저는 그 거래를 선택하지 않을 것 같습니다.

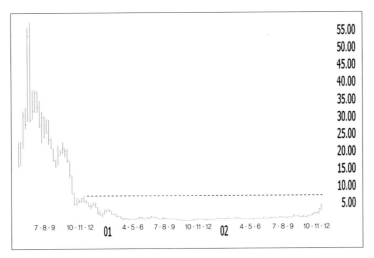

나는 차트의 10.60 달러에 해당하는 곳에 가로선을 그렸다. 가격이 그 선을 넘어섰을 때 나는 상승세가 또 한 번 시작될 것이라고 가정했다.

보통의 경우 나는 이런 주식은 조금만 보유하다가 가격이 더 나은 움직임을 보이면 포지션을 늘려나간다. 하지만 SINA는 다소 갑작스럽게 활기를 되찾았다. 그해 10월과 11월 SINA는 주당 5달러까지 상승했다. 나는 이런 상승세 속에서 포지션을 추가하는 것을 주저했다. 나중에 알고 보니 그것은 큰 실수였다. 주가는 지속적으로 상승세를 보이며 결국 이듬해 1월 10.50달러까지 올라갔다. 트레이딩의 세계에서는 흔히 가격이 처음으로 조정을 받을 때가 가장 중요하다고 말하는데, 그때 흐름을 잘 타면 고비를 넘겼다고 보면 된다.

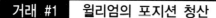

| 거래 #1 | 윌리엄의 포지션 청산 | Trade#1 |

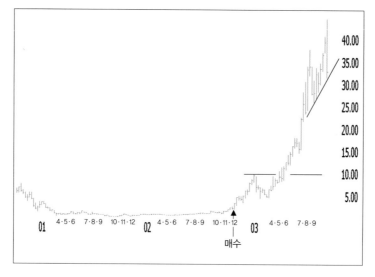

나는 나중에서야 이 주식이 중국의 인터넷 기업 주식이라는 사실을 알았다. 기술 분석가로서 나는 회사가 무슨 일을 하는지에 전혀 관심을 두지 않는다. 그래서 나는 갑자기 모든 사람이 중국 주식을 원하기 전까지는 이 주식이 중국 것인지 알지 못했다. 이 주식은 군중에 의해 발견된 가격이 낮은 주식의 완벽한 본보기로, 나는 그 흐름을 잘 따라갔다. 이 주식은 내가 경험한 것 중 최고의 수익률을 올린 것 중 하나다.

나는 2003년 9월 주식의 일부를 매도했다. 최근에 형성된 고점이 상승세의 끝을 알리는 신호인지 아닌지는 알 수 없었으나, 바 차트에서 '외부 반전*'이 일어나는 것을 보니 겁이 나서 매도 포지션에 진입할 수밖에 없었다. 나는 외부 반전 바에 대한 믿음이 두텁다. 외부 반전 바는 일간, 주간, 월간 차트에 모두 나타

---

*outside reversal; 최고가를 경신한 시장이 전날의 최저가보다 더 낮은 가격에 거래가 마감되는 현상.

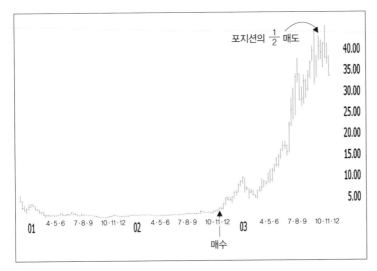

나는 추세선을 열렬히 신봉하는데, 중요한 추세선이 붕괴될 때 매도하는 것을 좋아한다. 여기서 기술적으로 양호한 또 한 가지 상황을 접할 수 있다. 가격이 하락세를 보여 외부의 핵심 반전이 나타나고, 천장 패턴으로 회귀하는 랠리가 발생하며, 가격이 분명하게 형성된 상승 추세선을 돌파하는 모습이 그것이다. 이런 근거를 바탕으로 조치를 취해 남은 포지션을 모두 매도했다.

날 수 있으며, 이전 바의 고가와 저가를 모두 경신하고 이전의 추세와 반대 방향에서 장을 마감할 수도 있다. 이 패턴은 천장과 바닥에 적용될 수 있으며, 움직임의 극단적인 지점을 나타내는 경우가 많다.

▶ 거래 요약   TRADE SUMMARY

SINA 롱 포지션
매수 2002.10.25 2.45달러
포지션 절반 매도 2003.9.26 36.92달러(이익=주당 34.47달러)
나머지 절반 매도 2003.11.14 34.70달러(이익=주당 32.25달러)
평균 이익=주당 33.36달러

거래 #1 | 포지션 진입에 관한 견해

이 회사의 주식은 역사적인 강세장이 나타난 마지막 몇 달간 미국 대중에게 판매되었다. 주가는 처음부터 상승했고, 6개월 만에 세 배로 뛰었다. 2000년 5월

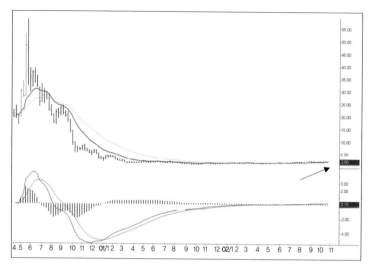

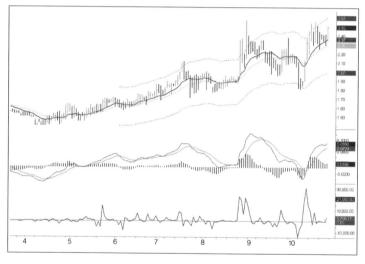

윌리엄은 차트를 볼 때 월간 차트와 주간 차트를 선호하며, 일간 차트에는 거의 관심을 쏟지 않는다. 이 일간 차트를 살펴보면 윌리엄의 방법이 장기적으로 투자하는 트레이더에게 어울리는 방법임을 쉽게 알아챌 수 있다. 일간 차트를 살펴보나가 난기 신호를 보고 성급하게 매도에 나서고 싶은 유혹에 시달릴 수 있기 때문이다. 적극적인 트레이더의 경우 그래도 상관없지만 윌리엄은 그런 방식으로 트레이딩하지 않는다. 그는 장기적인 베이스에서 벗어나 일정 기간 유지될 추세로 이어질 주요 돌파를 찾아본다. 그러므로 일간 차트는 그의 관심 밖에 있을 수밖에 없다. 그래도 이 차트는 주간 차트와 똑같은 메시지를 던지고 있다. 임펄스는 녹색이며 트레이더들에게 매수를 권장하고 있다.

가격, MACD 히스토그램, 강도 지수 모두 더 높은 수준으로 상승하는 모습이다. 모든 요소가 상승세의 동력으로 작용했다.

주당 58달러나 주고 산 트레이더도 있다. 이 종목이 정말로 필요했던 모양이다! 하늘 높은 줄 모르고 치솟던 SINA는 곧 급격한 속도로 하락하며 무너지는 모습을 보였다. 가치의 98퍼센트 이상 잃을 경우 그 주식은 대부분 조용히 사라지지만 SINA는 그것을 거부했다. 거의 2년 동안 바닥에 조용히 누워 있으면서 역사

360

상 가장 큰 베이스 중 하나를 형성했고, 윌리엄은 그 혜택을 톡톡히 누렸다. 나는 천장에서 90퍼센트 이상 가격이 떨어진 뒤 생을 마감하기를 거부하는 주식을 '타락천사'라고 부른다. 매수해서 장기적으로 보유할 수 있는 가장 매력적인 주식의 일부는 바로 이 집단에서 나온다.

주간 차트의 오른쪽 가장자리에서 SINA는 활기를 되찾는 모습이고, 임펄스 시스템은 녹색으로 변했다. 나는 가격이 이토록 오랫동안 보합세를 보일 때는 MACD 히스토그램을 거의 참고하지 않는다. MACD 히스토그램은 가격의 움직임이 역동적일 때 시장의 심리를 포착하는 것이 강점으로, 가격이 보합세를 보일 때 이 지표가 던지는 메시지는 크게 중요하지 않다. 여기서 훨씬 중요한 사항은 주간 종가가 13주와 26주 이동평균 위에 있다는 점이다.

차트 왼쪽의 바와 오른쪽의 바의 높이를 비교해보라. 오른쪽으로 갈수록 점점 높아지는 것을 볼 수 있는데, 이는 군중이 2년 가까이 반쯤 죽은 채로 바닥에 누워 있던 SINA를 재발견하고 있다는 신호다.

거래 #1 | 포지션 청산에 관한 견해

주간 차트의 오른쪽 가장자리에서 우리는 SINA의 상승세가 저항선 부근에 다다랐음을 볼 수 있다. 주당 1.02달러에서 출발해 주당 45달러가 넘는 놀라운 상승세를 보인 터라 이런 현상이 별로 놀랍지는 않다. 여러 황소가 엄청난 수익을 손에 쥔 터라 한 가지라도 약세 신호가 보이면 바로 이익을 취할 가능성이 높아 급격한 하락세가 나타날 것으로 예상된다.

SINA는 상승세를 멈추고 천장에 잠시 머물렀다가 무너지기 시작했다. 오른쪽으로부터 세 번째 바는 가격을 기록적인 신고점까지 끌어 올렸고, 가짜 돌파는 상승세의 천장을 형성하는 모습이다.

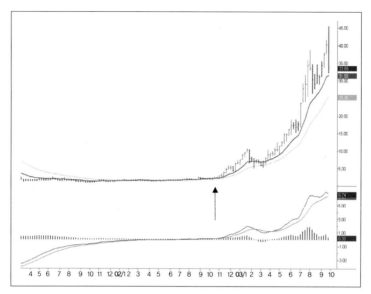

윌리엄은 7월 처음으로 주가가 천장을 형성할 때 아무런 행동도 취하지 않았다. 캥거루 꼬리가 나타나 가격이 큰 폭으로 하락했지만 매도 포지션에 진입하지 않았다. 차트 오른쪽 가장자리에서 MACD 히스토그램의 상승 디버전스가 조금 나타나는 것이 보인다. 지표가 7월과 10월의 고점 사이에서 0 선 아래로 떨어진 적이 없으므로 이것이 순수한 의미의 디버전스라고는 볼 수 없다. 하지만 가격이 상승하고 있는데도 황소의 세력이 약해지고 있다. 전통적인 차트 분석가인 윌리엄은 마지막 바가 형성될 때 핵심적인 반전 패턴이 나타나는 것을 알아차렸고, 포지션의 절반을 가치보다 훨씬 위에서 청산했다.

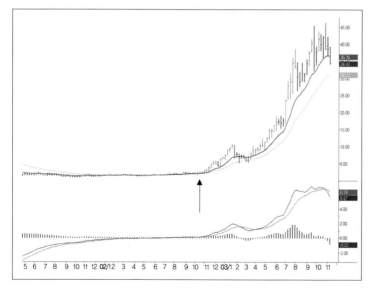

차트의 오른쪽 가장자리에서 가격은 빠른 지수이동평균선 아래로 떨어졌으며, 임펄스 시스템은 적색으로 바뀌었다. 거의 1년 만에 처음으로 적색 바가 나타난 것이다. 강력한 상승세가 끝났으며, 임펄스 시스템은 공매도나 관망은 허용하고 매도는 허용하지 않는다. 전통적인 차팅 기법을 이용하는 윌리엄 역시 똑같은 결론에 이르렀고, 포지션을 청산했다. 진지한 기술 분석가들이 다른 방법을 이용해도 비슷한 결론에 이르는 일은 비교적 흔히 나타난다.

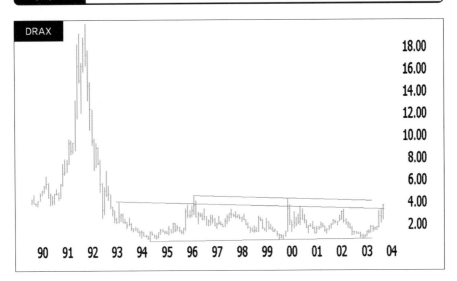

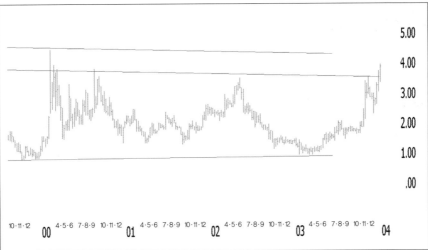

DRAX

나는 커다란 베이스를 좋아하는데, 이 경우는 커다란 베이스의 대표적인 사례다.
2년이나 3년짜리 베이스가 아니라 10년짜리였기 때문이다. 나는 이 거래가 양호한 실적을 올릴 것이라는 확신이 들었고, 가격이 3.50달러 부근에 있을 때 몇 명의 고객에게 이 종목을 추천했다. 2004년 1월 나는 이 주식이 양호한 움직임을 보이고 있으며, 의미 있는 상승 랠리를 앞두고 있다고 예상했다. 첫 하락 추세선을 돌파한 뒤 두 번째 하락 추세선을 향해 거침없이 나아가고 있었기 때문이다.

거래 #2 | 윌리엄의 포지션 청산 | Trade#2

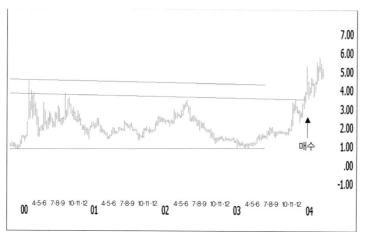

이 주식은 언젠가 수월한 움직임을 보일지도 모른다. 하지만 인상적인 돌파 이후 주가가 평균 이상의 상승세를 보이지 못한 것이 대단히 실망스럽다. 이 거래는 커다란 베이스가 반드시 엄청난 이익을 보장하지 않는다는 점과 어느 경우에나 예외가 존재한다는 점을 상기시킨다. 그야말로 명백한 돌파가 일어나더라도 경우에 따라 돌파가 실패해 가격의 되돌림 현상이 나타나 본래의 출발 베이스로 돌아갈 수도 있다. 하지만 나는 모멘텀 상실이 일어날 것이라고 예상하지 않았다.

DRAX는 돌파 지점인 3.50~3.60달러를 넘어서고 나서 더욱 맹렬한 기세로 상승했다. 나는 1월 중순에 진입했는데, 3월 말이 되자 주가가 거의 6달러에 달할 정도로 제법 양호한 수익을 올렸다. 하지만 나는 이 주식에 대한 기대가 훨씬 컸다. 이 주식의 10년간 베이스를 살펴본 데다가 베이스가 클수록 잠재력 또한 엄청나다는 점을 알고 있었기 때문에 나는 포지션을 계속 보유하기로 했다.

이 주식은 별안간 움직임을 멈추고 내 눈앞에서 동력을 잃고 말았다. 주가는 돌파 지점을 향해 떨어졌다가 조금씩 하락하며 횡보세를 보였다. 나는 주식이 돌파 구간에서 되돌림 현상을 보인 것이 마음에 들지 않아 손절매해서 시장에서 빠져나왔다.

▶거래 요약　　　　TRADE SUMMARY

DRAX 롱 포지션
매수 2004.1.14 4.02달러
매도 2004.8.10 3.37달러
손실=주당 0.65달러

거래 #2 | 포지션 진입에 관한 견해

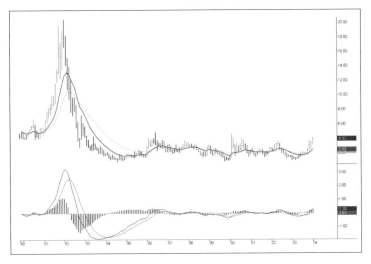

내가 만일 이 주식을 거래했더라면 가격이 몇 년에 한 번씩 2달러 이하로 떨어질 때 매도했을 것이다. 그 지점에 이르면 가격이 20달러에서 90퍼센트 이상 하락해 주식은 '타락천사'가 되고 만다. 하지만 나는 트레이딩하지 말라고 윌리엄을 말리지는 않을 것이다. 트레이더들은 각자 자신만의 방법이 있을 뿐 아니라 윌리엄의 접근법은 일관성을 지니며 그에게 잘 어울리기 때문이다.

DRAX는 주요 상승세를 지지할 수 있을 만큼 탄탄한 베이스를 다지고 있다. 하지만 나는 선의의 비판자 역할을 맡아 약세장이 나타날 것이라고 예상해보려고 한다. 이렇게 예상하는 까닭은 다음과 같다. 우선 주식은 저마다 관성이 있는데, DRAX의 관성은 분명히 수평으로 나타나는 모습이다. 두 번째로 최근 몇 년간 주가가 5달러를 향해 상승할 때마다 DRAX는 타격을 입고 박스권으로 돌아왔다. 차트의 오른쪽 가장자리를 살펴보면 그런 현상이 또 다시 일어날 위험이 있다는 사실을 확인할 수 있다.

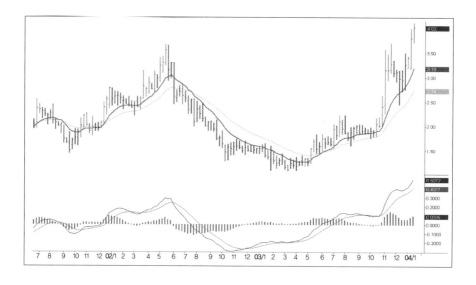

DRAX는 주간 차트에서 상승세를 보이고 있다. 차트의 오른쪽 가장자리에 있는 가치 영역을 넘어서서 더욱 급격하게 상승하는 모습을 보인다. 2003년 상반기에 나타난 상승세의 기울기와 하반기에 나타난 상승세의 기울기를 한 번 비교해보라. 내가 보기에 가격이 이렇게 급등하는 현상은 상승세가 더 이상 지속될 수 없다는 것으로 풀이된다. 하지만 윌리엄은 인터뷰에서 정확히 다음과 같이 언급했다. "긴 베이스에서 벗어나는 주식은 상승하기 위해서는 동력을 요합니다. 과매수 현상이 나타난다고 생각하는 사람도 있지만, 제가 보기에는 그저 시작에 불과합니다."

임펄스 시스템은 일간 차트의 오른쪽 가장자리에서 녹색을 띤다. 이는 매수하거나 관망할 수는 있어도 매도할 수는 없다는 신호다. 주식이 4달러 부근에서 거래되는 한편 이동평균은 DRAX의 가치가 2.74달러와 3.19달러 사이의 어딘가에 있다는 사실을 알려준다. DRAX를 사고 싶다면 가치 영역 안에서 매수 주문을 내라. 다시 말하지만, 윌리엄에게는 효과를 발휘하는 본인만의 방법이 있고, 그의 진입 전략은 그의 접근법과 완벽하게 일치한다.

거래 #2 | 포지션 청산에 관한 견해

진지한 트레이더들은 몇 가지 공통적인 특징을 지닌다. 그중 한 가지는 진입할 때만큼이나 청산할 때 많은 신경을 쓰고, 청산 신호가 보이면 곧바로 매도에 나선다는 점이다. 거래가 제대로 진행되지 않는다는 명백한 신호가 발효되면 그들은 사정이 나아질 때까지 기다리지 않는다.

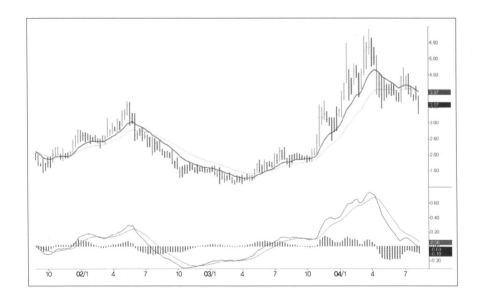

Q. 저는 단기 트레이더(보유 시간이 평균적으로 하루의 반밖에 안 됩니다)입니다. 저 자신을 위해서는 선물을 트레이딩하고, 회사를 대표해서 펀드를 운용합니다. 저는 기본적으로 두 가지 패턴을 트레이딩합니다.

a) 지속적인 패턴! 일중 차트에 나타나는 모멘텀 지표와 엔벨로프에 기반을 두고 일간 주세의 방향으로 매매하려는 목적

b) 반전하는 패턴! 일간 차트에 나타나고 일중 스크린으로 확인할 수 있는 상승/하락 디버전스를 매매하려는 목적

저는 지난 8개월간 200건도 넘는 거래를 체결했습니다. 이익 거래의 비율은 65퍼센트 정도 되고, 평균 이익/손실 비율은 1.4며, 적자가 나는 달은 없었습니다. 일관성을 많이 향상시키기는 했지만, 여전히 규율을 엄격히 적용하기가 어렵습니다. 특히 손실을 감수해야 할 때 어려움이 많습니다. 제가 캠프에 참가하려는 목적은 다른 트레이더들과 일주일간 생활하면서 박사님께서 어떻게 하루하루 트레이딩과 그에 관계된 감정을 감당하시는지 관찰하기 위해서입니다. 기록 관리(일지 등)를 더욱 철저하게 할 의향이 있습니다. 아직은 종교처럼 열심히 따르지는 못하지만요. 재미있는 분들과 좋은 시간을 보낼 수 있었으면 좋겠습니다! 그럼, 안녕히 계세요.

A. 지원해주셔서 감사합니다. 키프로스 캠프에서 만나뵙고 같이 일하게 되기를 기대합니다. 트레이딩 실적이 아주 인상적인데요, 저도 그렇고 참가자 분도 그렇고 더 열심히 일하고 독창적으로 생각해서 실적을 개선시켜야 할 것 같습니다! 곧 만나뵙기를 바랍니다!

윌리엄은 긴 베이스로부터 돌파가 발생할 때 매수 포지션에 진입하기를 좋아한다. 돌파가 흐지부지되면 한 번 더 기회를 주지 않고 곧바로 주식을 처분해버린다. 임펄스 시스템이 얼마 전에 적색으로 바뀐 만큼 공매도하거나 관망할 수

Q. 제 목표는 어느 시장 환경에서나 성공하는 트레이더가 되도록 고급 옵션 기술을 이용해 트레이딩 실력을 갈고닦는 것입니다. 연간 최소 25만 달러를 벌어들이는 것이 추가 목표입니다. 저는 ROI(Return on Investment, 투자수익률) 트레이딩 옵션도 매달 최소 10~15퍼센트 정도 달성하고 싶습니다. 현재 자본은 5만 달러며, 인터액티브 데스크(Interactive Desk)를 이용하고 있습니다. 신중하게 거래 종목을 찾고 관련 알고리즘을 만들기 위해 워든(Worden)에도 가입했습니다. 저는 개별 거래를 추적하도록 도와줄 소프트웨어도 찾고 있습니다. 거래 과정을 최적화하고 리스크의 균형을 맞추면서 청산 전략을 조정할 수 있기 위함입니다.

A. 목표가 전혀 현실적이지 않을 뿐만 아니라 그런 식으로 트레이딩하면 재앙이 닥칠 수밖에 없습니다. 어떤 캠프도 그런 재앙을 막아줄 수 없습니다. 융자금이나 전세금을 잃지 않도록 조심하시기 바랍니다. 그렇게 극단적인 결과를 향해 손을 뻗으면 치명적인 타격을 입을 확률이 높습니다. 첫 번째 거래에서 타격을 입지 않더라도, 두 번째나 세 번째, 혹은 다섯 번째 거래에서 위기가 찾아올 것입니다. 그런 사실을 알지 못했다는 사실이 얼마나 순진하신지를 보여주는 것 같습니다.

직설적일 정도로 아주 솔직하게 말씀드리는 겁니다. 절벽에서 뛰어내리려는 사람을 보면 소리를 지를 수밖에 없지 않습니까? 하지만 저는 소리를 지르는 것을 좋아하지 않습니다. 에너지가 많이 소모되기 때문이지요. 캠프에서 그렇게 소리를 지르고 싶은 생각은 없습니다. 아무쪼록 일이 잘 풀리기 바랍니다.

는 있지만 매수할 수는 없다. 윌리엄은 최소한의 손실만을 입은 채 이 거래에서 손을 떼고 나서 홀가분한 마음으로 더 나은 기회를 찾아나섰다.

가지 않은 길

기술분석가들은 가격 패턴을 알아보고 그것을 바탕으로 수익을 올리기 위해 차트를 연구한다. 각각의 틱은 매수자와 매도자 간의 거래를 반영하지만 이들 간의 합의보다 더 많은 것을 나타낸다. 매도자와 매수자는 다른 트레이더들로 구성된 군중에게 둘러싸여 있다. 군중은 강력한 감정적인 압력을 가하며 각각의 거래가 시장의 모든 참가자를 대표하도록 한다. 가격 차트는 모든 시장 참가자의 행동을 반영한다.

과거에 경제학자들은 시장 참가자를 이익은 최대화하고 손실은 최소화하는 합리적인 개인으로 간주했지만, 그 이론은 이제 설득력을 잃어가고 있다. 현대 학자들은 트레이딩에서 감정이 얼마나 중요한 역할을 하는지 인정한다. 이런 관점은 놀랍도록 빠른 속도로 경제계에서 주류로 떠올랐다. 최근에는 경제 부문 노벨상이 경제에 관한 결정에 작용하는 감정적인 토대를 연구한 학자에게 돌아가는 일도 있었다.

나는 시장에서 드러나는 감정에 대해 수년간 글을 써왔다. 효율적인 시장 이론을 꺾으려는 시도였다. 갈수록 점점 더 많은 사람이 트레이딩의 감정적인 기반을 인정하고 있지만 우리는 시장이 분석가와 트레이더로서 우리에게 끼치는 감정적인 영향력에 관심을 집중해야 한다.

우리는 다른 사람들의 문제를 듣고 이성적인 해결책을 제시해줄 때는 차분한 태도를 보이지만 우리 자신의 문제를 해결할 때는 훨씬 감정적으로 변한다. 자신의 문제를 해결하는 것보다 남에게 충고를 해주는 것이 더 쉽게 마련이다. 감정이 많이 개입될수록 이성적이기 어려워진다. 이것이 바로 그토록 많은 트레이더가 수없이 되풀이해서 천장에서 매수하고 바닥에서 매도하는 무모한 결정을 내리는 이유다.

윌리엄은 성숙한 자금 관리인이 어떻게 일하는지 분명하게 보여준다. 트레이딩에 관한 한 그는 호불호가 분명하며, 편안하게 느껴지는 상황에서만 트레이딩을 한다. 윌리엄은 10분 차트를 여느 트레이더 못지않게 잘 분석할 수 있지만 이런 유형의 트레이딩은 그를 불편하게 만든다. 윌리엄은 의식적으로 단기 차트를 보지 않으려고 노력한다. 그는 주식이 수년에 걸쳐 형성한 베이스를 돌파할 때 시장에 진입하기를 좋아한다. 이런 기회를 찾기 위해 그는 월간 차트와 주간 차트를 살펴본다.

주식시장에는 수백 가지 기법이 있으며, 그 어떤 트레이더도 모든 기법을 좋아하지는 않는다. 클럽에 갔을 때 모든 여자가 여러분과 춤을 추고 싶어 하지는 않을 것이다. 이와 마찬가지로 트레이딩을 할 때도 모든 거래가 이익 거래로 끝나지는 않는다. 완벽한 세상에서는 클럽에 있는 모든 여자가 여러분에게 흠뻑 빠지고, 모든 거래로 엄청난 수익을 올릴 수 있지만 실제 세상은 그렇게 돌아가지 않는다. 호불호를 분명하게 인식하는 시간이 짧을수록 트레이더로서 만족감은 커질 것이다.

윌리엄이 트레이딩에 접근하는 방법을 똑같이 따라할 필요는 없지만 그처럼 자기 자신을 잘 알고 규율을 엄격히 적용할 수 있으면 트레이딩할 때 큰 도움이 될 것이다. 금융시장에 존재하는 수많은 기법 가운데 자신에게 알맞은 것을 한 개 또는 몇 개 찾아서 그것에 집중하라. 데이 트레이더라면 긴 베이스를 돌파하는 주식에는 신경 쓰지 마라. 만일 장기적인 추세를 타기를 좋아한다면 일간 차트에 나타나는 반전을 포착하는 것은 포기하라. 돌파가 발생할 때 매수하는 것을 좋아한다면 매도자와 협상하는 것은 잊어버려라. 시장에서 내리는 모든 선택은 자신이 가지 않은 길, 즉 적절한 균형을 수반한다. 시장에서 승리하는 자는 수많은 선택지 가운데 자신의 길을 선택할 수 있는 성숙한 개인이다. 이때 중요한 점은 차분한 태도로 임하고, 가지 않은 길을 택하지 않았다는 사실을 후회하지 않는 것이다. 금융시장에는 다양한 길이 있다. 이곳에서 성공하려면 자신의 고유한 성격에 어울리는 길을 찾아야 한다.

나는 매매 지점을 찾도록 도와준다는 수십 개의 지표에 여전히 흥미를 느낀다. 하지만 일일이 연구해본 결과 내가 분석하기에는 간단하고 깔끔한 차트에 가격만 있는 것이 가장 좋다는 사실을 깨달았다. 장기적인 그림이 내가 생각해둔 것과 똑같아 보이는 것이 나에게는 대단히 중요하다. 바로 이런 이유로 나는 월간 차트(장기)에서 주간 차트(중기)로, 그리고 일간 차트(단기)로 쉽게 넘어갈 수 있는 소프트웨어 패키지를 선호한다.

돌파가 발생하는 것은 누구나 포착할 수 있다. 리드 타임lead time을 조정할 줄 아는 것이 성공의 비결이다. 예컨대 나는 뮤추얼 펀드 포트폴리오 매니저들과 수십 년간 일했는데, 그들은 펀드 규모 때문에 돌파가 발생할 때 쉽게 매수에 나서지 못했다. 포지션을 확대하기까지 두세 달이 걸리기 때문에 자문할 때는 이런 현실을 염두에 두고 조언을 해줘야 한다.

헤지 펀드를 운용할 때는 시간을 줄일 수 있다. 나는 주식을 매수하고 나서 일주일에서 열흘 사이에 주가가 상승하기 시작하면 몸의 컨디션도 좋아지는 것만 같다. 이때 느껴지는 흥분감은 골프 홀에서 버디를 기록하거나 농구를 하다가 3점 슛을 성공시킬 때 느끼는 것과 맞먹는다.

그렇다고 해서 매수하는 거래마다 수익을 올리는 것은 아니다. 나는 포트폴리오에 들어 있는 개별 주식의 이익 또는 손실의 백분율을 유심히 살핀다. 나는 손실 거래는 일찍 청산하고 이익 거래는 추세를 타도록 더 놓아두는 편이다. 내 포트폴리오에서는 100퍼센트나 200퍼센트, 또는 300퍼센트, 혹은 그 이상의 수익률을 심심치 않게 접할 수 있다. 이에 동시에 나는 4, 5 혹은 6퍼센트의 손실을 입으면 기계적으로 시장을 빠른 속도로 빠져나간다. 이런 이유로 나는 수익률이 높은 편이다. 나는 매수하고 나서 머지않아 주가가 움직이기 시작하면 해당 주식으로 양호한 수익을 올릴 수 있다는 사실을 알아냈다. 하지만 이와 달리 매수하고 나서 일정 기간이 경과했는데도 주가가 별다른 움직임을 보이지 않는다면 무엇인가가 잘못된 것이다. 내 타이밍이 좋지 않았거나 펀더멘털에 부정적인 요소가 가미된 것이다.

주식이나 주식의 그룹은 강세장의 주기를 한 번 건너뛰고 다음 주기에 뛰어들 준비를 하는 경우가 잦다. 나는 이것을 "재활용한다"라고 표현한다. 이전에 형성한 고점에서 다음의 중요한 돌파가 발생하기까지 6~7년이 걸릴지도 모른다. 매수에 나서기 전에 나는 주가가 1~2년 정도 어마어마한 하락세를 보인 뒤 베이스를 다지며 4~6년간 보합세를 보였는지 확인한다. 나는 주가가 두드러지는 저항 수준을 돌파한 뒤 시장에 진입한다. 주간 차트 혹은 월간 차트에서도 외부 반전 바를 형성할 때, 아니면 상대적인 주식의 실적이 나아질 때, 특히 '4년에 한 번씩' 나타나는 강세장의 마지막 하락 단계에서 진입하기를 좋아한다.

그래서 결론적으로, 시장에 있는 모든 것을 연구해본 결과 간단하게 '커다란 베이스 패턴'에 집중하기로 결심했다.

ENTRIES & EXITS
VISITS TO SIXTEEN TRADING ROOMS

CHAPTER

13

페테르 타타르니코프
Peter Tatarnikov

우리는 시장을
분석하는 사람들을
분석한다

이름 | 페테르 타타르니코프
거주지 | 러시아 모스크바
전 직업 | 컴퓨터 기술 지원
트레이딩 분야 | 외환
트레이딩 경력 | 1999년부터
계좌 규모 | 중간 규모(25만~100만 달러)
소프트웨어 | Rumus

나는 2005년 4월 모스크바로 날아가 러시아에서 규모가 가장 큰 외환 증권사를 위해 러시아의 세 개 도시에서 전문가 수업을 진행했다. 나는 규율에 따르는 것과 자금 관리의 중요성을 강조했는데, 내 강의가 그 회사의 고객들에게 도움이 되기를 바랐다. 나는 외진 도시를 구경하고 한 번도 본 적 없는 유적지를 방문하는 것을 좋아한다. 모스크바 본부에서 나는 수석 딜러인 페테르를 만났다. 페테르는 당시에 데이 트레이딩을 하고 있었는데, 마케팅에 의지하기보다는 현실적인 결정에 따라 인생을 사는 사무적인 남자 같은 분위기를 풍겼다. 그의 트레이딩 룸에는 다른 딜러 두 명과 비서가 있었는데, 우리는 문을 잠그고 이야기를 나눴다.

페테르: 나는 1980년 9월 1일 러시아의 동쪽 지역에 있는 블라디보스토크에서 태어났다. 러시아에서는 생일을 '지식의 날'이라고 부르는데, 학교에 처음으로 가는 날이라는 의미다. 나는 외환 증권사에서 만 17세 때부터 일하기 시작했다. 처음에는 컴퓨터 작업을 돕고, 야간 근무를 했다. 고객들은 24시간 내내 트레이딩을 했다. 이 무렵, 우리 회사의 독자적인 소프트웨어 개발이 막 마무리되었다(루무스Rumus라는 이름의 소프트웨어로, 구성이 상당히 탄탄해서 다용도로 활용될 수 있다). 1998년 회사는 모스크바로 이전했고, 나는 딜러가 되어보지 않겠느냐는 제안을 받았다. 비행기를 타고 모스크바로 향했지만, 테스트 결과 준비가 덜 되었다는 소리를 듣고 결국 기술 지원 부서에서 일하게 되었다. 6개월 후 1999년 딜러 중 한 명이 퇴사했을 때 나는 수습 기간 한 달을 거쳐 비로소 딜러로 승진할 수 있었다. 내가 할 일은 고객의 명령에 따르고 회사의 포지션을 관리하는 것이었다.

나는 딜러로서 처음 근무했던 당시를 생생히 기억한다. 당시에 야간 근무를 자주 했는데, 일본 엔화가 비정상적인 움직임을 보여 일본중앙은행이 시장에 개입했었다. 너무 많은 일이 벌어지는 바람에 나는 한밤중에 동료들을 깨워 질문하기도 했다. 내가 현재 알고 있는 모든 것은 당시 우리 회사의 차석 딜러였던 세르기 코차로프Sergey Kovzharov에게서 배운 것이다. 2003년에 코차로프는 수석 딜러로 진급했는데, 그가 퇴사한 뒤에는 내가 그 자리를 메우게 됐다. 나는 여전히 그와 연락을 하고 지낸다. 궁금한 게 생기면 아직도 그에게 전화를 걸어 물어본다.

딜러로서 나는 고객들의 명령에 따른다. 고객은 우리 소프트웨어를 이용하거나 우리에게 전화를 걸어 매매 주문을 낸다. 그러면 우리 직원들이 돌아서서 누적 주문을 은행 간 시장에 낸다. 큰손 고객을 위해서는 일을 곧바로 진행할 수도 있다. 주문 규모가 10만 달러 정도로 작을 때는 우리가 직접 처리한다. 대신 회사의 총 거래 액수를 모니터한다. 우리 회사에는 한계 금액이 정해져 있기 때문에, 주문이 그 액수를 초과할 경우 은행 간 시장에 가서 초과액을 처리한다.

우리는 규모뿐만 아니라 통화쌍currency pairs의 ATRAverage True Range 같은 변동성도 추적한다. 러시아의 가장 큰 외환 증권사인 만큼, 우리는 선두주자로서 새로운 활동을 처음으로 하는 경우가 많다. 경쟁사들은 우리가 일하는 방식을 계속해서 모방한다. 그들은 비록 우리보다 늦게 행동에 나서지만 우리의 실수를 보고 교훈을 얻는 이득을 본다. 이 분야의 선두주자로서 우리는 여러 차례 실수를 경험했다. 1998년의 아시아 금융 위기 당시, 우리의 시스템은 고객이 주문을 낸 뒤 1분도 더 지난 가격에 매매하게 만들었고, 그로 인해 회사는 큰 돈을 잃었다. 그 후로 우리 시스템은 개선되어 이제는 서로 다른 약 70개의 은행과 딜러에게서 얻는 주식 시세를 통합할 수 있다. 예를 들어 통화에서 유독 강세를 보이는 은행이 필요한 경우, 시스템이 그 점을 파악하고 그에 해당하는 은행들을 찾아내는 것이다. 정확성이 떨어지는 시세를 얻을 경우(러시아어로는 범위 밖에 있는 시세를 유령이란 의미의 단어 부거boogers라고 부른다) 우리 시스템은 해당 정보를 제공한 딜러에게 메시지를 보낸다.

고객의 주문은 인터넷 거래 시스템Internet Dealing System으로 체결된다. 우리는 러시아에서 처음으로 고객에게 우리 트레이딩 소프트웨어가 어떻게 작동하는지 보여준 회사다. 우리는 일상적인 주문을 처리하는 인공 지능 시스템을 개발하기도 했다. 우리가 트레이더들에게 제공하는 최대 증거금은 100대1이지만 실제로는 10대1로 제한하기를 권한다. 우리는 마진 콜*을 발행하지만, 자산이 0이 될 때까지 트레이딩하도록 고객에게 허용한다.

딜러의 책상에 수개월 또는 수년간 앉아 있다 보면 거의 모든 사람이 똑같은 행동을 하고 똑같은 실수를 반복적으로 저지른다는 사실을 깨닫게 된다. 트레이더들이 지속적으로 어기는 규칙 중에 잘 알려진 것들이 있다. 우선 그들은 손실 포지션에 매달리며, 마진 콜을 받을 때까지 포지션을 계속 추가한다. 사람들은 손실을 입으면 포지션을 계속 보유하고, 수익을 올리면 포지션을 금방 청산하는 경향이 있다. 우리 회사에서는 그와 정반대로 트레이딩한다.

다른 트레이더들은 포지션을 취했다가 시장이 그들이 원하지 않는 방향으로 움직이면 손실을 감수할 뿐 아니라 반대 포지션을 취하기도 한다. 그러다 시장이 다시 한 번 반전하면 또 한 차례 손실을 입는다. 처음 판단이 옳았는데도 수익을 올리기는커녕 두 번이나 손해를 보는 셈이다. 이것은 모스크바든 블라디보스토크든 예레반Yerevan이든 어느 센터에서나 볼 수 있는 광경이다. 트레이더들은 각자 다른 도시에서 일할지 몰라도 마치 눈보라에 휩쓸린 것처럼 똑같은 순간에 똑같이 행동한다.

여러 트레이더가 포기하기 시작할 때 시장은 반전되기 시작한다. 사람들은 너무 당연한 지지 혹은 저항 수준에 역지정가 주문을 낸다. 시장은 그 수준을 지속적으로 넘어서며 역지정가 주문을 체결시킨다. 엘더 박사는 전문가 수업에서

---

*margin call; 증거금 추가 납부 통지. 외환 거래 시 개시 증거금을 증권사에 내는데, 마진 콜이란 증권사가 최종 가격을 정산해 장부 가격이 유지 증거금을 밑돌 때 고객에게 증거금을 추가로 납부하라고 통보하는 것을 의미한다.

이런 현상에 대해 설명하기도 했다. 시장이 저항 수준에 접근할 경우 이전 고점에서 10틱 아래 매수 주문이 몰려 있는 것이다. 주가는 주문을 촉발시키고는 하락한다. 저점의 경우도 마찬가지다. 몇 틱 정도 내려가고 나서 반등하기 시작한다. 나는 시장이 왜 그런 현상을 보이는지 궁금했다. 우리 고객이 어디에서 역지정가 주문을 냈는지 시장은 알지 못하기 때문이다. 이 말인즉슨 전 세계적으로 트레이더들이 똑같은 지점에 역지정가 주문을 냈다는 것이다. 인간의 보편적인 특성이나 마찬가지인 셈이다.

심리적인 요인이 작용하기 시작하면 트레이더의 계좌에 돈이 얼마나 있는지는 중요하지 않다. 지금 당장, 이 순간에 행동해야 한다는 생각이 들기 때문이다! 자본이 더 많은 트레이더는 규모가 더 큰 포지션을 선택한다. 트레이더들이 MACD나 엘리어트, RSI, 점성술을 이용할 수도 있다. 그러나 스트레스를 받을 때 지지선이나 저항선이 테스트되면 기법에 관계없이 모두 똑같은 방식으로 트레이딩한다. 시장 참가자들은 저마다 다른 기법을 이용하지만 보이는 행동 양식은 비슷하다. 그들의 문제점은 분석 방법에 있는 것이 아니라 심리에 있다. 시장 참가자들은 군중과 똑같이 행동하는 경향이 있다. 이는 외환 시장에 국한된 이야기가 아니라 모든 시장에 해당되는 이야기다. 갑작스러운 사건이 발생해서 군중이 이기는 경우도 있지만, 장기적인 관점에서 보면 군중은 항상 돈을 잃는다. 딜러로 일하거나 은행에서 근무하는 친구들에게 그들의 고객이 유로화를 사들이고 있다는 소리를 들으면 나는 유로화 가격이 곧 떨어질 것이라고 예상한다.

우리 고객 중 유명한 외과의사가 있다. 그는 아무 생각 없이 소규모 계좌로 트레이딩하다가 수년간 돈을 잃었다. 돈을 두 배로 불린 적도 있었지만 곧 모두 잃고 말았다. 그는 인터넷도 하지 않고 차트를 들여다보지도 않는다. 하루는 나에게 전화를 하더니 "페테르, 당장 거래를 했으면 좋겠는데 사거나 팔 만한 게 있습니까? 빨리 알려주세요. 지금 수술실로 뛰어가야 하거든요. 수술이 끝나고 다시 전화할 테니 자세한 내용을 들을 수 있었으면 합니다." 무슨 소리냐고 물었더니 그는 이렇게 대답했다. "저는 사람들을 수술하는 일을 합니다. 그래서 시장에서는 긴장을 풀고 여유를 즐기려고 합니다." 시스템이 없는 트레이더는 손해를 볼 수밖에 없다. 그리고 그와 반대로 트레이딩하는 사람은 수익을 올린다.

성공하는 트레이더는 항상 군중과 다른 방식으로 행동한다. 우리 고객 가운데

외환 트레이더 감정 지수

Forex Club Sentiment Index

페테르는 다음과 같이 말했다.

전 세계적으로 트레이더들은 시장에 참가하는 군중의 기분을 나타내는 지표를 찾는다. 그런 지표들은 대부분의 시장 참가자가 비슷하게 생각하고 그릇된 의견을 지니는 경우가 많다는 사실을 반영한다. 우리의 목표는 군중을 추적해서 그들의 행동과 반대되는 행동을 하는 것이다. 이것이 바로 우리가 외환 거래를 하는 트레이더들의 기분을 측정하는 지표인 외환 트레이더 감정 지수(Forex Club Sentiment Index, FCSI)를 개발한 이유다. 우리는 우리 외환 클럽에 속한 수천 명의 고객이 보유한 포지션을 바탕으로 이 지표를 계산한다.

지표의 공식은 대단히 간단하다.

$$FCSI = (L/T) \times 100$$

L = 통화 시장의 롱 포지션 개수

T = 통화 시장의 총 포지션 개수

FCSI는 어느 통화 시장에서든지 우리 회사의 고객이 보유하고 있는 롱 포지션의 비율을 반영하며, 0과 100 사이에서 왔다 갔다 한다. FCSI가 70을 넘어서면 과매수 현상이 나타나며, 30 아래로 떨어지면 과매도 현상이 일어난다. 30과 70 사이는 중립적인 영역이라고 보면 된다. 다음 단계로 우리는 이를 기반으로 하는 기계적인 트레이딩 시스템을 개발하려고 시도하고 있다.

소규모 계좌로 출발해서 2년도 채 되지 않아 100만 달러 이상을 벌어들인 트레이더가 있다. 나는 그에게 내가 개발한 집단행동(위 박스 참고)을 측정하는 지표를 보여줬다. 그는 자신의 손실 거래가 대부분 군중과 같은 방향으로 트레이딩할 때 발생했다는 사실을 알아냈다. 가끔 군중과 함께 트레이딩할 때면 돈을 잃는다는 사실을 발견한 것이다.

우리는 소매업 회사이기 때문에 사람들이 선택하는 거래를 큰 규모로 분석할 수 있다. 우리는 이 데이터를 바탕으로 군중의 행동에 관한 지표를 만들어 외환 트레이더 감정 지수Forex Club Sentiment Index, FCSI라고 이름 지었다. 이 지수는 우리 딜러들의 데이터를 기반으로 삼고 있지만, 전 세계적인 트레이더들의 행동을 반영한다고 볼 수 있다. FCSI는 상품선물거래위원회Commodity Futures Trading Commission, CFTC가 미국에서 하는 것과 비슷한 역할을 한다. 트레이더들이 보유하고 있는 여러 시장의 포지션을 요약해서 간행물로 출판하는 것이다. 차이점이 있다면 CFTC는 데이터를 일주일에 한 번씩 출간하고, 우리는 온라인상에서 실시간으로 발표한다는 것이다.

우리는 FCSI를 기반으로 하는 트레이딩 시스템을 만들었다. 군중에 반해서 트

스크리닝 소프트웨어 Screening Software

Q. 저는 예비 주식을 선정하기 위해 독자적으로 소프트웨어를 개발 중인데, 일일 단위로 주식을 업데이트하기 위해 비용이 많이 들지 않는 인터넷 데이터 피드를 찾고 싶습니다.

A. 이미 존재하는 도구를 두고 새롭게 발명하려고 노력하는 데 시간을 허비하지 마시기 바랍니다. 거래를 분류하고 걸러내고 싶다면 비용이 많이 들지 않으면서도 효과가 뛰어난 TC2005를 추천합니다. 데이터를 분석하고 결정을 내리고 기록을 남기는 데 시간을 투자하세요.

레이딩하는 것은 전혀 새로운 아이디어가 아니지만, 우리는 우리만의 시스템을 개발하는 데 성공했다. 그 과정에서 미리 생각해둔 아이디어는 없었다. 결과가 어떻게 나올지 아무도 알지 못했다. 결국 자동적인 시스템이 탄생했다. FCSI가 70을 넘어서면 우리는 종가에 숏 포지션에 진입하고, 30 아래로 떨어지면 종가에 롱 포지션에 진입한다. 우리는 FCSI가 60 아래로 떨어지면 공매도한 포지션을 환매하고, FCSI가 40을 넘어서면 매수한 포지션을 매도한다. 우리는 분석하는 데 하루에 10분 정도 걸리고, 종가에만 거래하며, 장중에는 컴퓨터를 쳐다보지 않는다. 우리는 이 시스템을 지금까지 2년에 걸쳐 테스트했으며, 현재 진짜 돈을 이용해서 트레이딩하고 있다. 2005년 1분기에 우리는 12퍼센트의 수익을 올렸다. 이 데이터를 이용하는 고객도 있는데, 그들은 다른 방식으로 트레이딩한다. 우리는 이 접근법으로 톡톡히 효과를 보고 있다.

우리는 돈을 분석하지 않고 트레이딩 결정의 개수를 분석한다. 우리의 지수를 계산하면서 개별적인 계좌를 살펴보는 것이 아니라 포지션의 개수만 살펴본다. 우리에게는 1만 달러짜리 유로화 매수 주문이나 10만 달러짜리 주문이나 똑같다. 유로화 매수 주문이 두 건인 것일 뿐이다. 이를테면 전날 우리는 유로화 포지션을 총 2,000개 보유하고 있었고, 대부분의 고객이 롱 포지션에 진입한 상태였다. 이날 밤 유로화는 1.2917달러까지 상승했지만 현재는 1.2875달러에 거래되고 있다. 가격은 떨어졌고, 그래야 마땅하다. 이 시스템으로 트레이딩할 때 나는 유로화 또는 엔화의 가격에는 관심이 없다. 우리는 시장을 분석하는 것이 아니라 시장을 분석하는 사람들을 분석한다.

나는 페테르에게 유명한 영국 경제학자 존 메이너드 케인즈에 대해 이야기해줬다. 케인즈는 캠브리지대학교의 기부금을 성공적으로 관리한, 영리한 종목 발굴가다. '정치적으로 올바른 표현'이 존재하기 전에 그는 수익이 나는 종목을 발굴하는 것을 미인대회 결과를 예측하는 것에 비교했다. 케인즈에 따르면 결과를 제대로 예측하기 위해서는 가장 예쁘게 생긴 여자를 선택하지 말고 심판들이 좋아할 확률이 높은 여자를 선택해야 한다.

페테르가 트레이딩 외에 관심을 보이는 유일한 것은 가족이다. "저는 3년 전 비교적 어린 나이에 결혼했는데요, 후회는 없습니다. 아내는 제 인생에 큰 도움이 됐죠. 저는 많은 시간 집에서 벗어나 이곳 트레이딩 룸에 있습니다. 아내가 저희 가족의 생활을 책임지고 아이를 돌봅니다. 저를 전적으로 믿어주기도 하고요. 제가 밤새 일을 해도 화내지 않습니다. 그래서 저는 일이 끝나고 집에 가는 게 항상 기대됩니다." 두 명의 보조 딜러가 트레이딩 기록과 차트를 찾아주는 가운데 페테르는 나에게 보여주고 싶은 거래 두 건을 선택하여 인쇄했다.

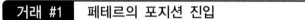

거래 #1 　페테르의 포지션 진입　　　　　　　　　　　　Trade#1

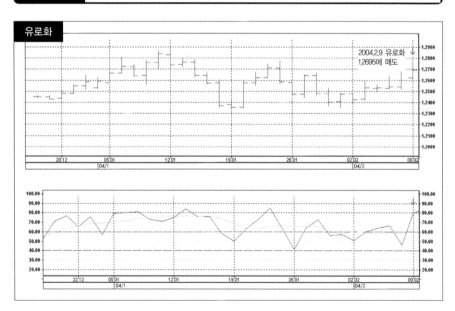

위 | 일간 바 차트
아래 | 5일 단순이동평균이 나타난 일간 FCSI

차트의 오른쪽 가장자리에서 유로화는 상승세를 보이고 있는데, 차트의 아래 단을 보면 군중이 이런 현상을 좋아한다는 사실을 알 수 있다. FCSI가 증가한다는 것은 군중이 이 랠리에 힘입어 매수하고 있다는 것을 의미한다. 장이 마감되기 몇 분 전에 FCSI는 80을 넘어섰다. 내가 이용하는 시스템은 FCSI가 70을 넘어설 때 공매도를 하라고 지시하기 때문에 나는 시스템의 명령에 따라 장이 마감될 때 유로화를 공매도했다.

거래 #1	페테르의 포지션 청산	Trade#1

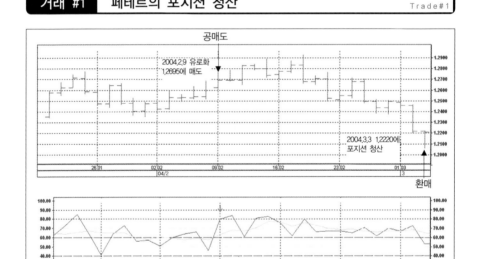

유로화는 내가 공매도하고 나서 며칠 동안 상승세를 보였다. 계속해서 서로 근소한 차이가 나는 신고점을 경신했지만, 나는 환매하지 않았다. 내가 이용하는 시스템에 따르면 FCSI가 60 아래로 떨어질 때까지 공매도 포지션을 유지해야

384

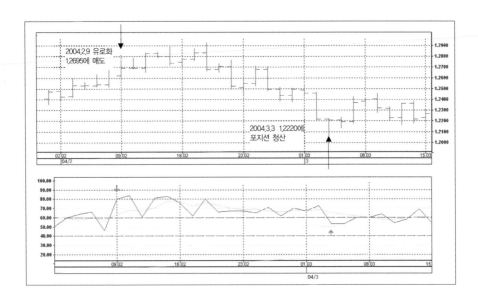

한다. 유로화는 그 정도까지 떨어지지 않았고, 반대로 랠리를 계속하여 80마저 넘어서는 경우도 몇 번 있었다.

유로화의 가치가 떨어지기 시작하자 군중은 황소다운 면모를 점점 잃어갔다. 차트의 오른쪽 가장자리에서 FCSI는 60 아래로 하락했으며, 장이 마감되기 직전에는 50 부근까지 하락했다. 내가 이용하는 시스템은 FCSI가 60을 돌파할 때 환매하라고 지시하기 때문에 나는 종가에 환매해 순전히 기계적으로 시장을 빠져나갔다.

나는 시스템을 계속 주시하고, 시스템이 내는 성과를 측정하며, 변수를 분석한다. 나는 시스템에 대해 생각하며 그에 반하는 행동은 절대로 하지 않는다. 물론 비슷한 신호가 여러 통화와 크로스에서 발효되면 시스템에 대한 확신이 좀 더 생기는 것은 사실이다. 그러나 나는 어떤 신호에든 똑같은 수준의 결의를 보이려고 노력한다. 내가 시장 밖으로 나갈 때는 시장 참가자들의 수가 적을 때뿐이다. 하나의 통화에서 10개 이하의 포지션이 있을 경우에는 신호를 의심할 수밖에 없다.

거래 #1 | 포지션 진입에 관한 견해

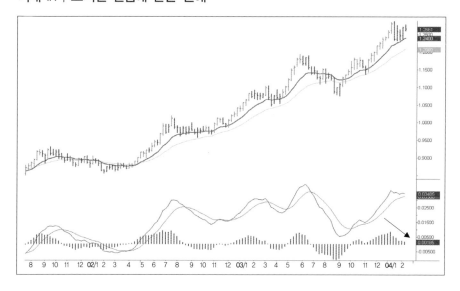

주간 차트를 보면 유로화가 계속 강세를 나타내고 있다. 이 차트는 왼쪽 하단에서 오른쪽 상단으로 옮겨가고 있다. 기술적 분석에 능하지 않더라도 상승세를 쉽게 알아볼 수 있다. 페테르의 지수가 측정한 군중의 심리가 압도적으로 강세장을 향해 있다는 것을 보여주는 것은 전혀 놀라운 일이 아니다.

견고한 강세장은 대개 여러 차례의 조정을 포함한다. 약한 포지션 보유자들을 때려눕히고 프로 트레이더들이 더 낮은 가격 수준에서 롱 포지션에 추가로 진입할 수 있도록 허용할 만큼 조정이 제법 깊은 경우도 있다. 두 개의 이동평균

386

은 시장 참가자들이 평균적으로 합의한 가치를 반영한다. 가격은 이따금씩 가치보다 한참 위로 올라가기도 하지만, 곧 두 이동평균 사이의 가치 영역으로 되돌아오거나 상승세를 지속하기 전의 더 낮은 지점까지 하락하는 모습을 보인다. 이런 현상은 2002년 7월, 2003년 1월과 5월, 10월 일어났다.

2003년 12월 되돌림 현상이 다시 한 번 일어났다. 이제 문제는 이 과정이 끝난 뒤 새로운 랠리가 시작될 것인지 아니면 되돌림 현상이 지속될 것인지 알아내는 것이다. 만일 첫 번째 경우가 옳다면 롱 포지션을 취해야 하지만, 두 번째 경우가 옳다면 숏 포지션을 취해야 한다. 이것은 매우 중요한 선택이다.

차트 오른쪽 바는 두 이동평균보다 위에 있어서 고평가 영역에 속한다. MACD선은 높이 치솟은 상태고, 고섬과 연계된 지역에서 보합세를 보인다. MACD 히스토그램은 0 선 위에서부터 하락하는 모습이다. 임펄스 시스템이 청색이므로 매수와 공매도 모두 가능하다. 가격이 가치 위에 있다는 사실과 MACD의 태도를 감안했을 때 매수보다는 공매도 훨씬 매력적인 접근법처럼 보인다.

일간 차트는 유로화가 2004년 초 며칠간 천장에 머리를 부딪히고 나서 거의

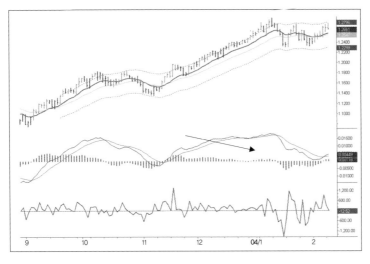

일간 MACD 히스토그램은 11월과 1월의 고점 사이에 하락 디버전스를 나타냈다. 차트 오른쪽 가장자리에서 이틀 동안 지표들은 0 선 위로 돌아왔으며, 하락 반전하기에 적합한 지역에 들어와 있다. 일간 임펄스가 녹색을 나타내고 있는데, 나는 방아쇠에 손가락을 걸어두고 있다가 임펄스가 다른 색으로 바뀌자마자 공매도할 계획이다.

움직임이 없었다. 한 달 동안 변동성이 그렇게 크고, 거래량이 그렇게 많더니 아무 진전도 없었던 것이다! 가격이 높은 선에서 변화를 보이지 않으면 저항선에 이르렀으며 머지않아 하락세가 나타날 것이라는 신호로 간주된다.

거래 #1 | 포지션 청산에 관한 견해

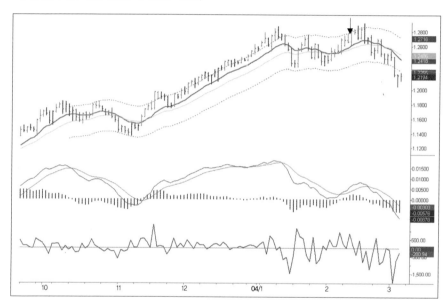

페테르가 공매도하고 나서 유로화는 며칠간 상승하는 데 어려운 모습을 보였다. 심장에 칼이 꽂힌 황소가 자신이 죽을 것이라는 사실을 모르고 계속 달리는 것 같았다. 가격은 일시적으로 상단 채널선 위로 올라가 1월의 고점을 몇 틱 차이로 경신했다. 그로 인해 숏 포지션의 역지정가 주문이 모두 체결돼, 시장은 1월의 고점 위에 매수 역지정가 주문을 넣은 아마추어들을 흡수했다. 가격은 그 상태에 머물렀고, MACD 히스토그램은 하락하기 시작했다. 그로 인해 임펄스 시스템은 청색을 띠었으며, 유로화는 그해 신저점을 찍고 말았다.

차트의 오른쪽 가장자리에서 유로화는 하단 채널선보다 아래에 위치하고, 지나치게 과매도된 상태다. 그해의 저점 부근에서 매매가 이루어졌으며, 곰이 시장을 장악했지만, 강세장이 나타날 신호가 약하게나마 모습을 드러내기 시작하고 있다. MACD 히스토그램, MACD선, 강도 지수 모두 대개 저점과 연관된 수준을 보인다. 가격은 하단 채널선보다 아래 있고, 워낙 과매도되었기 때문에 재앙이 닥치지 않고서는 더 하락하기 힘든 상황이다. 재앙이 닥친다면 정말 환상적일 것이다. 아마추어들은 그런 현상을 기대하지만 프로들은 확률에 돈을 건다. 가격이 과매도 현상을 보이고 상단 채널선 부근에 있으면 프로 트레이더들은 공매도하려고 한다. 가격이 하단 채널선 부근에 있거나 아래 있을 때는 환매하려고 하는 것이다. 그것이 바로 페테르가 한 행동이다.

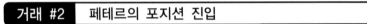

거래 #2 　페테르의 포지션 진입　Trade#2

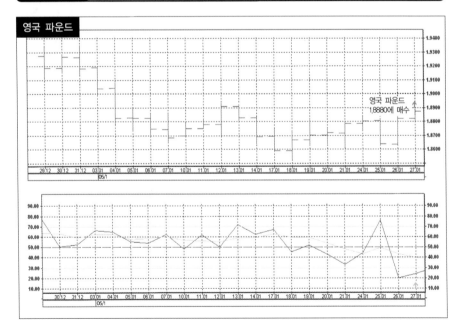

영국 파운드

영국 파운드는 박스권 안에 머물러 있었다. 오른쪽 가장자리에서 황소는 갑자기 세력을 잃어 가격을 20퍼센트 가까이 떨어뜨렸다. FCSI가 30 이하로 떨어지자 시스템이 매수 신호를 보내서 나는 영국 파운드를 종가로 매수했다.

거래 #2 페테르의 포지션 청산 Trade#2

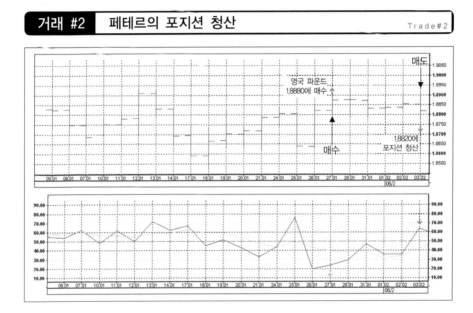

랠리가 지속되지는 않았지만 가격이 변화를 나타내지 않는 동안 곰의 세력이 약화되기 시작했다. FCSI가 40을 넘어서자 나는 결국 손실을 무릅쓰고 매도 포지션에 진입했다. 이 경우에는 내가 매수 신호라고 본 것이 거짓 신호였던 셈이다. 다른 트레이더들이 수익을 올린 데 반해 나는 손해를 보고 말았다. 선택하는 거래마다 수익을 올리기란 불가능하다. 나는 거래를 선택하고 시장을 주시하면서 항상 새로운 것을 개발하려고 노력한다. 나는 대부분의 시간을 사무실에서 살다시피 한다.

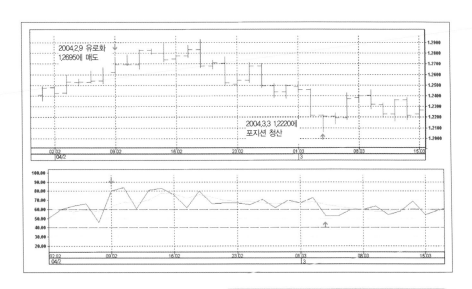

> ▶ 거래 요약　　　TRADE SUMMARY
>
> 영국 파운드 롱 포지션
> 매수 2005.1.27 1.8880
> 매도 2005.2.3 1.8820
> 손실=60포인트

거래 #2 | 포지션 진입에 관한 견해

주간 차트는 상승세를 보여준다. 가격은 왼쪽 하단에서 오른쪽 상단으로 나아가고 있다. 이 강세장은 유로화 시장에 비해 질서정연하지 못하지만, 일반적인 패턴은 똑같다. 지수이동평균에 의해 추적되는 가치의 수준이 계속해서 상승하는 것이다. 가격은 가치 위로 이따금씩 치고 올라가지만, 마치 눈에 보이지 않는 고무줄에 의해 당겨진 것처럼 곧 제자리로 돌아온다.

차트 오른쪽 가장자리에서 파운드는 가치를 넘어서서 상승세하다가 되돌림 현상을 보인 뒤 3주간 가치 영역에 머물렀다. 가장 오른쪽의 바는 가치 영역 밖으로 상승하는 모습이다. MACD 히스토그램은 여전히 하락하고 있지만, 랠리가

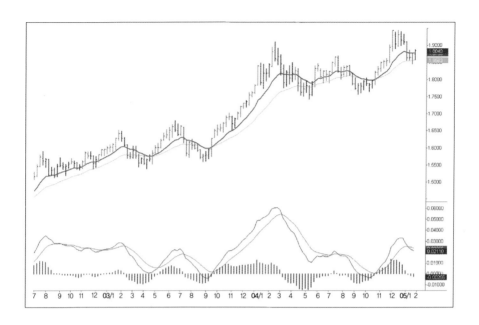

일주일 동안 지속된다면 반전해서 얕은 바닥을 형성할 것이다. 2004년 5월과 9월, 그리고 지금의 바닥이 점점 더 얕아졌다는 사실에 주목하라. 가격 역시 상승

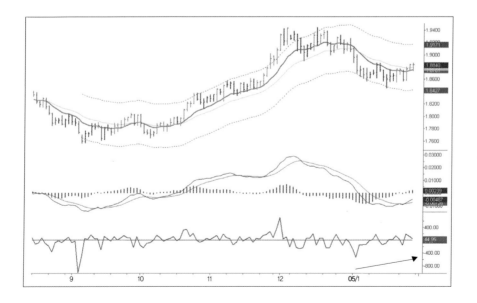

하고 있기 때문에 이것을 디버전스라고 볼 수는 없지만 곰의 세력이 약해지고 있다는 신호이기는 하다. 가장 오른쪽에 있는 바를 살펴보면 임펄스 시스템이 청색으로 변했다는 것을 알 수 있다. 적색에서 바뀜으로써 매수가 허용된 것이다.

일간 차트는 2주 전에 시작된 강력한 랠리를 분명히 보여준다. 가격은 12월 고점에서부터 하락해서 고작 1.86 부근에서 지지선을 형성하고 있다. MACD 히스토그램은 디버전스를 보이지 않지만 (그랬다면 완벽했을 것이다) 그 외에 다른 매수 신호들이 눈에 띈다. MACD선들이 상승하고 있으며, 강도 지수는 상승 디버전스의 윤곽을 그리고 있다. 1월 이후 가격이 하락할 때마다 강도 지수의 바닥이 점점 얕아졌다는 것은 곰의 세력이 점점 힘을 잃어가고 있다는 사실을 반영한다.

두번째 차트의 오른쪽 가장자리에서 임펄스 시스템은 녹색을 띤다. 이 시점에서 매수 포지션에 진입한다는 것은 가격을 쫓아간다는 의미가 있지만, 가격이 가치에서 그렇게 멀리 떨어져 있는 상태는 아니다.

시스템을 지나치게 최적화하는 문제 — Over-optimizing a System

Q. 저는 최근에 기반이 탄탄한 것 같은 시스템을 엄격하게 백테스트하고 시스템의 다양한 변수를 최적화하기 위해 트레이드 스테이션을 이용하기 시작했습니다. 하지만 '곡선 맞춤(curve-fitting)' 문제 때문에 실제 결과가 테스트만큼 좋지 않을까 봐 걱정됩니다. 곡선 맞춤 없이 어떻게 제대로 백테스트할 수 있습니까?

A. 제 경우에는 수동으로 테스트하는 것이 효과가 있는 것 같습니다. 저는 제 분석용 소프트웨어와 엑셀을 열고 주식 데이터를 맨 왼쪽에 둔 채 오른쪽 가장자리를 보고 한 번에 1일씩 앞으로 클릭합니다. 신호를 발견하면 다음 날을 위한 주문 사항을 적어두고, 엑셀에 철저히 기록하면서 다시 클릭합니다. 이런 과정은 시간이 오래 걸리지만, 트레이딩이 안겨주는 놀라움과 불확실성을 모방할 수 있는 유일한 과정입니다.

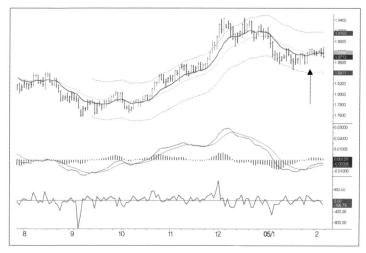

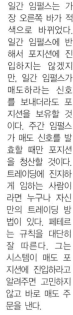

일간 임펄스는 가장 오른쪽 바가 적색으로 바뀌었다. 일간 임펄스에 반해서 포지션에 진입하지는 않겠지만, 일간 임펄스가 매도하라는 신호를 보내더라도 포지션을 보유할 것이다. 주간 임펄스가 매도 신호를 발효할 때만 포지션을 청산할 것이다. 트레이딩에 진지하게 임하는 사람이라면 누구나 자신만의 트레이딩 방법이 있다. 페테르는 규칙을 대단히 잘 따른다. 그는 시스템이 매도 포지션에 진입하라고 알려주면 고민하지 않고 바로 매도 주문을 낸다.

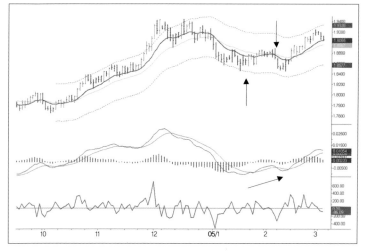

영국 파운드는 페테르가 매수한 날 이후 별다른 변화를 보이지 않았다. 가격은 이전의 신고점과 근소한 차이가 나는 신고점을 찍었다. 그 후 이전의 신저점과 높이 차이가 거의 나지 나는 신저점을 찍기도 했으나, 사실상 박스권 안에 머물고 있었다. 한마디로 가격은 거의 변동이 없는 모습이다.

두 번째 차트에선 영국 파운드가 보기 좋게 상승세를 타는 모습이 보인다. 가격이 하락해 이중 바닥 패턴을 형성했는데, 그 지점에서 MACD 히스토그램이 상승 디버전스를 나타냈다. 파운드는 상단 채널선을 향해 급등했다. 초기의 매수 신호는 제법 괜찮은 것으로 밝혀졌지만, 프로 트레이더는 후회하지 않는 법이다. 프로 트레이더는 어떤 거래든 손실을 입을 가능성이 있다는 사실을 알고 있으며, 자신이 이용하는 시스템이 장기적으로 수익을 올려줄 것이라고 믿는다.

겁먹고 일찍 도망치기   Shaken out

Q. 저는 가격 목표에 도달하기 전에 시장에서 벗어나는 경우가 많습니다. 부정적인 뉴스를 접하거나 시장이 상승세를 보일 때 주식이 약한 움직임을 보이면 계획보다 일찍 빠져나가게 됩니다. 그래서 '시장에 남아서 계속 상승세를 탔으면 좋았을걸'이라는 생각이 드는 적이 많습니다. 포지션을 일찍 청산한 것이 현명한 선택인 것으로 드러나는 경우도 있기는 합니다.

A. 규칙을 적어두고 그대로 실천해야 합니다. 트레이더로서 기량을 발전시키는 초기에는 자유재량을 발휘해서는 안 됩니다. 트레이딩 경험을 1년 이상 쌓고 그동안 수익을 올렸을 경우에만 재량권을 쓸 자격이 생깁니다.

강인함과 인내심

회의가 끝나갈 무렵 우리 중 몇 명은 사우나 시설을 빌려서 몇 시간 동안 쉬고, 술도 마시고, 노래도 불렀다. 그곳에는 한증막, 작은 수영장, 복잡한 노래방 기계 등이 있었다. 나는 노래 책을 손에 들고, 페테르를 노래방 기계 담당자로 임명했다. 술에 취해 흥겨워진 사람들 속에서도 페테르는 기계에 전념하며 여러 가지 버튼을 제대로 누를 사람처럼 보였기 때문이다.

좋은 트레이더는 태어나는가, 만들어지는가? 페테르는 만 17세의 나이에 증권사에 들어갈 만큼 운이 좋았지만 그의 활력, 집중력, 인내심은 어느 분야에서든 큰 무기로 작용했을 것이다. 트레이딩에 대해 한 번도 들어보지 못했더라도 성공한 사람이 되었을 것이다. 시장은 그에게 딱 알맞은 분야처럼 보인다. 강인함과 추진력이 페테르를 20대 중반에 러시아에서 가장 큰 외환 증권사의 수석 딜러 자리에 오르게 했다.

태평한 트레이더라면 소파에서 일어나 스크린을 쳐다보면서 문득 무시무시한 생각이 들지도 모른다. '내가 체결한 거래의 반대편에 페테르 같은 사람이 있으면 어쩌지?' 페테르는 트레이딩 룸에서 살다시피 하며 시장과 다른 트레이더들을 연구한다. 우위를 점할 수 있는 방법을 모색하고, 유리한 점을 한 가지라도 더 찾아내려고 노력한다. 태평스러운 트레이더가 페테르 같은 트레이더를 상대로 이길 확률이 얼마나 될까?

많은 아마추어가 진 빠지는 회사 생활에서 탈출해 편안히 생활하기를 꿈꾸며 시장으로 물밀듯 들어온다. 초보 트레이더들은 증권사들의 선전에 현혹되어 트레이딩이 얼마나 고된 게임인지 제대로 이해하지 못한다. 멍청한 상사와 고약한 동료들이 있는 회사를 벗어나는 것이 대단히 매력적인 발상처럼 느껴질지 몰라도, 트레이더로서 성공하기 위해선 일을 아주 많이 해야 한다는 사실을 아는 초보자는 거의 없다. 바보 같은 상사 밑에서 일하느라 짜증이 나기도 하겠지만, 트레이딩을 할 때는 자기 자신이 스스로의 상사가 된다는 것을 알아야 한다. 그것도 지금까지 겪어본 상사 중에서 가장 까다롭고 엄격한 상사가 되어야 한다. 그어떤 상사보다도 모질게 자기 자신을 채찍질해야 한다. 그렇게 못 하겠으면 트레이딩은 꿈도 꾸지 마라. 차라리 자리가 더 넓고 더 합리적인 상사가 있는 회사를 찾는 편이 낫다.

페테르는 열심히 일하는 것을 좋아한다. 스크린 앞에 있든, 노래방 기계 앞에 있든 능숙함과 성과는 그의 생활 방식에서 핵심 요소다. 그는 강인한 프로 트레이더다. 거래를 체결할 때 이런 질문을 떠올려보라. '페테르가 지니지 않은 특징 중에 내가 지닌 것은 무엇인가? 이 거래에서 우위를 점할 수 있는 요소는 무엇인가? 내가 페테르보다 어떤 면에서 유리한가?' 이 질문의 답을 모르겠다면 트레이딩을 시작하지 마라.

트레이딩 룸을 공개하고 자신이 어떤 방식으로 트레이딩하는지 보여주면서 페테르는 트레이더들에게 큰 도움을 주었다. 이 분야에서 최고의 자리에 있는 사람들이 얼마나 개방적이고 너그러운지 잘 보여주는 좋은 사례다. 성공하는 트레이더가 되기 위해 뛰어넘어야 할 바는 상당히 높지만 페테르는 그 바가 어디쯤에 있는지 분명히 보여준다.

페테르의 e-mail
; 군중의 심리에 반하는 트레이딩

사람들은 시장이 75퍼센트는 심리학, 25퍼센트는 경제학에 관한 것이라고 말한다. 이 말이 사실이라면 심리적 요소를 자신에게 유리하게 활용할 수 있는 트레이더가 장기적으로 볼 때 승산이 있는 셈이다. 군중의 심리에 반해 트레이딩하는 것이 성공하는 트레이더가 되는 초석인 핵심적인 이유는 크게 두 가지를 들 수 있다.

첫 번째, 가격을 어느 정도 관찰하고 나면 사람들은 무엇이 비싸고 무엇이 싼지 무의식적으로 강하게 인식하는 경향이 있다. 이런 모습은 특히 짧은 시간 스케일에서 두드러지게 나타난다. 예를 들어 유료화가 30분 전에 1.20달러에 거래되다가 현재 1.2050달러에 거래되고 있다면, 무의식적으로 '비싸졌으니까 얼른 팔아야지'라는 생각이 든다. 최근의 박스권이 머릿속에 각인된 나머지 가격이 그 범위에서 조금이라도 벗어나면 당장 행동을 취해야 할 것 같은 생각이 드는 것이다. 추세라는 개념은 아무리 짧게 나타나더라도 가격 변화가 진행되고 있다는 의미를 포괄한다. 이런 이유로 우리가 군중에 반해 트레이딩할 때는 추세가 나타날 방향으로 나아가고 있는 것이나 마찬가지다.

두 번째, 대부분의 트레이더는 수익과 손실에 관해 불균형적인 저항력을 지니고 있다. 많은 트레이더가 큰 수익보다는 큰 손실을 더 잘 견뎌내기 때문에 변화가 나타나면 즉각 행동에 나서려는 경향을 보인다. 트레이더가 특정 거래에서 40틱의 손해를 감수할 의향이 있다면 훨씬 가까운 가격 수준에서 이익을 취할 확률이 높다. 이와 반대로 일이 진행될 경우 우리는 손실을 줄이고 수익이 점점 커지도록 놔둘 것이다. 이는 추세 추종자가 사용하는 전략의 핵심이다.

전 세계적으로 트레이더들은 시장의 군중이 어떤 기분인지 알려주는 지표들을 찾아 헤맨다. 그런 지표들은 대부분의 시장 참가자가 비슷하게 생각하고, 많은 경우 잘못된 의견을 지닌다는 사실을 보여준다. 우리의 목표는 군중의 심리를 추적해서 그와 반대로 행동하는 것이다.

ENTRIES & EXITS
VISITS TO SIXTEEN TRADING ROOMS

CHAPTER
14

다미르 마흐무도프
Damir Makhmudov

기본적 맥락에서의
기술적 신호

이름 | 다미르 마흐무도프
거주지 | 라트비아 리가
전 직업 | 목화 구매 매니저
트레이딩 분야 | 미국 선물
트레이딩 경력 | 2002년부터
계좌 규모 | 소규모(25만 달러 이하)
소프트웨어 | Metastock(Elder-disk 포함)

2004년 11월 나는 라트비아의 목화 회사에서 일하는 트레이더에게서 이메일을 받기 시작했다. 다미르는 선물 시장에서 자기 회사가 보유한 규모가 제법 큰 목화 포지션을 헤지하는 일을 했는데, 그러다 보니 기술적 분석에 큰 관심이 생겼다고 했다. 목화 가격은 당시에 막 바닥을 쳤다. 나는 그의 이메일은 흥미로웠다. 그는 목화가 번창한 것처럼 보이는 시장에서 공급이 원활하지 않을 것임을 암시하는 초기 징조에 대해 설명해주었다. 기본적 분석과 기술적 분석을 결합하는 데 초점을 맞춘 트레이딩 스타일이 마음에 들어, 나는 그를 인터뷰에 초대했다. 2005년 6월 다미르는 나를 만나러 암스테르담에 왔다.

다미르: 나는 라트비아에서 유년 시절을 보냈다. 당시 라트비아는 구소련에 속해 있었다. 나는 스포츠를 즐겼는데, 특히 아이스하키를 좋아했다. 나와 함께 아이스하키를 했던 친구들 중 몇 명은 현재 국가대표로 뛰고 있는데, 나는 어렸을 때 체구가 좀 작아서 그 수준까지 올라가지 못했다. 나는 군대에 징집되어 특수 커뮤니케이션 업무를 담당했다. 18개월 동안이나 훈련을 받았지만, 그때 배운 가장 유용한 기술은 키보드를 보지 않고 타이프를 치는 일인 것 같다.

구소련이 붕괴되고 나서 나는 서양식 교육을 받아야 한다는 사실을 깨달았다. 1990년대 초에 컨커디어대학교가 이웃 나라 에스토니아의 탈린에 위성 캠퍼스를 열었다. 나는 거기서 8년 동안 공부해서 국제 경영학 BA(학사)와 MBA(경영학석사) 학위를 받았다. 나는 학교를 다니면서 등록금과 생활비를 벌어야 했는데 섬유와 종이 사업에 투자하려고 에스토니아에 들어온 싱가포르 회사에서 일자리를 구했다. 나는 목화를 취급하는 상무부에서 일하다가 6개월 뒤 테네시 주 멤피스에 있는 국제목화협회로 옮겨가게 되었다. 거기서 두 달 동안 공부를 하고 나서 회사를 위해 목화를 사는 일을 했다.

우리 공장은 직물을 생산했기 때문에 목화 가격이 수익과 직결되는 요소 중 하나였다. 목화 현물을 매수하는 동안 나는 가격 리스크에 신경 써야 했다. 다른 사람들과 마찬가지로 나는 기본적 분석에서 출발해 수요와 공급을 공부했다. 전 세계적인 마감 재고ending stock를 바탕으로 나만의 가격 예측 모델을 만들기도 했다. 목화 산업은 좁고 유대가 강한 세상이다. 나는 1997년부터 이곳에 몸담고 있다. 나의 MBA 논문 주제는 〈목화 재고의 가격 리스크 관리 및 기업의 시장 가치에 미치는 영향〉이었다.

2002년에 나는 라트비아에 있는 목화 회사에서 상급 트레이더로 일해달라는 스카우트 제의를 받았다. 몇 명의 투자자가 카자흐스탄에 목화 공장 두 개를 사서 리가에 사무실을 낸 것이다. 나는 이제까지와는 다른 관점에서 가격 리스크를 관리해야 한다. 농부들에게서 목화씨를 사다가 목화를 현물로 보유하는 식이다. 그러다 보니 하락세 리스크를 헤지해야 했다. 처음에는 옵션을 이용하려고 했으나 델타를 신경 써야 하는 것이 마음에 들지 않았다. 그래서 2003년 선물 시장으로 눈을 돌렸다. 펀더멘털을 이용하고 목화 현물과 뉴욕 선물의 가격 차이를 모니터하는 것으로 시작했다. 목화 현물을 보유한 만큼, 우리는 목화 가격이 올라가면 돈을 벌었지만 가격이 떨어지면 돈을 잃었다. 우리는 목화 선물을 공매도함으로써 목화 현물 롱 포지션을 헤지했다.

처음에는 언제 공매도하고 언제 환매해야 하는지 비교적 직관적으로 알 수 있었다. 그러다가 기술적 분석을 연구하면서 오스트레일리아기술적분석협회Australian Technical Analysts Association 웹사이트를 발견했다. 엘더 박사의 책도 읽고, 메타스톡을 이용하기 시작했으며, 엘더 디스크도 구입했다. 나는 시스템 트레이더라기보다는 재량적 트레이더에 가깝다. 시스템이 매매 신호를 보내더라도 기본적인 상황을 분석하고 나서 관망하기로 결정할 수도 있다. 나는 오스트레일리아증권협회Australian Securities Institute에서의 강좌 두 개를 듣고 있다. 하나는 기술적 분석에 관한 것이고, 다른 하나는 전문 기법에 관한 것이다. 나는 나중에 포지션 크기 관리과 자금 관리에 초점을 맞춘 투기 펀드를 만들고 싶다. 지금은 투기와 헤지 거래를 하고 있는데, 헤지 거래는 규모가 제법 크다. 우리가 목화 현물을 많이 사둔 것을 반영하는 셈이다. 우리 회사는 투기 기법을 갈고닦기 위해 10만 달러가 든 소규모 계좌를 개설했다.

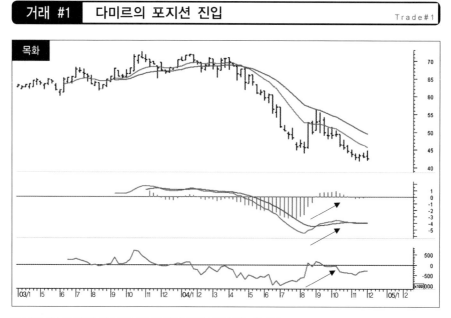

거래 #1   **다미르의 포지션 진입**   Trade#1

목화

위 | 26주 지수이동평균(녹색)과 13주 지수이동평균(적색)이 나타나 있는 바 차트
중간 | MACD선과 12-26-9 MACD 히스토그램, MACD 히스토그램이 상승하면 녹색, 하락하면 적색
아래 | 13주 강도 지수

목화

　주간 MACD 히스토그램이 상승 디버전스를 바탕으로 상승하는 것을 볼 수 있다. 뿐만 아니라 MACD선이 상승 디버전스를 나타냈고, 둘 다 상승하며 교차할 준비를 하고 있다. 가격은 지수이동평균보다 한참 아래까지 하락했는데, 이는 과매도 시장이 나타날 때 일반적으로 일어나는 현상이다. 7월과 11월의 저점 사이에 강도 지수가 상승 디버전스를 보이기도 했다. 주간 차트에서 나타나는

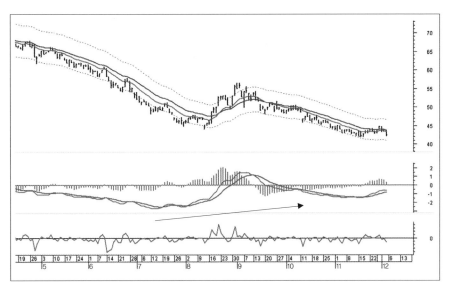

위 | 22일 지수이동평균(청색)과 13일 지수이동평균(적색)이 나타나 있는 바 차트
　　오토 엔벨로프-느린 지수이동평균 주위로 표준편차 2.7
중간 | MACD선과 12-26-9 MACD 히스토그램
아래 | 2일 강도 지수

이 모든 신호의 메시지를 결합하면 롱 포지션으로 진입할 거래는 일간 차트에서
만 찾아봐야 한다는 결론에 이른다.

　　MACD 히스토그램은 강력한 상승 디버전스의 윤곽을 그린 뒤 하락하고 있
다. 7월과 12월의 저점 사이에 MACD선이 강력한 디버전스를 나타냈다. 나는 이
현상을 가격이 최근의 고점을 넘어설 것이라는 의미라고 해석했다. 강도 지수의
2일 지수이동평균은 매수 영역인 0 선 아래 있었다.

　　13일 지수이동평균은 비슷한 수준을 유지하거나 하락했다. 하지만 목화 가
격이 42~45센트 사이에 박스권을 형성한 만큼 그 신호는 무시할 수 있다. 박스
권의 범위가 상대적으로 좁아 가격이 낮을 때 사서 높을 때 파는 전략이 요구된
다. 나는 2004년 12월 3일에 2005년 3월 목화 5계약을 파운드당 42.85센트에 매
수하는 지정가 주문을 내기로 했다. 나는 42.70~42.80센트 부근에서 지지선으로

약하게 돌파가 발생할 때 매수에 나설 생각이었다. 손절매는 계약의 저점인 파운드당 41.80센트보다 조금 낮은 41.78센트에 설정해두었다. 내가 설정한 이익 목표는 44.45센트였는데, 채널폭의 30퍼센트 정도를 포착하는 가격이었다.

거래 #1 | **다미르의 포지션 청산** | Trade#1

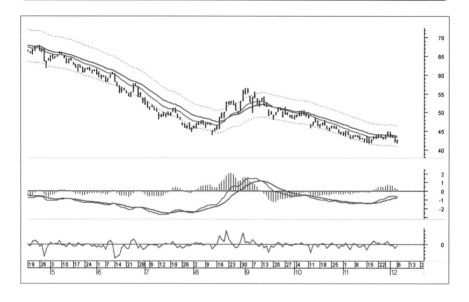

▶ **거래 요약**   *TRADE SUMMARY*

2005년 3월 목화 선물 롱 포지션
매수 2004.12.3 42.85센트
매도 2004.12.6 41.78센트
손실=계약당 107포인트+매매 수수료 6포인트=계약당 총 113포인트
진입 성적=63%(불량)
청산 성적=6%(매우 불량)
전체적인 거래 성적='D'
(107포인트 잃음. 550포인트짜리 채널의 19% 잃음)

이 무렵 나는 여전히 트레이딩 방법을 연구하고 있었다. 이제 막 재량 펀드를 테스트하기 시작했고, 자금 관리 규칙이 미처 마련되기 전이었다. 나는 내 주간 분석이 정확하며, 포지션에 진입한 것 역시 근본적으로 옳다고 생각했다.

내가 저지른 실수는 계약의 저점보다 고작 몇 틱 낮은, 뻔한 가격 수준에서 손절매했다는 것이다. 나는 사람들이 자주 빠지는 함정에 빠졌고, 그로 인해 플로어 트레이더들의 '낚시질'의 희생자가 되고 말았다.

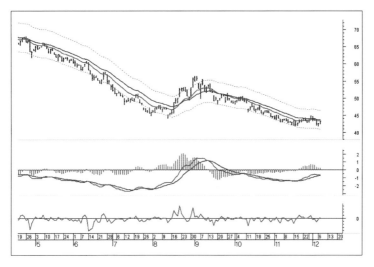

거래 #1 **다미르의 포지션 추가 진입** Trade#1

2005년 3월 목화 선물을 12월 7일 42.67센트에 매수하는 역지정가 주문을 냈다. 이 가격은 전날 고가인 42.65센트보다 조금 높은 가격이다. 상승 돌파가 일어나면 그 기회를 포착할 생각이었다. 손절매는 계약의 저점인 파운드당 41.72센트보다 조금 낮은 파운드당 41.67센트에 설정했다. 이익 목표는 44.45센트에 설정해 채널폭의 약 30%를 포착하려고 했다.

나는 목화 포지션을 손절매한 날 차트가 여전히 강세장을 보이고 있다는 것을 깨달았다. 내가 형편없는 지점에 역지정가 주문을 설정해 시장을 벗어나게 된 것이다. 주간 차트가 던지는 메시지는 조금도 변함이 없었고, 일간 차트 역시 가격의 강세를 보였다. MACD 히스토그램은 목화가 신저점을 찍을 뻔했던 기간에도 0 선 위에서 머물렀으며, 강도 지수도 상승하고 있었다.

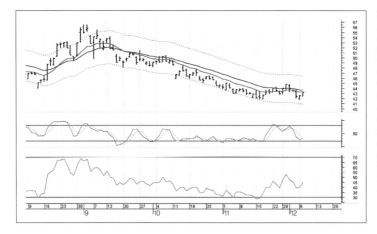

다른 지표들을 살펴
보면 14일 RSI와 5일
스토캐스틱의 상승
디버전스가 발생하
는 것을 알 수 있다.
이는 곰의 세력이
약화된 상태임을 나
타낸다. 12월 6일 가
격이 보이는 움직임
은 '종가의 반전'이
라고 부를 수 있다.
이런 현상은 머지않
아 가격이 하락세보
다는 상승세를 보일
가능성이 높다는 것
을 암시한다.

거래 #1 **다미르의 포지션 추가 청산**   Trade#1

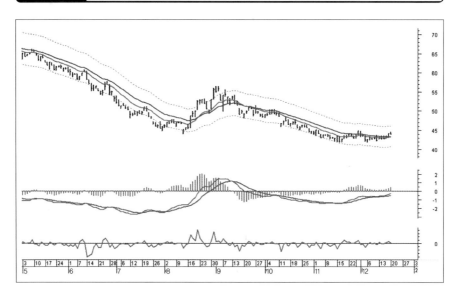

동료들은 내가 손절매한 바로 다음 날 롱 포지션에 재진입한 것을 의아하게

408

여겼다. 하지만 늘 그렇듯이 나는 용기 있게 계획한 대로 행동했다.

이 거래는 수익을 안겨줬지만, 더 잘 마무리할 수 있었겠다는 생각이 든다. 시장에서 너무 일찍 빠져나왔기 때문이다. 이제 우리는 목표를 30%로 설정하지 않고 수익을 더 많이 올리려고 상황을 모니터한다. 게다가 당시엔 자금 관리 규칙이 마련되지 않아 거래 규모가 일정하지 않았다. 두 번째 거래의 1계약당 수익이 첫 번째 거래의 1계약당 손실보다 많았다. 하지만 첫 번째 거래에서는 5계약에 2,825달러를 잃었고, 두 번째 거래에서는 2계약에 1,640달러를 벌었다. 규모가 작은 거래는 서로를 기반으로 하여 자신의 트레이딩 시스템을 신뢰하도록 훈련시킨다.

> **▶거래 요약**   **TRADE SUMMARY**
>
> 2005년 3월 목화 선물 롱 포지션
> 매수 2004.12.7 42.75센트
> 매도 2004.12.20 44.45센트
> 이익=계약당 170포인트−매매 수수료 6포인트=계약당 총 164포인트
> 진입 성적=40%(비교적 양호)
> 청산 성적=92%(양호)
> 전체적인 거래 성적=‘A’(550포인트짜리 채널의 31% 포착)

거래 #1 | 포지션 진입에 관한 견해

내 차트가 다미르의 차트와 비슷해 보인다면 우리가 비슷한 소프트웨어를 이용하기 때문이다. 다미르는 메타스톡을, 나는 트레이드 스테이션을 이용하는데 우리 둘 다 패키지에 엘더 디스크를 추가했다.*

---

*엘더 디스크가 특별한 비밀을 담고 있는 것은 아니다. 그저 특정한 트레이딩 플랫폼을 위해 흠잡을 데 없이 프로그래밍된 지표와 시스템일 뿐이다. 공식이 책에 있기 때문에 직접 프로그래밍할 수 있다. 하지만 문제는 그 작업에 어느 정도의 시간이 소요되며, 얼마나 정확하게 수행할 수 있는가다. 내가 연구한 내용을 상업적으로 판매하는 프로그래머들도 있는데 프로그래밍을 잘못해서 실수하는 경우가 많다.

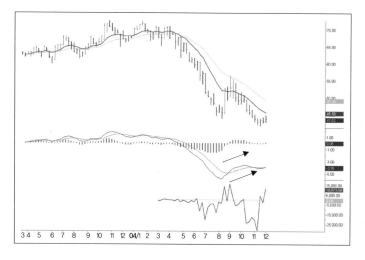

오른쪽 가장자리 부근에서 목화는 몇 년 들어 가장 낮은 가격 수준을 보였다. 상품은 주식과 달리 자연적인 천장과 바닥이 있다. 상품은 주식과 달리 0까지 떨어지고 나서 사라지는 것이 불가능하다. 목화, 밀, 구리, 원당을 비롯해 사회를 구성하는 데 기본이 되는 상품의 수요는 언제나 있게 마련이다. 상품 가격의 바닥은 생산 가격에 따라 달라진다. 만일 가격이 그 수준 이하로 떨어지면 농부는 재배를 중단하고, 광부는 채굴을 멈춰 공급을 감소시켜 하락세를 저지한다. 극단적인 상황에서는 상품 가격이 생산 비용보다 낮은 수준까지 일시적으로 떨어질 수도 있지만 그 수준에 오래 머물지는 않는다. 이것이 바로 내가 이 주간 차트를 처음 봤을 때 깜짝 놀란 이유다. 목화가 몇 년간 만에 저점을 기록하고 있지 않은가. 누구 때문에 이 거래에 관심을 갖게 됐는지 기억나지 않지만 어쩌면 다미르인지도 모르겠다. 나는 몇 년간 목화를 거래하지 않았지만 이 차트를 봤다면 틀림없이 거래에 뛰어들었을 것이다. 여러분도 혹시 이런 차트를 보게 되면 반드시 트레이딩하기 바란다!

이것들은 『나의 트레이딩 룸으로 오라』에서 소개하고 존 브런즈John Bruns가 프로그래밍한 도구들이다.

가격은 대개 펀더멘털 데이터를 이용할 수 있기 전에 움직인다. 기술적인 요소가 펀더멘털과 관계된 요소보다 먼저 나타나기 때문이다. 아직 일어나지 않은 사건은 앞날에 부정적인 영향을 끼칠 우려가 있어서 방대한 양의 펀더멘털 데이터에 둘러싸여 있는 다미르와 같은 트레이더들도 기술적 분석을 택하는 것이다.

나는 다미르의 이메일 일부를 2004년 11월의 뉴스레터에 인용했다. 아래는 그 내용이다.

목화의 주요 생산국들이 목화 재배 지역을 넓히고 날씨까지 좋았던 덕택에 세계 섬유 생산량은 산업 역사상 기록적인 수치까지 치솟았다. 놀랍게도 생산 통계가 높아질 때마다, 예상되는 이월 수치가 더 높아질 때마다 공황 매도 현상이 가장 먼저 일어났다. 이는 뉴스가 발표된 날 가격을 신저점까지 부근까지 밀어내렸다. 하지만 시장은 다음 날 다시 힘차게 반등한 뒤 강한 랠리를 이어갔다.

나는 목화 산업에 8년 정도 몸을 담았다. 처음에는 직물 공장을 위해 원면을 사들이는 일을 했고, 지금은 목화 트레이더로 활동하고 있지만 기술적 분석에 관한 한 새내기나 마찬가지다. 엘더 박사의 책에 등장하는 주요 개념을 배우고 이 시장에 적용하는 작업이 이전에는 생각해보지도 못한 것을 볼 수 있게 도와주었다. 목화 시장은 역사상 가장 약세가 두드러진 이후 랠리에 나섰다. 이제는 목화 시장의 과반수를 곰이 차지할 때도 기술적인 그림의 도움을 받아 터널 끝의 빛을 볼 수 있게 됐다. 이 시장에는 나 같은 트레이더들을 지지해주는 무엇인가가 있다.

나는 헤징할 때 주식 포지션을 바탕으로 비교적 규모가 큰 거래를 체결한다. 나는 2004년 11월 초부터 모은 주식의 상당 부분을 목화를 충분히 구하지 못한 국제적인 무역상들에게 팔았다. 지금은 그 주식을 더욱 낮은 수준에 보충하고 있다.

주간 차트는 몇 가지 강력한 신호를 발효하고 있다. 목화는 2003년 11월 고점을 기록한 뒤 2004년 4월까지 그 수준에 머물렀다. 두 차례에 걸쳐 진지하게 랠리를 시도하기는 했으나 강력한 하락 디버전스를 발생시키면서 막을 내렸다. 가격은 거기서부터 2004년 8월에 신저점을 찍고 가치 영역까지 반등했으나 11월에 힘겹게 다시 새로운 저점을 형성했다. 그 지점에서 MACD 히스토그램과 MACD 선은 강력한 상승 디버전스를 발생시켰다. 훨씬 낮은 가격이 훨씬 높은 지표의 바닥과 함께 나타났다. 이는 곰이 완전히 지친 상태이고, 황소가 시장을 장악할 준비가 되었다는 것을 의미한다. 차트의 오른쪽 가장자리에서 임펄스 시스템은 청색을 띤다. 임펄스 시스템은 3주 전에 적색에서 다른 색으로 바뀌어 매수가 가능해졌다.

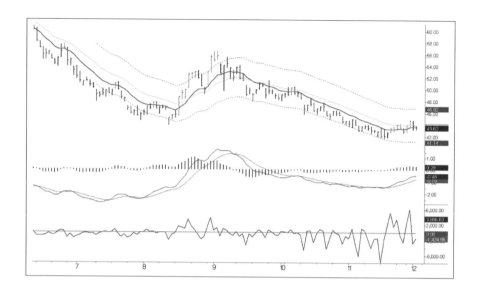

　위 차트를 보면 11월에 목화는 8월에 형성한 저점인 파운드당 43센트를 갈아
치웠다. 시장의 지지선이 붕괴된 뒤에 하락세가 가속화될 것인지 흐지부지될 것
인지 지켜보는 것은 항상 교육적이다. 여기서는 가격이 MACD 히스토그램의 상
승 디버전스를 완성하기 전에 2센트 더 떨어졌다. 그로 인해 MACD선은 상승세
를 보였으며, 두 이동평균을 넘어섰다.

　목화의 하락세는 반전될 움직임이 보이기 시작했다. 당장 매수에 나서지 않
도록 나를 막은 것은 일간 차트의 임펄스가 적색이라는 점뿐이었다. 강세장이 임
박했을 가능성이 크지만 임펄스 시스템이 적색이라는 것은 목화를 매수하기에
가장 좋은 날이 아니라는 의미다. MACD 히스토그램의 업틱이 나타나거나 빠른
지수이동평균선 위로 가격이 올라가 일간 임펄스가 적색에서 다른 색으로 바뀔
때까지 기다리기를 바라는 편이 낫다.

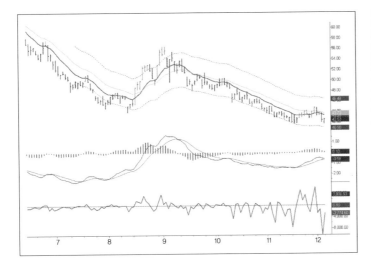

다미르는 금요일 시장에 진입해서 월요일에 빠져나왔다. 그는 가장 최근의 저점 바로 아래에서 역지정가 주문을 내는 초보적인 실수를 저질러 시장에서 내쫓기고 말았다. 역지정가 주문은 항상 그 가격 수준에 몰려 있어 프로 트레이더들에게 매력적인 목표를 제시한다. 그렇다고 해서 그들의 전략이 반드시 잘못된 것만은 아니다. 가격이 지지선에 접근함에 따라 그들은 곧바로 매수 주문을 내지 않고 기다린다. 그러다 가격이 더 하락하면 그때 시장에 들어가 역지정가 주문이 체결될 때 매수 포지션에 진입한다. 그들은 겁에 질려 시장을 빠져나가고 싶어 하는 트레이더들에게서 포지션을 매수함으로써 공공 서비스를 제공하는 것이나 마찬가지다. 그들은 사실상 시즌 전에 매수하고 시즌의 정점에서 매도하는 셈이다. 나는 결코 이 정도면 사업 모델로서 나쁘지 않다고 생각한다!

엄밀히 말하면 다미르가 포지션에 진입한 날 이후로 달라진 것은 거의 없다. 주간 차트는 변함 없었고, 일간 차트는 그 어느 때보다도 매력적으로 보였다. 가격은 신저점을 테스트했으나 이내 거부하고 더 높은 가격에 장을 마감했다. 그것은 강세장일 때 나타나는 신호다. 약세장을 암시하는 신호라고는 오른쪽 가장자리에서 임펄스 시스템이 적색을 띤다는 것뿐이다. 임펄스 시스템이 적색에서 다른 색으로 바뀌자마자 매도 신호는 모두 완벽하게 자리 잡을 것이다.

다미르는 현실적인 목표를 세웠다. 일간 채널 높이의 30%를 포착해 A급 거래를 체결하겠다는 목표였다. 이는 다미르가 규율을 엄격히 지킨다는 또 한 가지 증거이지만, 이 경우에는 목표가 너무 소박했던 것 같다. 목표를 설정할 때는 이룩하고 싶은 것과 시장의 발전 단계를 모두 고려해야 한다. 주요 반전의 초기 단계에는 폭발적인 움직임이 나타날 가능성이 있으므로 채널의 30%를 훨씬 능

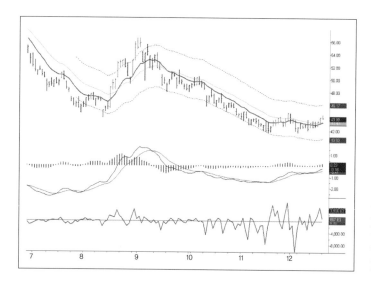

다미르의 행동은 극소수의 트레이더만이 할 수 있는 것이다. 다미르는 손절매한 바로 다음 날 거래에 재진입할 만큼 감정적으로 강인했다. 유감을 느끼거나 앙갚음하고 싶은 감정적인 욕구에 시달려서 저지른 행동이 아니었다. 다미르의 시스템이 보낸 기술적 신호는 이것이 좋은 거래라고 알려주었다. 그래서 다미르는 녹다운당하고 벌떡 일어나는 권투 선수처럼 다시 시장으로 뛰어들었다. 다미르는 어린 시절에 아이스하키 선수였다. 그때 몸으로 익힌 경쟁심과 강인함, 집중력이 트레이딩할 때도 큰 도움이 되는 것 같다.

가하는 수익을 올릴 수 있다.

다미르는 나에게 이 두 건의 거래를 체결할 당시에는 자금 관리를 어떻게 해야 하는지 잘 몰랐다고 털어놓았다. 첫 거래에서 1계약당 565달러를 잃어 다섯 건의 거래로 총 2,825달러의 손해를 보았다. 목화를 다시 매수했을 때 다미르는 단 두 건의 거래만 체결했다. 1계약당 수익이 820달러였는데, 이는 이전에 손실을 입은 액수보다 더 큰 수치였다. 그럼에도 불구하고 다미르가 이 거래로 올린 수익은 1,640달러에 그치고 말았다. 이것은 초보 트레이더가 전형적으로 얻는 결과다. 사람들은 자신감이 있을 때 더 큰 규모의 거래를 체결하고, 시장에서 뺨을 맞고 나면 겁이 나 규모가 더 작은 거래에도 진입한다. 경험이 더욱더 풍부한 트레이더라면 가장 최근에 체결한 거래의 결과가 다음 거래의 규모에 영향을 미치도록 하지 않았을 것이다.

414

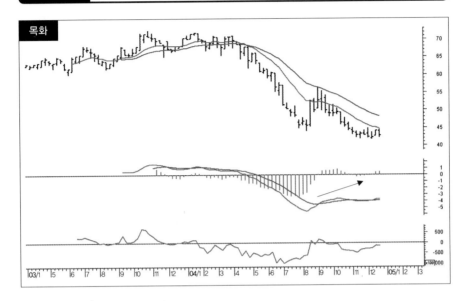

목화

목화

MACD 히스토그램은 상승 디버전스에서부터 상승하고 있다. 두 선은 급격한 상승세를 보이고 있으며, 빠른 선이 느린 선 위에 있다. 가격은 여전히 13주와 26주 지수이동평균보다 한참 낮다. 이는 대개 과매도 시장에서 나타나는 현상이다. 강도 지수의 13주 지수이동평균은 상승 디버전스에서부터 상승하고 있으나 여전히 0 선 아래 머물렀다. 이는 강세장을 나타내는 또 다른 신호다. 주간 차트는 일간 차트에서만 롱 포지션으로 진입할 거래를 찾고 시장의 아래에서 재진입하기를 권했다.

일간 MACD 히스토그램은 하락세를 보이고 있지만 두 MACD선은 모두 상승 중이다. 빠른 선이 느린 선 위에 위치한 모습이다. 13일 지수이동평균은 큰 변화가 없다가 상승하는 모습인데, 이는 시장이 박스권에 남아 있다는 의미다. 이때는 시장이 약할 때 매수해서 강해지고 난 뒤 매도에 나서야 한다. 나는 중요도

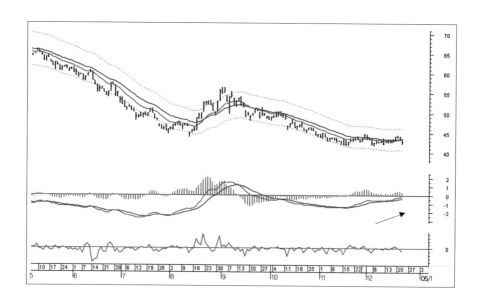

가 떨어지는 상승지지 수준인 파운드당 42.70센트에 매수 주문을 내고, 파운드당 41.67센트(계약의 저점인 파운드당 41.72센트보다는 여전히 조금 낮은 가격)에 역지정가 주문을 내기로 했다. 이익 목표는 파운드당 44.35센트로 설정해 채널폭의 30%를 포착할 계획이었다.

나는 자금 관리 규칙에 따라 몇 건의 계약을 살지 결정한다. 거래당 감당할 수 있는 리스크는 1계약당 545달러로, 2퍼센트의 법칙에 따라 최대 2,000달러까지 감수할 수 있다. 나는 2005년 3월 목화 3계약을 매수하는 지정가 주문을 냈다.

거래 #2 　 다미르의 포지션 청산 Trade#2

지금은 자금 관리 규칙이 마련되었고, 그에 따라 트레이딩한다. 이전 거래는 손실 거래로 마무리되었지만 포지션에 재진입했을 때 긍정적인 영향을 미쳤다. 두 경우 모두 똑같은 전략을 이용했는데도 말이다.

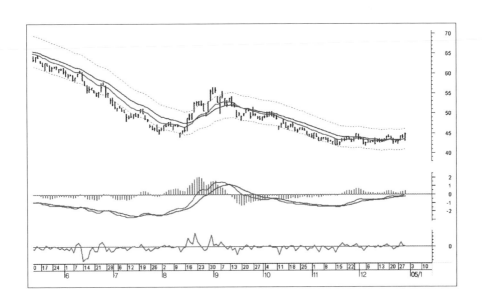

거래 #2 | 포지션 진입에 관한 견해

강력한 추세가 방향을 급하게 바꾸는 경우는 드물다. 작은 배는 방향을 빨리 틀 수 있지만 커다란 원양 정기선은 난류를 일으키며 천천히 방향을 트는 것과 마찬가지다. 2004년 8월 목화의 이전 저점을 살펴보면 급등하던 랠리가 3주 만에 동력을 잃은 사실을 알 수 있다. 이처럼 가격이 급격하게 상승하는 것은 많은 트레이더가 숏 커버링하고 있다는 의미다. 시장에 늦게 진입한 아마추어들이

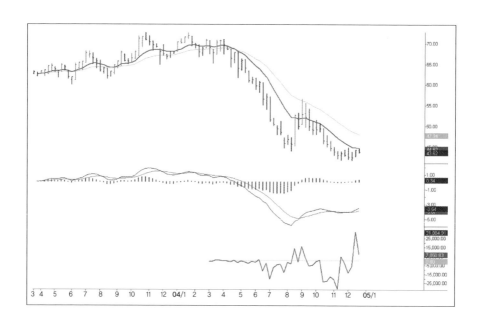

공매도하고 나서 압박감을 느낀 나머지 공황 상태에 빠져 환매에 나서는 것이다. 그로 인해 가격은 올라가고 숏 커버링하는 트레이더는 늘어나게 된다. 공황 상태가 끝나면 매수 압력이 사라져 하락세가 다시 시작된다. 가격은 신저점까지 떨어지는데, 이는 너무 일찍 환매한 트레이더들에게 실망감을 안겨준다.

차트 오른쪽 가장자리에서 천천히 형성되고 있는 저점에서는 상황이 현저하게 다르다는 것을 알 수 있다. 변동성도 크지 않고, 가격이 변화하는 속도도 느리다. 이는 오래 지속될 만한 강한 상승세를 지지할 수 있는 베이스를 제공한다. MACD 히스토그램과 MACD선의 막강한 상승 디버전스가 새로운 상승세가 나타날 것임을 강력하게 암시한다. 이 주간 차트와 다미르의 첫 번째 거래에서 봤던 차트의 가장 큰 주된 차이점은 강도 지수의 상승 디버전스다. 강도 지수가 MACD와 똑같은 움직임을 보이는 만큼 목화를 매수해서 상승세를 탈 준비를 하는 것이 좋다.

일간 차트는 목화의 하향세가 끝났음을 분명하게 보여준다. 가격의 움직

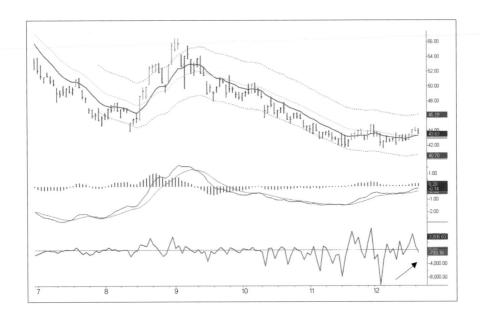

은 안정세에 접어들었고, 상승세를 탈 준비를 하고 있다. MACD 히스토그램과
MACD선은 상승 디버전스를 이미 완성한 상태다. 가장 최근의 바닥이 12월에 형
성됐는데도 곰이 MACD 히스토그램을 0 선 아래로 떨어뜨리지 못한 것에 주목
하라. 시장은 양당 체제다. 곰의 세력이 약하다는 것은 황소가 세력을 뗄칠 준비
가 되었다는 의미다.

　12월 초에 강도 지수가 하락하는 것에 주목하라. 그것이 곰이 마지막으로 세
력을 과시한 시기였다. 그 이후로 강도 지수의 바닥은 점점 깊이가 얕아졌고, 천
장은 높아만 갔다. 이 역시 황소의 힘을 잘 보여주는 부분이다. 스크린의 오른
쪽 가장자리에서 가격은 두 지수이동평균 위에 자리 잡으며 장을 마감했다. 연
속 3일간 가치 위에서 마감한 것이다. 마지막 바가 청색을 띠므로 매수 포지션
에 진입하는 것이 가능하다. 가격이 가치를 향해 약간의 하락세를 보이는 것이
좋은 매수 기회를 제공한다.

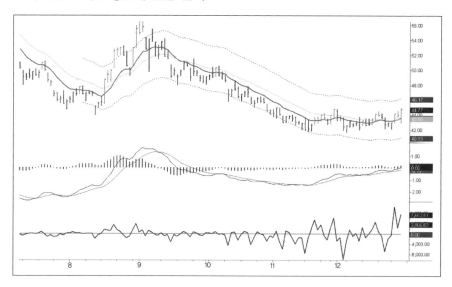

　　차트 오른쪽 가장자리에서 목화는 상승 동력에 힘입어 가격이 급등하고 있다. 지표 역시 모두 강세장이 나타날 것을 뒷받침하고 있으며 원활한 모습을 보인다. 다미르가 포지션을 청산한 방법에서 내가 유일하게 비판하고 싶은 점은 그가 시장을 너무 일찍 빠져나간 것 같다는 점이다. 다미르는 채널의 30%를 목표로 설정한, 규율을 매우 엄격하게 적용하는 트레이더다. 이것은 진행 중인 추세에 적용하기에는 대단히 좋은 목표이지만, 추세가 강하게 반전되는 것을 잡고 싶을 때는 목표를 더 높이 설정하는 것이 합리적이다. 다시 말해 역지정가 주문 지점과 가격 목표를 설정하는 일은 거래하는 시장의 단계에 따라 달라지며, 해당 단계에 대한 자신의 의견이 의사결정 과정에 포함되어야 한다.

　　다미르의 청산 기법에 관한 나의 이런 견해는 아무런 악의도 없는 비판이다. 다미르는 매우 진지하게 집중해서 일을 하며, 분석 및 트레이딩 능력을 빠른 속도로 향상시키고 있는 트레이더다. 그는 백지 상태에서 시작했는데도 거래를 통해 꾸준히 수익을 올리고 있으며, 기록 관리도 철저하고, 자신의 경험에서 배울

줄 안다. 다미르는 이 인터뷰를 진행한 시점으로부터 석 달 뒤에 트레이더스 캠프에 참가하기로 되어 있는데, 나는 그와 함께 일할 것이 무척 기대된다. 내가 가장 선호하는 학생들은 트레이딩 능력을 향상시키고 트레이딩을 직업으로 삼을 수 있도록 다음 발전 단계에 도달하고 싶어 하는 진지한 아마추어와 반직업적인 트레이더다.

자신의 거래에 성적 매기기

대학교에서 친구와 같이 강의를 듣는다고 상상해보라. 둘 다 똑같이 열심히 공부하고 과제도 빠짐없이 하지만 친구는 매주 시험을 본다고 생각해보자. 기말고사에서 둘 중 누가 더 좋은 성적을 받을까? 다미르는 끊임없이 거래에 뛰어드는데, 어떤 경우에는 돈을 벌고, 어떤 경우에는 돈을 잃는다. 여기까지는 여느 트레이더와 다를 바 없다. 그가 성공한 트레이더가 된 특별한 점을 꼽자면 거래를 할 때마다 자신의 거래 실적을 포지션 진입의 질, 포지션 청산의 질, 전체적인 거래의 성적이라는 세 가지 측면에서 평가하는 것을 들 수 있다.

이 세 가지 요소 모두 『나의 트레이딩 룸으로 오라』에서 언급한 바 있다. 각각의 진입과 청산의 질은 그날 바의 어느 지점에 거래 주문을 내는지에 따라 달라진다. 그날의 고가가 52센트, 저가는 50센트였고, 가격이 51.50센트일 때 매수 포지션에 진입했다고 가정해보자. 이 경우 거래가 그날 범위의 상위 25%에 속하므로 좋은 거래라고 볼 수 없다. 그날 바의 고가 부근에서 매수했기 때문이다. 포지션을 보유하고 있다가 며칠 뒤 고가가 53센트고 저가가 51센트인 날 가격이 52센트일 때 매도했다고 가정해보자. 그날의 바의 정중앙에서 매도한 만큼 거래는 이제 상위 50%에 속한다. 이 경우 청산의 질이 진입의 질보다 낫지만, 여전히 아쉬움이 남는 것은 사실이다. 목표는 당일 바의 하위 3분의 1에서 매수해서 상위 3분의 1에서 매도하는 것이다. 말로 하기는 쉽지만 실제로 일관성 있게 실천에 옮기기란 여간 어려운 일이 아니다.

감정적으로 가장 쉬운 일은 비쌀 때 사서 쌀 때 파는 것이다. 대부분의 사람이 가격이 올라가는 길목에서 매수에 나서고 내려가는 길목에서 매도에 나선다. 프로 트레이더만이 이와 반대로 행동한다. 그들은 생계 수단으로 트레이딩을 하는 만큼, 쌀 때 사서 비쌀 때 판다. 이처럼 직관에 반하는 행동을 하도록 스스로를 훈련시키려면 모든 진입과 청산의 질을 평가해야 한다. 더 예리한 트레이더가 되고, 진입과 청산 기술이 향상되도록 자신의 트레이딩 추세를 모니터해야 한다. 이것이 바로 모든 진입과 청산 방법을 평가해야 하는 이유다.

완료된 각각의 거래에 점수를 매기는 방식에는 여러 가지가 있지만 내가 가장 선호하는 것은 다미르가 이용하는 방식이다. 일간 차트에 나타나는 채널의 높이를 거래에서 얻은 포인트와 비교하는 것이다. 시장에 관해 과학적으로 옳다고 증명된 극소수의 사실 중 하나는 가격이 가치의 위아래로 등락을 거듭한다는 것이다. 채널선을 제대로 그릴 경우 일어나는 가격 스윙의 대부분을 지켜볼 수 있다. 체결한 거래의 결과를 채널의 높이와 비교해보면 정상적인 범위의 몇 퍼센트나 포착해냈는지 알 수 있다.

거래를 평가하기 위해서 나는 해당 거래에서 얻은 포인트를 채널의 높이로 나누고 그 결과를 백분율로 나타낸다. 이때 소수점은 버린다. 다미르는 과거에 프로 운동선수처럼 실적 수치를 소수점 둘째 자리까지 계산하곤 했다. 나는 그렇게 치밀하게 계산할 필요는 없다고 말해주었다. 트레이딩은 정확한 과학이 아닌데 소수점은 그런 오해를 불러일으킬 소지가 있다. 거래에 진입한 날 측정한 상단 채널선에서 하단 채널선까지의 거리의 30% 혹은 그 이상을 포착할 경우 성적은 'A등급'이 된다. 20~30%는 'B등급', 채널 높이의 10~20%는 'C등급'에 해당하며, 그 이하는 실패한 거래로 'D등급'에 속한다.

몇 년 전 이 평가 시스템을 개발할 당시 내가 겪었던 문제 중 한 가지는 이익거래를 너무 오랫동안 보유한다는 것이었다. 더 많은 수익을 올리기 위해 기다리다가 결국 추세가 반전되면서 이론적인 수익을 상당 부분 돌려줘야만 했다. 거래를 평가하기 시작하자 나는 다미르처럼 이익을 훨씬 빨리 취하기 시작했다. 'B등급'을 목표로 삼았고, 나중에는 평균 점수를 올리려고 'A등급'을 노리기도 했다. 더 높은 등급을 얻기 위해 트레이딩을 하다 보니 오늘날까지 유용하게 활용하고 있는 여러 가지 요령이 생겼다. 더 오랫동안 나타나는 스윙을 포착하려고 할 때도 가격의 움직임이 조금이라도 시간을 끄는 조짐을 보이면 이익을 빨리 취하게 되었다. 거래를 평가하는 습관은 실적에 더욱 집중하게 해준다.

이 방법이 이토록 유용하다면 왜 자신의 실적을 평가하는 사람이 그렇게 적은 것일까? 이런 방법이 존재한다는 것을 모르는 사람도 있을 것이며, 귀찮아서 이용하지 않는 사람도 있을 것이다. 기록 관리와 트레이딩의 관계는 자동차를 운전하고 정비하는 것에 비유할 수 있다. 차를 운전하는 일은 즐겁지만 보닛을 열어 차를 정비하는 일은 그리 재미있지 않다. 트레이딩은 즐거움이 가득한 활동이지만 관리를 잘할 때만 쌩쌩 달릴 수 있다.

철저한 기록 관리는 다미르의 실적 수준을 향상시킨 일등공신이다. 다미르는 과거에 운동선수였다. 성실한 운동선수는 누구나 기록을 관리한다. 똑같이 투지를 불태운다면 한 분야에서 성공한 사람은 다른 분야에서도 성공할 가능성이 크다. 실패는 실패를 부르고, 성공은 성공을 부른다. 이것이 바로 다미르가 펀드 매니지먼트에 관해 수립한 장기적인 계획이 현실적으로 느껴지는 이유다.

다미르의 e-mail
; 경험이 쌓일수록 융통성이 늘어난다

이 인터뷰에 초대받은 것은 어려운 길을 걷는 시기에 큰 격려가 됐다. 인터뷰를 준비하면서 많은 것을 배울 수 있었다. 암스테르담에서 나는 정말 좋은 시간을 보냈다.

나는 엘더 박사의 책에서 배운 대로 현재 목화 시장에 삼중 스크린 트레이딩 시스템을 적용하고 있다. 물론 나의 개인적인 트레이딩 스타일에 적합하도록 기법의 틀에서 벗어나지 않는 한도에서 시스템과 기법에 지속적으로 수정을 가하고 있다. 기법은 시간의 흐름에 따라 달라진다. 예컨대 채널의 몇 퍼센트를 포착할지 정해두는 식으로 구체적인 목표를 설정한 것은 내가 트레이더의 길을 걷기 시작한 초창기에 많은 도움이 되었다. 소규모 거래를 여러 건 성공적으로 체결하고 나니 분석, 트레이딩 시스템, 트레이딩 계획으로 수익을 올리는 데 자신감을 얻을 수 있었다. 나중에 자산 규모를 키우고 싶다는 바람이 들었을 때 이익 거래의 수익이 더 오를 수 있도록 시스템을 손봐야 한다는 사실을 깨달았다. 초기 단계에는 구체적인 목표를 설정해서 잠재 수익을 제한하는 것이 필수적이었지만 경험이 쌓일수록 융통성도 늘어난다.

오스트레일리아증권협회에서 기술적 분석에 관한 강의를 듣고 나서 나는 P&F 차트*에 흥미가 생겼다. 나는 삼중 스크린의 보조 수단으로 그것을 이용하려고 노력하고 있다. P&F는 밀집 지역, 지지 영역과 저항 영역을 찾아내는 데 매우 유용한 반면, 삼중 스크린은 밀집 지역에서 분배와 축적 중 어느 현상이 우세하게 나타나는지 밝히는 데 유용한 것 같다. 현재로서는 이제 막 테스트해보기 시작한 개략적인 아이디어에 불과하다. 나는 좋은 트레이딩 시스템이 간단하다는 사실도 염두에 두고 있다. 결국에는 P&F 차트를 이용하지 않을지도 모르겠지만 새로운 것을 실험해보는 일은 언제나 즐겁다.

나는 개인의 심리가 시장에서 우위를 점하는 열쇠라고 생각한다. 트레이더들은 제각기 성격이 다르다. 세상 어디에도 성격이 100퍼센트 똑같은 사람은 없다. 인간은 모두 고유하므로 여러분의 트레이딩 심리학은 철저하게 여러분의 인생철

---

*point-and-figure; 환율을 예측하는 기법의 한 가지 종류.

학에 기반을 두어야 한다. 나의 경우 긍정적인 사고가 손실 거래를 견뎌낼 수 있도록 도와준다. 형편없는 거래를 차분하게 마주하고 수용할 수 있도록 도와주며, 손해를 보게 된 이유를 분석하고 실수를 반복하지 않도록 격려한다. 손실 거래는 연속적으로 찾아오는 경우가 많다. 마치 시장이 도전 과제를 던져주면서 감정적으로 시험에 들게 하고 나를 무너뜨리려고 하는 기분이다. 긍정적인 사고는 내가 그런 어려운 시기를 극복하고 트레이딩 기량을 더욱 갈고닦음으로써 트레이더로서 성장할 수 있게 해주었다.

우리 인생은 일정한 주기를 보이며 앞으로 나아간다. 쉽게 말해, 좋은 시절과 나쁜 시절이 반복적으로 나타나게 마련이다. 어려운 시기를 어떻게 극복하는가는 장차 좋은 시기가 어떻게 펼쳐질 것인지에 영향을 미친다. 나의 궁극적인 목표는 트레이딩으로 가족을 먹여살리고, 무한한 자유를 누리는 것이다.

ENTRIES & EXITS
VISITS TO SIXTEEN TRADING ROOMS

CHAPTER

15

파스칼 빌랑
Pascal Willain

유효 거래량

이름 ¦ 파스칼 빌랑
거주지 ¦ 벨기에 워털루
전 직업 ¦ 사업가
트레이딩 분야 ¦ 미국 주식
트레이딩 경력 ¦ 1998년부터
계좌 규모 ¦ 중간 규모(25만~100만 달러)
소프트웨어 ¦ Excel, Effective Volume(Excel add-on),
Quotelinks.com의 Historical Quotes Downloader

2005년 초 나는 벨기에에 사는 한 트레이더에게서 이메일을 받았다. 그는 거래량을 기반으로 한 자신의 트레이딩 기법을 설명하면서 이렇게 적었다. "제 작업이 박사님께서 책에 소개하신 내용의 연장선상에 있는 만큼, 관심이 있으실 것이라는 생각이 듭니다. 흐름은 같지만 저는 다른 데이터를 바탕으로 작업을 합니다. 아마도 시장을 다른 관점에서 보실 수 있을 겁니다."

이메일에 첨부돼 있는 논문은 흠잡을 데 없는 영어로 작성되어 있었지만, 공학 보고서처럼 딱딱한 느낌이 들었다. 나는 파스칼에게 시스템 트레이딩을 하는지 물었다. 긍정적인 답변을 받고 나서 트레이딩 기법을 설명해주기 위해 나를 만나러 와줄 수 있겠느냐며 그해 6월 암스테르담에 임대한 아파트로 그를 초대했다. 파스칼은 내가 네덜란드에서 첫 번째 토요일에 가르친 1일짜리 전문가 수업에 참석했고, 일요일 아침 일찍 자신의 작업을 보여주기 위해 나의 아파트까지 걸어왔다.

파스칼의 접근법은 논리적이고, 트레이딩 결과도 좋았다. 나는 그의 개인적인 스타일도 마음에 들었다. 우리는 운하 부근의 테라스에서 점심을 먹으며 대화를 이어갔고, 나는 파스칼에게 이 책을 위해 인터뷰를 해달라고 부탁했다. 일주일 뒤 파스칼은 암스테르담으로 돌아왔고, 우리는 이야기를 나눴다. 그가 들고 온 마이크로컴퓨터는 아내의 것이었다. 나에게 차트를 보여주면서 파스칼은 일본어로 쓰인 대화 박스를 마치 영어나 모국어인 불어로 쓰인 것처럼 수월하게 훑어 내려갔다.

파스칼: 나는 보수적인 중산층 가정에서 다섯 형제 중 둘째로 태어나 자랐다. 12살 무렵, 나는 소위 말하는 나쁜 아이가 되고 말았다. 부모님과 충돌이 잦았고, 학교에서 2년 연속 낙제했으며, 담배를 피우고(그 당시에는 다행히 약물이 없었다), 가게에서 물건을 훔쳤다. 그렇게 3년 정도 지내다가 문득 이런 생각이 들었다. '이렇게 살아서는 안 되잖아. 내 인생은 나를 위한 거니까 반드시 성공해야

해.' 그때부터 나는 열심히 공부하기 시작했고, 지금도 계속해서 공부하고 있다. 나는 수학을 좋아하고 소프트웨어 공학을 공부했지만, 졸업하고 나서 대기업에 들어가고 싶은 생각은 없었다. 그래서 일본으로 건너가 그곳에서 장학금을 신청해서 석사 학위를 받기로 결심했다. 나는 6개월간 집중적으로 일본어를 배우고, 2년 동안 응용수학 박사 과정을 밟았다. 도쿄에 있는 다른 대학교에서 금융과 경영에 관한 수업도 들었다. 내 논문은 포트폴리오 리스크 분석에 관한 것이었다. 그후 벨기에에서 1년 동안 군복무했는데, 군복무를 하는 대신 보조원 자리를 찾고 싶어 정부 장관들에게 편지를 썼다. 금융과 일본에 관련된 일을 찾았지만, 아무도 나에게 답장을 보내지 않았다. 군복무를 마치고 나서 나는 암스테르담에 있는 필립스전자에서 일자리 제의를 받았고, 도쿄에서 트레이더로 일해 달라는 어느 은행의 제의도 받았다. 나는 몇 명의 트레이더를 알고 지냈는데, 그들은 하나같이 스트레스를 많이 받고 있었다. 그러던 중 내가 한 해 전에 편지를 보낸 정치인 중 한 명이 나에게 전화를 걸어 일자리를 제안했다. 그래서 나는 기술부 장관의 고문 역할을 하면서 벨기에와 일본을 수년간 오갔다.

나는 벨기에의 첨단기술 기업들이 일본으로 수출하는 과정에서 고문 역할을 맡았다. 그러다가 개인적인 컨설턴트로서도 그런 일을 할 수 있겠다는 사실을 깨달았다. 나는 사업 계획서를 작성하고 일본인 친구들의 지원을 받아 지금도 활발하게 운영되고 있는 회사를 설립했다. 컨설팅에서는 자기 자신의 시간밖에 팔 수 없는데, 시간은 한정되어 있다. 그래서 우리는 실제 사업에 뛰어들어 한국에서 전자 부품을 수입하고, 벨기에 맥주를 일본에 팔았다. 나는 그때 아내인 미치코Michiko를 만났다. 우리는 만난 지 사흘 만에 결혼을 약속했다. 서로에게 꼭 맞는 상대라는 사실을 단번에 알 수 있었다. 우리는 2년 후에 결혼식을 올렸지만, 결혼하기로 한 결정은 만난 지 3일째 되던 날 분명하게 내린 뒤였다. 나는 무엇인가가 옳을 때 그것을 알아볼 수 있는 능력이 있다. 지금 어떤 일이 벌어지고 있다는 느낌이 들면, 그 일이 다시는 벌어지지 않을 테니 놓치지 말아야한다는 사실을 안다. 일본에 갔을 때나 그 장관 밑으로 일하러 갈 때도 나는 기회를 포착했다. 기회가 오면 잡을 줄 알아야 한다.

나는 파리에 두 번째 회사를 설립해서 한국에서 접근 제어 부품을 수입해 프랑스에 있는 고객에게 전달했다. 우리는 독자적인 접근 제어 시스템을 개발하고, 제조는 하도급을 줬지만 조립 과정은 내부에서 해결했다. 마진이 많이 남는 사업이었다. 나는 책임을 공유하고 사람들과 같이 일하는 것을 좋아해서 내가 관리하는 모든 기업체는 파트너를 두고 있다. 항상 성공적인 결과를 낳지 않더라도 사람들을 신뢰할 줄 알아야 한다. 신뢰가 돌아오는 경우가 많기 때문이다.

1997년에 인터넷 붐이 일었을 때, 나는 웹 인터페이스로 데이터베이스에 접근할 수 있는 서비스를 제공하려고 소프트웨어 회사를 설립했다. 인터넷 거품이 터지고 나서 우리는 전화로 자동 고객 센터를 운영하기 시작했다. 고객과 콜센터에서 이용하기 시작한 기계가 대화를 나누는 방식이었다. 유럽에는 이런 방식으로 사업을 하는 기업체가 많지 않아 우리는 인지도를 높일 수 있었다. 우리 회사는 작지만 높은 평가를 받았으며, 큰 회사들도 우리의 서비스를 필요로 했다. CEO(최고경영자) 직책을 맡고 있던 나는 후임자를 찾아야 했다. 하루하루 사업을 운영하는 데 신경을 쓰느라 전체적으로 집중력이 흐려졌기 때문이다. 당시 시장에 막 발을 들여놓았기 때문이기도 했다. 나는 여전히 회사의 임원이지만, 이제는 파트타임으로 일한다.

나는 트레이더가 아닌 투자가로서 일을 시작했다. 내게 있던 약간의 자금을 바탕으로 1998년 친구들의 조언을 받아 2만 5,000달러를 시장에 투자했다. 두 달만에 50퍼센트의 손실을 입었지만 친구들이 나에게 믿음을 가지고 포지션을 보유하라고 충고해줬다. 시간이 얼마 지나자 나는 단지 운이 좋아서 손실을 만회할 수 있었다. 이 과정에서 직접 연구해야 한다는 사실을 깨달았다. 인터넷 붐이 일었을 당시 나는 주가가 치솟은 첨단기술 기업의 주식을 매수했으나 시간이 좀 지나고 나니 매도해야 한다는 압박감에 시달렸다. 몇 달 뒤 인터넷 관련 주는 바닥을 쳤다. 나는 또 다시 내가 운이 좋았다는 것을 알아차릴 수 있었다. 수학자로서 나는 항상 운이 좋을 수는 없다는 사실을 잘 알았기 때문에 포트폴리오를 위해 전문적인 매니저를 고용하기로 결심했다. 나는 미국에 있는 친구에게 내 돈을 관리해달라고 부탁했으나 그는 그것이 좋지 않은 생각이라고 이야기해주었다. 스스로를 위해 결정을 내릴 수 있는 능력이 있다면 그것을 이용하는 편이 낫다는 것이었다. 그렇게 할 경우, 트레이딩에 쏟는 시간은 더 많아지겠지만, 그에 비례해 수익을 더 많이 올릴 수 있을 것이라는 주장이었다. 그때가 2001년인지 2002년인지 정확하게 기억나지는 않지만 그 친구는 나에게 책을 두세 권 사서 읽어보라고 권했다. 그중 첫 번째 책이 『주식시장에서 살아남는 심리투자 법칙』이었다. 나는 스터디 가이드판을 '졸업' 할 때까지 탐독하고 나서 두 번째 책인 『나의 트레이딩 룸으로 오라』로 넘어갔다. 나는 그 책의 내용을 엑셀에 모두 프로그래밍하고 트레이딩하기 시작했다. 나는 여섯 달 만에 무려 60%의 수익을 올렸으나 그 다음 달에 실적이 나빠 6%를 잃고 말았다. 나는 6%의 원칙을 따르기 위해 트레이딩을 그만두었다.

내가 트레이딩에 대해 좋아하지 않았던 점이 있다면 시간이 너무 많이 소요된다는 점이었다. 소규모 거래를 여러 건 체결하고 기록을 관리하는 일은 내가 가족과 보낼 수 있는 시간을 빼앗아갔다. 아울러 그 방법으로는 큰 폭의 하락세를 예측하지 못해 사고를 미연에 방지할 수 없었다. 나는 트레이딩을 그만두고 1년 반 동안 연구에 전념했다. 다행스럽게도 나는 프로그래밍 언어를 알아 나만의 트레이딩 시스템을 개발할 수 있었다.

나의 첫 번째 목표는 추세를 선도하는 사람들을 찾아내는 것이었다. 어떤 일이 일어날 가능성이 큰지 아는 사람들과 뉴스가 발표되기 전에 먼저 트레이딩하는 사람들을 찾고 싶었다. 나는 큰손들이 특이한 행동을 하거나 시장 참가자들이 모두 방향을 바꿀 때를 알려주는 유효 거래량Effective Volume, EV이라는 개념을 개

유효 거래량

파스칼은 다음과 같이 말했다.

1분 바를 위한 유효 거래량을 계산하기 위해 나는 1분 거래량의 일부분만을 이용한다. 총거래량에 '종가-시가'를 '고가-저가'로 나눈 래리 윌리엄스(Larry Williams)의 공식에 수정을 가한 식을 곱하는 것이다. 나는 1틱 바를 위한 조정의 의미로 방정식의 양쪽에 틱을 추가하기도 한다.

$$EV = \frac{(\text{종가} - \text{이전 바의 종가})\text{의 절대 가치} + 1틱}{(\text{특별 고가} - \text{특별 저가}) + 1틱} \times \text{거래량}$$

특별 고가 = 현재 바의 고가와 이전 바의 종가 중에서 더 높은 가격

특별 저가 = 현재 바의 저가와 이전 바의 종가 중에서 더 낮은 가격

틱은 허용된 최소한의 가격 변화이며, 미국 주식의 경우 주로 1센트

내 공식은 종가에 기반을 두고 있다. 특정한 1분의 종가가 다음 1분의 시가와 다를 수 있기 때문이다. 이런 현상은 이전 1분의 마지막 거래가 그 가격에 매매 가능한 모든 거래량을 섭렵하고 난 다음 트레이더가 더 높거나 더 낮은 가격에 매수할 때 발생한다. 만일 이전 종가 대신 시가를 이용해야 했다면 나는 그 거래에 대한 영향력을 잃어버렸을 것이고, 유효 거래량은 1분 안에 일어나는 가격 변화의 원인이 되어 결과가 달라졌을 것이다. 이것이 바로 내가 현재 1분의 시가 대신 이전 1분의 종가를 이용하는 이유다.

여러분의 공식이 이전 1분의 종가를 이용할 경우 고가와 저가를 조정해야 한다. 이전 1분의 종가가 현재 1분의 고가보다 더 높았는데 여러분의 공식이 그 점을 계산에 포함시키지 못한다면 결과가 잘못될 수밖에 없다. 마찬가지로 이전 1분의 종가가 현재 1분의 저가보다 더 낮을 경우 공식의 저가를 조정해야 한다. 이것이 바로 내가 일반 고가와 저가 대신 특별 고가와 특별 저가를 이용하는 이유다.

발했다. 이런 요소들이 가격의 움직임에 반영되기 때문이다.

나는 가격의 변화로 이어지는 거래량을 분리하기 위해 주식의 일간 움직임을 1분 단위로 나눈다. 가격이 1분 전과 다른 움직임을 보였다면 매수나 매도 거래가 체결되었다는 의미다. 나는 그때 나타나는 거래량을 추적한다. 가격이 변하지 않는다면 그 1분 동안의 거래량은 무의미하다. 이 지표는 주가가 1달러 이하인 주식에는 효과가 없다. 나는 트레이딩에 방해되는 거래, 즉 전문가들이 고객을 위해 대규모로 체결하는 거래를 걸러내기도 한다. 그들은 주식을 잔뜩 사서 한꺼번에 매도하곤 한다. 그날의 거래량의 10% 이상을 차지하는 1분 바를 발견할 경우 나는 그 바를 고려 대상에서 제외한다.

나는 다음으로 대규모로 거래하는 트레이더들에게 해당되는 EV를 찾고 싶었다. 거래량이 적다는 것은 노이즈를 의미하는 경우가 많다. 무슨 일이 일어나고 있는지 전혀 감을 잡지 못하는 소규모 트레이더들이 움직이는 것이다. 큰손들은 대개 일반적인 트레이더보다 더 많은 정보를 보유하는 기관으로, 대규모로 트레이딩한다. 나는 주식의 거래량이 당일의 1분짜리 EV의 상위 50%에 속하는 바에 집중함으로써 큰손들만 추적한다. 나는 거래일마다 중간에 해당하는 지점을 찾는다. 바의 반은 EV가 더 높고, 나머지 반은 더 낮다. 일간 거래량이 계속 변하는 만큼 하루가 지나면 이 숫자를 재조정하는 것이 중요하다. 하루를 마감하고 총 유효 거래량을 합산한 뒤 상위 50%에 속하는 바의 유효 거래량을 합산하면 총 유효 거래량과 대규모 유효 거래량 Large Effective Volume, LEV이라는 두 개의 선이 생긴다. LEV는 큰손들이 매수하는지 매도하는지 알려준다. 이는 나타날 가능성이 있는 추세 변화를 감지하는 데 도움이 된다.

가격이 상승 돌파를 보일 것인지 하락 돌파를 보일 것인지 판단하려고 트레이딩 박스권을 관찰할 때마다 나는 가격이 LEV 방향으로 움직이는 경우가 많다는 사실을 알고 있다. 돌파를 준비하려면 시간이 필요하다는 사실 또한 알고 있다. 몇 분이나 몇 시간이 아니라 며칠이 걸린다. 트레이딩 박스권이 형성되는 동안 기관들이 축적하거나 분배하는 데 시간이 걸리기 때문이다(이 관점을 윌리엄 도앤이 피델리티에서 일한 경험에 대해 남긴 코멘트와 비교해보라. 제12장 참고). 댐이 있고, 저수지에는 물이 차오르고 있다. 내부거래자들은 큰손인 경우가 많다. 큰손이라고 해서 돈을 반드시 현명하게 투자하는 것은 아니지만, 소규모보다는 대규모로 거래하는 사람들의 편에 있는 것이 유리하다. 미국 증권거래위원회Securities and Exchange Commission, SEC는 내 소프트웨어를 이용해서 내부자 거래를 적발해야 한다. 물론 농담이다. 아마도 다른 방법을 이용하겠지만 내 소프트웨어는 개인 트레이더가 큰손을 상대로 할 때 더 많은 힘을 부여한다.

나는 내 소프트웨어를 이용해서 트레이더들의 행동을 모니터한다. 총 유효 거래량과 LEV를 둘 다 확인함으로써 군중과 큰손들이 어떻게 움직이는지 관찰한다. 나는 총 유효 거래량을 이용해서 상승세의 질을 측정하고 추세가 더 강해지는지 약해지는지 살펴본다. 나는 총 유효 거래량과 가격 간의 디버전스를 찾아보기도 한다. 주가가 상승세를 보이면 대개 EV가 가격보다 한 박자 일찍 약해지기 때문이다. EV가 약해지면 주가는 이미 급격한 속도로 하락할 준비가 끝난 상태며, 경우에 따라 시장이 무너져버릴 가능성도 있다. 매수가 가능한 기간은 며칠씩 되더라도 매도가 가능한 기간은 고작 몇 시간에 불과할 수 있다. 댐에 금이 가기 시작하면 얼른 뛰어서 대피해야만 한다. EV를 개발하고 나서 나는 과거의 거래를 돌아보고는 이렇게 말했다. "이제 재앙에 준하는 상황을 면할 수 있는 도구가 생겼구나."

물론 이것은 기적을 만들어내는 시스템이 아니다. 하나의 도구일 뿐 완전한 기법이라고 볼 수는 없으며, 효과가 없을 때도 있다. 인생이 원래 그렇지 않은가. 나는 이것이 비장의 무기라는 인상을 주고 싶지는 않다. 대부분의 경우 효과가 있는 것이 사실이지만, 어떤 주식에는 적용해도 이익이 나지 않는

OPWV

오픈웨이브 주가(90일)

오픈웨이브의 규모에 따른 유효 거래량
(다이내믹 모드, 90일, ○○○주)

— 소규모   — 대규모

주가는 2월에 하락한 뒤 3월에 보합세를 보였으나 LEV가 상승하기 시작했다. 이는 돌파가 일어날 가능성이 큰 방향을 알려준다. 주가는 견고한 상승세를 나타내기 시작했으며, LEV는 상승세를 분명하게 확인하는 모습이다. 프로 트레이더들은 일찌감치 주식을 사들인 뒤 상승세가 이어지는 동안 포지션을 늘려나갔다. 더 적은 규모로 거래하는 트레이더들은 파스칼이 묘사한 대로 '무슨 일이 벌어지는지 전혀 감을 잡지 못했다.' 그런 트레이더들은 5월에 이르기까지 적자를 보다가 6월에 잠깐 흑자를 봤으나 대부분의 상승세를 놓치고 말았다.

다. 그런 일을 겪고 나면 나는 해당 주식이 이 기법에 어울리지 않는 주식이었음을 깨닫는다. 시장에는 여러 유형의 다양한 주식이 있다. 나는 내 기법을 갈고닦으려고 끊임없이 노력하고 있다. 트레이딩 규모를 축소하는 대신 장기적인 추세가 나타나면 수익을 더 많이 올리려고 애쓴다. 나는 상승세가 나타날 때 매수에 나서고 반작용이 나타날 때 매도에 나선다. 그러기 위해선 반작용이 단순히 상승세가 나타나는 중간에

발생하는 되돌림 현상인지(그럴 경우 주식을 계속 보유할 수 있다) 추세가 반전될 기미를 보이는 것인지 알아내야 한다.

총 유효 거래량이 하락세를 보이면 나는 가격의 움직임에 상관없이 그 주식을 매수하지 않는다. 나는 공매도를 하는 경우가 극히 드물다. 신호가 아주 강할 때만 공매도에 나선다. 나는 공매도하기보다는 차라리 다른 데서 롱 포지션에 진입할 기회를 찾는 편을 택한다. 나는 다른 트레이더들의 관점을 이해하려고 인터넷에서 일반적인 수준의 기술적 분석을 수행하기도 한다.

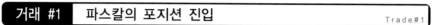

거래 #1　　파스칼의 포지션 진입　　　　　　　　　　Trade#1

DYN

20거래일간의 다이너지 주가

크기에 따른 다이너지의 유효 거래량
(다이내믹 모드, 20거래일, ○○○주)

— 소규모　　— 대규모

위 | 바 차트(1분 바)
아래 | 유효 거래량(청색-소규모, 녹색-대규모)

DYN

　　다이너지Dynegy는 에너지 회사다. 이 차트는 20거래일(2005. 3. 31~4. 27) 동안 주가가 어떤 움직임을 보였는지 나타낸다. 이것은 내가 연구하기 좋아하는 시간 스케일이다. 차트상 하락세를 관찰할 수 있지만, 그 폭이 점점 감소해서 오른쪽 가장자리 부근에서는 3.20~3.40달러에서 박스권이 형성되어 있다.

　　아래 차트는 두 개의 EV선을 보여주는데, 한 개는 큰손, 다른 한 개는 개미

436

투자자에 해당한다. 처음에는 두 개의 EV선이 똑같은 속도와 방향으로 움직였고, 3월 31일과 4월 14일 사이에는 명백한 신호도 발효되지 않았다. 그러다 4월 15일 큰손이 매도 모드에 진입해서 가격이 하락했다. 이것은 정상적인 현상이다. 4월 22일 가격이 계속 보합세를 보이다가 신저점을 형성했는데도 LEV선은 반전해서 더 높은 가격 수준까지 상승하기 시작했다. 이런 현상이 며칠간 계속되자 나는 이런 생각이 들었다. '무슨 일인가가 벌어지고 있어. 그것이 무엇인지는 모르겠지만 큰손들이 사고 있으니 나도 사야겠다.'

거래 #1　파스칼의 포지션 청산　　　　　　　　　Trade#1

거래에 진입할 때 나는 LEV를 살펴보지만 청산할 때는 참고하지 않는다. 이 수치는 추세를 따라 움직일 뿐 특별한 신호를 발효하지 않기 때문에 포지션을 청산할 때는 별로 도움이 되지 않는다. 시장에서 물러날 때 도움이 되는 것은 유효비율*이다. 나의 트레이딩 기법은 1분 차트를 바탕으로 하기 때문에 1거래일 정도를 포괄하는 총 유효비율의 250분 지수이동평균을 이용한다. 대부분의 트레이더가 하나의 주식에 전념할 경우 총거래량에 대한 유효 거래량의 비율이 높아진다. 매수자들의 힘이 약해지면 유효비율이 낮아지고, 매도자의 숫자가 매수자를 능가하면 음(-)이 된다.

유효비율은 마지막 상승세를 제외하고 랠리의 모든 상승세를 확인했다. 주가가 4.30달러를 넘어 급등하기 시작하자 유효비율은 상승하는 대신 하락했다. 유효비율이 5퍼센트 이하로 떨어졌을 때 나는 더 이상 포지션을 보유할 수 없었

---

*Effective Ratio: 총 유효 거래량을 총 거래량으로 나눈 수치.

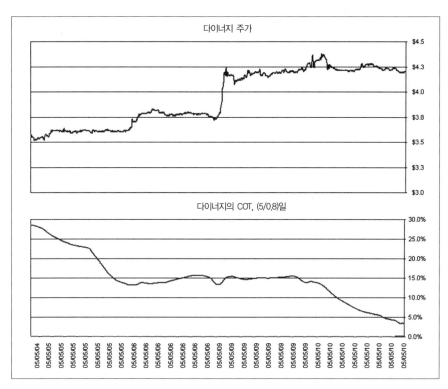

다이너지 주가

다이너지의 COT, (5/0.8)일

위 | 바 차트(1분 바)
아래 | 유효비율(COT)*

다. 유효비율은 여전히 0 선 위에 머물러 양(+)이었으나 힘이 약해진 상태였다.
나는 수익을 많이 올릴 수 있는 상황에서 시장이 불확실해지면 곧바로 이익을 취
하는 편을 선호한다.

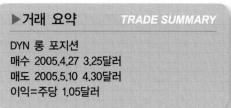

▶ **거래 요약**   *TRADE SUMMARY*

DYN 롱 포지션
매수 2005.4.27 3.25달러
매도 2005.5.10 4.30달러
이익=주당 1.05달러

---

*COT; Commitments of Traders.

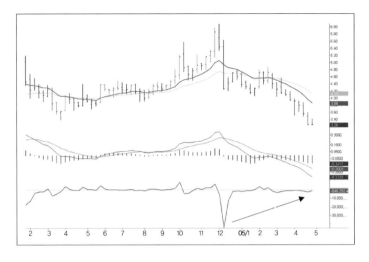

강세장을 나타내는 몇 가지 신호가 모습을 드러내기 시작했다. 적색 바는 무려 10주 동안 계속 등장했다. 이 하락세는 오래 전에 시작됐기 때문에 언젠가 지지선을 찾을 수밖에 없다. 주간 강도 지수는 막강한 상승 디버전스를 보여준다. 일주일 전 가격은 2004년의 저점 아래로 떨어져 신저점을 찍었다. 하지만 이번 주에는 하락세가 지속되지 않았다. 이는 대단히 좋은 매수 기회인 가짜 하락 돌파일 가능성이 있다. 하지만 내가 임펄스 시스템으로부터 받은 메시지는 공매도를 하거나 관망하라는 것이었다. 이렇게 많은 신호가 강세장을 가리키는 시점에 공매도할 생각은 전혀 없으므로 관망하기로 결정했다.

추세를 찾아내는 완벽한 방법은 없으므로 방법에 따라 각기 다른 시점에 트레이더에게 이익과 손실이 돌아가게 된다. 이 주간 차트에서 내가 이용하는 시스템은 롱 포지션을 취하는 것을 금지했다. 지수이동평균과 MACD 히스토그램이 둘 다 하락하고 있으며, 임펄스 시스템이 적색이므로 숏 포지션을 취하거나 관망해야 한다.

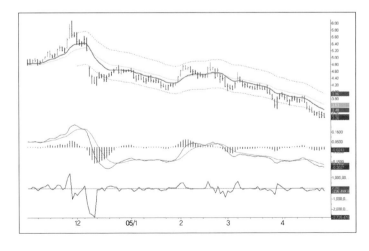

일간 차트는 주가가 천천히, 그리고 고통스럽게 떨어지는 모습을 보여준다. 주가는 12월에 갭이 발

생하자 무너졌고, 1월에는 20센트가 더 떨어졌으며, 2월에는 그것보다도 더 낮아졌다. 3월에는 30센트가 떨어지고, 4월에는 20센트가 더 떨어졌을 정도다. 차트의 오른쪽 가장자리 부근에서 몇 가지 신호가 강세장임을 짐작하게 하지만 대부분의 신호가 하락세를 가리키고 있다. MACD선은 저점이 형성되는 수준까지 하락했다. 가격은 과매도 영역인 하단 채널선보다 아래 있고, 강도 지수는 상승 디버전스를 나타내고 있다. 하지만 일간 임펄스 시스템은 적색을 띠며 매수를 금지하고 있는 실정이다.

만일 파스칼이 나에게 DYN을 매수할 생각이라고 말했다면 그를 말릴 생각은 하지 않았을 것이다. 시스템마다 매개 변수가 다르고, 모든 트레이더를 만족시킬 시스템을 찾는 것은 불가능하다. 자기 자신에게 적합한 시스템을 찾는 것이 필수적이며, 찾은 다음에는 시스템을 테스트하고 실제 트레이딩에 이용해야 한다.

거래 #1 | 포지션 청산에 관한 견해

파스칼이 롱 포지션에 진입하고 나서 며칠 뒤 주가는 약간 낮은 수준에서 안정을 찾았고, 지표들은 상승세를 보이기 시작했다. 가격이 이동평균보다 위에서 마감함에 따라 일간 임펄스 시스템은 청색으로 바뀌었다가 다시 녹색으로 바뀌었다. 게다가 주간 임펄스(여기에는 나타나 있지 않음)가 적색에서 청색으로 바뀐 만큼 매도가 가능하다.

마지막 바는 이전 바보다 길이가 훨씬 짧다. 이는 매수 공황*이 끝나가고 있음을 의미한다. 마지막 바는 저점 근처에서 마감 곰이 그날의 종반부를 장악했

---

*buying panic: 가격 수준에 관계없이 투자 포지션을 얻으려는 목적의 대량 매입으로 인해 주가가 급등하는 기간.

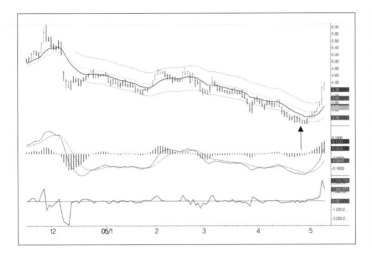

차트의 오른쪽 가장자리에서 주가는 강력한 상승세를 보이고 있다. 주가는 상단 채널선 너머로 치솟았고, 지표들은 기록적인 수준으로 오른 모습이다. 끝에서 두 번째 바는 길이가 대단히 길어, 매수 공황이 나타남을 의미한다. 이런 공황은 시장의 잘못된 쪽에 자리한 공매도자들에 의해 야기된다 (일반 매수자들은 그토록 급박함을 느끼지 않는다). 시장에서 힘이 가장 약한 주체인 공매도자들이 궁지에 몰려 시장에서 빠져나가고 나면 주식은 숨을 고르거나, 반전할 준비를 마쳤다고 보면 된다.

음을 보여준다. 파스칼이 이익을 취한 것은 매우 정당한 조치였다. 그는 가격이 저평가되었을 때 시장에 진입해서 고평가되었을 때 빠져나갔다. 파스칼의 거래에는 논리적인 시작, 역동적인 중간, 그리고 지금의 끝이 있다. 분별 있는 사람은 파티가 언제 끝났는지 눈치채며, 미래에 파티가 더 많이 있을 것이라는 확신을 안고 집에 돌아간다.

거래 #2　　파스칼의 포지션 진입　　　　　　　　Trade#2

KCS

　KCS 에너지 주식회사는 천연가스에 관련된 사업을 하고 있다. 나는 주식을 트레이딩할 때마다 해당 회사가 하는 일을 알고 싶어 한다. 그 회사의 기본적인 펀더멘털이 궁금한 것이다. 회사에 대해 미리 조사해두면 기술적 분석에서 실수가 발생하더라도 양호한 펀더멘털이 추가적인 안전망을 제공할 수 있어서 유용하다.

KCS 　　　　　　　　　　　　20일간의 KSC 주가

크기에 따른 KCS의 유효 거래량
(다이내믹 모드, 20일, ○○○주)

— 소규모　　　— 대규모

차트의 오른쪽 가장자리 부근에서 KCS는 박스권 안에 머물러 있지만 LEV는 상승하고 있다. 이는 큰손들이 계속해서 매수하고 있다는 것을 의미하며, 주가가 하락 돌파하기보다는 상승 돌파할 가능성이 크다는 것을 암시한다. 나는 롱 포지션에 진입해 14.25달러에 역지정가 주문을 냈다. 박스권 바로 아래 위치한 가격이었다. 내 예상이 잘못된 것으로 밝혀질 경우 시장에서 바로 빠져나가면 된다.

나는 이익 목표를 따로 설정하지 않았다. 설정하는 것을 좋아하지 않기 때문이다. 언제 태도를 달리해야 할지는 시장이 알려줄 것이다. LEV가 폭락하기 시작하거나 유효비율이 약해지면 매도 포지션에 진입할 생각이다.

442

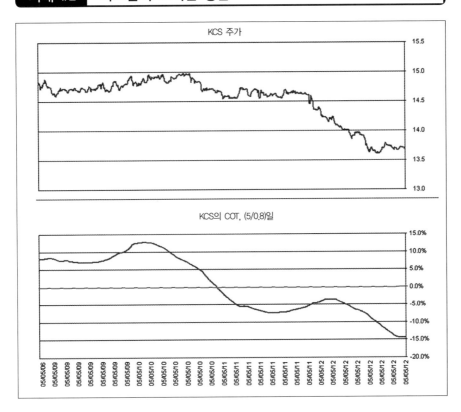

포지션에 진입한 지 이틀 만에 주가가 떨어져 역지정가 주문을 내야 했다. 유효비율의 하락세는 매도자 세력이 커지고 있다는 증거다. 나는 매도자들이 매수할 때 높은 가격에 주식을 매수했는데 그들의 마음이 곧 바뀌고 말았다. 나는 그것이 정상적인 행동처럼 느껴지지 않았다. 이 거래가 왜 실패로 돌아갔는지 분석해야 했다.

이 거래에서 손해를 보고 나서 KCS가 내가 사용하는 도구로는 트레이딩하기 힘들다는 사실을 알게 되었다. 주가가 천연가스와 90퍼센트 정도의 상관관계가 있기 때문이었다. 나의 트레이딩 기법은 큰손들을 따라가는 것에 기반을 두고 있다. 그런데 그들보다 영향력이 더 막강한 세력이 이 상품을 트레이딩한다는 사실을 깨달았다. 큰손들보다 이 주식에 더 큰 영향을 미치는 것이다. 나는 결국 이 주식을 목록에서 제외시키고 더 이상 트레이딩하지 않았다. 경쟁에서 유리한 고지를 점령할 수 없었기 때문이다.

> ▶거래 요약   TRADE SUMMARY
>
> KCS 롱 포지션
> 매수 2005.5.10 14.75달러
> 매도 2005.5.12 14.25달러
> 손실=주당 0.50달러

거래 #2 │ 포지션 진입에 관한 견해

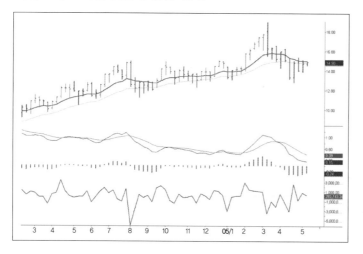

KCS는 거의 2년 내내 천천히 꾸준하게 상승했으나 최근 몇 달 사이에 변동성이 증가한 모습이다. 3월 주가가 급등해 신고점을 경신했다. 하지만 그 주에 폭락한 뒤 4월에도 하락세를 이어갔다. 그 후로 2주 동안 추세가 급격하게 반전되기도 했다. 차트의 오른쪽 가장자리를 살펴보면 KCS는 사실상 보합세를 보이고 있다. 기술적인 지표 역시 별 도움이 되지 않았다.

이동평균은 거의 변화가 없고, MACD 히스토그램은 계속해서 상승하는 모습을 보이고 있다. 하지만 강도 지수는 하락 디버전스를 나타내고 있다. 임펄스 시스템이 청색을 띠고 있으므로 매수나 매도 둘 다 가능하다. 눈을 가늘게 뜨고 이

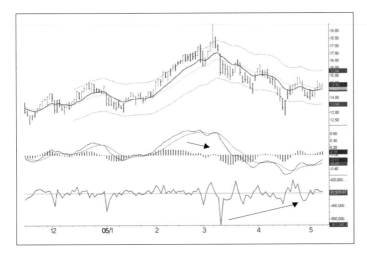

차트를 오랫동안 살펴보면 매수 신호나 매도 신호를 발견할 수 있을 것이다. 하지만 나는 눈을 가늘게 뜨고 차트를 보지 않으려고 한다. 좋은 거래는 스크린에서 튀어나온다고 믿기 때문이다. 놓치려야 놓칠 수 없는 거래가 좋은 거래다. 만일 자기도 모르게 눈을 가늘게 뜨고 차트를 관찰하고 있다면 얼른 다음 주식으로 넘어가라.

KCS는 매도 신호가 발효된 17달러보다 높은 가격에서 출발하여 14달러 아래로 떨어졌다. 그 시점에서 여러 신호의 조합이 매수하라는 메시지를 보냈다. 13달러 아래에서 주가는 급등했고 MACD 히스토그램은 상승 디버전스를 나타냈다. 4월의 매수 신호는 그 달의 공매도 신호에 비해 덜 명백했으며, 강력한 움직임을 낳지도 않았다. 주가는 반등했지만 곧 사실상 보합세를 보였다. 차트의 오른쪽 가장자리에서 일간 임펄스는 녹색을 나타냈다. 이는 매수하거나 관망할 수는 있지만 공매도할 수는 없다는 의미다. 파스칼이 롱 포지션을 취한 것에 이의를 제기할 만한 근거는 없다. LEV는 상승했고, 파스칼의 논리는 타당했으며, 역지정가 주문도 낸 상태였기 때문이다.

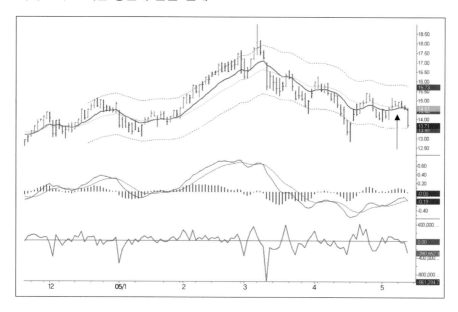

차트 오른쪽 가장자리에서 주가가 폭락하는 모습을 볼 수 있다. 파스칼이 최근의 박스권 아래에서 역지정가 주문을 낸 것이 체결됨에 따라 거래는 금세 마무리됐다. 진지한 트레이더답게 파스칼의 연구는 거래가 끝날 때 함께 끝나지 않았다. 대부분의 트레이더가 손실을 대수롭지 않게 여기고 다음 거래로 넘어갈 때 파스칼은 자신의 방법이 이번에는 왜 실패했는지 알아내려고 계속 연구에 몰두한다. 그러다 KCS 주가가 천연가스와 90퍼센트의 상관관계가 있다는 중요한 사실을 발견했다.

이런 발견을 하고 나면 트레이더에게는 여러 가지 선택 사항이 생긴다. 첫째, 천연가스의 매매 신호를 이용해 이 주식을 거래하기 시작할 수 있다. 둘째, 이 주식과 천연가스 사이에서 차액 거래를 할 가능성을 찾아볼 수도 있다. 마지막으로 파스칼처럼 행동할 수도 있다. 자신이 선물에 관심 없다는 것을 깨닫고 이 주식을 목록에서 제외하는 방법이다. 진지한 트레이더는 수익을 올린 것에 대해 으

446

스대지도, 손실을 입었다는 사실에 부끄러워하지도 않는다. 이익 거래든 손실 거래든 똑같이 '분석의 방앗간'에서 찧은 곡식으로 여기고, 그것을 바탕으로 배우고 오늘보다 더 나은 트레이더가 되려고 노력한다.

추세를 선도하는 자

파스칼이 유효 거래량의 개념을 처음 소개해줬을 때, 나는 그것으로 무엇을 하고 싶은지 물었다. 그는 이미 그 개념을 이용해서 트레이딩을 하고 있었다. 그는 자금을 관리하는 데는 흥미가 없어 보였으나, 그 개념이 대중에게 알려지기를 원했다. 파스칼이 다른 시장 참가자들과 자신의 아이디어를 공유하고 싶다고 털어놓는 것을 듣고 있자니 "트레이딩을 할 줄 아는 사람이 대체 왜 자신의 비법을 공개하고 싶어 하는 거죠?"라고 의아해하는 옹졸한 사람들이 떠올랐다. 파스칼은 성공한 인물이 얼마나 너그러울 수 있는지 분명하게 보여주었다. 그는 여러 기업체의 파트너로 이름을 올린 상태며 시장에서 돈도 벌고 있지만, 그의 주된 관심사는 아내와 함께 발족한 중증장애아 재단을 키우는 것이다.

파스칼의 기법은 이 장에 소개된 것 이외에 몇 가지 특징을 더 지닌다. 사실 파스칼은 나에게 두꺼운 매뉴얼을 건네며 자신이 이용하는 여러 가지 기법을 책에 포함시키기를 바랐다. 하지만 나는 명확성과 간결성을 위해 그의 요청을 거절하고 핵심 요소에 집중했다. 파스칼은 자신의 기법을 상세하게 설명하는 책을 집필하거나 여러 편의 논문을 작성할 계획이다. 그와 데이비드 바이스는 이 프로젝트를 위해 인터뷰한 트레이더 중 내가 새 책이 나오기를 고대하는 사람들이다. 제럴드 아펠의 책은 이미 출간되어 열렬한 찬사를 받고 있다.

파스칼의 노력에 존경을 표하며 나는 그의 핵심 개념에 관해 몇 가지 주의 사항을 전하고 싶다. 일부 독자가 잘못 이해할 소지가 있다고 판단하기 때문이다. 파스칼은 대부분의 트레이더보다 한 발 앞서 트레이딩하는 추세 선도자들이 매매에 나섬으로써 시장이 특정한 추세를 보이는 데 기여한다고 말한다. 의심의 여지없이 일부 시장 참가자는 다른 이들보다 아는 것도 많고 일찍 결정을 내리는 능력을 갖추고 있다. 우리가 전해 듣는 것보다 시장에서 내부자 거래가 훨씬 많이 일어난다는 의견에도 동의한다. 법을 어겨 적발되는 내부 거래자들은 욕심이 많은 사람들이다. 더 조용하고 신중하게 움직이는 내부 거래자들은 적발되지 않으며, 차트에 발자국만 남길 뿐이다. 기술적 분석가들은 추세와 반전을 일찍 알아채기 위해 그런 발자국을 찾아본다.

이와 동시에 진실을 확실하게 알 수 있는 집단은 어디에도 없다는 사실을 깨닫는 것이 중요하다. 큰손들은 현명할 때도 있지만 항상 그런 것은 아니다. 자금 관리 회사를 찾아가 여러분의 투자 자금을 관리하는 직원들을 보면 금방 알수 있다. 찾아내기 힘든 추세 선도자들을 찾을 때는 그들이 거기 있을 때도 있지만 없을 때가 더 많다는 점을 염두에 두어야 한다. 내부 정보를 지닌 트레이더들이 주가가 상승하기 전에 주식을 사 모으는 경우도 있지만, 네스 호의 괴물이나 설인과 크게 다를 바 없을 때도 있다. 이것이 바로 모든 성공적인 트레이더의 핵심적인 특징이 겸손인 이유다. 성공한 트레이더는 자신이 진실의 한 조각을 알고

호랑이는 무늬가 변하지 않는다

A tiger does not change it's stripes

파스칼에게 이 장을 검토해달라고 부탁했을 때 그는 아래와 같은 코멘트를 추가했다.

나는 내부자 거래가 회사가 운영되는 방식과 회사의 사업 유형과 관련 있다고 생각한다. 규모가 큰 거래는 여러 트레이더가 참여하며 협상하는 데 시간이 오래 걸리므로 정보가 누출될 기회가 더 많아진다. 회사는 사업 방식이나 운영 방법을 바꾸지 못한다. 과거에 정보를 누출된 적이 있으면 미래에도 누출될 것이다. 이런 이유로 나는 회사에 관한 1년분의 뉴스를 훑어보고 LEV로부터 신호가 발효된 적이 있었는지 확인한다. 대답이 '예' 일 경우 그 주식은 내가 이용하는 기법에 어울리는 후보 종목일 가능성이 크다.

있지 못하며, 이용하는 기법이 항상 효과를 보이지는 않을 것이라는 사실을 안다. 이것이 바로 진지한 트레이더들이 리스크 관리와 자금 관리에 많은 신경을 쏟는 이유이기도 하다.

한 발 더 나아가 추세를 선도하는 사람들을 찾는 작업은 유용할 때도 있으나 쉽게 외부의 영향을 받는 사람들을 음모론에 빠뜨릴 수도 있다. 이는 거대한 정체불명의 음모가 시장뿐 아니라 전 세계를 지배한다는 관점에 기반한다. 이와 같은 원시적인 믿음은 감정적으로 어려움을 겪는 사람들이나 지적으로 문제가 있는 사람들의 특징 중 한 가지다. 이런 사람들은 트레이딩을 성공적으로 수행하기 어렵다.

추세 선도자들을 떠올릴 때면 나는 일반적인 내부 거래자가 그려진다. 특정한 주식을 남달리 예리하게 파악할 줄 아는 대규모 펀드를 운용하는 매니저가 떠오르는 것이다. 파스칼처럼 주식을 예리하게 관찰하는 사람들이 특정 주식의 가능성을 알아보고 포지션에 일찍 진입하여 추세 선도자가 된다. 다른 경우에는 추세 선도자가 전혀 존재하지 않는다. 그저 어둠 속에서 헤매는 트레이더 무리가 있을 뿐이다. 매도호가에 사서 매수호가에 팔아 딜러들을 배부르게 해주는 사람들 말이다. 추세 선도자들이 실제로 존재하는 경우도 가끔 있는데 이제 우리는 파스칼의 도구를 활용하여 그들의 행동을 추적할 수 있다.

파스칼의 e-mail
; 활동 경계선

왜 나 이외에 아무도 이런 개념을 떠올려본 적이 없을까? 이 질문을 놓고 나는 한동안 고민했다. 내 대답은 누군가가 엘더 박사에게 어떻게 트레이딩 서적을 집필했는지 물을 때 그가 들려줄 대답과 비슷할 것 같다. 나는 박사가 심리학,

트레이딩, 저술 활동 등 다양한 분야의 경험을 통합했다고 생각한다. 내 경우 응용수학을 연구하고 소프트웨어를 만든 경험을 바탕으로 이런 개념을 개발하게 되었다. 하지만 가장 중요한 이유는 나 자신의 트레이딩을 위해 필요했기 때문이다.

대규모 금융기관이 이런 필요성을 인식했다고 가정해보자. 그들은 소프트웨어, 수학, 트레이딩 등 다양한 경험을 해본 연구원들을 활용해야 할 것이다. 연구원들은 함께 의견을 교환하고, 보고서를 작성하고, 아이디어를 테스트하며 함께 일해야 할 것이다. 상사에게 보고도 해야 할 테니 이 얼마나 규모가 큰 팀인가!

유효 거래량과 유효비율 이외에 나는 한 단계 아래 있는 지표도 한 가지 소개하고자 한다. 활동 경계선Active Boundaries은 주식이 과매수되거나 과매도된 시기를 알려준다. 이 지표는 가격뿐만 아니라 거래량도 고려한다는 점에서 이전에 소개한 과매수 혹은 과매도 측정법과는 차이가 있다. RSI나 지지/저항 같은 다른 도구들은 주가에만 기반을 두고 있으며, 거래량이 시장 활동의 핵심적인 부분인데도 무시한다.

지지와 저항은 추세가 반전할 가능성이 큰 지역을 나타낸다. 다음의 미묘한 차이를 염두에 둬라. 투자자는 주식이 싸서 사고 비싸서 파는 것이 아니다. 가격이 오를 것으로 예상해서 사고, 가격이 떨어질 것으로 예상해서 파는 것이다. 이와 마찬가지로 주가는 주식의 RSI가 과매수되어서 떨어지는 것이 아니라 트레이더들이 그 주식에 거는 기대가 낮아졌기 때문에 하락하는 것이다. 이 두 가지 요소는 서로 연결되어 있다. 가격이 높을수록 가격이 상승할 것이라는 기대감은 낮아진다.

나는 특정 주식의 포지션을 보유하고 있는 트레이더들의 기대치를 추적하기 위해 활동 경계선을 개발했다. 개인의 이익 기대치는 두 가지 요소와 관련 있다. 가격이 움직일 것으로 예상하는 지점과 트레이더가 지급하는 가격이 관련 요소다. 트레이더라면 자신이 매수한 가격이 아닌 펀더멘털 데이터와 기술적 데이터를 바탕으로 결정을 내릴 것이다. 매수 가격이 주가가 어느 지점으로 향할지에 아무런 영향을 미치지 못하는데도 대부분의 사람은 평가 손익을 바탕으로 매매 결정을 내린다.

두 명의 트레이더가 현재 시세가 10달러인 주식을 보유하고 있다고 가정해보자. A 트레이더는 8달러에, B 트레이더는 9.95달러에 매수했다고 치자. 두 명 모두 이 회사의 전망이 대단히 밝다고 생각하겠지만, A 트레이더는 벌써 25퍼센트나 앞서고 있으며 이익을 취할 확률이 더 높다. 이 시점에서 A 트레이더가 가격의 상승에 대해 품고 있는 기대치는 B 트레이더의 기대치보다 낮다. 이는 A 트레이더의 이익 기대치가 25퍼센트의 이론적인 수익으로 부분적으로나마 달성되었기 때문이다. 어느 순간 어느 트레이더나 기대치는 투자 수익률Return on Investment에 반비례한다.

각각의 주식이 얼마에 매수되었는지 안다면 어느 시점에든 각각의 주식에 대한 투자 수익률을 계산할 수 있을 것이다. 1분 단위로 평균 투자 수익률을 계산하면 정확한 값에 충분히 가까운 근사치를 구할 수 있다. 그 덕택에 우리는 평균 투자 수익률을 추적할 수 있다. 어느 주식이든 포지션을 보유한 트레이더들은 특정한 행동 양식과 보상에 대한 기대감을 발전시킨다. 해당 주식의 평균 투자 수익률이 그 수준에 도달하면 추세는 반전할 가능성이 크다.

활동 경계선은 활발한 움직임을 보이는 주식 풀(나는 이것을 액티브 플로트Active Float라고 부른다)의 최대 평균 ROI 및 최소 평균 투자 수익률을 분명하게 정의한 지역이다. 그 풀의 규모를 추정하려면 시각적인 과정을 거쳐야 한다. 엔벨로프의 최고 너비를 찾는 것과 다소 흡사하다. 이동평균 주위에 채널선을 그리고 싶을 때는 다양한 계수를 시도한다. 대부분의 가격을 포함하고 극단적인 가격만 빼져 나오도록 상황에 가장 적합한 엔벨로프를 만들기 위함이다. 5%의 채널을 요하는 주식도 있고, 3.5%나 다른 수치를 요하는 것도 있다. 활동 경계선을 알아내려면 지난 여섯 달간 가장 규칙적인 추세 패턴을 보인 평균 투자 수익률을 찾을

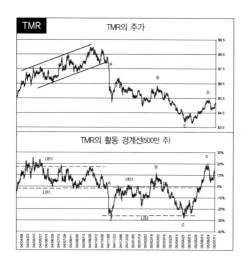

때까지 이 수치를 계속 조정해야 한다.

TMR The Meridian Resources Corp는 천연가스 탐사 및 생산을 담당하는 회사다. 차트는 대체로 가격 추세를 따르지만 트레이더들의 평균 기대치에 반비례한다. 평균 투자 수익률이 높을수록 가격이 더 상승하리라는 기대감은 낮아진다. 평균 투자 수익률의 가로에 있는 선이 바로 활동 경계선이다. 선의 수준은 주식에 따라 달라진다. 투자자와 트레이더 집단마다 이익에 대한 기대치와 손실을 감당할 수 있는 정도가 다르기 때문이다.

TMR에서 5000만 주의 평균 투자 수익률은 가격보다 훨씬 규칙적인 패턴을 보인다. 5000만이라는 숫자는 시행착오를 통해 얻었다. 가장 규칙적인 패턴을 찾기 위해 30, 50, 70 등의 수치를 대입해보면 된다. 평균 투자 수익률 선은 상단 활동 경계선과 하단 활동 경계선 사이(UB1과 LB1 사이)를 왔다 갔다 한다. 11월 회사가 나쁜 소식을 공표했을 때(지점 A) 주주들의 기대치가 달라졌으며, 낮아진 기대감에 맞추기 위해 새로운 경계(UB2와 LB2)가 생겼다.

차트를 왼쪽에서 오른쪽으로 따라가면서 다음과 같은 사항을 파악했다.

• 2004년 4~11월 활동 경계선은 투자 수익률의 0~20%에 있었다. 평균 투자 수익률이 0%까지 떨어지는 동안 주식은 매수 가능했고, 20%까지 올라가는 동안 매도 가능했다. 상단 한계선 부근에서 가격 상승에 대한 트레이더들의 기대감은 대단히 낮아졌다. 그 수준에서는 트레이더들이 해당 주식이 상대적으로 비

452

싸다고 생각하기 때문에 매수자가 줄어들어 가격이 하락했다.

• 2004년 11월 지점 A에서 가격은 상단 추세선을 돌파했고, 평균 투자 수익률은 하단 활동 경계선(LB1)까지 하락했다. 이 사실을 단일 사건으로 간주할 경우 가격이 매수 지역에 이르렀다고 생각할 수 있다. 하지만 유효 비율(454페이지에 실린 차트 참고)에서 발생한 돌파는 회사가 일시적으로 어려움을 겪고 있음을 보여준다. 따라서 숏 포지션이 가능하다는 신호가 발효되었다.

• 회사가 천연가스 비축물을 줄이기로 검토한 데서 시작된 시장 붕괴 이후 주식은 매우 부정적인 활동 경계선(UB2와 LB2)을 형성했다. 상단 경계선이 0% 위에 있는 것은 강력한 하락세에서 전형적으로 나타나는 현상이며, 하단 경계선이 0% 아래 있는 것은 강력한 상승세임을 나타낸다.

• 지점 B에서 주식은 랠리를 시도했다. 액티브 플로트의 평균 투자 수익률은 상단 경계선을 넘어 과매수 지역에 이르렀다. 희소식이 없는 상황에서 주식은 하락 반전을 보일 준비가 되어 있었다.

• 지점 C에서 평균 투자 수익률은 하단 경계에 닿았고, 유효 거래량은 매우 강력한 상승 반전을 보였다. 두 가지 신호가 합쳐져 최적의 매수 기회가 제공되었다.

• 지점 D에서 가격은 여전히 매우 싸다. 활동 경계선은 투자 수익률이 UB2를 넘어섰으며, UB1의 수준까지 돌아왔다는 것을 보여준다. 이는 주식이 단기적으로 과매수되었다는 것을 뜻한다. 장기적으로 어떤 일이 벌어질 것인지는 발표되는 뉴스나 유효 거래량이 전하는 메시지에 달려 있다.

2004년 11월에 지점 A(지점 A는 452, 454페이지에 실린 두 차트에서 같은 날짜에 나와 있음)에서 평균 투자 수익률은 하단 경계선(452페이지에 실린 차트에서의 LB1)까지 하락했다. 그 시점에서 주식이 싸다고 생각한 트레이더들의 기대감이 높아진 만큼 가격이 반등했어야 했다. 하지만 나쁜 소식이 벌써 새어 나오고 있었기 때문에 가격은 반등하는 모습을 보이지 않았다. 이 차트에서 볼 수 있듯이 11월 2~4일 주

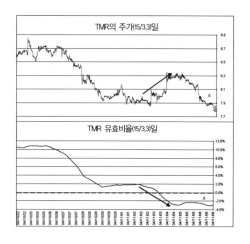

TMR의 주가(15/3.3)일

TMR 유효비율(15/3.3)일

가는 상승했으나 유효 비율은 음
(-)이 되었다. 이는 가격이 급등하
는 동안에도 매도자들이 시장을
장악하고 있다는 증거다. 랠리는
가짜였고, 가격이 앞으로 더 떨어
질 것이라고 예상할 수 있다. LEV,
유효 비율, 활동 경계선의 조합이
최상의 트레이딩 결정을 내릴 수
있도록 돕는다. 이 기법은 데이 트
레이딩이나 장기 투자에는 적당하지 않으며, 스윙 트레이딩에는 크게 도움이 된
다. 각각의 지표는 단독으로 살펴볼 경우 상황을 크게 잘못 파악할 소지가 있다.
여러 신호가 똑같은 방향을 가리킬 때까지 기다리는 것이 현명하다.

1. 활발하게 움직이는 주식 풀은 어떻게 선정하는가?

시행착오를 거치는 수밖에 없다. 나는 과거에 가장 믿을 만한 반전을 보였던 패
턴을 찾을 때까지 계속 다른 수치를 이용해볼 것이다.

2. 활동 경계선 지표는 왜 반복적인 천장이나 바닥 패턴을 찾아내는가?

솔직히 대답하자면 이 질문의 답은 잘 모르겠다. 나는 어느 주식에서든 트레이
더의 풀이 비교적 안정되어 있다고 생각한다. 프로 트레이더들은 철저한 연구를
거치지 않고서는 주식에 투자하지 않는데, 연구를 하는 데는 시간이 걸린다. 투
자자들은 오랫동안 같은 회사를 따라가며 다양한 기회에 트레이딩하기를 선호
한다. 이런 트레이더 풀의 투자 수익률에 대한 연구는 그들이 미래에 비슷한 상
황이 펼쳐질 때 어떤 반응을 보일 것인지 예측할 수 있도록 돕는다.

3. 활동 경계선을 모든 주식에 적용할 수 있는가?

아니다! 아래의 경우에는 효과가 별로 없다.

- 상승세와 하락세의 반전이 6개월 이상 걸리는, 움직임이 느린 주식.
- 지나치게 역동적으로 움직여 투기자와 스윙 트레이더의 구분이 어려운 주식.
- 소수의 트레이더가 내린 결정이 지표에 큰 영향을 미치는 거래량이 적은 주식.

나는 가격과 거래량의 상관관계에 대한 연구가 주식의 수요와 공급의 균형을 측정하는 데 필요한 열쇠라고 생각한다. 엘더 박사는 강도 지수를 통해 이런 사실을 지적했지만, 이 접근법을 최대한 활용하기 위해 나는 분 단위 정보 등의 다양한 데이터를 이용해 작업해야만 했다. 완벽한 기법이란 없으며, 나는 여전히 실수를 저지른다. 특히 지표가 어떤 행동을 보일지 예상하려고 할 때 실수를 범하는 경우가 많다.

시장의 도구를 단독으로 사용해서 완벽한 성과를 거둘 수는 없으나 여러 도구를 통합적으로 이용하면 성공적인 트레이딩이 가능해진다. 자신의 기법이 마음에 들지 않는 초보 트레이더라도 더 복잡한 기법에 뛰어드는 게 반드시 좋은 생각은 아니다. 이미 성공적으로 트레이딩을 하고 있다면 그 기법을 좀 더 깊이 연구하는 것이 결과를 향상시키는 데 도움이 된다.

ENTRIES & EXITS
VISITS TO SIXTEEN TRADING ROOMS

CHAPTER

16

마르틴 크나프
Martin Knapp

다음번에는
제대로 하라

이름 | 마르틴 크나프
거주지 | 오스트리아 빈
전 직업 | 개인 IT 코치
트레이딩 분야 | 미국 주식, 선물, 외환
트레이딩 경력 | 1998년부터
계좌 규모 | 중간 규모(25만~100만 달러)
소프트웨어 | TC2005, TradeStation, Trader's Governor
트레이더스 캠프 | 2003년 3월부터 매회 참가.
2004년 9월, 2005년 3월 캠프에서 강의

마르틴은 도미니카공화국에서 열린 캠프에 웃는 얼굴로 참가했다. 그는 참가자 중에서 가장 좋은 컴퓨터 환경을 갖추고 있었고, 기기 문제로 도움을 필요로 하는 사람이라면 누구나 너그러이 도와주었다. 마르틴은 저녁을 먹을 때면 좋은 와인을 시켰고, 모든 여자와 키스로 인사를 나눴으며, 밤늦게까지 파티를 즐겼다. 그는 아침 일찍 해변에서 조깅하는 것은 조심스럽게 피했으나 강의실에는 항상 제일 먼저 모습을 드러냈다. 정보를 흡수하고, 질문을 하고, 다른 참가자들과 아이디어를 나누는 것을 즐겼다.

나는 뉴욕에 있는 아파트에서 매달 캠퍼 모임을 개최한다. 우리는 시장을 검토하고 트레이딩 요령을 공유한 뒤 저녁 식사를 하러 나간다. 대부분의 참가자가 뉴욕에 살지만 다른 도시에서 출장 오는 김에 이 모임에 참가하는 외부인도 더러 있다. 외국에서 오는 참가자는 대단히 드물다. 하지만 마르틴은 빈에서 매번 비행기를 타고 와서 우리 모임에 참석했다. 그는 뉴욕에 올 때마다 전자기기를 사러 나가기도 하고, 도시 구석구석을 탐방하기도 한다.

마르틴은 파티하는 것을 즐기지만 일하는 것도 그만큼이나 좋아한다. 세인트 마르틴 섬에서 캠프가 열렸을 당시에는 금요일 밤 12시가 한참 지난 시간에 파티가 끝났는데, 나는 호텔에 가서 정신을 잃고 잠들었지만 마르틴은 근처의 바로 이동했다. 거기서 몇 시간이나 여자들과 이야기를 나누며 그들이 수영장에 티셔츠만 입고 뛰어들도록 설득했다. 하지만 내가 오전 8시 전에 일어났을 때 마르틴은 벌써 노트북을 들고 테라스에서 주식을 연구하고 있었다.

마르틴: 1988년 내가 고등학교 졸업반이었을 당시, 고향에 있던 모 은행 지점장이 우리 반학생들에게 오스트리아 주식시장에서 트레이딩을 할 수 있는 가짜 계좌를 개설해주었다. 당시 우리나라에선 주식이 별로 인기가 없었다. 대부분의 사람이 저축만 했다. 오스트리아 국민의 약 4%만이 주주였다. 물론 우리 가족 중에도 주식을 보유한 사람이 없었다. 나 역시 주식시장에 대해 얼핏 들어봤

을 뿐이었다. 아이들은 20만 실링(약 2만 달러)이 들어 있는 '계좌'를 '트레이딩' 했는데, 종목을 선택하는 기준은 간단했다. 이름을 들었을 때 마음에 들면 매수에 나서는 식이었다. 매수만 하고 공매도는 절대로 하지 않았다. 연말이 되었을 때쯤 우리는 50달러 정도 되는 '수익'을 올렸고, 지점장은 졸업 파티에 쓰라고 그 금액을 현금으로 줬다. 그때 나는 시장에서 돈을 벌 수 있는 방법이 있다는 사실을 알게 되었다. 그 후로 10년간 나는 주식을 조금씩 매수했다. 정보를 얻거나 신문에서 관련 기사를 읽을 때 주로 매수에 나섰다. 그 당시에는 여러 오스트리아 주식이 거래일마다 고정된 가격에 매매됐다. 주식을 거래하려면 은행에 가야 했는데, 은행 직원이 타자기를 꺼내 주문을 받았다. 그러고 나면 며칠 뒤 어떤 일이 벌어졌는지 알게 되었다.

나는 시장에서 돈을 많이 벌거나 잃은 적이 없어 트레이딩을 우선순위에 올려놓아야겠다는 생각을 하지 못했다. 나는 대학을 다니면서 아르바이트를 하느라 바빴고, 나중에는 파트너와 함께 매니지먼트 자문 회사를 설립하느라 시간이 없었다. 나는 거기서 IT 부서를 책임졌다. 나는 개인 IT 코치로서 오스트리아에서 높은 지위를 차지하는 경영 간부 몇 명과 회사 사장들을 도와주었다. 사업 및 컴퓨터에 관한 그들의 문제를 해결할 수 있도록 도왔다. 나는 당시의 고객 가운데 두 명과 여전히 일하고 있다. 그들과 거래하는 것이 즐겁기 때문이다.

1998년 주식을 인터넷에서 트레이딩하는 것이 가능해졌는데, 그것은 나에게 결정적인 전환점으로 작용했다. 나는 1999년 2월 처음으로 인터넷 계좌를 개설한 뒤 기술적 분석에 관심을 갖기 시작했다. 나는 빈에 사는 시애틀 출신의 미국인 친구와 친하게 지냈는데, 우리는 웹사이트에서 차트를 찾아보는 매우 기본적인 작업을 하기 시작했다. 그는 《주식과 상품의 기술적 분석》을 계속 읽었고, 그 잡지에 실린 무엇인가를 적용하기 위해 어느 날 메타스톡을 샀다. 내가 처음으로 이용한 소프트웨어는 해적판 소프트웨어였다.

지금은 우리가 했던 작업이 실제 기술적 분석이 아니었다는 사실을 안다. 나는 선을 색칠하고 있는 것에 불과했다. 하지만 그것은 나를 기분 좋게 만들었다. 나는 당시에 회사에서 풀타임으로 일하고 있었는데, 시장이 내가 원하는 방향으로 움직일 때만 차트를 살펴보았다. 1년이 조금 지나고 나니 2000년 3월 형성된 거품의 꼭대기에서 3,000달러가 들어 있던 내 이트레이드eTrade 계좌는 4만 달러로 몸집이 불어나 있었다. 나는 동유럽에서 개최된 비즈니스 매니지먼트 세미나에서 강의를 진행하기도 했는데, 동유럽인들에게 나의 트레이딩 실적을 가끔 보여주기도 했다. 그들은 거기서 공짜 돈이 나온다는 것을 알았기 때문에 대단히 좋아했다. 브로드비전Broadvision이 275달러에서 285달러로 상승했을 때 나는 부쿠레슈티에 있었다. 그 회사는 내 계좌가 4만 달러에서 처음의 3,000달러로 돌아가는 데 일조한 회사 중 하나다. 그 돈을 내가 왜 돌려주어야 했을까? 손실을 입고 나서 나는 사료 캔을 쳐다보고 있는 개가 된 기분이었다. 캔에 맛있는 음식이 들어 있는 것은 알지만 어떻게 여는지 모르는 개 말이다. 나는 내가 11년간 시간을 헛되이 보냈다는 사실을 깨달았다.

나에게는 항상 인생 계획이 있었다. 35세가 되면 은퇴하고 한가한 섬에서 시간을 보내고 싶었다. 나는 이미 오스트리아에서 가장 성공한 IT 고문 중 한 명이었다. 하지만 35살에 은퇴하는 일이 재정적으로 현실성이 떨어진다는 사실을 깨달았다. 나는 회사에서 파트너 지위를 차지하고 있었지만, 그것은 나의 목표와 상당히 동떨어지는 일이었다. 내가 일 중독자라는 것은 인정하지만 고객을 위해 일하기는 싫었다. 자유를 더 누리고 싶었다. 3,000달러가 들어 있는 계좌를 1년 만에 4만 달러로 불리는 것이 내 목표를 달성하는 데 크게 도움이 될 것 같았다. 나는 한 번 더 트레이딩을 시도해보기로 했다. 대신 이번에는 제대로 해보고 싶었다.

2000년 말 나는 당시의 여자 친구와 함께 처음으로 호주로 여행을 떠났다. 나는 오스트리아의 여름은 좋아하지만 추운 겨울에는 항상 다른 곳으로 떠나고 싶었다. 우리는 내가 도시 생활을 접고 섬에서 여유로운 생활을 하게 될 때에

이전

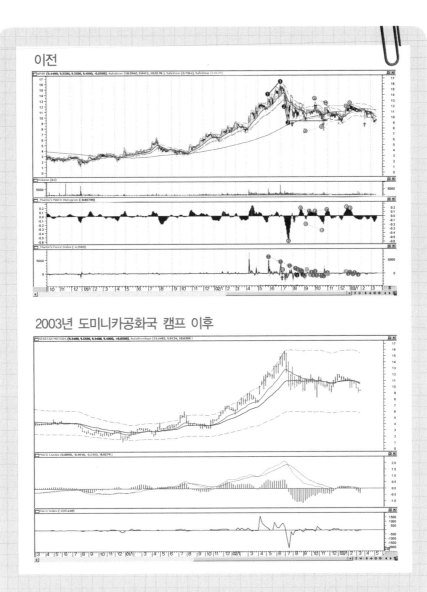

2003년 도미니카공화국 캠프 이후

차트가 복잡하다고 트레이딩이 더 잘되는 것은 아니다: 위의 두 차트는 마르틴의 첫 트레이더스 캠프 참가 전후의 컴퓨터 스크린 샷이다. 차트에 많은 선을 긋는 것은 가격이 전하는 메시지를 혼란스럽게 할 뿐이다. 간단한 기술적 도구 몇 가지가 스크린을 가득 채우는 지표들보다 훨씬 유용하다.

대비해 호주가 겨울에 머물기 괜찮은 곳인지 알아보려고 했다. 우리는 2주간 멜버른과 애들레이드를 방문하고, 바로사 밸리에서 와인 쇼핑을 즐겼다. 그리고 시드니를 거쳐 포트 더글러스의 해변에서 5일 동안 묵기도 했다.

나는 사실 트레이딩의 다음 단계를 생각하는 데 정신이 팔린 채 호주에 갔다. 그러다 멜버른에서 투자가를 위한 서점에 들렀다가 『주식시장에서 살아남는 심리투자 법칙』을 발견했다. 책의 제목이 마음에 크게 와닿았다. 빈의 고객들을 뒤로 한 채 트레이딩을 하며 먹고살 수 있을지도 모르겠다는 생각이 들었다. 그럴 경우 휴가를 즐기는 대부분의 사람처럼 2주가 아니라 원한다면 여섯 달 정도 호주에 머물 수 있을 터였다.

나는 페이지를 표시하고, 스프레드시트를 디자인하고, 지표를 프로그래밍하면서 큰 재미를 느끼기 시작했다. 그러고는 엘더 박사와 내 프로그래밍을 비교해보려고 엘더 디스크를 구매했다. 나는 내가 모든 것은 극도로 정확하게 프로그래밍했다는 것을 깨닫고 기뻤다. 기술적 분석, 심리, 자금 관리가 모두 맞물려 돌아가기 시작했다.

나는 2001년 내내 『주식시장에서 살아남는 심리투자 법칙』에 실린 기법들을 적용해보느라 바빴다. 나는 2002년 『나의 트레이딩 룸으로 오라』가 출간되자마자 구입한 독자 중 한 명이다. 당시는 엘더 박사를 만나기 전이었으나, 그의 사인이 담긴 책을 여전히 잘 보관하고 있다. "제 책을 처음으로 읽는 독자 중 한 명이 되어주신 것에 감사드립니다"라는 의미의 사인이었다. 하지만 당시에도 내 생활에서는 여전히 고객이 가장 높은 우선순위를 차지하고 있었고, 트레이딩에 할애하는 시간은 20퍼센트도 채 되지 않았다. 그것도 주로 늦은 저녁 시간이나 주말이었다. 2002년 『나의 트레이딩 룸으로 오라』를 읽고 나서 나는 내 시간의 30퍼센트를 트레이딩에 할애했다. 트레이더스 캠프가 있다는 이야기를 듣고 언젠가 참석하겠다고 마음 먹었지만, 2002년에는 아직 준비가 되지 않은 기분이었다. 나는 캠프 참가자들이 교육을 대단히 많이 받은 사람들일 것이라고 생각했기 때문에 나 혼자 바보처럼 보일까 봐 걱정스러웠다. 나는 참가자들이 나누는 이야기를 듣고 얻는 것이 있기를 바랐고, 대화에 직접 참가하고 싶은 마음도 있었다. 캠프를 다녀와서는 트레이딩에 전념하고 싶었다. 2002년 크리스마스이브에 나는 이메일을 정리하다가 2003년 3월 추가 캠프가 진행될 예정이라는 공고를 발견했다. 1월 캠프에 미처 참가하지 못한 트레이더들이 거세게 항의를 한 모양이었다.

나는 공고를 보자마자 그것이 나를 위한 것임을 알았다. 여자 친구가 나와 동행할 수 있도록 일정을 맞추는 데 이틀 걸렸고, 나는 곧바로 캠프에 참가하겠다고 신청했다. 엘더 박사의 책을 읽고 갔는데도 박사의 수업을 듣는 것은 전혀 새로운 경험이었다. 나는 "아하!"와 "와우!"를 연발했고, 할 일과 변경해야 할 사항, 추가해야 할 규칙, 추가적으로 구입해야 할 소프트웨어를 적은 긴 목록을 작성했다. 내가 사용하는 스크린세이버 중 한 가지는 캠프 전후의 일반적인 나의 차트를 캡처한 것이다. 그것은 나에게 큰 변화를 안겨주었고, 중요한 사항에 집중하고 쓸데없는 것은 없애버리도록 도와주었다.

나는 배운 내용을 바로 적용했고, 일이 제대로 된 방향으로 나아가기 시작하자마자 매달 뉴욕으로 날아가 엘더 박사가 개최하는 트레이더스 모임에 참석했다. 나는 언제나 미국에 가는 것이 즐거웠다. 학생 시절에 일리노이대학교 어버너–섐페인 캠퍼스에서 한 학기를 보냈고 컴퓨터 쇼에도 한두 번 참석한 경험이 있다. 나는 뉴욕에 가서 "이것 보세요. 아주 못하고 있지는 않는 것 같죠?"라고 말하기 위해 트레이딩 실적을 향상시키고 싶었다. 결국 2003년 6월 뉴욕에 도착해 엘더 박사와 토요일 아침 식사를 같이했다. 박사는 내가 쉽게 해결할 수 있는 컴퓨터 문제 몇 가지를 상담해왔다. 우리는 몇 시간 동안 박사의 컴퓨터를 손봤고, 박사에게 혹시 나의 거래 차트를 봐줄 수 있는지 물었다. 그리고 어떻게 실적을 개선할 수 있는지에 대해 유용한 피드백을 받을 수 있었다. 항상 받기만 하면 미안한데 다행히 박사에게 은혜를 갚을 기회가 생겼다. 박사는 8월에 친구들을 보러 암스테르담에 갈 계획이라고 밝혔다. 박사는 거기서 BMW 컨버터블을 빌려 독일과 스위스를 지나 밀라노에서 차를 돌려줄 심산이었다. 친구가 밀라노에서 국제 조정 경기 코치로 일한다고 했다. 나는 차를 렌트하는 문제를 돕겠다고 나섰으나, 유럽 안에서 편도로 이용할 BMW를 구하는 것은 고사하고 좋은 차 자체를 구하기가 여간 어려운 일이 아니었다. 그래서 결국 나에게 아우디 컨버터블이 있으니 내가 대신 태워주겠다고 제안했다.

박사가 빈에 왔을 때 나는 근처에 살면서 같이 트레이딩을 하는 친구들로 이루어진 네트워크를 형성하려고 노력하고 있었다. 총 열 명이 우리 모임에 참가했다. 다른 나라에서 비행기를 타고 온 참가자도 있었지만 '네트워크 형성'은 실패로 돌아가고 말았다. 거의 모든 사람이 엘더 박사의 이야기를 들으러 왔을 뿐, 나머지 참가자들과 공유할 만한 아이디어를 내놓지는 않았다. 프랑스에서 온 호주 출신의 트레이더 닉^{Nic}과 같은 예외가 있기는 했다. 그러다가 정말 멋진 일이 일어났다. 토요일 아침에 나는 엘더 박사, 그리고 닉과 함께 시장의 산업 그룹과 지표를 살펴보고 있었는데, 박사가 "쇼핑 목록을 작성해야 합니다. 지금이 바로 롱 포지션에 진입할 때예요"라고 선언했다. 그 후로 지표와 그룹을 검토하고, 가장 흥미로운 것을 찾아내고, 그 그룹 안에 있는 종목들을 자세히 살펴보는 것이 우리의 주간 과제로 정착되었다(『알렉산더 엘더 박사의 트레이딩 룸에서 보낸 일주일Seven Days in Dr. Alexander Elder's Trading Room』 291페이지를 참고하라).

우리 셋은 주말 내내 트레이딩에 전념했고, 마지막에는 그 주에 트레이딩할 가장 매력적인 종목 다섯 개를 찾기 위해 리스크/보상 비율을 적용했다. 박사에게 월요일에 트레이딩할 계획이 있는지 물었던 기억이 난다. 박사는 "물론입니다. 그럴 생각이 없었으면 왜 주말에 일했겠습니까"라고 대답했다. 나는 주말마다 이 과제를 수행해 내 트레이딩 실적에 대한 통제권을 강화하려고 노력했다.

나는 요즈음 더 나은 트레이더가 되기 위해 분투하고 있다. 평생 먹고살 만큼의 재산이 생기더라도 트레이딩을 그만두고 싶지는 않을 것 같다. 열정을 쏟아붓게 되었기 때문이다. 나는 빌라의 테라스에 앉아 온종일 할 일 없이 빈둥거리고 싶지는 않다. 트레이딩은 이제 내 인생의 일부다. 나는 최근 몇 년간 단 하루도 빠짐없이 트레이딩을 했다. 세계 어느 곳에 있든지 간에 매일 온라인으로 시장을 연구한다.

나의 주말 과제는 내 트레이딩의 근간을 이룬다. 나는 약 120개의 미국 및 국제 시장 지표와 250개의 미국 주식 산업 그룹을 평가해서 내가 곰이나 황소의 성향을 얼마나 지니고 있는지 판단한다. 나는 나에게 효과가 있으면서도 다른 트레이더들이 아직 발견하지 못한, 거래할 만한 변화 요인을 찾아본다. 황소 혹은 곰의 진영에 속하는 그룹을 찾은 뒤 그중에서 가장 흥미로운 롱 또는 숏 포지션으로 진입할 만한 후보를 찾는다. 그렇게 선정된 최상급 후보들을 트레이더스 거버너(제6장 참고)에 입력해 그중 어떤 것을 실제로 거래할 것인지 결정한다. 나는 스캔도 몇 가지 이용한다. 나는 메타스톡에서는 MACD 히스토그램의 상승 및 하락 디버전스를 찾아내는 프로그램을 작성하고, TC2005에서는 임펄스가 녹색이나 적색으로 변할 때 알려주는 스캔을 이용한다. 트레이더스 거버너에서는 내가 지닌 황소 혹은 곰의 성향을 표현하기 위해 '신호등'을 이용한다.*

나는 규칙적인 주간 일정을 세웠다. 주말에는 분석을 하고, 월요일과 화요일에는 포지션에 진입하고 목요일이나 금요일에는 청산하는 것이다. 그렇다고 해서 트레이딩에 모든 것을 걸 필요는 없다고 느낀다. 마땅한 후보 종목이 없으면 그 주에는 차라리 관망하고 여자들이나 쫓아다닐 생각이다.

스크린 앞에 앉아 있는 것이 생산성을 저해할 때도 있다. 마음이 조급해지고 감정적으로 변하기 때문이다. 주말에 탄탄한 계획을 세웠더라도 막상 월요일 아침 포지션에 진입하자마자 시장이 나와 반대로 움직이면 마음이 불안하고 내가

---

*마르틴은 이 소프트웨어를 개발하는 데 매우 철저한 베타테스터로 참여했다.

주말 동안 한 작업이 쓸모없다고 느껴질 수 있다. 그래서 포지션을 급하게 청산하면 시장이 방향을 틀어 내가 처음에 예상했던 대로 움직인다. 역시 주말에 차분하고 마음이 느긋했을 때 내린 판단이 옳았던 셈이다.

나는 '마르틴처럼 트레이딩하기'라는 기법을 개발했다. 스크린에서 떨어져 있는 기술이다. 미국 주식시장이 빈 시간으로 오후 3시 반에 열리면 나는 포지션에 진입하고 나서 시가를 물고 2인승 컨버터블을 끌고 나간다. 마르틴처럼 트레이딩하는 기법은 장이 열려 있는 동안에는 효과가 있지만 더 장기적으로도 시도해볼 만하다. 시장에서 우위를 점하지 못했다는 느낌이 들면 나는 활동적인 트레이더가 되었다가 시장에서 뺨을 얻어맞느니 아무것도 하지 않는 편을 택한다. 2005년 4월 나는 내가 황소가 되고 싶은지, 곰이 되고 싶은지 결정하지 못했다. 그래서 스크린 앞에서 멀리 떨어져 있을 일환으로 여자를 태우고 코트다쥐르까지 차를 끌고 갔다. 만일 빈에 남아 트레이딩했더라면 그 주에 모든 것이 내 의지와는 반대로 움직였을 것이다. 하지만 '마르틴처럼 트레이딩할' 때도 하루가 끝나갈 때 차트를 살펴보는 것은 건너뛰지 않는다. 노트북 컴퓨터만 있으면 쉽게 할 수 있는 작업이다. 요즈음에는 전 세계 어디에서나 쉽게 인터넷에 접속할 수 있지 않은가. 무슨 일이 일어나고 있는지는 알고 싶다고 해서 걸핏하면 시장에 뛰어들 필요는 없다.

거래 #1 **마르틴의 포지션 진입** Trade#1

QQQQ

내가 소개하는 거래는 둘 다 스파이크 그룹(508페이지, 결론 중 : '연구 공유하기—스파이크 그룹'을 참고하라) 회원이었을 당시 알게 되었다. 나는 주말마다 스파이크 그룹에서 살펴본 주식 중 마음에 드는 것을 한 개 이상 골라 실제로 트레이딩을 하

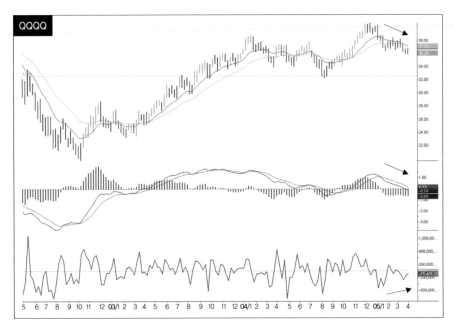

QQQQ

위 | 25주 지수이동평균(황색)과 12주 지수이동평균(적색)이 나타나 있는 바 차트와 임펄스 시스템(11-25-8 MACD와 12주 지수이동평균). 녹색 가로선은 이익 목표를 나타냄
중간 | MACD선과 11-25-8 MACD 히스토그램
아래 | 2주 강도 지수

기로 결심했다. 어떤 느낌이 드는지에 따라 거래 규모가 조금씩 달라졌지만, 일주일에 한 개 이상 트레이딩하곤 했다. 그룹에서는 항상 롱 포지션과 숏 포지션을 둘 다 살펴보았다. 내가 황소의 성향을 보일 때는 롱 포지션을, 곰의 성향을 보일 때는 숏 포지션을 선택했다. 이 경우에는 해당 주에 약세장이 나타날 것이라는 느낌이 들었기에 곰의 입장에서 주식을 찾았다. 나는 숏 포지션으로 진입하기에 적당한 주식들을 찾아 트레이더스 거버너에 입력하고 리스크/보상 비율을 이용해 최종적으로 이 거래를 선택했다. 차트의 오른쪽 가장자리를 살펴보면 두 지수이동평균과 MACD 히스토그램이 모두 하락하고 있다. 임펄스 시스템은 적색을 띤다. 마지막 바는 일주일간 주가가 가장 낮았던 지점 근처에서 장을 마감했는데, 이는 주가의 움직임이 약해지고 있다는 신호다. MACD 히스토그램은

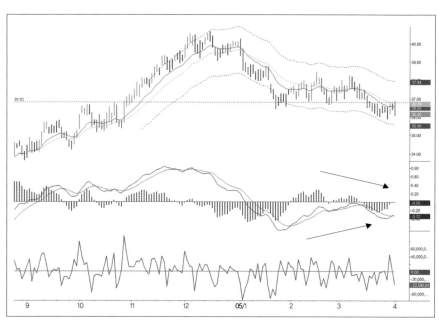

위 | 22일 지수이동평균(황색)과 13일 지수이동평균(적색)이 나타나 있는 바 차트와 임펄스 시스템(11-25-8 MACD와 12일 지수이동평균), 100일 동안의 표준편차가 2.7인 오토 엔벨로프. 적색 가로선은 스톱 지점을 나타냄
중간 | MACD선과 11-25-8 MACD 히스토그램
아래 | 2일 강도 지수

4주 전 0 선 이래에서 보합세를 보였는데, 기준선인 0 선을 넘어서지 못한 점 역시 주가의 동력이 약하다는 것을 증명한다. 강도 지수의 고점은 하락세를 보이고 있는데, 강도 지수가 하락하면 0 선 아래에서 천장을 형성하게 될 것이다. 한편 강도 지수의 저점은 점점 얕아지고 있어 상승세가 나타날 것임을 엿볼 수 있다. 이 패턴은 가장 이상적인 차트 패턴이 아니기 때문에 내가 단독으로 QQQQ 주를 연구했더라면 숏 포지션을 취할 생각을 하지 않았을 것이다. 하지만 스파이크 그룹에서 고르는 주식을 일주일에 하나씩 트레이딩하기로 결심한 만큼 이 거래를 택하게 되었다.

일간 차트를 살펴보면 금요일 바가 적색이고, 지수이동평균과 하단 채널선의 중간 정도에 있는 저점 근처에서 장을 마감한 것을 볼 수 있다. 나는 이 정도로 가격이 떨어지는 것을 좋아하지 않지만, 앞서 언급했다시피 이 거래가 그 주에 스파이크 그룹에서 살펴본 주식 중에서는 리스크/보상 비율이 가장 좋았다. MACD 히스토그램의 고점을 보면 갈수록 높이가 점점 더 낮아지고 있다. 수요일에 형성된 가장 최근의 고점은 0 선에서 흐지부지됐는데, 이는 주가가 힘이 없다는 증거다. 강도 지수의 경우 이 거래에는 별 도움이 되지 않는다. MACD 히스토그램과 MACD선은 둘 다 상승 디버전스를 보이고 있지만 나는 그 주에 약세장이 나타날 것이라고 생각했기 때문에 차트를 연구할 때 곰의 견해에 신경을 더 많이 썼다.

거버너가 계산해준 나의 리스크/보상 비율은 나의 진입 가격, 이익 목표, 스톱 가격에 바탕을 두고 있다. 나는 주간 차트를 보고 이익 목표를 설정한다. 나는 주가가 작년 8월 기록한 저점보다 더 떨어질 것으로 예상하고 32.59달러를 목표로 정했다. 스톱 지점을 설정할 때는 일간 차트를 참고하는데, 내가 '데이비드 바이스 선'이라고 부르는 선을 그린다. 바이스의 수업에서 배운 내용이라 그렇게 부른다(제11장 참고). 나는 선을 최근의 여러 저점을 가로질러 10일 전까지 지지선으로 작용했던 선이 갑자기 저항선으로 돌변한 지점에 그렸다. 나의 스톱 지점은 금요일 고가보다 조금 낮은 36.83달러였다. 내가 설정했던 진입 가격이 36.38달러여서 리스크/보상 비율은 8.42가 되었다. 나는 대개 비율이 5 이상이 될 때 트레이딩하는 것을 좋아하는데 8.42는 정말 훌륭한 수준이다.

거래 #1 마르틴의 포지션 청산 　　　　　　　　　　　　　　　Trade#1

나는 역지정가 주문을 성공적으로 체결했지만 이 거래로 돈을 잃었다. 나는 기록일지에 다음과 같이 적었다. "나는 겁이 난 나머지 역지정가 주문을 낸 가격보다 높은 가격에 환매하고 말았다. 추세가 반전되기 전에 그날의 고가보다 딱

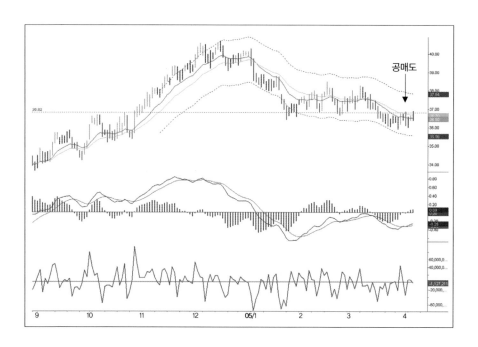

2센트 낮은 가격에 환매한 것이다. 주가의 움직임이 약한 것을 보니 재진입할 수
도 있을 것 같다." 나는 하드 역지정가 주문을 내는 것을 좋아하지 않기 때문에
차라리 '금요일 임펄스 색' 규칙을 이용하는 편을 택할 것이다. 이는 금요일에
장이 닫히기 직전 QQQQ주가 녹색을 띠었다면 장이 닫히기 직전에 환매했을 것
이라는 의미다. 하드 역지정가 주문을 내는 것은 평소라면 하지 않았을 행동을
하게 만든다. 나는 실질적인 안전망으로 작용하는 역지정가 주문을 선호하지만
미리 계획한 역지정가 주문은 브로커에게 맡기지는 않을 것이다. 역지정가 주문
이 추세가 반전되기 직전에 체결되는 경우가 많기 때문이다.

　　나는 수요일 랠리가 강하게 발생했을 때 시장에서 빠져나갔다. 나는 주말에
주식 분석을 하며 다음 주말에 대비할 동안에는 차분하고 철저한 모습을 보였으
나, 스크린 앞에 앉아서는 곧 감정적으로 변해갔다. 나는 QQQQ주를 그날의 고
가보다 딱 2센트 낮은 가격에 환매했다.

470

내가 청산한 방식은 '마르틴처럼 트레이딩하기'의 전형이 아니다. 내가 세운 규칙을 제대로 따랐더라면 그 주가 끝나갈 무렵에 이익을 취할 수 있었을 것이다. 이 거래로 나는 아주 소중한 경험을 했지만 많은 돈을 잃었다. 모든 거래는 나의 학습 곡선에 보탬이 되며, 나는 하루하루 더 나은 트레이더가 되기 위해 노력하고 있다.

▶거래 요약　　　　　TRADE SUMMARY

QQQQ주 숏 포지션
매도 2005.4.4 36.34달러
환매 2005.4.6 36.88달러
손실＝0.54포인트

거래 #1 | 포지션 진입에 관한 견해

마르틴의 차트는 내 차트와 매우 비슷해 보이므로 내 차트를 따로 소개하지는 않겠다. 이 인터뷰는 트레이더들이 똑같은 차트를 보더라도 저마다 다른 거래를 선택하는 경우가 많다는 중요한 사실을 잘 보여준다.

주간

QQQQ주는 2004년 12월 보합세를 보인 이후 주가가 점점 떨어지고 있었다. 두 주간 지수이동평균, MACD선, MACD 히스토그램 모두 하락하고 있다. 하락세가 역력한 가운데 주간 추세 역시 하락세를 보이고 있다. 차트의 오른쪽 가장자리에서 MACD 히스토그램이 신고점을 형성했는데, 이는 곰의 세력이 커지고 있다는 것을 의미한다. 강도 지수의 상승 디버전스는 이와 다른 신호를 보내고 있으나 여러 신호가 약세장을 가리키고 있는 실정이다. 주간 임펄스가 적색을 띠는 만큼 숏 포지션을 취하거나 관망할 수 있으며, 롱 포지션을 취할 수는 없다.

그럼에도 불구하고 이 거래는 나에게 크게 매력적으로 다가오지 않는다. 지수이동평균과 관련해 가격의 위치가 마음에 들지 않기 때문이다. 나는 주식을 낮은 가격에 매수해서 높은 가격에 매도하는 것을 좋아하는데 QQQQ주는 주간 지수이동평균 아래에서, 가치 아래에서 장을 마감했으며, 가격이 더 이상 높지도 않다. 가격이 이미 낮기 때문에 공매도하고 싶은 생각이 들지 않는 것이다. 나는 마르틴이 스파이크 그룹에서 선별한 거래 중 한 개 이상을 매주 트레이딩하는 태도를 높이 평가한다. 아울러 마르틴은 장기적인 거래를 찾지 않고 월요일에 얼른 진입해서 며칠 뒤에 청산할 수 있는 거래를 찾고 있다.

일간

주간 차트에서 하락세가 나타나는 것을 확인하고 나면 공매도에 나설 최고의 순간은 일간 차트에서 가치를 향해 랠리가 발생할 때다. 그것이 바로 지난 주 후반에 일어난 현상이다. QQQQ주는 가치를 넘어서 랠리하기 시작했고, 수요일과 목요일에 13일 지수이동평균을 넘어섰으며, 금요일에는 심지어 22일 지수이동평균을 넘어섰다. 그때가 바로 QQQQ주를 공매도하기에 매력적인 시점이었다. 금요일에 가격은 지수이동평균에서부터 하락세를 보인 뒤 한참 낮은 수준에서 장을 마감했는데, 이런 움직임이 공매도 기회를 확인시켜주었다. 이렇듯 공매도 기회는 분명히 있었으나 금세 나타났다가 사라졌다. 금요일에 주가가 하락한 뒤에 공매도하는 것은 이미 역을 떠난 기차를 쫓아가는 것과 비슷하다. 결과적으로 기차에 뛰어오르면 보람이 크지만, 철도 위에서 미끄러질 위험이 분명히 있다.

지수이동평균의 하락세, MACD 히스토그램의 약세, 일간 임펄스 시스템이 적색을 띠는 것은 모두 약세장이 나타날 것이라는 신호다. 하지만 거래에 진입하기 전에 우리는 다음 질문을 던져야 한다. '이 트레이딩 매개체가 싼가? 비싼가?' 차트의 오른쪽 가장자리에서 가치 아래에 있는 QQQQ주는 값싸 보이기 시작하는데, 그 지점은 공매도에 나서기에 위험한 지역이다.

거래 #1 | 포지션 청산에 관한 견해

월요일에 QQQQ주는 금요일의 저점보다 조금 더 낮은 지점까지 떨어졌다가 상승하기 시작했다. MACD 히스토그램은 상승해서 상승 디버전스를 완성시켰다. 강도 지수는 3월 중순에 형성된 저점 아래로 떨어지는 데 실패했다. 이는 곰의 세력이 약해지고 있다는 증거다. 강도 지수는 3월 말 몇 달 만에 신저점을 찍으며 황소가 시장에 진입했다는 것을 보여주었다.

여러 가지 지표를 살펴보는 데 많은 시간을 할애할 수도 있지만 작업을 간단하게 유지하는 편이 낫다. '이 주식이 싼가? 비싼가?'라는 가장 중요한 질문의 대답은 여러 가지일 수 있다. 마르틴의 경우 주식이 채널 안에서 취하는 포지션을 평가함으로써 이 질문에 답한다. 어떤 접근법을 이용하든지 간에 비싼 주식을 매수하거나 싼 주식을 공매도하는 것은 추천하지 않는다. 마르틴은 시장이 약세를 보일 것으로 예상되는 주식으로 종목을 제한한 가운데 평소보다 약간 무리해서 비교적 값이 싼 주식을 공매도했다. 다행히 손실을 조금만 입고 청산하는 데 성공했으며, 이익을 취할 기회도 있었다. 우리는 누구나 실수를 한다. 실수를 기록해두고 그것을 통해 교훈을 얻는 것은 트레이딩에 진지하게 임하는 사람이 지닌 특징이다.

거래 #2   마르틴의 포지션 진입   Trade#2

`GEF`

GEF는 그 주에 스파이크 그룹에서 살펴본 주식 중에서 가장 마음에 들었던 주식이다. 나는 시장을 볼 때 약세장 위주로 보는데, 그런 관점에도 잘 부합하는 주식이었다. 임펄스 시스템이 청색을 나타내고 있었으므로 공매도가 가능했다. 지수이동평균은 둘 다 여전히 상승하고 있지만 나는 추세가 반전될 때 포지션

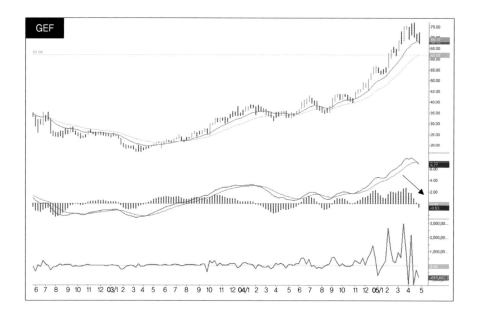

에 진입하려고 했다. 빠른 MACD선은 대단히 높은 수준에서 느린 선 아래로 내려와 있었다. MACD 히스토그램은 음(-)을 나타내고 있는데, 이는 세력이 황소에게서 곰에게로 옮겨가고 있다는 신호다. 강도 지수의 마지막 고점은 0 선 아래 있었다. 이는 이 주식을 쥐고 있는 황소의 손에서 힘이 점점 빠지고 있다는 의미다. 2월 이후 MACD 히스토그램이 고점을 찍으면 일간 차트에 심각한 약세장 신호가 나타나는 것이 추세였다. 황소는 2월에는 세력이 강했지만, 3월이 되자 약해졌고, 4월 무렵에는 자취를 감추고 말았다. 그동안 곰이 서서히 세력을 키우고 있었다. 그것은 오른쪽 가장자리에 나타나는 강도 지수의 상승 디버전스보다 더 강력한 신호였다. 금요일 바가 청색이었기 때문에 나는 숏 표지선을 취할 수 있었다. 그 바는 신저점을 찍었지만 장이 닫힐 무렵 고가를 달성했다. 나는 그 점이 마음에 들지 않으나 엿새 전에 비슷한 패턴이 나타났을 때 주가가 결국 하락했던 기억이 났다.

내 계획은 GEF를 70.49달러에 공매도하는 것이었다. 역지정가 주문은 72.50

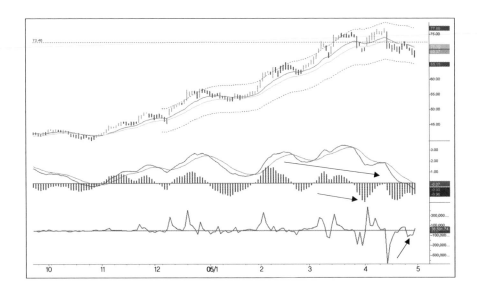

달러에 낼 예정이었다. 스톱 지점을 표시한 적색 선은 주가가 최근 고점을 찍을 때는 저항선으로, 시장이 그 수준을 넘어설 때는 지지선으로 작용했다. 내가 목표로 삼았던 62.07달러는 주간 차트에서 얻은 수치였다. 녹색 가로선은 마지막으로 길이가 길었던 바의 꼭대기에서 출발한 선이었고, 주간 지수이동평균의 높이와 딱 맞았다. 이 수치들을 이용해 계산해보니 리스크/보상 비율이 4.19라는 결과가 나왔다. 비록 5 이하이기는 했으나 그 주에 스파이크 그룹에서 선택한 주식 중에서는 비율이 가장 높았고, 이 정도는 받아들일 수 있는 수준이었다. 어차피 세상은 완벽하지 않다.

거래 #2 마르틴의 포지션 청산 Trade#2

이 거래가 진행되는 동안 나는 두통에 시달렸다. 주가가 내가 설정해둔 스톱 지점을 넘어섰기 때문이었다. 이론상으로는 내가 손실을 입고 있었지만, 차트상

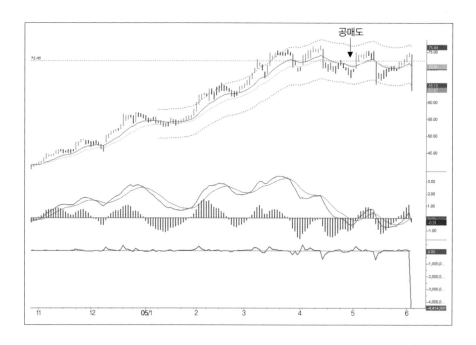

으로는 주가의 움직임이 약해 보였다. 주간 임펄스가 금요일에 녹색으로 바뀌지 않는 이상 공매도 포지션을 보유하는 것이 내 규칙이다. 사실 주간 임펄스 시스템은 전주 금요일인 5월 27일 녹색으로 바뀌었으나 수익이 그 다음 주에 공개될 예정이라 나는 포지션을 일주일 동안 더 보유하기로 마음먹었다. 계속 고생해온 만큼 이번에 드디어 내가 원하는 방향으로 주가가 움직일 때가 왔다고 생각했다. 수익은 6월 2일 목요일 저녁에 공개됐는데, 결과가 좋지 않았다. 주가는 6월 3일 금요일 급락한 가격으로 출발했다. 이전의 주가 하락 기간 동안 나는 하단 채널선에서 이익을 취하는 데 실패했었다. 이번에는 경험을 바탕으로 똑같은 실수를 저지르지 않고 수익이 손아귀에서 빠져나가지 않게 하리라고 다짐했다.

주가는 금요일 장중 68달러 부근에 머물렀고, 나는 환매하고 싶은 충동을 느꼈다. 스크린 앞에 붙어 있으면 마음을 가다듬기 힘들 것을 알았기 때문에 이전 저점 바로 아래인 64.99달러에 환매하도록 지정가 주문을 내고 자전거로 다뉴브

강에 있는 섬 주위를 한 바퀴 돌았다. 그것이 바로 '마르틴처럼 트레이딩하기'
의 완벽한 예다. 집에 돌아와서 주문 결과를 확인해보니 64.70달러에 주문이 체
결되어 있었고, 슬리피지*는 양(+)이었다.

이 거래는 수익을 올렸다는 점도 훌륭하지만, 특히 심리적인 면에서 승리를
안겨주었다. 주가가 계속 오르는 동안 나는 손실 포지션을 보유했으나 차트상
으로 주가의 움직임이 약해보인다는 것을 포착했다. 점점 더 스트레스를 받았지
만 수익이 공개될 때까지 GEF에 시간을 준 결과 주가가 랠리를 시작하거나 주간
임펄스가 녹색을 유지할 경우 환매할 준비를 할 수 있었다.

> **▶거래 요약**　　*TRADE SUMMARY*
>
> GEF 숏 포지션
> 매도 2005.5.2 70.49달러
> 환매 2005.6.3 64.70달러
> 이익=5.79포인트

거래 #2 | 포지션 진입에 관한 견해

주간

"가격은 1마일짜리 고무줄로 가치에 연결되어 있습니다." 나의 고객 중 한
명이 한 말이다. 나는 이 말이 주간 지수이동평균이 가치의 근사치를 잘 알려준
다고 생각하며, 상승세를 보이는 가격은 랠리하며 달아났다가 가치 영역까지 되
돌아온다고 생각한다. 그것이 바로 GEF가 2003년과 2004년의 대부분을 보낸 방
식이다. 하지만 GEF는 2004년 말 행동 방식을 바꾸더니 2005년이 되자 지수이동

---

*slippage; 거래의 예상 가격과 실제 가격 사이의 차이.

평균으로부터 급격히 멀어지기 시작했다. 펀더멘털에 관한 뉴스나 소문이 하나 혹은 둘 다 있었을지도 모르겠다. 주식은 가치로부터 멀어져 몇 달 동안 그 부근에서 맴돌았다.

프로와 아마추어는 이런 상황에서 정반대 행동을 보이는 경우가 많다. 아마추어는 상승 돌파가 발생할 때 상승세가 가속화될 것이라는 기대를 안고 매수하는 반면 프로는 가격이 가치까지 되돌림 현상을 보일 것이라고 예측해 공매도에 나서는 경향이 있다. 차트의 오른쪽 가장자리에서 MACD 히스토그램이 하락하고 있는데, 이는 황소가 동력을 잃어가고 있다는 신호다. 임펄스 시스템은 청색으로 변했기 때문에 공매도가 가능하다. MACD선은 매우 높은 수준에서부터 하락했고, 강도 지수는 하락 디버전스를 추적하고 있다. 두 지표 모두 중요한 약세 신호를 발효한다. 가장 중요한 것은 GEF는 여전히 주간 지수이동평균보다 위에, 가치보다 위에 있다는 점이다. 주식을 낮은 가격에 사서 높은 가격에 팔고 싶다면 마르틴이 결정한 대로 이 시점에 팔거나 공매도해야 한다.

일간

랠리의 천장에 두 가지 핵심적인 패턴이 나타나는 경향이 있다. 먼저, 힘이 약한 숏 포지션 보유자들이 환매하려고 달려감에 따라 가격이 마지막으로 급등할 때가 있다. 숏 포지션의 규모가 전반적으로 축소되다 보니 가격이 반전한 뒤 하락해 캥거루 꼬리가 하늘을 가리키게 된다. 더 흔하게 나타나는 패턴은 가격이 단계별로 오르는 것이다. 상승폭이 점점 감소하면서 가격은 차츰 보합세를 보인다. 이는 황소가 힘이 달린다는 증거다.

2004년 11월까지 신고점은 매번 이전 고점보다 2~3포인트 정도 높았다. 12월에 주가가 치솟은 뒤 피크 투 피크*수익은 7~8포인트 정도로 늘어났다. 주식

---

*peak-to-peak; 최고점과 최저점의 차이.

날짜	고점	증가폭
04.10.4	43.64	
04.11.11	45.99	2.35
04.11.26	49.09	3.10
04.12.2	56.92	7.83
05.2.15	65.65	8.73
05.3.8	72.79	7.14
05.3.24	75.65	2.86
05.4.13	76.89	1.24

은 그 이후 안정을 되찾고 2004년 3월 말 트레이더들에게 3포인트 이하의 수익을 안겨주었으며, 4월에는 불과 1포인트에 그쳤다. 이 두 랠리는 가격이 상승하는 데 힘이 달린다는 것을 명백하게 보여준다. 주식은 결승선에 다다른 주자처럼 숨을 거칠게 몰아쉬고 있었다. 4월 중순에 나타난 별 볼일 없던 상승세는 MACD 히스토그램의 하락 디버전스를 동반했다. 이는 천장 바로 근처에서 나타난 훌륭한 공매도 기회다.

스파이크 그룹 회원 중 한 명이 GEF를 공매도하기에 적합한 주식으로 선별했고, 마르틴이 실제로 거래를 체결하기로 결정했을 때쯤에는 하락세가 이미 한창 진행 중이었다. 시장의 움직임을 볼 때 더 이상 공매도하기에 좋은 계절이 아니었다. 이른 아침에 서리가 끼는 가을이 아니었으며, 이미 한겨울이 되어버린 후였다. 2거래일간 지수이동평균 모두 오른쪽 가장자리에서 하락세를 확인하고 있었다. 임펄스 시스템은 청색을 띠고 있으므로 공매도가 가능하다. MACD 히스토그램의 무거운 바닥은 곰의 세력이 대단히 강력하며 주가의 움직임이 더욱 약해질 가능성이 크다는 것을 암시한다.

거래 #2 | 포지션 청산에 관한 견해

가격이 이미 낮을 때 공매도할 경우 주가가 가치 영역으로 되돌림 현상을 보일 리스크가 더 커진다. 마르틴이 숏 포지션에 진입한 날 바로 이런 유형의 랠리가 시작되었다. 그 다음 날 가격은 두 지수이동평균 위로 치솟았고, 높이가 높은 바는 이것이 숏 커버링 랠리일 가능성이 크다는 사실을 암시했다. 지속되는 랠리에서는 주가가 더 천천히, 꾸준히 움직이는 경향이 있는 데 반해 숏 커버링 랠리에서는 주가가 공황 상태에 빠진 것처럼 급격하게 상승하는 경우가 많다. 마르틴은 숏 포지션에 진입한 다른 많은 트레이더와 달리 겁을 먹지 않고 포지션을 계속 보유했다. GEF는 하락세를 이어가기 전에 일주일 넘게 미적거렸다. 하단 채널선이 무너지면서 더할 나위 없이 훌륭한 숏 커버링 기회가 찾아왔으나 안타깝게도 마르틴은 기회를 놓치고 말았다.

일간 임펄스가 5월 초 적색에서 청색으로 변했을 때 숏 커버링 신호가 한 가지 더 나타났다. 이는 숏 포지션을 보유하기에 최적의 시점이 지났음을 의미했으나 마르틴은 포지션을 계속 보유했다. 빨리 달리거나 아예 달리지 않는 것이 좋은 규칙이다. 시장에서 빨리 달려나갈 기회를 두 번이나 놓친 터라 마르틴은 공매도 포지션을 계속 보유하기로 했다.

마르틴은 그 거래에 대해 다음과 같은 코멘트를 남겼다. "제 규칙은 주간 임펄스가 금요일에 녹색으로 바뀌지 않는 한 숏 포지션을 계속 보유하는 것입니다. 사실 이전 금요일인 5월 27일에 주간 임펄스가 녹색으로 바뀌었는데요, 그 다음 주에 수익 발표가 예정되어 있어서 일주일 동안 더 보유할 수 있었습니다." 사유가 무엇이든지 간에 자신이 만든 규칙을 어기는 일은 위험하다. 이따금씩 화를 면하고 넘어갈 수도 있지만 규칙을 어기는 것은 제때 멈추지 않는 트레이더를 결국 곤경에 빠뜨릴 것이다.

수익 발표는 주가를 다시 하단 채널선 아래로 밀어내렸다. 실수를 저지르는 것은 괜찮지만 반복해서는 안 된다. 마르틴은 첫 번째 기회는 놓쳤으나 두 번째 숏 커버링 기회는 놓치지 않고 하단 채널선 근처에서 매우 양호한 수준에 포지션을 청산했다.

함께 일하기
많은 트레이더가 고립감을 느끼므로 작업을 같이할 사람을 찾을 수 있으면 좋다. 합동 프로젝트가 성공하려면 두 사람의 의욕이 비슷한 수준이어야 하며, 공동의 노력이 필요하다. 한 명이 다른 한 명을 끌어줘야 할 경우 작업이 원활하게 이루어지지 않을 것이다.

예컨대 프레드(제2장 참고)는 자금 관리 회사의 파트너인 버키와 함께 몇 달 전에 카리브 해 캠프에 와서 강의를 했다. 프레드는 전문적인 프로그래머이며, 버키는 2세대 플로어 트레이더로서 시장에 대한 감이 놀라운 사람이다. 저녁 식사를 마치고 두 남자는 빠른 인터넷 회선이 설치된 강의실로 돌아가 밤 12시가 넘도록 다음 날에 대비해 트레이딩 연구를 함께했다. 아무래도 두 사람이 함께 일하다 보니 더욱 보니 집중할 수 있고 실수를 방지하는 데 크게 도움이 되었을 것이다.

인터뷰를 마친 뒤 이 장을 집필하는 동안 나는 전화를 한 통 받았다. 바로 마르틴이 빈에서 연락한 것이다. 서로의 안부를 물은 뒤, 나는 그에게 지난 몇 주간 매일 업데이트해서 보내준 신고점–신저점 지표가 특이한 움직임을 보여 걱정스럽다고 말했다. 선도적인 면모를 보이는 것이 아니라 추세 추종 지표처럼 움직이는 것 같다고 했다. 나는 그에게 과거에 조 그랑빌^{Joe Granville}이 이 지표를 위한 잠재 연료가 얼마나 있는지 알아내려고 고점과 저점에서 1~2포인트 정도의 오차만 내는 주식의 개수를 계산하곤 했다고 설명해주었다. 마르틴은 포인트보다는 백분율을 세는 것이 나을지도 모르겠다고 제안했고, 우리는 마르틴이 고점과 저점의 3퍼센트, 5퍼센트, 7퍼센트 내에서 주식을 추적하기로 합의했다. 마르틴이 몇 시간 동안 시스템을 설정하고 매일 몇 분에 걸쳐 최소 2개월간 주식을 추적하면 우리가 같이 지표가 유용한지 아닌지 판단하는 것이다. 그는 내 제안을 적극적으로 수용했다(이 책이 막 출판될 무렵 마르틴은 나에게 막대한 손실을 입었다고 알려주었다. 그는 계좌 중 한 개의 기록을 보내줬는데, 기록을 살펴보자마자 심각한 자본 감소가 일어난 원인이 스프레드시트에서 튀어나왔다. 마르틴은 역지정가 주문을 사용하지 않았고, 2퍼센트의 법칙과 6퍼센트의 법칙을 준수하지 않은 것이다. 이런 안타까운 일화는 분석 기술이 아무리 뛰어나더라도 규율을 엄격히 지키고 자금 관리를 철저하게 하지 않으면 트레이더로서 성공할 수 없다는 사실을 다시 한 번 상기시켜준다. 자금 관리 규칙을 절대적으로 따라야 한다는 것은 모든 트레이더에 해당하는 사항이다).

마르틴은 그다음에 천장에서 바닥에 이르기까지 시장을 분석한 내용과 자금 관리 및 거래 체결에 관한 사항이 기록된 일지를 작성했다. 마르틴은 나에게 이 파일을 보내주면서 내가 2003년에 자신과 호주에서 날아와 참석한 닉 그로브Grove와 진행한 합동 프로젝트를 언급했다. 우리는 함께 시장을 검토하고, 종목을 선정하고, 직접 거래했다.

이 일지에 언급된 프로젝트는 내가 2003년 8월 빈을 방문했을 때 얻은 아이디어를 바탕으로 한다. 마르틴은 트레이더들의 모임을 개최했고, 모임이 파한 뒤 우리는 그의 펜트하우스에 닉과 함께 돌아갔다. 닉은 파리에 살고 있었으나 모임을 위해 특별히 비행기를 타고 건너왔다. 나는 직전의 일주일간 여행길에서 느린 인터넷 회선을 이용했다. 그래서 당시에는 놀랍도록 회선이 빠른 마르틴의 아파트에 있는 모니터를 보고 시장의 상황에 흥분해 진지하게 작업할 의욕이 넘쳤다. 마르틴과 닉은 나와 함께 데이터를 훑어보고 매수할 만한 종목을 선정할 기회를 기꺼이 잡았다.

같은 방에서 세 명이 컴퓨터 세 대를 이용하다 보니 과거에 비해 그물을 더 넓게 던져 더 많은 종목을 건질 수 있었다. 우리는 최고의 종목을 찾고 거래를 체결하면서 사흘을 보냈다. 그 후 닉은 파리로 돌아갔고, 마르틴과 나는 그의 컨버터블을 타고 오스트리아와 스위스를 가로질러 정처 없이 오랫동안 드라이브를 즐겼다.

우리 셋은 모두 이 직업으로 돈을 벌었다. 나는 우리의 작업을 떠올릴 때마다 웃음이 난다. 이제는 작업 과정이 분명하게 정리되어 세 명이 사흘 동안 작업할 양을 한 사람이 하루도 걸리지 않고 끝낼 수 있다. 우리는 공동으로 작업하는 것을 즐겼다. 끝없이 펼쳐져 있는 데이터를 훑어보는 일은 조금 따분할 수 있기 때문이다. 우리는 서로의 실수를 계속 잡아냈지만, 자존심 문제로 티격태격한 적은 없었다. 누가 특정한 종목을 찾았는지에는 아무도 관심이 없었다. 우리는 그저 돈을 벌고 싶었을 뿐이다.

우리 세 명은 그해 10월 뉴욕에서, 11월 키프로스에서 다시 한 번 뭉쳤다. 닉은 2004년 10월 캠프에 참가했고, 마르틴은 거기서 내 보조 강사로 일했다. 두 사람은 코트다쥐르에서도 공동 작업을 했다. 닉은 그곳에서 안젤라Angela라는 다른 캠프 참가자의 아파트에서 살고 있었다. 내가 이 책을 위해 인터뷰를 진행할 때쯤 닉은 이미 호주로 돌아갔다. 그는 스파이크 그룹의 귀중한 일원이자 여러 대회의 우승자이기도 하다.

마르틴의 e-mail
; 알렉산더 엘더 박사의 트레이딩 룸에서 보낸 일주일

아래에 소개할 마르틴의 이메일이 매우 간단한 전보 형식을 취하므로 옆에 내 코멘트를 덧붙였다. 내가 마르틴의 기록일지에 코멘트를 단 이유는 내 책 『무리에서 벗어나다: 뉴질랜드 여행기Straying from the Flock: Travels in New Zealand』에 등장하는 문장으로 명확하게 표현할 수 있을 것 같다. "여러 전문가 협회(법조인, 범죄자, 의사 등)는 각각의 고유한 언어를 사용한다. 그 덕택에 내부자끼리는 빠른 속도로 의사소통이 가능한 반면 외부자는 내용을 이해하기가 힘들다." 마르틴은 일지를 그런 언어로 작성했다. 닉이나 나에게는 매우 명확한 내용이더라도 다른 사람에게는 조금 난해한 구석이 있을지도 모르겠다.

여러분이 마르틴의 이야기를 더 쉽게 이해하도록 이어지는 장의 여백에 코멘트를 남긴다.

2003년 8월 16일 토요일

1.1 첫 번째 평가: 월간, 주간, 일간 차트에서 다우존스, 나스닥, S&P 500 살펴보기. 강세장인가? 약세장인가?

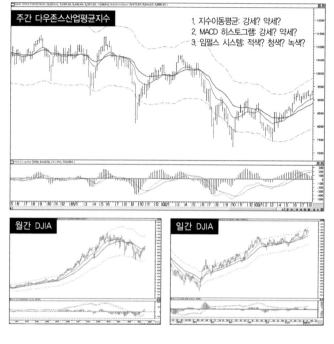

> **주간 다우존스산업평균지수**
>
> 1. 지수이동평균: 강세? 약세?
> 2. MACD 히스토그램: 강세? 약세?
> 3. 임펄스 시스템: 적색? 청색? 녹색?

월간 DJIA

일간 DJIA

1.1
나는 트레이딩 연구를 시작할 때 한 발 물러나 시장의 큰 그림을 살펴보기를 좋아한다. 주간 추세가 상승하는가, 하락하는가? 아니면 보합세를 보이는가? 나는 어느 시간 스케일에서든 임펄스 시스템에 의지해 강세장, 약세장, 보합세 중 어떤 상황이 펼쳐질 것인지 알아본다. 이 대목은 주간, 월간, 일간 차트에서 DJIA, S&P, 나스닥이 상승하거나 보합세를 보였다는 것을 보여주었다.

나스닥과 S&P를 분석하라. 월간, 주간, 일간 차트의 순서를 따르라.

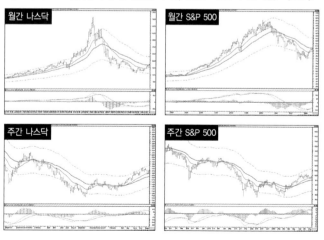

월간 나스닥

월간 S&P 500

주간 나스닥

주간 S&P 500

1.2
3대 지수인 다우, 나스닥, S&P가 모두 강세 신호를 보일 경우 2급격인 지표들 역시 그 메시지를 지지하는가? 작은 지표 여러 개가 지지하는 상승세 혹은 하락세가 그렇지 않은 추세보다 오래 지속될 가능성이 훨씬 크다. 이것이 바로 100개도 넘는 지표를 분석하는 것이 트레이딩에 도움이 되는 이유다. TC2000 같은 여러 소프트웨어 프로그램에는 크고 작은 지표가 여러 개 담겨 있다. 수백만 명의 사람이 큰 지표를 아무 생각 없이 살펴보는데, 더 작은 지표를 분석하는 사람은 몇 명이나 되는가? 시장을 구성하는 요소의 맥을 짚어보는 것이 느긋하게 트레이딩하는 사람들을 상대로 우위를 점할 수 있게 해줄 것이다.

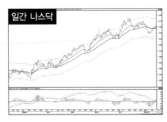

일간 나스닥

일간 S&P

1.2 TC2000에 들어 있는 126개의 인덱스(주간 차트) 훑어보기

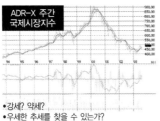

ADR-X 주간
국제시장지수

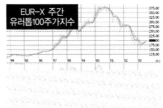

EUR-X 주간
유러톱100주가지수

- 강세? 약세?
- 우세한 추세를 찾을 수 있는가?

1.3 239개의 TC2000 미디어 제너럴 산업 그룹(주간 차트) 훑어 보기. 강세? 약세?

- 강세? 약세?
- 우세한 추세를 찾을 수 있는가?

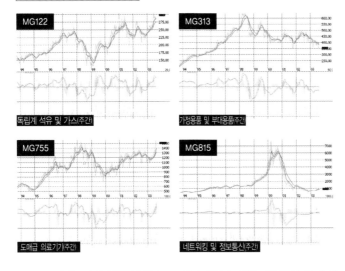

MG122

독립계 석유 및 가스(주간)

MG313

가정용품 및 부대용품(주간)

MG755

도매급 의료기기(주간)

MG815

네트워킹 및 정보통신(주간)

- 결론: 주식시장이 상승하고 싶어 하므로 쇼핑 목록을 작성할 때다.

1.3

각각의 종목은 하위 그룹에 속하고, 이들의 그룹은 상위 그룹에 속한다. 상위 그룹부터 분석하고 하위 그룹으로 넘어 갈 경우 시장의 추세가 얼마 나 견고한지에 관해 더 깊은 통찰력을 얻을 수 있다. 그룹 을 분류하는 방법은 여러 가 지가 있는데, 투자자 비즈니 스 데일리(Investor's Business Daily) 에서 제공하는 방법이 인기가 많다. 나는 TC20000에서 제공 하는 미디어 제너럴 그룹을 분 석하는 것이 습관화되었다. 그 소프트웨어는 잘 정리된 티커 를 훑어보고 하위 그룹에서 개별 종목으로 손쉽게 넘어갈 수 있다는 장점을 지닌다.

시장 그룹을 분석하는 이유 는 두 가지다. 시장의 견고성 을 가늠하고 가장 약한 그룹 과 가장 강한 그룹을 찾기 위 한 것이다. 이는 매수하거나 공매도하기에 적당한 종목을 찾기에 좋은 출발점이다. 마 르틴의 일지에 나와 있는 네 개의 그룹 중 두 개(MG122 독 립계 석유 및 가스와 MG755 도매 급 의료기기)는 견고한 상승세 를 보인다. MG313 가정용품 은 하락세를 보이고 있으며, MG815 네트워킹은 특히 매력 적인 지점에 이르렀다. 이 그 룹은 2000년에 나타난 강세 장이 절정에 이르렀을 때 가 치가 7,000 이상까지 올랐다 가 100 이하로 하락했다. 무 려 90퍼센트 이상의 하락세를 보인 셈이다. 이는 단일 종목 에서도 흔히 일어나지 않는 일이며, 그룹의 경우 이런 일 에 대해 들어본 적이 없다. 하 락세는 2002년에 멈췄고, 작 년 내내 이 그룹은 바닥형 바 닥을 추적했다. 그러고는 천 천히 하락세를 반전시키며 상 승하기 시작했다.

8월 17일 일요일

2.1 목표: '타락천사'를 찾아 쇼핑 목록을 작성하라

우리는 가격이 치솟았다가 떨어진 뒤 다시 상승하기 시작한 그룹과 개별 종목을 찾고자 한다. 처음에는 아래 차트와 비슷한 패턴을 보이는 그룹은 모두 표시해둔다. 이 작업을 두 명의 친구와 함께하니까 집중하기가 훨씬 쉬웠다. 이 작업은 놀랍게도 손과 눈으로 하는 것이 가장 이상적이다. 그 어떤 기계적인 스캐너도 이 작업을 이만큼 훌륭하게 수행해낼 수 없을 것이다.

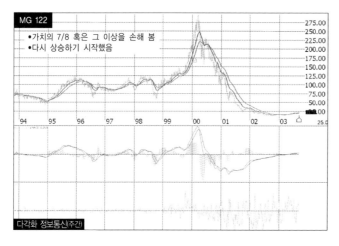

MG 122

•가치의 7/8 혹은 그 이상을 손해 봄
•다시 상승하기 시작했음

다각화 정보통신(주간)

2.1
시장이 금융 올림픽이라면 어떤 부문에서 경쟁할 것인가? 역도, 육상, 다이빙에 모두 나가 좋은 성적을 거두기를 기대할 수는 없다. 모든 프로 운동선수는 한 분야에 집중하며, 여러분도 어떤 시장이 마음에 드는지 결정해야 한다. IPO 거래, 채널 안에서, 혹은 돌파가 발생할 때, 또는 돌파가 잠잠해질 때 거래하는 것은 모두 합리적인 접근법이다. 여러 가지 방법을 한꺼번에 이용하지만 않으면 된다. 이 일지에 나와 있는 기간 중에 시장은 1999~2000년 형성된 고점에서부터 붕괴한 뒤 마침내 상승 국면을 보이기 시작하던 참이었다. 1990년대 주가가 가치 위로 치솟았던 여러 종목이 2001년과 2002년에는 가치보다 한참 아래까지 무너졌다. 내 제안은 낚싯바늘 같은 패턴을 보이는 주식을 찾아보자는 것이었다. 가격이 치솟았다가 오랫동안 하락한 뒤 바닥형 바닥을 형성하고 나서 부드럽게 상승하기 시작한 주식을 찾아보자는 의미였다.

작업의 첫 단계에서 우리는 15개 그룹을 선정했다. 두 번째 단계에서는 15개 중에서 5개를 걸러내는 작업을 했다. 어떤 차트가 위의 패턴에 가장 가까운지 열렬하게 논의한 결과 아래의 5개 그룹을 추려낼 수 있었다.

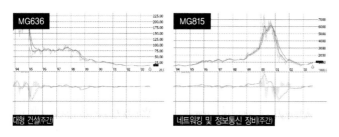

MG636

대형 건설(주간)

MG815

네트워킹 및 정보통신 장비(주간)

486

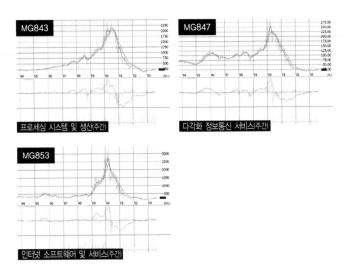

MG843
프로세싱 시스템 및 생산(주간)

MG847
다각화 정보통신 서비스(주간)

MG853
인터넷 소프트웨어 및 서비스(주간)

2.2
상위 그룹과 하위 그룹에서 '타락천사'를 찾고 있다면 그룹을 구성하는 개별 주식 중에서도 찾는 것이 마땅하다. 거래량이 적은 주식은 무시하라. 그런 주식은 매수하기는 쉽지만 매도하기가 어려워 가혹한 슬리피지로 이어질 수 있다. 컴퓨터보다는 눈에 의지하라. 나는 이 목록을 뽑아내는 데 꼬박 하루가 걸렸다는 사실을 떠올릴 때면 웃음이 난다. 요즈음에는 몇 시간 만에 끝낼 수 있는 작업이다. 우리는 하루 일과를 마치고 근처에 있는 포도밭에 가서 수백 년이나 된 포도주 저장실에서 와인 시음을 하면서 즐거운 시간을 보냈다.

2.2 주식 그룹에서 개별 주식으로

다음 작업은 주식 그룹을 개별적인 주식으로 나누는 일이었다. 그러고는 '타락천사'의 패턴과 가장 비슷한 모습을 한 종목들을 찾아내야 했다. 실제로 거래할 만한 종목을 추려내는 데 도움이 되도록 우리는 거래량 필터를 이용한다. 최소 50일간 평균 거래량이 하루에 15만 주는 되어야만 이 단계를 통과할 수 있다. 이 작업은 아까와 마찬가지로 두 가지 단계로 나뉘어서 진행되며, 항상 주간 차트를 이용한다. 첫 단계에서 우리는 '타락천사'처럼 보이는 모든 종목을 표시해둔다. 두 번째 단계에서는 그런 종목 중에서 알짜배기를 찾아낸다. 이런 작업을 거친 결과 더 자세히 살펴볼 만한 주식 목록을 총 27개 얻을 수 있었다. 이제 스프레드시트에 옮긴 다음 더 자세히 평가하는 일만 남았다.

AKAM	JNPR
AMT	LU
ARTG	MTZ
CAPA	NT
CMVT	OPWV
CSCO	RHAT
DTHK	SFE
ETS	SFLK
EXTR	SNWL
FFIV	TERN
FNSR	TMWD
HAXSD	VIGN
HPOL	VRSN
IAO	

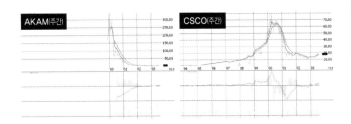

AKAM(주간)

CSCO(주간)

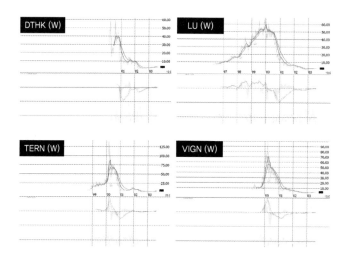

8월 18일 월요일

3.1 가장 매력적인 주식 찾기: 27개 중 5개

월요일에 우리는 목록에 있는 27개 주식을 하나씩 자세히 살펴보기 시작했다. 트레이드 스테이션(혹은 메타스톡)을 이용하기 때문에 임펄스 시스템도 확인할 수 있었다. 주간 항목은 'W(weekly의 약자)'로, 일간 항목은 'D(daily의 약자)'로 표기하여 스프레드시트에 추가하고, '코멘트' 항목도 더했다.

알렉산더 엘더 박사의 임펄스 시스템
월간, 주간, 일간 차트의 바는 모두 녹색, 청색, 혹은 적색으로 표시되어 있다. 이 색들은 다음과 같은 의미를 나타낸다.
• **녹색**: 빠른 지수이동평균(바 13개)과 MACD 히스토그램이 둘 다 상승하고 있다.
트레이딩 신호–롱 포지션을 취하거나 관망할 수 있지만 숏 포지션을 취해서는 안 된다.
• **적색**: 빠른 지수이동평균(바 13개)과 MACD 히스토그램이 둘 다 하락하고 있다.
트레이딩 신호–숏 포지션을 취하거나 관망할 수 있지만 롱 포지션을 취해서는 안 된다.
• **청색**: 지수이동평균과 MACD 히스토그램이 서로 다른 방향으로 향하고 있다.
트레이딩 신호–롱 포지션을 취하거나 숏 포지션을 취하거나 관망할 수 있다.

3.2 우리는 정확히 무엇을 보고 있는가?

다음은 트레이드 스테이션에서 주식마다 주간 차트와 일간 차트를 확인하고 난 뒤의 스프레드시트의 모습이다.

	주간	일간	비고
AKAM	적색		스위트 존에 위치
AMT	녹색	채널의 천장 부근	조정이 나타날 조짐. 지수이동평균 10 부근
ARTG	청색	녹색	매수 준비
CAPA	녹색	녹색	조정이 나타날 조짐. 지수이동평균 4.50 부근
CMVT	녹색	녹색	매수 준비
CSCO	청색	녹색	매수 준비
DTHK	청색	녹색	매수 준비. 역지정가 주문 2.60 부근
ETS	청색	청색	조정이 나타날 조짐. 지수이동평균 4.50 부근
EXTR	녹색	녹색	박스권– 관망
FFIV	녹색	녹색	너무 비쌈. 18달러
FNSR	청색	녹색	매수 준비
HAXSD	적색		스위트 존에 위치
HPOL	청색	녹색	롤오버하기 시작?
IAO	청색	적색	10센트에서 120센트까지 올랐다가 40센트까지 하락
JNPR	녹색	녹색	매수 준비
LU	청색	녹색	매수 준비. 상당히 양호
MTZ	녹색	녹색	차트 양호. 가격 5배 상승. 늦게 발동 걸림
NT	녹색	녹색	보합세. 가격 6배 상승
OPWV	녹색	녹색	조정이 나타날 조짐. 지수이동평균 3.60 부근
RHAT	녹색	녹색	매수 준비
SFE	청색	녹색	매수 준비
SFLK	적색		지수이동평균 아래에 위치. 주시하라!
SNWL	청색	녹색	매수 준비
TERN	녹색	녹색	조정이 나타날 조짐. 지수이동평균 5 부근
TMWD	녹색	녹색	조정이 나타날 조짐. 지수이동평균 2.75 부근
VIGN	녹색	녹색	매수 준비. 역지정가 주문 2 부근
VRSN	녹색	녹색	매수 준비

평가 스프레드시트에 주간 임펄스, 일간 임펄스, 코멘트를 추가한 모습.

3.2
와인 시음의 후유증을 감안하더라도 목록에서 거래할 종목을 추려내는 데 실로 오랜 시간이 걸렸다. FNSR 차트는 우리가 그 당시에 찾고 있었던 것을 한눈에 보여준다. 주간 차트에서 MACD 히스토그램과 MACD선이 둘 다 상승 디버전스를 나타냈고, 속도는 느리지만 꾸준한 상승세가 차트의 오른쪽 가장자리에서 모습을 드러냈다. 일간 차트에서는 MACD 히스토그램과 지수이동평균 모두 상승하고 있다. 강도 지수는 이전 주에 가격이 하락하는 동안 곰이 아무런 힘도 없었다는 것을 보여준다.

- 주간 임펄스 시스템이 청색 혹은 녹색인 주식만 추적한다.
- MACD 히스토그램은 어떤 모습인가?
- 현재 가격이 지수이동평균으로부터 얼마나 멀리 떨어져 있는가? '고무줄'이 지나치게 늘어난 상태는 아닌가? 가격이 느린 지수이동평균(바 26개 혹은 22개)이나 빠른 지수이동평균(바 13개) 사이에 있는 스위트 존에 있는가?
- MACD 히스토그램이나 강도 지수에서 하락세를 알리는 디버전스가 나타나는가?

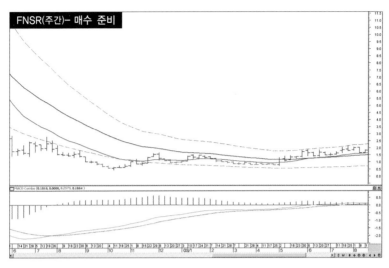

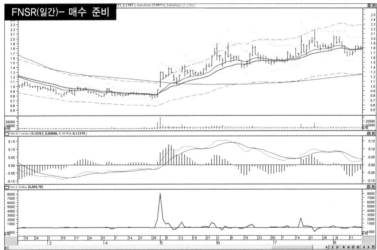

8월 19일 화요일

4.1 진입 지점, 역지정가 주문, 가격 목표

우리는 총 27개의 주식이 적힌 목록에서 '매수 준비'가 끝났다고 판단되는 주식 12개를 추려냈다. 아래는 FNSR의 주간 차트와 일간 차트의 모습이다. 우리가 찾으려는 것이 무엇인지 잘 나타나 있다.

	주간	일간	비고	매수	목표	스톱
AKAM	적색		스위트 존에 위치			
AMT	녹색	채널의 천장 부근	조정이 나타날 조짐. 지수이동평균 10 부근			
ARTG	청색	녹색	매수 준비	2.11	5.00	1.65
CAPA	녹색	녹색	**조정이 나타날 조짐. 지수이동평균 4.50 부근**			
CMVT	녹색	녹색	매수 준비	너무 높고, 너무 비쌈		
CSCO	청색	녹색	매수 준비	<18.35	22~24 이하	17.27
DTHK	청색	녹색	매수 준비. 2.60 부근 역지정가 주문	3.01	6+	2.56
ETS	청색	청색	조정이 나타날 조짐. 지수이동평균 4.50 부근			
EXTR	녹색	녹색	박스권- 관망			
FFIV	녹색	녹색	너무 비쌈. 18달러			
FNSR	청색	녹색	매수 준비	<1.88	6+	1.44
HAXSD	적색		스위트 존에 위치			
HPOL	청색	녹색	롤오버하기 시작?			
IAO	청색	적색	10센트에서 120센트까지 올랐다가 40까지 하락			
JNPR	녹색	녹색	매수 준비	13.95	28+	12.94
LU	청색	녹색	매수 준비. 상당히 양호	<1.90	2.50++	1.64
MTZ	녹색	녹색	차트 양호. 가격 5배 상승. 늦게 발동 걸림			
NT	녹색	녹색	보합세. 가격 6배 상승			
OPWV	녹색	녹색	조정이 나타날 조짐. 지수이동평균 3.60 부근			
RHAT	녹색	녹색	매수 준비	6.80	20+	6.10
SFE	청색	녹색	매수 준비	2.75	4.50+	2.30
SFLK	적색		지수이동평균 아래에 위치. 주시하라!			
SNWL	청색	녹색	매수 준비	5.10	10+	4.69
TERN	녹색	녹색	조정이 나타날 조짐. 지수이동평균 5 부근			
TMWD	녹색	녹색	조정이 나타날 조짐. 지수이동평균 2.75 부근			
VIGN	녹색	녹색	매수 준비. 2 부근 역지정가 주문	<2.30	4+	1.97
VRSN	녹색	녹색	매수 준비	13.51	25.00	21.10

평가 스프레드시트에 진입 목표('매수'), 이익 목표('목표'), 역지정가 주문('스톱') 항목을 추가한 모습.

'매수 준비' 가 끝난 주식마다 우리는 진입 목표(일간 차트 참고), 스톱 지점(일간 차트 참고), 가격 목표(주간 차트 참고)를 설정한다.

FNSR주를 이용해 다시 한 번 어떻게 매수, 목표, 스톱을 명시하는지 설명하겠다.

4.1
기록일지는 우리가 연구를 진행하는 동안 스프레드시트가 어떻게 확장됐는지 보여준다. 우리는 진입 수준과 스톱 지점을 설정하는 데는 일간 차트를, 이익 목표를 설정하는 데는 주간 차트를 이용했다. 우리는 이동평균이 나타내는 가치 근처에서 롱 포지션을 취할 계획이었다. 역지정가 주문은 최근의 저점 근처에서 내고, 이익 목표는 분명하게 형성된 저항 영역 근처에서 달성할 생각이었다. '스위트 존' 은 두 개의 이동평균 사이에 있는 지역을 가리킨다.

진입 목표

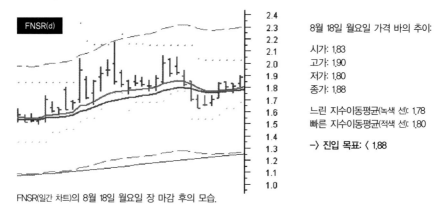

FNSR(일간 차트)의 8월 18일 월요일 장 마감 후의 모습.

8월 18일 월요일 가격 바의 추이:

시가: 1.83
고가: 1.90
저가: 1.80
종가: 1.88

느린 지수이동평균(녹색 선): 1.78
빠른 지수이동평균(적색 선): 1.80

-> 진입 목표: < 1.88

스톱

6월 18일과 6월 30일의 저점 아래에서 역지정가 주문을 냈다(아래 검은 화살표로 표시).

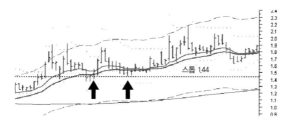

FNSR(일간 차트)의 8월 18일 월요일 장 마감 후의 모습.

가격 목표

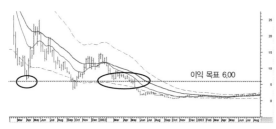

FNSR(주간 차트).

가격 목표를 설정하기 위해 이전의 지지 영역, 저항 영역, 박스권을 찾아본다.

4.2 리스크/보상 비율: 통통한 토끼? 마른 토끼?

이전의 스프레드시트에서 사용한 숫자들을 다시 사용해 '매수 준비'가 끝난 주식의 리스크/보상 비율('R/R')을 계산한다.

$$R/R = \frac{\text{목표} - \text{매수}}{\text{매수} - \text{스톱}}$$

	주간	일간	비고	매수	목표	스톱	R/R
AKAM	적색		스위트 존에 위치				
AMT	녹색	채널의 천장 부근	조정이 나타날 조짐. 지수이동평균 10 부근				
ARTG	청색	녹색	매수 준비	2.11	5.00	1.65	6.3
CAPA	녹색	녹색	조정이 나타날 조짐. 지수이동평균 4.50 부근				
CMVT	녹색	녹색	매수 준비	너무 높고, 너무 빠씀			
CSCO	청색	녹색	매수 준비	⟨18.35	22~24 이하	17.27	4.3
DTHK	청색	녹색	매수 준비. 2.60 부근 역지정가 주문	3.01	6+	2.56	8.9
ETS	청색	청색	조정이 나타날 조짐. 지수이동평균 4.50 부근				
EXTR	녹색	녹색	박스권- 관망				
FFIV	녹색	녹색	너무 빠씀. 18달러				
FNSR	청색	녹색	매수 준비	⟨1.88	6+	1.44	11.6
HAXSD	적색		스위트 존에 위치				
HPOL	청색	녹색	롤오버하기 시작?				
IAO	청색	적색	10센트에서 120센트까지 올랐다가 40까지 하락				
JNPR	녹색	녹색	매수 준비	13.95	28+	12.94	13.9
LU	녹색	녹색	매수 준비. 상당히 양호	⟨1.90	2.50++	1.64	8.1
MTZ	녹색	녹색	차트 양호, 가격 5배 상승. 늦게 발동 걸림				
NT	녹색	녹색	보합세. 가격 6배 상승				
OPWV	녹색	녹색	조정이 나타날 조짐. 지수이동평균 3.60 부근				
RHAT	녹색	녹색	매수 준비	6.80	20+	6.10	20.3
SFE	청색	녹색	매수 준비	2.75	4.50+	2.30	5.0
SFLK	적색		지수이동평균 아래에 위치. 주시하라!				
SNWL	청색	녹색	매수 준비	5.10	10+	4.69	14.4
TERN	녹색	녹색	조정이 나타날 조짐. 지수이동평균 5 부근				
TMWD	녹색	녹색	조정이 나타날 조짐. 지수이동평균 2.75 부근				
VIGN	녹색	녹색	매수 준비. 2 부근 역지정가 주문	⟨2.30	4+	1.97	5.2
VRSN	녹색	녹색	매수 준비	13.51	25.00	21.10	8.1

평가 스프레드시트에 'R/R' 항목 추가한 모습.

4.2
우리가 예상하는 보상은 진입 지점과 목표 사이의 거리며, 리스크는 목표와 스톱 지점 사이의 거리다. 나중에 조정하게 되더라도 이런 수치들은 다양한 주식을 비교하는 데 도움이 된다. 나는 비율이 양호한 주식은 '통통한 토끼', 그렇지 못한 주식은 '마른 토끼'라고 부른다. 토끼 사냥을 나가면 비쩍 마른 토끼보다는 통통한 토끼를 잡는 데 시간, 노력, 탄약을 쓰는 편이 낫다.

4.3 최종 순위: 주간 차트와 일간 차트 마지막으로 살펴보기

주간 차트와 일간 차트를 마지막으로 살펴보면서 주식을 '1(매우 양호)', '2(차선)', '3(문제 있음)'으로 등급을 매긴다.

	주간	일간	비고	매수	목표	스톱	R/R	W-r	D-r
AKAM	적색		스위트 존에 위치						
AMT	녹색	채널의 천장 부근	조정이 나타날 조짐 지수이동평균 10 부근						
ARTG	청색	녹색	매수 준비	2.11	5.00	1.65	6.3	2	2
CAPA	녹색	녹색	조정이 나타날 조짐 지수이동평균 4.50 부근						
CMVT	녹색	녹색	매수 준비	너무 높고, 너무 비쌈					
CSCO	청색	녹색	매수 준비	<18.35	22~24 이하	17.27	4.3	1	1
DTHK	녹색	녹색	매수 준비, 역지정가 주문 2.60 부근	3.01	6+	2.56	8.9	2	3
ETS	청색	청색	조정이 나타날 조짐 지수이동평균 4.50 부근						
EXTR	녹색	녹색	박스권- 관망						
FFIV	녹색	녹색	너무 비쌈. 18달러						
FNSR	청색	녹색	매수 준비	<1.88	6+	1.44	11.6	1	1
HAXSD	적색		스위트 존에 위치						
HPOL	청색	녹색	롤오버하기 시작?						
IAO	청색	적색	10센트에서 120센트까지 올랐다가 40까지 하락						
JNPR	청색	녹색	매수 준비	13.95	28+	12.94	13.9	1	1
LU	청색	녹색	매수 준비, 상당히 양호	<1.90	2.50++	1.64	8.1	2	1
MTZ	녹색	녹색	차트 양호, 가격 5배 상승. 늦게 발동 걸림						
NT	녹색	녹색	보합세. 가격 6배 상승						
OPWV	녹색	녹색	조정이 나타날 조짐 지수이동평균 3.60 부근		20+	6.10	20.3	1	2
RHAT	녹색	녹색	매수 준비	6.80	4.50+	2.30	5.0	2	2
SFE	청색	녹색	매수 준비	2.75					
SFLK	적색		지수이동평균 아래에 위치. 주시하라!						
SNWL	청색	녹색	매수 준비	5.10	10+	4.69	14.4	1	2
TERN	녹색	녹색	조정이 나타날 조짐 지수이동평균 5 부근						
TMWD	녹색	녹색	조정이 나타날 조짐 지수이동평균 2.75 부근						
VIGN	녹색	녹색	매수 준비. 역지정가 주문 2 부근	<2.30	4+	1.97	5.2	1	1
VRSN	녹색	녹색	매수 준비	13.51	25.00	21.10	8.1	2	2

평가 스프레드시트에 주간 차트와 일간 차트의 등급을 추가한 모습.

네 개의 주식, CSCO, FNSR, JNPR, VIGN이 마지막 테스트를 통과해 '1' 등급 판정을 받았다. RHAT 역시 20.3이라는 높은 R/R 비율 덕택에 우리의 쇼핑 목록에 올랐다.

4.3
우리는 여기서 되돌림 현상이 소폭으로 발생하고 진행이 순조로우며 꾸준히 나타나는 추세를 찾으려고 했다. 후보 주식이 몇 개밖에 없을 때는 이런 과정을 거칠 필요가 없을지도 모른다. 하지만 그 주말에 우리는 '풍요의 딜레마'에 빠지고 말았다. 선택할 수 있는 주식이 너무 많았던 것이다. 우리는 가장 매력적인 후보들을 추려내기 위해 주식의 주간 추세와 일간 추세의 질을 평가했다.

4.4 자금 관리 규칙

	주간	일간	비고	매수	목표	스톱	R/R	W-r	D-r		주당리스크	2%의 법칙	비용
												106,000	
AKAM	적색		스위트 존에 위치										
AMT	녹색		채널의 천장 부근	조정이 나타날 조짐 지수이동평균 10 부근									
ARTG	청색	녹색	매수 준비	2.11	5.00	1.65	6.3	2	2				
CAPA	녹색	녹색	조정이 나타날 조짐 지수이동평균 4.50 부근										
CMVT	녹색	녹색	매수 준비	너무 높고, 너무 비쌈									
CSCO	청색	녹색	매수 준비	<18.35	22~24 이하	17.27	4.3	1	1	매수	1.10달러	1,900	34,865달러
DTHK	청색	녹색	매수 준비, 역지정가 주문 2.60 부근	3.01	6+	2.56	8.9	2	3				
ETS	청색	청색	조정이 나타날 조짐 지수이동평균 4.50 부근										
EXTR	녹색	녹색	박스권- 관망										
FFIV	녹색	녹색	너무 비쌈. 18달러										
FNSR	청색	녹색	매수 준비	<1.88	6+	1.44	11.6	1	1	매수	0.04달러	4,800	9,024달러
HAXSD	적색		스위트 존에 위치										
HPOL	청색	녹색	롤오버하기 시작?										
IAO	청색	적색	10센트에서 120센트까지 올랐다가 40까지 하락	13.95									
JNPR	녹색	녹색	매수 준비	<1.90	28+	12.94	13.9	1	1	매수	1.0달러	2,000	27,900달러
LU	청색	녹색	매수 준비. 상당히 양호		2.50++	1.64	8.1	2	1				
MTZ	녹색	녹색	차트 양호, 가격 5배 상승. 늦게 발동 걸림										
NT	녹색	녹색	보합세, 가격 6배 상승										
OPWV	녹색	녹색	조정이 나타날 조짐 지수이동평균 3.60 부근										
RHAT	녹색	녹색	매수 준비	6.80	20+	6.10	20.3	1	2	매수	0.70달러	3,000	20,400달러
SFE	청색	녹색	매수 준비	2.75	4.50+	2.30	5.0	2	2				
SFLK	적색		지수이동평균 아래에 위치. 주시하라!										
SNWL	청색	녹색	매수 준비	5.10	10+	4.69	14.4	1	2				
TERN	녹색	녹색	조정이 나타날 조짐 지수이동평균 5 부근										
TMWD	녹색	녹색	조정이 나타날 조짐 지수이동평균 2.75 부근										
VIGN	녹색	녹색	매수 준비, 역지정가 주문 2 부근	<2.30	4+	1.97	5.2	1	1	매수	0.33달러	6,400	14,720달러
VRSN	녹색	녹색	매수 준비	13.51	25.00	21.10	8.1	2	2				
													106,909달러

평가 스프레드시트에 자금 관리 규칙을 추가한 모습.

트레이딩 계좌에 10만 6,000달러가 들어 있다는 가정 아래 우리는 2퍼센트의 법칙을 쇼핑 목록에 오른 5개 주식에 적용하여 주문할 포지션의 크기를 계산했다(예시: CSCO 1,900주, FNSR 4,800주 등).

4.4
마르틴은 이 거래에 사용할 계획이었던 트레이딩 계좌에 2퍼센트의 법칙을 적용했다. 계좌에 10만 6,000달러가 들어 있었으므로 거래당 2,120달러의 리스크를 감수할 수 있다는 계산이 나온다. 거래당 리스크의 최대 한도와 주당 리스크의 최대 한도를 안 덕택에 매수할 수 있는 주식의 최대 개수를 계산하기가 쉬웠다. 예컨대 CSCO주를 18.35달러나 그보다 더 좋은 가격에 사고, 17.27달러에 역지정가 주문을 낼 경우 주당 1.08달러의 리스크를 감수하는 격이다. 거래당 허용된 리스크가 총 2,120달러인 만큼 마르틴은 CSCO 1,900주를 매수할 수 있었다.

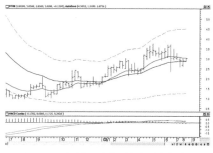

DHTK(주간 차트)의 8월 19일 화요일 장 마감 후의 모습.   DHTK(일간 차트)의 8월 19일 화요일 장 마감 후의 모습.

DHTK(주간 차트)의 8월 20일 수요일 장 마감 후의 모습.   DHTK(일간 차트)의 8월 21일 목요일 장 마감 후의 모습.

4.5 주문 내기

8월 19일 화요일 우리는 장이 열리기 전에 다음의 주문을 냈다.

매수 CSCO 1,900주 18.35 달러
매수 FNSR 4,800주 1.88 달러
매수 JNPR 2,000주 13.90 달러
매수 RHAT 3,000주 6.80 달러
매수 VIGN 6,400주 2.30 달러

CSCO, FNSR, VIGN 주문은 정상적으로 체결됐다. 하지만 RHAT와 JNPR는 주가가 너무 빨리 상승하는 바람에 주문 체결이 불가능했다.

8월 20일 수요일과 8월 21일 목요일

거래가 원하는 방향대로 진행되지 않을 때 어떻게 해야 하는가?
나의 개인적인 학습 곡선

8월 20일 수요일(장이 열리기 전에) 우리는 27개의 주식을 전부 검토했다. 주간 차트와 일간 차트를 모두 살펴본 결과 DTHK가 전날보다 훨씬 나아 보인다는 것을 깨달았다. 주간 차트는 더 강해 보였고(청색), 일간 차트는 지수이동평균 위에서 장을 마감했다(녹색). 자금 관리 규칙에 따라 우리는 DTHK 6,800주를 각각 3.01달러에 매수하기로 결정했다. 주문은 정상적으로 체결됐다.

8월 21일 목요일(장이 열리기 전에) 우리는 주식의 포지션을 점검했다. 새로 진입할 포지션을 찾으려는 것이 아니라 이미 보유 중인 CSCO, FNSR, VIGN, DTHK의 포지션을 관리하려는 것이었다.

DTHK는 주간 차트뿐 아니라 일간 차트에서도 다시 적색을 나타냈다. 이는 손실이 커지기 전에 그날 바로 시가에 시장 주문을 내서 포지션을 청산하라는 신호였다.

손실을 입고 싶지 않아서(익숙한 소리 아닌가?) 나는 엘더 박사에게 다음의 질문들을 해보려고(박사를 설득하려고) 무던히도 노력했다. "하루 더 기다려도 괜찮지 않을까요? 적색이 사라질지도 모르잖아요. 시가로 주문을 내기보다는 장중 더 나은 가격이 형성될 때까지 기다리는 건 어떨까요? 주간 차트에 나타나는 적색이 금요일까지 없어지면 괜찮지 않나요? 꼭 주중에 결정해야 하나요?"

나는 손실 포지션을 계속 보유할 구실이 몇 가지 더 있었지만, 사실 질문을 꺼내기도 전에 질문의 답을 알고 있었다.

"글쎄요, 포지션은 좋으실 대로 하세요. 저는 오늘 아침에 호텔을 나서기 전에 매도 주문을 낼 생각입니다."

나는 한 시간도 더 고뇌하고 아침을 먹으면서도 갈등하다가 마침내 매도 주문을 내기로 결정했다. 결정을 내리고 나니 마음이 한결 놓였고, 그날의 일정(세 시간 동안 오스트리아 등산로를 오르는 것)을 소화할 준비가 된 느낌이었다. 하나의 포지션에서 극히 적은 손실을 입게 된 것과 나머지 세 개의 포지션에서 주가의 상승세를 즐기는 것에 따른 마음의 평화 덕택이었다.

기록일지를 살펴보면 이 거래를 선택한 것이 실수라는 사실을 알 수 있다. 앞의 세 포지션에서 이미 각각 2퍼센트, 거의 6퍼센트에 달하는 리스크를 감수했기 때문이다. 이 거래를 선택한 것은 6퍼센트의 법칙에 위배됐다.

8월 22일 금요일과 그 이후

• 다우존스, 나스닥, S&P 500 지수(주간 차트와 일간 차트)를 매일 검토하라. 상승세가 지속되고 있는가?

• 개별적인 주식의 포지션을 점검하라. 주간 임펄스 시스템? 일간 임펄스 시스템?

• 주식이 숨을 쉬고 있는가? 아니면 추세에 반하는 움직임을 보이고 있는가?

• 이익을 취할 때인가? 포지션을 청산해야 할 때인가?

"안녕하세요, 박사님.

오늘 아침에는 시장 분위기가 정말 좋습니다!! 매각세가 그리 강하지 않았고, 거래량도 인상적인 수준이 아니었습니다(적어도 제가 눈여겨보는 주식의 경우에는 그랬습니다). 곧 재진입할 기회가 생길 것으로 보입니다.

저희 작업 덕택에 CSCO, FNSR, VIGN는 5,000달러를 크게 상회하는 순이익을 냈습니다. 박사님께서는 오늘 포지션을 청산하셨습니까? 저는 닭들을 재배치하려고 기다리면서 여러 포지션에 엄격하게 역지정가 주문을 내서 이익을 취했습니다."

결론 | *Conclusion*

당신의 트레이딩 룸

앞서 소개한 16개의 트레이딩 룸을 방문한 뒤 자문해보라. '내가 무엇을 배웠는가?' 이 정보를 어떻게 활용할 것인가? 이 정보가 여러분에게 어떤 도움을 줄 것인가? 대답은 여러분이 트레이더로서 어느 발전 단계에 있는지, 또 태도는 어떤지에 따라 달라질 것이다.

나는 이 책을 세 부류의 트레이더가 읽을 것이라고 생각한다. 전문적이거나 반직업적인 트레이더, 초보자와 아마추어 트레이더, 상처를 입고 나서 시장에 복귀하려는 트레이더가 있을 것이다. 앞의 두 부류에 대해 먼저 간단하게 이야기하고, 세 번째 부류는 좀 더 시간을 들여 다루려고 한다.

생계 수단으로서 트레이딩을 하는 사람은 효과를 보고 있는 자신만의 스타일과 방법이 있을 것이다. 프로 트레이더가 이 책을 집어 들었다면 본래 호기심이 많은 성격이거나 새로운 것을 배우는 데 의욕적인 사람일 것이다. 여기 실린 16편의 인터뷰 중에는 여러분이 직접 테스트해보고 싶은 아이디어가 분명히 있을 것이다. 트레이딩 경험이 많을 테니 이 책을 읽고 두 팔을 걷어붙이고 뛰어들까 봐 걱정할 필요는 없을 것이다. 여러분의 관심을 끈 아이디어를 처음에는 컴퓨터에서, 그다음에는 계좌에서 테스트해볼 것이라고 생각한다. 적은 금액으로 시작하고, 기록을 철저히 관리하리라고 믿는다. 지금으로부터 몇 달 후에 여기 소개한 방법 중 몇 가지를 연구하고, 테스트하고, 시행하고 나서 이 책을 읽음으로써 여러분의 트레이딩이 어떻게 향상됐는지 돌아보게 될 것이다. 그런 일이 실제로 일어난다면 그에 관한 이야기를 자세히 듣고 싶다. 내가 이 책의 후속 편을 집필하게 될 경우 거기에 당신의 이름과 사연이 실릴지도 모르겠다.

여러분이 만일 초보 트레이더라면 이 책이 신나는 전망을 제공했을 것이다. 여러분이 만나본 성공하고 부유하고 독립적인 트레이더들을 본받을 수 있다면 정말 멋진 일이지 않는가? 하지만 그들을 따라 부랴부랴 트레이딩하기 전에 잠깐 행동을 멈추고 이 책의 서문에 실린 문구를 생각해보기 바란다. "거울에 비치는 사물은 보이는 것보다 멀리 있습니다."

필자를 비롯하여 이 책에 소개된 트레이더들은 모두 프로 트레이더가 되기까지 어려운 고비를 많이 넘겼다. 이들의 트레이딩 기법이 간단하고 논리적이라고 느껴진다면 그것은 트레이더들이 그런 기법 덕택에 시장에서 살아남았기 때문이다. 시장의 승자에게는 저마다 능력이 있다. 그중에는 말로 설명할 수 있는 것도 있고, 행동으로만 보여줄 수 있는 것도 있다.

그렇다면 이런 새로운 방법들을 어떻게 실행해야 할까? 방법을 숙달할 수 있는 유일한 길은 연구하고, 테스트해보고, 기록을 철저하게 관리하는 것이다. 마음에 드는 방법을 선택해 컴퓨터에서 백테스트해보라. 이론상으로 테스트한 결과가 좋을 경우 진짜 돈으로도 테스트해보라. 처음에는 테스트용으로 규모가 작은 거래를 체결하는 것이 좋다. 기록을 철저하게 남기고, 시간을 충분히 활용하라. 세 건, 다섯 건, 열 건의 거래는 통계적으로 아무 의미도 없다. 마이크 맥마혼이 시스템 트레이딩에 대해 언급한 부분을 다시 읽어보기 바란다(제6장 참고). 트레이딩을 제대로 하기까지 할 일이 대단히 많다고 느껴진다면 그것은 정말로 할 일이 많기 때문이다.

나는 최근에 초보 트레이더에게서 이메일을 한 통 받았다. 우리는 트레이드 쇼에서 만났고, 내가 그를 공항까지 태워다준 것이 인연이 됐다. 그는 이메일로 임펄스 시스템을 테스트하지 않고 곧바로 트레이딩에 이용할 수는 없는지 물었다. 테스트하는 데 시간을 들이고 싶지 않다는 이유에서였다. 그는 자신이 트레이더로서 성공하고 싶은 열망이 얼마나 강한지에 대해 이야기를 늘어놨지만 내 귀에는 그저 트레이딩의 보상을 누리고 싶어 하는 것처럼 들렸다. 일하지 않고 넉넉한 수입과 자유를 즐기고 싶어 하는 눈치였다. 이 책에 인터뷰가 실린 트레이더들은 하나같이 트레이딩에 진념한다. 그들은 연구하는 것을 상당히 좋아한다. 그들 중 누구도 기존에 존재하는 시스템을 선택한 뒤 두 눈을 딱 감고 마구잡이로 트레이딩하지 않았다. 그들은 모든 것을 직접 테스트해본다. 정말로 진지하게 성공하는 트레이더가 되고 싶다면 이 책에 실린 트레이더들을 본받아라.

트레이더의 회복 훈련

'회복 훈련'이라는 용어의 사전적인 의미는 다음과 같다. '양호한 상태, 기능 또는 능력으로 회복시키는 행위.' 계좌에 타격을 심하게 입은 트레이더는 트레이딩하는 데 극도의 두려움을 느끼는 경우가 많다. 따라서 능력을 되찾기 위해서는 회복 훈련이 필요하다. 우리는 대부분 트레이딩 이력의 어느 시점엔가 회복 훈련을 필요로 하게 마련이다.

이 책에 소개한 거의 모든 트레이더가 한 번 이상 심각한 자본 감소를 경험했다. 그리고 나를 비롯한 많은 트레이더가 두 번 이상 그런 어려운 경험을 이겨냈다. 돈을 잃었다는 사실만 마음을 불편하게 하는 것이 아니다. 그로 인한 상실감이 더 불편하다. 시장에 뛰어든 트레이더는 몇 건의 거래를 신중하게 체결한 뒤 돈을 조금 벌고 나면 자신이 무적인 것처럼 느껴진다. 그러다가 시장이 그에 반하는 방향으로 움직이면 적은 손실만 입고 시장을 벗어나는 데 실패해서 깊은 자본 감소에 빠져 허우적거리게 된다. 결국 큰 손실을 입고 절박해진 트레이더는 손실을 만회하기 위해 몇 건의 거래를 체결한다. 하지만 트레이딩을 하면 할수록 무덤의 깊이만 점점 깊어진다.

대부분의 사람이 돈을 많이 잃을 경우 돈보다 더 가치가 있는 자신감도 잃고 만다. 얻어맞은 강아지처럼 행동하는 사람들도 있다. 꼬리를 다리 사이에 끼우고 두려움에 벌벌 떨면서 어두운 곳에서 인기척이 조금만 나도 뒤로 펄쩍 뛰기도 한다. 많은 트레이더가 감정적으로 자기 자신을 괴롭히고, 스스로를 욕하고 벌한다. 보통 트레이딩 계좌에 들어 있던 자금의 3분의 1 이상을 잃었을 때 우리는 계좌가 심한 타격을 입었다고 말한다. 처음에 10만 달러가 들어 있던 계좌가 트레이딩하고 나서 6만 6,000달러짜리로 변했다면 그 계좌는 분명히 심각한 타격을 입은 것이다. 나는 이것보다 더 심한 타격을 입은 계좌도 본 적 있다. 전성기 때 자산의 80~90퍼센트까지 깎아먹은 트레이더가 실제로 있었다. 계좌에 심하게 타격을 받으면 사람들은 겁이 많아지게 마련이다. 트레이딩하려는 의지는 있지만 두려움을 떨쳐버리지 못하는 것이다. 손실을 입은 지 오래 지나지 않은 경우 마음의 상처로 인해 불안감을 느낄 수밖에 없다. 따라서 상처를 받은 트레이더는 대체로 시장에서 쓸려 나간다. 다시 트레이딩하고 싶은 마음이 든다면 대부분의 사람보다 회복력이 빠르고 의지가 강한 셈이다.

시장에서 호되게 당한 트레이더들이 주로 토로하는 불만은 "방아쇠를 못 당기겠어요"다. 트레이딩할 거리를 연구하고, 매수할 주식도 찾았는데 주문을 내지 못한다. 그래서 트레이딩을 못 하고 눈으로만 추적하다가 주가가 자신이 원하던 대로 움직이는 것을 보게 된다. 하지만 진짜 돈을 투자해서 추적하면 돈을 잃고 만다. 그래서 다시 눈으로만 주식을 따라가면 이론상으로는 수익을 올린다. 그러나 진짜 돈을 투입하는 순간 주가가 원하지 않는 방향으로 움직인다. 손해를 더 보지 않으려고 팔아버리면 마치 트레이더를 비웃는 양 주가가 반전해서 예상했던 방향으로 나아간다. 그렇다면 대체 왜 '이론상으로' 트레이딩할 때는 많은 트레이더가 지표와 시스템을 테스트한다. 과거의 데이터를 테스트 소프트웨어에 쏟아부은 뒤 이익/손실 비율, 최대 및 최소 이익 또는 손실, 평균 이익 및 손실에 관한 결과를 얻는다. 연속으로 이익 또는 손실 거래를 체결한 최장 횟수와 최대 자본 감소율은 트레이더의 객관성과 견고함을 드러낸다. 이런 결과는 거짓된 안도감을 낳는다. 테스트로 기막힌 결과를 얻었는데도 진짜 돈으로 트레이딩할 때 손실 거래만 연달아 다섯 번 체결했다면 어떻게 하겠는가? 테스트할 때는 그런 현실에 대한 준비를 전혀 하지 못했으나 이런 일은 언제든 일어나게 마련이다. 당신은 이를 악물고 한 번 더 매매에 나섰다가 또 손해를 보고 만다. 이로써 자본 감소율은 점점 더 심각한 상황으로 치닫는다. 그러다가 갑자기 인상적인 테스트 결과에 미래를 걸기에는 위험 부담이 너무 크다는 것을 깨닫게 된다. 그동안 계좌의 금액은 점점 줄어들고 있을 것이다.

컴퓨터 소프트웨어를 이용한 테스트의 매력이 워낙 강하다 보니 수수료를 받고 대신 테스트를 해주는 프로그래머들이 하나의 작은 산업을 이루었을 정도다. 테스트 소프트웨어의 사용법을 익히기 위해 몇 달 혹은 몇 년씩 할애하는 트레이더도 있다. 트레이딩하기가 두렵다고 인정하지 못하는 패자는 새로운 소프트웨어를 익히고 있다는 그럴듯한 변명을 한다.

시스템 테스트는 오로지 한 가지 방법만이 이치에 맞는다. 속도도 느리고 시간도 많이 소요되지만 트레이딩을 위한 준비를 도와줄 수 있는 유일한 방법이다. 과거의 데이터를 한 번에 하루치씩 훑어보면서 다음 날을 위해 트레이딩 신호를 적어둔다. 그런 후 다음 날 차트를 클릭해 거래와 신호를 또 기록한다.

테스트를 시작하려면 주식이나 선물 데이터를 최소 2년어치는 다운로드하라. 어떤 일이 벌어지는지 보지 말고 파일 왼쪽에 시선을 집중시켜라. 이제 기술적 분석 프로그램과 스프레드시트를 열면 된다. 트레이더에게 가장 중요한 컴퓨터 키 두 개는 알트(Alt)와 탭(Tab)이다. 이 두 키로 두 프로그램을 오갈 수 있기 때문이다. 분석 프로그램에서 창을 두 개 띄워라. 하나는 장기 차트와 지표를 위한 것이고, 다른 하나는 단기 차트를 위한 것이다. 스프레드시트를 열어 페이지 맨 위에 시스템의 규칙을 적은 후 진입 날짜와 가격, 청산 날짜와 가격을 기입하라.

이번에는 주간 차트를 열어 신호가 나타나는지 살펴봐라. 매수 신호나 매도 신호가 보이면 같은 날짜에 끝나는 일간 차트로 건너가 신호가 확인되는지 알아보라. 일간 차트에도 똑같은 신호가 발효될 경우 내고자 하는 주문을 스프레드시트에 기록하라. 그리고 일간 차트로 돌아가 다음 날짜를 클릭해서 매수 혹은 매도 주문이 체결되었는지 살펴보라. 체결되었다면 스프레드시트로 돌아가 결과를 기록하라. 이런 식으로 하루하루 거래를 추적하면 된다. 역지정가 주문을 낼 시점을 계산하고 어디에서 이익을 취할 것인지 결정하라. 데이터 파일 전체에 이 과정을 적용하라. 주간 차트에서는 한 번에 한 주씩, 일간 차트에서는 한 번에 하루씩 조사를 진행하는 것이 좋다. 클릭할 때마다 시스템이 보내는 신호를 적어두고 본인이 어떤 행동을 취할 것인지도 기록하라.

한 번에 하루씩 클릭할 때마다 시장의 역사가 천천히 펼쳐지면서 도전장을 내밀 것이다. 클릭했더니 매수 신호가 발효되었다고 가정해보자. 매수에 나설 것인가? 스프레드시트에 결정을 기록해라. 목표 지점에서 이익을 취할 것인가? 아니면 매도 신호나 가격의 움직임을 보고 결정을 내릴 것인가? 이쯤 되면 단순히 규칙 몇 가지를 테스트하는 것 이상의 작업을 하고 있는 셈이다. 한 번에 하루씩 나아가면서 의사결정 능력을 향상시킬 수 있다. 이처럼 한 번에 한 개의 바를 테스트하는 방법은 백테스팅 소프트웨어를 이용하는 것보다 훨씬 나은 결과를 안겨줄 것이다.

가격이 매수 수준 위로 올라가거나 역지정가 주문 아래로 떨어져 갭이 발생하면 어떻게 할 것인가? 시스템을 조정하거나 변경하거나 폐기해야 하는가? 한 번에 하루씩 클릭하는 것이 실제로 거래를 체결하지 않으면서도 실제 트레이딩 경험에 가장 가까이 다가갈 수 있는 방법이다. 이 방법은 감정적으로 다루기 힘든 차트의 오른쪽 가장자리를 접하는 느낌을 미리 알아보게 해준다. 이는 깔끔하게 정리된 테스트 결과를 통해서는 결코 경험할 수 없다. 수동 테스트는 사고 능력과 추세 반전을 파악하는 능력을 향상시키고, 안개가 자욱한 시장 속에서도 행동을 취할 수 있도록 도울 것이다.

—『나의 트레이딩 룸으로 오라』의 일부를 개작

결과가 좋고 실제로 하면 결과가 좋지 않은가?

수익을 많이 올리는 거래는 시장의 상황이 불안정할 때 나타나는 경우가 많다. 매수나 매도 신호가 분명하게 드러나지 않는 경향도 짙은 경우가 많다. 그런데 겁에 질린 트레이더는 이런 신호를 보고도 선뜻 나서지 못한다. 신호가 눈에 명백하게 보이는 거래를 선택하는 편이 더 안전하다고 느끼기 때문이다. 하지만 이렇게 확실한 느낌이 든다는 것 자체가 이미 한발 늦었다는 증거다. 추세는 겁에 질린 트레이더를 빼놓고 벌써 시작된 것이다. 이 경우 역에서 이미 멀어지고 있는 기차를 쫓아 뛰는 것이나 마찬가지다. 두려움은 트레이더가 양호한 거래를 놓치고 나쁜 거래에 뛰어들게 만든다. 자기 자신의 신발 끈에 걸려 넘어지는 꼴이다. 시장에서 혹독한 경험을 한 트레이더에게 제일 먼저 해주고 싶은 충고는 한동안 트레이딩을 하지 말라는 것이다.

스스로에게 합리적인 휴식 기간을 선사하라. 최소 두세 달은 트레이딩하지 말고 시장에서 떨어져 있어라. 마음에 상처를 입고 전전긍긍하는 상태에서는 돈을 벌 수 없다. 자신과 손실 사이에 거리를 둘 수 있어야 한다. 손실로 인한 상처가 아물지 않으면 시장을 객관적으로 관찰하기 어렵다. 휴식 기간을 가짐으로써 감정적인 압박감을 덜고 상처를 치유하는 과정을 시작할 수 있다.

정신과 의사로 활동하던 당시에 나는 발기부전으로 고생하는 환자들을 종종 맡았다. 그들이 나를 찾아왔을 때는 이미 의학적으로는 문제가 없다는 진단을 받은 후였지만, 발기가 안 돼 밤이 오는 것을 두려워했다. 실패할 것을 알면서도 발기를 시도해야 한다는 압박감을 느끼는 것 같았다. 나는 문제를 해결하기 전까지 성행위를 하지 않는 조건으로 환자들을 치료하기로 했다. 그들은 하나같이 처음에는 불만을 표했지만, 곧 안심하는 눈치였다. 압박감이 사라지고 나니 심리 치료로 문제점을 해결할 수 있는 경우가 대부분이었다.

사람은 스트레스를 받으면 그릇된 결정을 내리게 마련이다. 트레이딩을 멈추고 휴식기를 가지면 상처를 치유하는 시간을 벌 수 있다. 회복 훈련은 모든 포지선을 청산하는 데서부터 시작된다. 보유하고 있는 포지션을 남김없이 청산하고 완전한 휴식을 취하라.

트레이딩 회복 훈련 기간은 돈을 잃는 데 걸린 시간의 두 배로 책정하는 것이 좋다. 도박꾼만이 몇 건의 거래를 잘 체결해서 빠른 회복을 노린다. 현실적으로는 돈을 조금씩 모아 다시 천천히 탑을 쌓아갈 수밖에 없다. 자책하는 일을 그만두고 스스로에게 더 관대해져라. 결국 실패한 계좌를 성공한 계좌로 변모시킬 사람은 자기 자신이다. 회복 훈련을 거치고 나면 성공하는 트레이더가 될 수 있다. 자산이 줄어들지 않는 기간을 몇 달 확보하라. 손실을 만회해야 한다는 급박한 생각이 서서히 잦아들기 시작하면 새로운 계좌 잔액에 익숙해져라. 마음이 더 안정되고 나면 중요한 선택 몇 가지를 해야 할 것이다. 우선 트레이딩을 계속 하고 싶은지 결정해야 한다.

트레이딩은 경제적 자유를 약속하면서 우리를 시장으로 끌어들인다. 하지만 그 과정을 견뎌내는 것을 상당히 어려워하는 사람도 있다. 애초에 트레이딩하기에 타고난 재능이 없을 수도 있고, 단순히 시간이나 노력을 충분히 들일 수 없는 상황에 처했을 수도 있다. 이는 악기를 연주하지 못하거나 물이 새는 수도꼭지를 고치지 못하는 것과 흡사하다. 창피할 것은 전혀 없다. 캠프에 여러 번 참가하고 다양한 아이디어를 바탕으로 트레이딩하는 과정에서 손해를 본 참가자 한 명이 "저는 아무래도 트레이딩할 체질은 아닌 것 같습니다"라고 고백한 적이 있다. 나는 그 사람과 여전히 좋은 친구로 지낸다. 인생은 금융 상품을 사고파는 것 이상의 의미가 있기 때문이다.

트레이딩을 정말로 즐기고 제대로 하고 싶다면, 회복 훈련을 계속 진행하라. 내가 "트레이딩을 정말로 즐기다"라는 표현을 썼다는 사실에 주목하라. 보상은 누구나 좋아한다. 그런데 여러분은 시장이나 종목을 연구하고, 아이디어를 테스트하고, 주문을 내는 것도 좋아하는가? 성공한 트레이더는 트레이딩하는 과정을 좋아하며, 보상은 그저 부수적인 즐거움인 경우가 많다.

이는 다른 분야에도 해당하는 이야기다. 의학, 공학, 법학 등 어느 분야에서든 성공한 인물들은 자신의 직업을 사랑하는 사람들이다. 실제로 좋은 집에 살고 좋은 차를 타고 다닐 수도 있으나 그들의 목적은 선택한 분야에서 능력을 발휘하고 보람을 느끼는 것이지 집이나 차를 사는 것이 아니다. 그들은 일을 대충하거나, 전문가답지 않게 지름길을 택하거나, 보상에 안주하는 법이 없다. 헌신적인 전문가는 자신의 기량을 갈고닦기 위해 꾸준히 노력한다. 그는 해당 분야의 규칙을 존중하고 준수하며, 보상에 초점을 맞추는 대신 보상이 장기적인 관점에서 나타나길 기대한다. 오로지 보상에만 신경을 쓴다면 '빨리 부자 되기'가 여러분의 관심을 끌겠지만, 그렇다면 아마도 재앙에 준하는 결과를 맞이할 것이다. 의학이나 법학 분야에 종사하는 사람이 빨리 부자가 되기만을 바란다면 어떻게 되겠는가?

트레이딩을 진정 좋아한다면 실로 흥미로운 여정이 기다리고 있을 것이다. 계좌에 심각한 타격을 입기는 했지만 이제는 손실을 자신에게 유리하게 이용할 수 있을 것이다. 실패한 경험을 바탕으로 더 집중하는, 규율을 더 엄격하게 적용하는 성공적인 트레이더가 되어라. 시장에 다시 뛰어들기 위해서는 규칙 몇 가지를 세우고 엄격하게 따라야 한다. 과거의 약점을 미래의 강점이 탄생하는 원천으로 승화시켜라. 그것이 트레이딩 규율의 토대가 되게 하라.

트레이딩의 세계에는 젊은 귀재가 거의 없다. 트레이딩은 나이가 더 많은 사람에게 적합한 활동이다. 기억력, 성숙함, 경험이 대단히 중요한 역할을 하기 때문이다. 나는 지금은 고인이 된 절친한 친구 루 테일러Lou Taylor에게 첫 번째 책을 헌정했는데, 그는 "매년 0.5퍼센트씩 똑똑해진다면, 나는 죽을 때쯤 천재가 되어 있을 것이다"라고 말하곤 했다. 이렇듯 나이를 먹어가면서 트레이딩 실력도 나아져야 한다. 만일 내가 지금까지 한 이야기에 동의한다면 회복 훈련을 도와줄 수 있는 몇 가지 단계를 소개하고 싶다.

1. 시스템을 설정하고 기록을 철저하게 관리하라. 기록 관리에서 중요한 두 가지 가치는 책임감과 독학이다. 뒤를 돌아보고 자신의 경험으로부터 배우는 것만이 트레이더로서 실력을 키울 수 있는 길이다.

다음 거래를 체결하는 것에 대해 생각해보기 전에 트레이딩 기록을 관리하는 시스템을 설정하라. 도박꾼, 호기심에 트레이딩하는 사람, 빨리 부자가 될 방법만 연구하는 사람들은 아드레날린만 있으면 된다. 기록이 필요하지 않은 사람들이다. 트레이딩에 진지하게 임하는 모든 프로 트레이더는 기록 관리를 철저하게 한다. 최소한 거래를 추적하는 데 쓰일 스프레드시트는 갖추는 것이 좋다. 인덱스나 주식에는 한두 개의 선을, 거래일에는 하나의 항목을 할애하라. 트레이딩할 때 리스크를 얼마나 감수할 수 있는지 측정하기 위해 스프레드시트가 하나 더 필요하다. 거래가 어떻게 진행되는지 적어둘 수 있는 기록일지도 준비하라. 이런 탬플릿은 우리 회사에서 유료 또는 무료로 제공하는데, 트레이더 본인이 자신에게 적합한 탬플릿을 직접 개발하는 것도 좋다.

2. 시스템 설정이 끝나면 자금 관리 규칙을 준수하라. 여러분을 회복 훈련으로 몰아넣는 것은 실패한 자금 관리다. 대부분의 트레이딩 계좌는 상어(한 건의 거래로 치명타를 입는 경우) 또는 피라니아(개별적으로는 치명적이지 않으나 연속으로 손실을 입을 때는 계좌를 뼈만 남기고 물어뜯기는 경우)에 의해 타격을 받는다. 여러분이 회복 훈련에 참가하게 된 것은 이미 상어나 피라니아 한 종 혹은 두 종 모두와 마주쳤기 때문이다. 그것은 고통스러운 경험으로, 올바른 자금 관리 규칙을 마련하지 않는 이상 분명히 그런 경험을 다시 하게 될 것이며, 그때는 고통이 더욱 극심할 것이다. 이 책과 『나의 트레이딩 룸으로 오라』에 반복적으로 등장하는 2퍼센트의 법칙과 6퍼센트의 법칙은 여러분을 상어와 피라니아 떼에게서 보호해주기 위해 만들어졌다. 두 가지 규칙을 반드시 모든 거래에 적용해야 한다.

3. 자신에게 적합한 기법을 찾아라. 16개의 트레이딩 룸에서 여러 가지 기법을 살펴볼 수 있었을 것이다. 이 책에 실린 여러 트레이더는 트레이더스 캠프에 참

가해 나와 공부를 한 적이 있다. 만일 16명의 트레이더를 개별적으로 만났더라면 그들 간의 차이는 훨씬 컸을 것이다. 모든 기법의 전문가가 될 수는 없다는 사실을 깨달을 만큼 겸손한 트레이더가 되어야 한다. 자신에게 적합한 기법을 고르는 것은 개인적인 선택에 좌우되는 일이다. 의과대학 학생이 외과 의사가 될 것인지 정신의학, 소아과, 마취학을 선택할 것인지 결정해야 하는 것과 같은 이치다. 사람들은 정말로 좋아하는 일을 할 때 가장 행복하고 가장 성공할 수 있다. 자신의 어울리는 전문 분야를 선택하는 의과대학 학생처럼 여러분도 자신의 어울리는 트레이딩 기법을 선택해야 한다. 여러 가지 기법을 살펴볼 수는 있지만 자신의 감정적·지성적인 면에서 적합한 기법을 선택해야 한다.

4. 시간을 충분히 할애하라. 주당 몇 시간이나 트레이딩에 할애할 수 있는지 따져보라. 주식 연구 및 검토는 매일 수행해야 한다. 주말도 예외는 아니다. 이처럼 구체적인 계획을 세워 실행에 옮긴다는 것은 트레이딩이 자신에게 중요하다는 것을 입증한다. 연구와 트레이딩이 TV에서 볼 만한 프로그램이 없을 때 시간 때우기용으로 하는 활동이 아님을 명심하라.

5. 아주 작은 규모의 거래로 시작하라. 휴식기에서 벗어나 다시 트레이딩하려면 약간의 불안감을 느낄 수도 있다. 손실로 입은 상처가 아직 아물지 않았고, 자신감도 줄었을 것이다. 트레이딩 기록을 관리하는 체계를 마련하고, 자금 관리 규칙을 세우고, 자신에게 어울리는 기법을 찾아 연구를 수행하더라도 막상 포지션에 진입하려고 하면 방아쇠를 당기기 두려울 수 있다. 내가 해주고 싶은 충고는 아주 작은 규모로 트레이딩하라는 것이다. 경제적으로 본인에게 아무 영향도 미치지 못할 만큼 작은 거래로 시작하라. 트레이딩 계좌에 1만 2,000달러밖에 남지 않았다고 가정해보자. 내가 이 글을 작성하는 현재 구글은 300달러 부근에서 매매가 이루어졌는데, 천장에 이르러 공매도 신호를 발효했다. 내가 회복 훈련 기간 이 계좌로 GOOG를 공매도한다면 딱 1주만 공매도할 것이다. 이번에는 또 다른 종목을 살펴보자. CHTR는 현재 1.26달러에 거래가 이루어졌

으며, 매수 기회를 제공하는 모습이다. 이 계좌로 트레이딩을 할 경우 100주를 매수할 것이다. 이런 거래의 규모는 너무 작아 내게 어떤 영향도 미치지 못한다. 수익을 50달러 올리거나 손실을 50달러 입는다고 해서 달라지는 것은 없다. 이런 거래 때문에 긴장되지는 않을 것이다. 경험상 트레이딩을 하자는 취지에서 하는 활동일 뿐, 돈을 벌려는 목적은 없다.

성공적인 거래를 다섯 건이나 열 건 체결한 뒤에 규칙을 설정할 수 있다. 얼마나 자주 거래하는지에 따라 포지션의 규모를 두 배로 늘려라. 평균 거래 규모가 2퍼센트의 법칙과 6퍼센트의 법칙을 고려해야 할 수준에 이를 때까지 이런 과정을 반복하라. 그리고 자신이 회복 훈련 중이라는 사실을 잊지 마라. 팔이나 다리를 다쳤을 때 해당 신체 부위를 천천히 운동시키면서 운동 기능이 100퍼센트가 될 때까지 서서히 재활 강도를 높이는 것과 같은 이치다.

트레이딩 연구

몇 년 전에 나는 내가 무엇을 좋아하고 무엇을 좋아하지 않는지 지금처럼 분명하게 알지 못했다. 나는 유럽에서 젊은 여성을 만나 카리브 해의 섬에서 데이트하기로 약속한 적이 있었다. 우리는 섬에 있는 가장 좋은 호텔 중 한 군데에서 투숙했고, 스포츠카를 빌렸으며, 해변과 음식점에서 근사한 시간을 보냈다. 하지만 며칠이 지나자 우리는 사소한 일로 다투기 시작했다. 내가 먼저 시비를 거는 경우가 많았다. 우리가 싸우는 것은 말이 되지 않았다. 우리는 서로 좋아했고, 둘 다 즐거운 시간을 보내러 온 것이었다. 그러다 나는 문제가 무엇인지 깨달았다. 그녀와 계속 시간을 함께 보내느라 그동안 일을 못했던 것이다. 일을 하지 않는 시간이 길수록 그녀를 더 괴롭혔다.

그것은 해결하기 쉬운 문제였다. 나는 그녀에게 상황을 설명해주었고, 우리는 매일 아침 식사를 마친 후 그녀 혼자 해변에 가기로 합의했다. 그녀는 50분에 걸쳐 육지에서 한참 떨어진 곳까지 수영했다가 돌아올 수 있을 만큼 지구력이 좋았다. 그녀가 해변에서 돌아올 때쯤이면 점심 식사를 할 시간이 되었고, 나는 몇 시간 동안 일을 해서 기분이 좋아져 그녀와 편안한 마음으로 휴식을 취할 수 있었다.

어느 날 아침 나는 로비에서 고리버들로 만든 안락의자에 앉아 노트북 컴퓨터로 일하고 있었는데, 폴리에스터로 만든 화려한 반바지를 입은 관광객 무리가 버스에서 내리더니 넋을 잃은 표정으로 우리 리조트 안으로 들어왔다. 그중 한 명이 나에게 오더니 "아, 안타깝네요. 휴가 와서도 계속 일을 하셔야 하다니요"라고 말했다. 휴가라니?! 나는 몇 년 전에 직장을 그만둔 뒤로 단 하루도 휴가를 내지 않았다. 정원과 바다로 뻗어 있는 그 넓은 로비가 2주 동안 내 사무실이었던 셈이다.

트레이딩하는 목적은 일에서 벗어나는 것이 아니다. 나는 일하는 것을 매우 좋아한다. 한 주가 끝나가는 주말, 나는 시장을 검토하면서 다음 주에 대한 기대감으로 들뜬다. 주말이 끝나갈 때쯤이면 월요일 아침에 시장이 다시 열리면 새로운 거래를 체결할 수 있다는 기대감에 부푼다. 최근에 친구와 연구 프로젝트 일부를 공유하기 시작한 뒤 나는 그의 연구 결과를 갖다 쓸 수 있는 기회가 생겼다. 하지만 그것은 나 대신 나가서 내 저녁을 먹어달라고 부탁하거나 나 대신 내데이트 상대를 데리고 외출해달라고 부탁하는 것이나 마찬가지였다. 그런 일은 내가 직접 하는 편이 낫지 않은가!

내가 주말에 하는 연구 과제는 다섯 가지 부분으로 나뉘어 있다. 한 번에 세 개 이상 수행하는 경우는 극히 드물며, 두 부분 사이에 대체로 오랫동안 휴식을 취한다. 주말이지 않은가. 나는 쉬면서 이미 작업을 마친 부분에 대해 종종 생각하고, 휴식 시간이 끝나면 노트북 컴퓨터 앞에 앉아 다음에 작업할 부분이 내가 확신을 얻기 위한 것인지 그와 모순되는 것을 찾아내려는 것인지 알기 위해 의욕을 불태운다. 나는 금요일 저녁에 별다른 일정이 없을 때는 주말까지 기다리지 않고 장이 닫히자마자 연구를 시작한다. 나는 대부분 토요일과 일요일에 연구를 하지만 시간이 촉박할 때는 월요일 아침 장이 열리기 전에 마지막 부분을 작업할 때도 있다. 아래 다섯 가지 부분을 소개한다. 나는 항상 이 순서대로 연구를 진행한다.

1. 지표
2. 그룹
3. 선물
4. 현재 포지션
5. 장래 포지션

나는 최근 들어 TC2005를 이용해 첫 두 부분의 연구를 진행하고 있다. TC2005의 데이터베이스는 시장 지수를 100개 이상 담고 있는데, 나는 그 데이터를 스프레드시트로 한 번에 지표 한 개씩 내보낸다. 나는 주당 항목 세 개를 이용한다. 주간 임펄스, 임펄스가 적색이나 녹색에서 다른 색으로 변할 때 색이 달라지도록 설정된 셀, 내가 코멘트를 적어두는 비고란이 각각의 세 가지 항목이다.

TC2005에서는 임펄스에 따라 가격 바에 색을 입히지 못하지만 여러 개의 티커를 간편하게 확인할 수 있어서 좋다. 내가 이용하는 주간 템플릿은 이동평균과 MACD 히스토그램을 포함하고 있어 내가 만일 색을 입혔더라면 임펄스가 어떤 색을 띠었을 것인지 알 수 있게 해준다. 나는 지수를 알파벳순으로 정렬하고 스페이스 바를 한 번 누른 뒤 목록을 위에서 아래로 훑어보면서 내가 발견한 점을 스프레드시트에 기록한다.

나는 국제시장지수, S&P 은행 지수, 시카고 옵션거래소의 금 지수, 필라델피아 증권거래소의 주택 지수에서 출발해 세계 백금 지수와 북미 텔레콤에 이르기까지 주간 임펄스를 기록해두고 엑셀에서 녹색, 적색, 청색으로 표시된 그룹의 탭을 관리한다. 몇 년 전에는 이 작업을 수행하는 데 시간도 오래 걸렸고, 결과가 특별히 유용한지도 확실하지 않았다. 녹색인 지수가 39개, 청색인 지수가 81개,

적색인 지수가 11개 있다는 것이 무슨 의미인가? 나는 이 지수들을 매주 평가함으로써 작업 속도가 빨라지는 것을 느꼈다. 어느 수준의 녹색과 적색이 시장의 천장과 바닥을 나타내는지와 같은 중요한 패턴 몇 개를 알아내기도 했다.

나는 이 연구를 손으로 하기를 좋아한다. 프로그래머인 친구 몇 명이 모든 지수의 수치가 버튼 하나만 누르면 튀어나오도록 자동화해주겠다고 제안했으나 나는 정중하게 거절했다. 각각의 지수를 매주 살펴보고 변화를 기록하는 것은 시장을 실제로 만지는 것 같은 느낌을 안겨주기 때문이다. 프로그래밍으로는 그런 결과를 결코 기대할 수 없다.

연구의 두 번째 부분에서는 TC2005를 이용하여 239개에 달하는 미디어 제너럴 산업 그룹과 하위 그룹을 훑어본다. 여기에는 화학제품, 내구재, 항공우주 산업, 인터넷에 관계된 그룹 등이 포함되어 있다. 그룹마다 여러 개의 하위 그룹을 두고 있으며, 각각의 하위 그룹에는 여러 개의 주식이 속해 있다. 이 작업은 지수를 평가하는 것과 유사하다. 하위 그룹마다 임펄스를 표시하고, 색의 변화에 각별한 관심을 기울이고, 가장 기대되는 그룹에 메모를 해두면 된다. 연구의 첫 번째 부분은 내가 시장에서 전반적으로 황소나 곰의 성향을 얼마나 지니고 있는지 결정하도록 돕는다. 두 번째 부분은 매수하거나 공매도하기에 적절한 후보 그룹을 찾도록 돕는다.

가장 강력한 하위 그룹을 찾는 과정에서 나는 신고점을 경신한 그룹에는 관심이 없다. 그보다는 두드려 맞은 뒤 하락세를 멈추고 상승하기 시작한 그룹에 관심이 있다. 낚싯바늘 모양과 비슷한 패턴을 보이는 그룹을 찾고 싶은 것이다. 공매도에 적절한 후보 그룹을 찾을 때는 가격이 바닥보다 천장에서 속도가 느려진다는 사실을 염두에 둔 채 정반대 패턴을 찾는다. 대부분의 트레이더가 바닥에서 느끼는 감정인 두려움이 욕심보다 더 예리하고 강하기 때문에 가격이 바닥에서 방향을 더 빨리 바꾸는 경우가 많다.

연구의 세 번째 부분에서 선물을 검토할 때는 트레이드 스테이션을 열고 엑셀 스프레드시트를 한 장 더 준비한다. 선물은 독자적인 그룹이 있다. 예컨대 에너지 그룹에는 원유, 난방유, 무연 가솔린과 천연가스가 포함된다. 선물을 훑어보는 데는 두 가지 이유가 있다. 트레이딩 기회를 찾는 동시에 주식시장과의 상관관계를 알아보려는 심산이다. 금과 관련된 주식에 관심이 생기면 금 선물을 분석하는 것이 논리적이지 않은가. 만일 석유 굴착업자들과 관련된 주식이 과대평가되었다는 생각이 들면 원유의 현 추세를 살펴보는 것이 도움이 된다.

시장 연구의 대부분은 상관관계를 찾는 것과 관련이 있다. 상당히 당연한 상관관계도 있고, 눈에 덜 띄는 것도 있다. 주택 관련 종목의 주가가 치솟을 때면 금리가 인상되는 현상을 관찰할 수 있을 것이다. 금리 인상이 부동산 시장을 약세로 몰아간다는 사실을 아는 만큼 그 그룹을 주시하기 시작하면 된다. 가격의 기력이 쇠해지는지 살펴보고, 신호가 발효되자마자 공매도에 나설 준비를 하라. 양호한 거래는 모든 요소가 갖춰질 때까지 어느 정도 시간이 걸린다. 연구 작업이 신호를 알아차릴 수 있도록 미리 대비시켜주므로 스크린에서 신호가 번쩍이자마자 시장에 뛰어들 준비를 하는 것이 좋다. 이 작업으로 별 생각 없이 '추세를 추종'하다가 시장에 너무 늦게 진입하는 아마추어들보다 앞서나갈 수 있을 것이다.

네 번째와 다섯 번째 부분은 진행 중인 거래와 진행할 예정인 거래를 분석하는 것이다. 이 작업은 이 책에 실린 여러 거래에서 내가 계속 언급한 단계들을 거쳐 진행되는 만큼 친숙한 내용일 것이다(제16장에 언급된 『알렉산더 엘더 박사의 트레이딩 룸에서 보낸 일주일』 참고). 나는 가장 강력한 그룹의 가장 강력한 주식을 매수하고, 가장 약한 그룹의 가장 약한 주식을 공매도하는 데 관심이 있다(여기서 강하다는 말은 가격이 상승하기 시작했다는 것을 의미하고, 약하다는 말은 가격이 상승세를 멈췄다는 것을 의미한다). 주간 차트를 펼친 뒤 가격이 싼지 비싼지 볼 수 있게 히스토리 전체가 한 화면에 들어가도록 압축하라. 그다음에 압축을 풀고 2년 정도의 히스토리를 훑어보라. 가격의 추세가 어떠한가? 빠른 이동평균과 느린 이동평균, MACD 히스토그램과 MACD선이 전하는 메시지가 무엇인가? 디버전스가 발생하는가?

살펴본 결과 결론이 무엇인가? 이 주식에 관한 한 여러분은 황소인가 곰인가? 아니면 어느 진영에도 속하지 않는다고 생각하는가?

이번에는 일간 차트를 펼쳐놓고 주간 추세와 같은 방향으로 진입하고 청산할 만한 지점을 찾아보라. 매력적인 진입 지점이나 현실적인 이익 목표점이 보이는가? 너무 멀리 떨어지지 않은 역지정가 주문 지점은 보이는가? 일간 차트에서 얻는 수치를 스프레드시트에 입력하고, 리스크/보상 비율을 계산한 뒤 트레이딩할 만한 가치가 있는지 결정하라. 6퍼센트의 법칙에 따라 트레이딩이 가능한지 반드시 살펴보고, 2퍼센트의 법칙이 허용하는 최대 포지션 규모를 확인하라.

이 많은 것을 연구하려면 주말이 바빠지지만 이런 과정을 거쳐야만 시장에서 다른 트레이더들을 상대로 우위를 점할 수 있다. 매주, 매달 꾸준히 연구하고, 기록 관리를 철저하게 하고, 각각의 트레이딩 단계를 상세히 기록한다면 초보 트레이더와 도박꾼들을 능가하는 수익을 올릴 수 있을 것이다. 패자들이 할 일은 승자들에게 돈을 주는 것이지만 우리에게 간편하게 수표를 보내주지는 않는다. 따라서 패자들이 포지션을 청산하고 우리를 위해 테이블에 돈을 두고 시장에서 달려나가는 전환점에서 찾아내야 한다.

그렇다면 연구를 하는 것의 대안은 없을까? 다른 사람들에게 애원해서 팁을 얻을 수도 있고, 금융 뉴스를 보거나 자문 서비스를 신청하는 방법도 있다. 하지만 그들이 정녕 여러분에게 트레이딩 전투에서 이길 기회를 줄 것이라고 생각하는가? 직접 연구하지 않고 성공할 수 있는 유일한 대안은 돈을 프로 매니저에게 주는 것이다. 하지만 그 방법을 선택하더라도 할 일이 없어지는 것은 아니다. 대부분의 자금 관리인은 시장의 평균보다 저조한 실적을 올리므로, 돈을 여러 매니저에게 나누어 맡기고, 그들의 실적을 신중히 모니터하며 자산을 이리저리 옮겨야 한다. 자금 관리인을 어떻게 선택하고, 어떻게 평가하고 활용할 것인지는 이 책의 범위 밖에 있는 내용이다. 금융시장에 공짜는 없다는 사실만 염두에 둬라.

몇 달러를 쓰고 싶어 안달이 난 초보 트레이더는 시장에 관한 서적을 몇 권

구입한 뒤 스토캐스틱을 적절하게 설정하기만 하면 돈이 콸콸 쏟아질 것이라는 꿈을 꾸기 시작한다. 곧 쉬운 길로 접어들어 다시는 일을 하지 않아도 될 것이고, 자신이 해변에서 피나콜라다를 홀짝이는 동안 스토캐스틱이나 다른 지표가 계좌의 잔액을 불려줄 것이라고 생각한다. 그런 사람은 그냥 꿈을 꾸도록 놓아둬라. 여러분은 시간을 더 유용한 데 쓸 수 있다. 주식을 연구하는 데 시간을 쏟아라.

연구 공유하기─스파이크 그룹

2004년 나는 한 무리의 트레이더와 연구 결과를 공유하기 시작했다. 우리는 정보를 공유하면서도 각자 자신의 작업량과 트레이딩 실적에 책임질 수 있는 방법을 찾아냈다. 우리는 새로 거래할 만한 종목을 찾아보고 누가 더 좋은 종목을 골랐는지 경쟁을 벌인다.

이 이야기의 근원은 1993년으로 거슬러 올라간다. 당시에 나는 『주식시장에서 살아남는 심리투자 법칙』에서 신고점─신저점 지수가 주식시장의 가장 선도적인 지표 중 한 가지라고 소개했다. 신고점 지수는 강세 신호의 리더 격이고, 신저점 지수는 약세 신호의 리더 격이라고 표현했다. 두 지수 간의 균형이 어떻게 달라지는지를 통해 주식시장의 미래를 점치는 데 유용한 단서를 얻을 수 있다. 희한하게도 신고점─신저점 데이터는 《월스트리트 저널Wall Street Journal》이나 다른 신문에서 쉽게 구할 수 있는데도 대부분의 금융 데이터베이스는 해당 데이터를 사용하기 불편하게 해놓아 실제로 그 지표를 추적하기가 어렵다.

몇 년 전에 나는 마르틴(제16장 참고)에게 신고점─신저점을 추적하는 시스템을 설정해달라고 부탁했다. 마르틴은 나와 다른 친구 몇 명에게 밤마다 이메일로 신고점─신저점의 주간 차트와 일간 차트를 보내주기 시작했다. 그 지표는 최근에 급격하게 하락해서 새롭게 상승세를 보일 수 있는 발판을 마련한 종목을 표시해주었다. 우리는 그가 밤마다 보내주는 차트를 스파이크 차트라고 부르기 시작했다. 2004년 키프로스에서 열린 트레이더스 캠프에서 마르틴은 수업 시간에 날마다 업데이트한 스파이크 차트를 공개했다. 참가자들이 스파이크 그룹의 메일링 리스트에 자신을 추가해주면 안 되겠느냐고 묻자 마르틴은 흔쾌히 수락했다. 그러고는 소극적인 트레이더들을 위해 노력하고 싶지는 않다며 이메일에 자신의 견해를 담아 답장하지 않으면 2주 후에 목록에서 제외하겠다고 말했다.

그룹에 기여하지 않는 참가자들이 제외되면서 그룹의 규모는 금세 작아졌다. 그와 동시에 팀원들의 피드백은 유용한 주식 팁과 통찰력으로 이어지기 시작했다. 그즈음에 나는 제임스 서로위키James Surowiecki의 저서 『대중의 지혜The Wisdom of Crowds』를 읽었다. 서로위키는 트레이더가 개인일 때보다 여럿 모여 있을 때 더 현명하다고 주장했다. 이는 군중이 근본적으로 멍청하다는 통설에 반하는 입장이다. 저자는 군중의 구성원들이 서로의 감정과 전문가의 감정에 의지할 때 멍청해진다는 것을 보여주었다. 똑같은 말을 앵무새처럼 되풀이하고 금융 거품을 만들기 때문이다. 현명한 집단은 다른 구조를 지닌다. 모든 구성원이 남에게 휘둘리지 않고 독립적으로 의견을 내고, 우두머리는 집단의 구조만 유지한다.

최근에 소규모 집단의 트레이더들을 위해 웹세미나를 운영한 경험상 나는 이 참신한 관점에 동의하게 되었다. 그 수업에서 양질의 아이디어가 나오는 것에 놀라곤 했기 때문이다. 웹 세미나에 참석한 트레이더들은 저마다 다른 기법을 이용하고 독자적으로 행동하면서도 우리가 마음에 드는 것을 각자 선택할 수 있도록 유용한 아이디어를 쏟아냈다. 서로위키 모델은 효과가 좋은 것 같았다.

이런 과정을 거쳐서 모든 것이 하나로 합쳐지게 되었다. 마르틴의 일간 신고점-신저점 이메일, 양질의 그룹 피드백, 서로위키 모델, 내가 운영하는 웹 세미나에서 쏟아지는 유용한 아이디어가 전부 합쳐진 것이다. 나는 신고점-신저점 그룹에게 이메일을 보내 체계를 설정하는 것이 어떻겠느냐고 제안했다. 각각의 구성원이 그 다음 주에 거래할 만한 종목 중에 가장 좋은 것을 이메일로 보내주면 내가 스프레드시트에 그 종목들을 모아 모두에게 파일을 보내주겠다고 했다. 대부분의 트레이더가 동의해 우리는 계획을 실행에 옮기고, 프로젝트를 스파이크 그룹이라고 명명했다.

구성원은 각자 매주 일요일 오후 3시까지 본인이 선정한 최고의 종목과 그 이유를 이메일로 보낸다. 그러면 일요일 오후에 모든 구성원이 선정한 종목과 이유가 담긴 스프레드시트와 텍스트 파일을 받는다. 우리는 한 주가 끝나갈 때마다 선정된 모든 종목을 평가하며, 1위로 뽑힌 종목에는 3점을, 2위 종목에는 2점을, 3위 종목에는 1점을 부여한다. 우리는 분기마다 구성원들을 평가하기도 한다. 그동안 얻은 포인트와 수익률이 평가 기준이 된다. 두 가지 항목 모두 금메달, 은메달, 동메달 수상자는 상품을 받으며, 연말에는 상품의 규모가 한층 커진다.

스파이크 그룹의 구성원이 되면 진지한 트레이더들이 수행한 연구 결과를 살펴볼 수 있어서 좋지만 구성원으로서 해야 할 일도 있다. 의무를 다하지 못하면 그룹에서 제명되거나 벌금을 물어야 한다. 구성원들은 매주 그룹에 기여해야 하며, 분기별로 4회까지만 빠지는 것이 허용된다. 자신이 직접 수행한 연구의 결과는 원하는 사람들과 자유롭게 공유할 수 있지만, 그룹 파일을 외부인과 공유할 경우 곧바로 제명된다.

스파이크 그룹의 경쟁 결과를 살펴보면 메달을 받은 트레이더들의 거래 실적에 현혹되기 쉽다. 2005년의 경우 수익률이 1분기에는 22퍼센트였고, 2분기에는 55퍼센트, 3분기에는 16퍼센트였다. 이 결과는 1,000달러에서 출발해 계좌 전체를 매주 선정된 최고의 종목을 이론적으로 트레이딩해서 얻은 수치다. 진짜 돈으로 트레이딩할 때는 계좌 전체를 한 종목에 쏟아붓지는 않을 것이므로 결과가 이렇게 극적이지는 않을 것이며 보다 현실적일 것이다. 대부분의 구성원은 진짜 돈으로 트레이딩한 실적이 호조되었다고 보고했다. 자신이 선정한 종목이 다른 친구들이 선정한 것과 비교될 것이기 때문에 주말에 연구를 수행할 때 더 예리해지고 더 집중하게 되었단다. 나는 그룹의 구성원들에게 자신이나 다른 구성원이 선정한 종목을 실제로 거래했는지 보고해달라고 부탁했다. 자신이 직접 선정한 종목을 거래한 경우는 매주 60퍼센트, 다른 구성원이 선정한 종목을 거래한 경우는 매주 30퍼센트 정도 된다. 물론 둘 다 거래하거나 둘 중 어느 것도 거래하지 않는 구성원도 있다.

우리 그룹에는 트레이더가 20명 정도 있고, 분기가 바뀔 때마다 인원수가 조금씩 달라진다. 대체로 작업량을 감당하지 못하는 사람들은 그룹에서 탈퇴한다. 그룹의 회원이 되려면 다른 회원의 추천을 받아야 하는데, 빈자리가 나기를 기다리는 후보 풀이 있는 경우가 많다. 이 시스템은 여전히 트레이딩 아이디어 발전소로서의 역할을 충실히 하고 있다. 우리 그룹에서 얻을 수 있는 핵심적인 교훈 중 한 가지는 연구는 각자 하고 결과만 공유하는 한 트레이더들이 함께 일할 수 있다는 것이다. 타인의 영향을 받지 않도록 결과는 동시에 제출해야 한다.

지리와 시간

트레이딩하는 방법을 안다면 세계 어느 곳에서나 거래할 수 있다. 하지만 여행을 다니기 시작하면 트레이딩에 더 적합한 지역이 있고 덜 적합한 지역이 있다는 사실을 깨닫게 될 것이다. 빠른 인터넷 회선이 그 무엇보다 중요하지만 두 번째로 중요한 요소는 트레이딩하게 되는 시간대다.

미국 금융시장은 대개 뉴욕과 시카고에 위치해 있으며, 트레이딩이 가능한 시간은 플로어 트레이더들의 편의에 의해 정해진다. 예를 들면 뉴욕증권거래소는 미국 동부 표준시로 장이 오전 9시 30분에 열리고 오후 4시에 닫힌다. 나스닥도 이와 똑같은 시간에 열리고 닫힌다. 시카고에서는 채권 선물 거래가 오전 7시 20분부터 오후 2시까지(동부 표준시로 오전 8시 20분부터 오후 3시까지) 가능하다. 서쪽으로 갈수록 더 일찍 일어나서 시장을 실시간으로 지켜봐야 한다. 예컨대 캘리포니아 주에서 채권을 시가에 거래하고 싶을 경우 오전 5시 20분에 일어나야 하고, 하와이의 경우 그것보다 세 시간이나 더 일찍 일어나야 한다.

나는 몇 년 전에 호주 시드니에서 2주 동안 지냈는데, 미국 주식시장이 매우 활발하던 시기였다. 나는 거의 매일 포지션을 관리하고 거래를 진행해야 했다. 미국 시장은 현지 시간으로 새벽 1시 30분에 열렸다. 나는 밤 12시가 되기 전에 잠이 들었다가 장이 열릴 때 일어났다가 다시 잠들었다. 그러고는 한밤중에 일어났다가 다시 잠들었다가 오전 8시에 종가를 확인하려고 일어난 후 한 시간 동안 더 잤다. 일어나서는 달링 하버 주위를 한 바퀴 뛰고 아침 식사를 하고는 주식을 연구했다.

동쪽으로 가면 이야기가 전혀 달라진다. 유럽 현지 시간은 대체로 뉴욕보다 여섯 시간이 늦다. 빈에서 트레이딩을 할 경우 미국 주식시장은 오후 3시 30분에 열려서 밤 10시에 닫힌다. 늦게까지 자고, 자전거를 오래 타고 돌아다니고, 느긋하게 점심 식사를 즐긴 다음에 컴퓨터 앞으로 돌아와 주식 연구를 하면서 장이 열리기를 기다리면 된다. 장이 마감한 후에는 다음 날 늦게까지 잘 수 있는 만큼 저녁 식사를 오래 즐길 수 있다.

그렇다면 주가지수선물같이 하루 24시간 열려 있는 시장의 경우는 어떠한 가? 원할 때 언제든지 자유롭게 거래할 수 있다고 생각하지 마라. 뉴욕과 시카고에 있는 주요 시장이 장을 마감하면 주가지수선물의 거래량은 감소한다. 나쁜 포지션을 청산하거나 새로운 거래에 진입할 수 있을지도 모르겠으나 주요 시장의 장이 마감한 후 적어진 거래량으로 인해 막대한 슬리피지가 발생할 것으로 예상해야 한다.

통화의 경우 거의 하루 24시간 내내 활발한 거래가 가능한데, 이 시장 역시 나름의 문제가 있다. 트레이딩에서는 기본적으로 나는 남의 돈을 빼앗으려고 하고 남들은 내 돈을 빼앗으려고 한다. 깨어 있을 때도 돈주머니를 지키기가 어려운데 자는 동안에는 얼마나 더 어렵겠는가? 역지정가 주문을 내는 것만으로는 이 문제를 해결할 수 없다. 하루 24시간 내내 열려 있는 시장을 트레이딩하는 것은 이론적으로는 이상적인 것처럼 여겨지지만, 활발한 트레이더에게는 기회만큼이나 많은 문제를 야기한다.

초보나 중급 트레이더는 어디에서 거래할 것인지는 결정하기 어려워도 어떤 시장을 거래할 것인지는 결정할 수 있다. 살고 있는 지역의 시간대에 활발한 거래가 이루어지는 주식과 선물에 집중하는 것이 좋다. 트레이딩은 어려운 활동이므로 정신이 맑고 긴장을 늦추지 않을 때 성공 확률이 더 높다. 오수 정화조의 반대편에 있는 잔디밭의 잔디가 더 푸르러 보이지만, 직접 보면 결과는 다르다. 나는 계속 미국 주식시장을 거래하려고 하는 호주 친구들을 알고 있으며, 유럽에서 거래하고 싶어 하는 미국인도 알고 있다. 장이 열려 있는 동안 모니터하지 않아도 되는 장기 포지션에 진입하는 것과 깨어 있으려고 애쓰면서 시장에서 활발하게 거래하는 것은 전혀 다른 문제다. 편안하게 휴식을 충분히 취한 트레이더가 시장에서 승산이 있을 확률이 더 높다.

트레이더의 배우자

이 책을 위해 트레이더들을 인터뷰하기 시작하면서 나는 자신이 아내를 얼마나 사랑하는지에 대해 이야기하고 싶어 하는 트레이더가 많다는 사실에 깜짝 놀랐다. 그들은 하나같이 풍부한 감정을 담아 굳이 질문을 던지지 않아도 집에서 느끼는 신뢰, 지지와 격려에 대해 차근차근 이야기를 풀어갔다.

시장에서 트레이딩하기 위해 지적으로 뛰어나야 할 필요는 없다. 이 바닥에서는 다섯 가지 요소에만 신경 쓰면 된다. 시가, 고가, 저가, 종가와 거래량이 그것이다. 그렇다면 왜 그렇게 많은 사람이 자기 분야에서는 성공했어도 트레이딩에는 실패하는가? 이는 트레이딩이 감정적으로 요구하는 것이 많기 때문이다. 트레이딩은 두려움, 욕심 등의 강한 감정을 이끌어내고, 바람직하지 않은 결정을 내리기 쉽게 만든다. 개인적인 삶이 행복한 사람이 인생에 바람 잘 날 없는 사람에 비해 유리하다. 후자는 스트레스를 두 배로 받기 때문이다.

그렇다고 해서 이 책에 실린 트레이더가 모두 행복한 결혼생활을 하고 있는 것은 아니다. 미혼인 사람도 있고, 최소 한 명은 현재 달갑지 않은 이혼 과정을 거치고 있다. 흥미롭게도 그 트레이더는 올해 자본 감소에 시달리고 있다. 하지만 그는 프로 트레이더로서 낮은 손실률을 보이고 있으며, 나는 그가 머지않아 슬럼프를 극복할 것이라고 확신한다. 나는 수년 전 이혼할 때 깊은 슬럼프에 빠졌던 것을 여전히 기억한다.

웃음 띤 얼굴로 사랑스럽게 맞아주는 아내가 있는 집으로 돌아가는 사람, 즉 불편한 인간관계에 대해 생각하는 데 정신적 에너지를 전혀 소비하지 않아도 되는 사람이 남들보다 컴퓨터 앞에 앉아 차트를 분석하고 결정을 내리기에 훨씬 나은 위치에 있다. 이 책에 실린 대부분의 트레이더가 이런 패턴을 따르는 것으로 보이지만 이런 것을 여러분에게 구체적으로 추천하기는 어렵다. 이런 통찰력을 어떻게 활용할 것인지는 전적으로 여러분에게 달려 있다. 나는 그저 성공한 트레이더들의 인생에서 이런 요소를 발견하고 놀랐다는 이야기만 여러분과 공유하고 싶다.

트레이딩―돈을 버는 것 이상의 활동

이 책을 집필하는 일은 개인적으로 상당히 즐거운 경험이었다. 작업 막바지에는 마감일을 맞추려고 정신없이 일하느라 두 달 동안 트레이딩을 쉴 수밖에 없었다. 다행히도 그동안 주식과 통화, 선물 몇 가지가 훌륭한 반전 추세를 보였다. 나는 이런 움직임을 미리 예측했다. 시장에 돈이 엄청나게 많아 보였기 때문이다. 하지만 내가 두 가지 일에 동시에 전념할 수 없다는 사실을 알았기에 스크린 앞에서 떠나 있을 수밖에 없었다.

그렇다면 나는 트레이딩을 할 수 있는데 왜 책을 쓴 것인가? 이 책에 인터뷰가 실리고 자신의 트레이딩 룸을 공개한 16명의 트레이더와 똑같은 이유로 그러지 않았나 싶다. 인생은 돈을 버는 것 이상의 의미가 있다. 그것이 설령 트레이더의 인생이더라도 말이다. 이 점이 바로 인색하고 속 좁은 사람들이 이해하지 못하는 점이다. 그들은 의심의 여지없이 다음 질문을 이전에도 물었고, 앞으로도

물을 것이다. "트레이딩을 할 줄 아는 사람이 왜 그것에 대해 이야기하려고 하지? 왜 문을 닫고 블라인드를 치고 수익을 올리는 데 열과 성을 다하지 않지?" 이런 사람들은 아마 여름 캠프에 가서도 이불 속에서 집에서 싸온 음식을 먹을 것이다. 세상에는 조금 더 인색한 사람도 있고 조금 더 너그러운 사람도 있다.

성공한 트레이딩은 '비밀'을 아는 데서 비롯되지 않는다. 앞서 언급한 것처럼 특별한 비밀이란 존재하지 않기 때문이다. 열심히 노력하고, 집중하고, 세부 사항에 신경을 쓰는 것이 중요하다. 또한 자금을 조심스럽게 취급하고, 장기적인 계획을 세우고, 약간의 재능도 겸비해야 한다. 유명한 의사, 배우, 엔지니어들이 학생들을 가르치고 경쟁 수준을 높이는 이유는 무엇인가? 그들은 자신의 성공을 편안하게 여기고, 자신의 기술을 즐기며, 그것을 관심사가 비슷한 사람들과 공유하기를 좋아하기 때문이다. 스티븐 스필버그Steven Spielberg 같은 인물이 왜 영화 만드는 방법에 대한 마스터 클래스를 운영하는가? 만일 누군가가 그의 기법을 익히고 그것을 개선시켜 더 나은 영화를 만들면 어떻게 되겠는가? 그런 일이 일어난다면, 내 생각에는 스필버그가 상당히 신이 날 것 같다. 아마도 그 영화를 보고 나서 더 나은 영화를 만들려고 노력하지 않을까 싶다.

클레이턴 세이츠Clayton Seitz는 캠프에 참가한 트레이더 중 한 명인데, 나는 보스턴을 방문할 때 그의 집에서 묵기를 좋아한다. 클레이턴은 최근에 나에게 이런 말을 했다. "저는 젊었을 때 카레이싱을 즐겼습니다. 만일 레이스가 끝나고 승자를 찾아가 '와아, 오늘 정말로 멋지게 타셨는데요. 어떻게 하신 거예요?'라고 묻는다면 그는 '글쎄요, 저번에 레이싱했을 때 이런저런 문제가 조금 있어서 이런저런 것을 조정했습니다'라고 대답할 겁니다. 만일 꼴찌로 들어온 사람에게 '와아, 막판에 저를 바짝 추격하셔서 깜짝 놀랐습니다. 어떻게 하신 거예요?'라고 똑같이 묻는다면 그는 '말씀드릴 수 없습니다. 비밀이거든요'라고 대답할 겁니다." 트레이딩은 승자와 패자가 다르게 행동하는 유일한 분야가 아니다.

그렇다고 해서 성공한 트레이더들이 지혜를 자유롭게 공유하고 유용한 트레이딩 조언을 해준다는 말은 아니다. 사실 그런 트레이더는 아주 드물다. 염치없이 달라붙어서 이것저것 요구하는 사람들을 많이 겪어봤기 때문이다. 누군가가 조언을 구하면 그들이 처음으로 보이는 반응은 사람들이 걸인에게 보이는 반응과 유사하다. 눈을 마주치지 않고 빨리 걸어가는 것이다. 성공한 트레이더에게 접근하고 싶다면 방법을 알아야 하는데, 가장 좋은 것은 자신의 연구 결과를 공유하는 것이다. 공유할 것이 아무것도 없는가? 그러면 문제가 된다. 그렇다면 어떻게 해야 공유할 거리가 생기겠는가? 그렇다. 작업을 시작하라.

나의 경우 자유를 제공하는 점 이외에 트레이딩이 지닌 가장 매력적인 측면 중 한 가지는 재미있는 사람들을 많이 만날 수 있게 해주는 것이라고 생각한다. 진지한 트레이더들은 대체로 독립심이 강한데, 나는 그들과 함께 있는 것이 매우 흥미롭고 재미있다고 느낀다. 이 책의 표지를 보고 있으니까 지난 두 달간의 기억이 새록새록 난다. 나는 파스칼과 인생에서 선택해야만 하는 일들에 대해 이야기를 나눴고, 다미르와 함께 자전거를 즐겼으며, 마르틴과 모터보트를 타고 네덜란드의 운하를 둘러보았다. 안드레아와는 박물관에 갔고, 소해일과는 테러리즘에 대해 오랫동안 대화를 나누었다. 영국에서 온 소해일은 내 아파트에 들러 차가운 맥주를 한잔하고 갔다. 나는 지난 주말에는 제럴드의 여름 별장에서 카누를 탔고, 다음 주에는 워싱턴에 가서 모스크바에서 올 예정인 페테르를 데리고 스미소니언 항공우주 박물관에 갈 계획이다.

우리는 모두 시장을 연구하고 스스로를 위해 트레이딩하거나 다른 사람들의 자산을 관리해주기 바쁘다. 하지만 인생에는 돈과 돈으로 살 수 있는 물건보다 중요한 일이 많다. 나는 이 책을 에디Eddie에게 바쳤는데, 에디는 불타는 고층 건물에 갇혀 가족과 약혼녀에게 전화를 걸어 그들에게 사랑한다고 말했다. 그는 그날 은행에는 전화를 걸지 않았다.

트레이딩은 돈을 벌어 좋은 물건을 구입하고, 상사 없이 일하고, 어디든 원할 때 자유롭게 여행할 수 있도록 해주는 등 여러 가지 장점을 지닌다. 하지만 막상 어려운 상황이 닥치면 우리는 삶의 질을 좌우하는 것이 돈이 아니라는 사실을 깨닫게 된다. 여러분이 트레이더로서 설정하는 목표는 될 수 있는 가장 훌륭한 전문가가 되는 것이어야 한다. 여러분의 성공은 대개 돈으로 평가되겠지만 돈으로만 평가되지는 않는다. 이것이 바로 내가 자신의 트레이딩 룸을 개방해준 16명의 트레이더에게 다시 한 번 감사 인사를 표하는 이유다. 그들은 우리 모두가 더 나은 트레이더가 될 수 있도록 도와주며, 친절과 너그러움, 투지가 무엇인지 보여주는 본보기다.

참고 문헌

Bibliography

아래 필자나 16명의 트레이더가 인터뷰를 하면서 언급한 책을 소개하려고 한다.

American Society of Mechanical Engineering. Unwritten Laws of Engineering. American Society of Mechanical Engineers, 1944.

Gerald Appel. Day Trading with Gerald Appel(video). Financial Trading Seminars, 1989.

_____.Technical Analysis: Power Tools for Active Investors. Financial Times-Upper Saddle River, NJ: Prentice Hall, 2005.

Toby Crabel. Day Trading with Short-Term Price Patterns and Opening Range Breakouts. Greenville, SC: Traders Press, 1990.

Joe Dominguez, and Vicki Robin. Your Money or Your Life: Transforming Your Relationship with Money and Achieving Financial Independence. New York: Penguin Books, 1999.

Mark Douglas. Trading in the Zone: Master the Market with Confidence, Discipline, and a Winning Attitude. Upper Saddle River, NJ: Prentice Hall Press, 2000.

Dr. Alexander Elder. Come into My Trading Room: A Complete Guide to Trading. New York: Wiley, 2002.

_____. Straying from the Flock: Travel in New Zealand. Hoboken, NJ: Wiley, 2005.

_____.Trading for a Living: Psychology, Trading Tactics, Money Management. New York: Wiley, 1993.

Jack K. Hutson, Carl F. Schroeder, and David Weis. Charting the Stock Market: The Wyckoff Method. Technical Analysis, 1991.

Robert T. Kiyosaki, and Sharon L. Lechter. Rich Dad, Poor Dad: What the Rich Teach Their Kids about Money–That the Poor and Middle Class Do Not!. Warner Business Books, 2000.

Edwin Lefvre. Reminiscences of a Stock Operator. New York: Wiley, 1994.

Malcolm MacPherson. The Black Box: All–New Cockpit Voice Recorder Accounts of In–Flight Accidents. New York: William Morrow, 1998.

John J. Murphy. Technical Analysis of the Financial Markets: A Comprehensive Guide to Trading Methods and Applications. Upper Saddle River, NJ: Prentice Hall Press, 1999.

Victor Sperandeo, and T. Sullivan Brown. Trader Vic–Methods of a Wall Street Master. New York: Wiley, 1993.

James Surowiecki. The Wisdom of Crowds: Why the Many Are Smarter Than the Few and How Collective Wisdom Shapes Business, Economies, Societies, and Nations. New York, NY: Doubleday, 2004.

Dickson G. Watts. Speculation as a Fine Art and Thoughts on Life. New York: Fraser Publishing Company, 1965.

David Weis. Trading with the Elliott Wave Principle. Chicago, IL: Probus Publishing Company, 1989.

Richard Demille Wyckoff. Studies in Tape Reading. Traders Press, 1964(이 책은 리처트 와이코프의 필명인 롤로 테이프(Rollo Tape)가 저자로 알려진 경우도 있다).

권장 도서

인터뷰를 마치고 나서 각각의 트레이더에게 읽을 만한 책을 추천해달라고 부탁했다.

제1장 | 셰리 해스켈

1. Reminiscences of a Stock Operator, Edwin Lefevre.

: 이 책은 내가 가장 좋아하는 책이다. 실제 트레이더가 이야기를 들려주는 만큼 상당히 현실적이며, 시대를 초월한 교훈은 몇 년에 한 번씩 되새겨 마땅하다.

2. The Visual Investor: How to Spot Market Trends, John J. Murphy.

: 기술적 분석을 포괄적이고 간단명료하게 다룬 양서다.

3. Market Wizards: Interviews with Top Traders and The New Market Wizards: Conversations with America's Top Traders, Jack D. Schwager.

: 이 두 권의 책은 다양한 분야에서 트레이딩하는 여러 트레이더와의 인터뷰를 다루고 있다. 각각의 트레이더가 소개하는 개인적인 접근법과 끈기에 대해 배울 수 있다.

4. Come into My Trading Room: A Complete Guide to Trading and Trading for a Living: Psychology, Trading Tactics, Money Management, Dr. Alexander Elder.

: 정보가 풍부하고, 혁신적인 트레이딩 개념을 수록했으며, 읽는 재미도 겸비했다.

5. The Candlestick Course, Steve Nison.

: 캔들 차트를 서양의 트레이더들에게 소개한 저자가 집필한 교재이자 워크북.

제2장 | 프레드 슈츠만

1. Trading for a Living: Psychology, Trading Tactics, Money Management, Dr. Alexander Elder.

2. Technical Analysis of the Financial Markets: A Comprehensive Guide to Trading Methods and Applications, John J. Murphy.

3. Reminiscences of a Stock Operator, Edwin Lefevre.

4. Elements of Successful Trading: Developing Your Comprehensive Strategy through Psychology, Money Management, and Trading Methods, Robert Rotella.

5. Market Wizards: Interviews with Top Traders, Jack D. Schwager.

6. The New Market Wizards: Conversations with America's Top Traders, Jack D. Schwager.

제3장 | 안드레아 페롤로

1. Trading for a Living: Psychology, Trading Tactics, Money Management, Dr. Alexander Elder.

: Technical Analysis of the Futures Markets: A Comprehensive Guide to Trading Methods and Applications, John J. Murphy. Technical Analysis Explained, Martin Pring과 더불어 이 책은 자금 관리의 두 가지 황금률(2퍼센트의 법칙과 6퍼센트의 법칙)을 이해하기 쉽고 완전하게 다루고 있다.

2. Martin Pring on Market Momentum, Martin J. Pring.

: 오실레이터와 지표가 효과를 보이는 방식과 이유에 대해 깊이 있는 이해를 원한다면 이 책을 참고하라.

3. Pring on Price Patterns: The Definitive Guide to Price Pattern Analysis and

Interpretations, Martin J. Pring.

: 다양한 가격 패턴을 어떻게 트레이딩하는지, 역지정가 주문은 어디에 내는지 알 수 있으며, 각각의 상황에서 어떻게 이익을 취하는지 배울 수 있다.

4. Schwager on Futures, Jack Schwager.

: 기술적 분석을 다룬 양서이지만, 나는 특히 2부의 〈현실적인 차트 분석Real World Chart Analysis〉을 좋아한다. 210페이지에 걸쳐 차트를 보면서 트레이딩을 연습하는 부분이다. 특정한 양식을 기반으로 하는 거래에 대해 읽고 나서 페이지를 넘기면 그 거래가 어떤 식으로 전개됐을지 알 수 있다.

5. Technical Trader's Guide to Computer Analysis of the Futures Markets, Charles LeBeau and David Lucas.

: 기술적 분석을 다룬 또 한 권의 양서다. 75페이지, 138~139페이지에 실린 '설정 패턴 Set-Up Pattern'은 실제 트레이딩에서 좋은 효과를 보인다. 저자들은 이 양식을 느린 스토캐스틱에 적용했지만, RSI에 적용하는 편이 효과가 더 뛰어난 것 같다.

6. Japanese Candlestick Charting Techniques, Steve Nison.

: 캔들 차트에 관한 책으로서는 단연 으뜸이다.

7. Charting Commodity Market Price Behavior, L. Dee Belveal.

: 이 책은 출판된 지 35년이 지났는데, 양서는 시간이 지난다고 가치가 떨어지지 않는다는 것을 잘 보여준다! 선물 시장의 거래량과 미결제약정에 관한 한 여전히 최고의 서적이며, COT 보고서에 관해 흥미로운 장을 수록하고 있다.

8. Precision Trading with Stevenson Price and Time Targets, J. R. Stevenson.

: 실질적인 추세선 돌파를 확인할 수 있는 매우 현명한 전략이 소개되어 있다.

9. Technical Analysis for the Trading Professional, Constance Brown.

: RSI를 다룬 장을 추천하고 싶다.

10. Trading in the Zone: Master the Market with Confidence, Discipline, and a Winning Attitude, Mark Douglas.

: 저자의 첫 명저 The Disciplined Trader: Developing Winning Attitude보다 이해하기가 훨씬 쉽다. 제11장은 이익을 취하는 방법을 다루고 있는데, 이는 대단히 가치 있는 거

래 관리 개념이다.

제4장 | 소해일 랍바니

가능한 한 책의 수를 줄이면서도 트레이딩의 전반적인 내용을 담으려고 노력했다.

트레이더들에게 추천하는 목록:

1. Trading for a Living: Psychology, Trading Tactics, Money Management, Dr. Alexander Elder.

: 초보 트레이더들이 반드시 읽어야 할 독학 가이드.

2. Starting Out in Futures Trading, Mark J. Powers.

: 금융 선물에 관한 논리적인 입문서.

3. The Investor's Quotient: The Psychology of Successful Investing in Commodities and Stocks, Jake Bernstein

: 트레이딩 스타일과 심리에 관한 책.

4. The Disciplined Trader: Developing Winning Attitudes, Mark Douglas.

: 트레이더들의 사례와 심리적인 자기 성찰을 다룬 책.

5. The Visual Investor: How to Spot Market Trends, John J. Murphy.

: 기술적 분석에 관한 입문서.

6. Winner Take All: A Top Commodity Trader Tells It Like It Is, William R. Gallacher.

: 시장의 대가들에 대한 비판과 기술적 분석을 다룬 책.

7. Options as a Strategic Investment, Lawrence G. McMillan.

: 옵션에 대한 백과사전적 연구.

8. The Bear Book: Survive and Profit in Ferocious Markets, John Rothchild.

: 격변하는 시장을 위한 방어적인 조언이 담긴 책.

두 번째 목록은 큰 그림을 파악하는 데 도움이 될 것이다.

1. Against the Gods: The Remarkable Story of Risk, Peter L. Bernstein.

2. The Dollar Crisis: Causes, Consequences, Cures, Richard Duncan.

3. Running on Empty: How the Democratic and Republican Parties are Bankrupting Our Future and What Americans Can Do about It, Peter G. Peterson.

4. Bull's Eye Investing: Targeting Real Returns in a Smoke and Mirrors Market, John Maudlin.

5. Financial Reckoning Day: Surviving the Soft Depression of the Twenty-First Century, William Bonner and Addison Wiggin.

6. Tomorrow's Gold: Asia's Age of Discovery, Marc Faber.

7. The World Is Flat: A Brief History of the Twenty-First Century, Thomas L. Friedman.

8. Wealth and Democracy: A Political History of the American Rich, Kevin Phillips.

9. The Case Against the Fed, Murray N. Rothbard.

10. The Creature from Jekyll Island: A Second Look at the Federal Reserve, G. Edward Griffin.

11. Crossing the Rubicon: The Decline of the American Empire at the End of the Age of Oil, Michael C. Ruppert.

제5장 | 레이 테스타 주니어

1. Come into My Trading Room: A Complete Guide to Trading, Dr. Alexander Elder.

2. Reminiscences of a Stock Operator, Edwin Lefevre.

3. How to Trade in Stocks, Jesse Livermore and Richard Smitten.

4. Stock Market Wizards: Interviews with America's. Top stock Traders, Jack D. Schwager.

5. Trend Following: How Great Traders Make Millions in Up or Down Markets, Michael W. Covel.

6. Seven Habits of highly Effective People: Powerful Lessons in Personal Change, Steven R. Covey.

제6장 | 제임스 (마이크) 맥마혼

아래 서적들이 나의 트레이딩에 가장 큰 영향을 끼쳤다. 내가 읽은 순서대로 소개하겠다.

1. Trading for a Living: Psychology, Trading Tactics, Money Management, Dr. Alexander Elder.

: '온라인/단기 투자'에서 벗어나 처음으로 실제 트레이딩에 대해 자각하게 된 계기.

2. Come into My Trading Room: A Complete Guide to Trading, Dr. Alexander Elder.

: 나의 기록 관리 및 자금 관리 능력을 크게 향상시킨 책.

3. Trading in the Zone: Master the Market with Confidence, Discipline, and a Winning Attitude, Mark Douglas.

: 나의 트레이딩 심리를 개선해주고 자신감을 키워준 책.

4. Trading Rules: Strategies for Success, William F. Eng

: 트레이딩의 세계에서 상식으로 통하는 규칙 50가지가 실린 책. 나는 매주 한 가지 규칙에 초점을 맞춘다. 그러면 1년 내내 규칙을 상기할 수 있어서 좋다(이번 주는 32번 규칙을 되새길 차례다. '투기적인 모험이 투자로 탈바꿈하는 것을 절대로 허용하지 마라.').

5. Riding the Bear: How to Prosper in the Coming Bear Market, Sy Harding.

: 저자는 약세장을 신뢰하며, '매수하고 보유'하는 방식의 오류를 지적한다.

6. Trading Classic Chart Patterns, Thomas Bulkowski.

: 나는 패턴을 별로 이용하지 않지만, 이 책은 '패턴 백과사전'으로서 유용하다. 저자가 패턴에 점수를 매기는 방식이 특히 마음에 든다.

7. Technical Analysis: Power Tools for Active Investors, Gerald Appel.

: 내가 좋아하는 지표 중 하나인 MACD의 창시자가 쓴 명저.

제7장 | 제럴드 아펠

1. Technical Analysis of the Financial Markets: A Comprehensive Guide to Trading Methods and Applications, John J. Murphy.
: 기술적 지표를 알차면서도 폭넓게 다루고 있다. 트레이딩을 시작하는 이들에게 적합한 책이며, 참고 서적으로도 유용하다.

2. Stock Trader's Almanac, published annually, Yale Hirsch and Jeffrey A. Hirsch.
: 2005년에 38판이 출판되었다. 아마도 주식시장의 계절적인 요소에 관한 정보를 가장 많이 수록하고 있는 책일 것이다.

3. Profit Magic of Stock Transaction Timing, J. M. Hurst, 25th anniversary edition.
: 주식시장의 타이밍 주기와 그런 주기를 통해 이익을 창출할 수 있는 방법이 실린 고전이다.

제8장 | 마이클 브렌케

책을 중요한 순서대로 소개하려고 한다.

1. Trading for a Living: Psychology, Trading Tactics, Money Management, Dr. Alexander Elder.
: 내가 트레이딩 초기에 손실을 줄일 수 있도록 도와준 규칙을 비롯해 트레이딩을 시작하는 데 도움을 준 유용한 정보가 많이 실려 있다. 이 책이 없었더라면 나는 아직도 고전을 면치 못하고 있었을지도 모른다. 아마 트레이더 말고 다른 직업을 고려해봐야 했을 것이다.

2. How I've Achieved Triple-Digit Returns Day-trading: 4 Hours a Day, David Floyd.
: 이 책 덕택에 시장과 조화를 이루는 것이 중요하다는 소중한 교훈을 얻었다.

3. The Master Swing Trader: Tools and Techniques to Profit from Outstanding Short-Term Trading Opportunities, Alan S. Farley.
: 이 책에서 일간 차트와 일중 차트를 함께 보는 법을 배웠고, 이를 Come into My Trading Room에서 배운 임펄스 시스템과 결합하고 나니 트레이딩 결과가 눈에 띄게 향

상되었다.

4. Technical Analysis of the Financial Markets: A Comprehensive Guide to Trading Methods and Applications, John J. Murphy.

: 차트의 패턴에 관한 기초를 배우기에 좋은 책이다.

제9장 | 케리 로보른

1. Trading for a Living: Psychology, Trading Tactics, Money Management and Come into My Trading Room: A Complete Guide to Trading, Dr. Alexander Elder.

: 트레이딩을 직업으로 삼으려고 하는 사람이라면 누구든지 이 두 권의 명저를 읽어야 한다. 트레이딩의 모든 면을 상당히 즐거운 방식으로 다루고 있다. Trading for a Living 은 내가 트레이더로서의 길을 걷기 시작하게 해준 책이다.

2. 12 Habitudes of Highly Successful Traders, Ruth Roosevelt.

: 어느 분야에서든 준비된 자세는 필수적이다. 성공적인 트레이더는 준비된 자세를 지니는 습관이 있다.

3. Exceptional Trading, Ruth Roosevelt.

: 자기 자신을 아는 것이 트레이딩에 가장 큰 영향을 미친다고 생각한다.

4. Investor Therapy: A Psychologist and Investing Guru Tells You How to Out-Psych Wall Street, Dr. Richard Geist

5. Trading in the Zone: Master the Market with Confidence, Discipline, and a Winning Attitude, Mark Douglas.

6. The Trading Game: Playing by the Numbers to Make Millions, Ryan Jones

: 자금 관리는 대단히 중요하다. 자기 자신을 이해하는 것만이 자금 관리보다 더 중요하다고 생각한다.

7. Market Wizards: Interviews with Top Traders and The New Market Wizards: Conversations with America's Top Traders, Jack D. Schwager.

: 슈웨거는 책에 다음과 같이 적었다. "이 두 권의 책을 쓰고 나서 더 나은 트레이더가

되는데 도움이 됐는지 물어보는 사람들이 많다. 대답은 "예"이지만 사람들이 생각하는 방식으로 도움이 된 것은 아니다. 어느 트레이더도 나에게 놀라운 비밀을 알려주지 않았다. 인터뷰를 통해 내가 얻은 단 하나의 중요한 교훈은 자신의 성격에 딱 맞는 트레이딩 접근법을 찾아내는 일이 필수적이라는 것이다."

8. Studies in Tape Reading, Rollo Tape.

: 나는 이 고전을 서류가방에 들고 다니면서 정기적으로 탐독한다.

9. Technical Analysis: Power Tools for Active Investors, Gerald Appel.

10. Title Yet Unknown, David Weis.

: 데이비드, 이 책을 완성해주시기 바랍니다. 고전이 될 것이라고 확신합니다.

제10장 | 다이앤 버팔린 박사

1. Trading for a Living: Psychology, Trading Tactics, Money Management , Dr. Alexander Elder.

제11장 | 데이비드 바이스

트레이딩에 직접 혹은 간접적으로 영향을 미치는 책의 목록(순서 무관)

1. Technical Analysis of Stock Trends, Robert D. Edwards and John Magee.

2. Studies in Tape Reading, Rollo Tape(Richard Wyckoff's Pseudonym).

3. Tape Reading and Market Tactics, Humphrey B. Neill.

4. Prices, George F. Warren and Frank A. Pearson.

5. A History of Interest Rates, Sidney Homer and Richard Eugene Sylla.

6. Market Wizards: Interviews with Top Traders, Jack S. Schwager.

7. Profits in the Stock Market, H. M. Gartley.

8. Freedom from the Known, Jiddu Krishnamuti.

9. The Wisdom of Insecurity, Alan W. Watts.

10. Siddhartha, Hermann Hesse.

536

제12장 | 윌리엄 도앤

1. How Charts Can Help You in the Stock Market, William L. Jiler.
: 기술적 분석의 바이블로 불리는 Edwards and Magee의 Technical Analysis of Stock Trends보다 훨씬 쉽게 읽히는 책이다.
2. Jesse Livermore Speculator King, Paul Sarnoff; and Reminiscences of a Stock Operator, Edwin Leevre.
: 성공적인 트레이더가 되기를 바라는 사람이라면 누구든지 제시 리버모어의 삶에 대해 읽어야 한다.
3. Trading for a Living: Psychology, Trading Tactics, Money Management, Dr. Alexander Elder.
: 경험이 풍부한 투자가나 트레이더라면 이 책을 추천 도서 상위 10권 안에 꼽을 것이다.
4. The Crowd, Gustave LeBon and The Crowd과 Charles Mackay의 Extraordinary Popular Delusions and the Madness of Crowds.
: 군중 심리를 다룬 이 두 권의 고전은 1980년대 일본 시장의 열기, 금값이 온스당 880달러까지 치솟았던 사건, 인터넷 주식과 주택 가격의 거품 현상을 이해하는 데 도움이 된다.
5. The Battle for Investment Survival, Gerald M. Loeb.
: 오랜 세월이 지났는데도 건재함을 과시하는 투자 입문서. 트레이딩을 직접 경험하고 얻은 유용한 정보가 가득 실려 있다.

제13장 | 페테르 타타르니코프

1. Intraday Trading System: Five Points for Success, V. I. Safin.
: 우리 회사를 대표하는 트레이딩 강사가 쓴 안내서. 책에 실린 모든 거래를 5점 만점으로 평가한 것이 특징이다. 이 책은 현재 영어로 번역 중이다.

제14장 | 다미르 마흐무도프

1. Trading for a Living: Psychology, Trading Tactics, Money Management and

Come into My Trading Room: A Complete Guide to Trading, Dr. Alexander Elder.

: 이 두 권의 책은 시장을 트레이딩하는 것의 주요 측면을 모두 다루고 있다. 스터디 가이드는 독자가 내용을 제대로 이해했는지 테스트하고 피드백을 제공한다.

추천 강좌
오스트레일리아증권협회에서 제공하는 강좌: 기술적 분석과 기술적 분석의 전문 기법. www.securities.edu.au

: 강의, 과제, 시험, 질의응답 등으로 기술적 분석을 상당히 체계적으로 배울 수 있다. 과정을 마치고 나면 원할 경우 오스트레일리아기술적분석협회에서 기술적 분석 과정을 이수했다는 증명서를 발급해준다.

제15장 | 파스칼 빌랑
아래 소개하는 순서대로 읽기를 권한다.

1. The Four Pillars of Investing: Lessons for Building a Winning Portfolio, William J. Bernstein.

: 우선 아주 큰 그림을 이해할 필요가 있다. 자산을 어떻게 분배할 것이냐가 가장 큰 문제다. 이 책은 자산의 몇 퍼센트를 현금, 주식, 부동산 등에 투자할 것인지 결정하는 데 큰 도움이 된다. 저자는 전문적으로 관리되는 펀드보다 다양한 인덱스 펀드를 지지하며, 특히 후자에 비해 전자의 낮은 수익률 문제를 다룬다.

2. How to Make Money in Stocks: A Winning System in Good Times or Bad, William J. O'Neil.

: 주식시장에 투자하기로 결정한 자금을 위해 주식을 잘 선택하는 전략이 있어야 한다.

3. Fire Your Stock Analyst: Analyzing Stocks on Your Own, Harry Domash

: 세 번째 단계는 투자하려고 선택한 주식을 분석하는 일이다. 대차대조표를 읽는 데 익숙하지 않은 트레이더라면 반드시 읽어야 할 책이다. 이 책 덕택에 자신만의 기본적 주식 분석을 할 수 있을 것이다.

4. Trading for a Living: Psychology, Trading Tactics, Money Management and Come into My Trading Room: A Complete Guide to Trading, Dr. Alexander Elder.

: 다음으로는 엘더 박사가 기술적 분석에 관해 쓴 명저를 읽는 것이 좋다. 두 권의 책을 통해 진입 및 청산 전략을 세우는 방법과 자금 관리 방침에 대해 배울 수 있다.

5. Portfolio Management Formulas: Mathematical Trading Methods for the Futures, Options, and Stock Markets, Ralph Vince.

: 마지막으로 소개할 책은 자금 관리 방법을 다루고 있다. 수학을 좋아하고 이미 수익이 나는 전략을 개발한 트레이더들은 이 책을 통해 자신의 방법을 최적화하고, 리스크는 줄이고 자본은 늘릴 수 있을 것이다.

제16장 | 마르틴 크나프

1. Trading for a Living: Psychology, Trading Tactics, Money Management, Dr. Alexander Elder.

: 시대를 불문하고 내가 가장 아끼는 명저. 이 책이 없었더라면 나는 지금 이 자리에 있지 못했을 것이다.

2. Come into My Trading Room: A Complete Guide to Trading, Dr. Alexander Elder.

: 내 서재에 있는 책 중에서 이 책보다 표시가 더 많이 되어 있는 것은 없다.

3. How I Found Freedom in an Unfree World: A Handbook for Personal Liberty, Harry Browne.

: 자유로운 삶을 사는 것에 대한 여러 가지 유용한 견해.

4. Jesse Livermore: The World's Greatest Stock Trader, Richard Smitten.

: Reminiscences of a Stock Operator이 더 유명하지만 나는 이 책이 더 마음에 든다.

5. The Inner Game of Tennis, W. Timothy Gallwey.

: '마르틴처럼 트레이딩하기'에 관한 또 다른 접근법.

감사의 글 | *Acknowledgments*

나에게 트레이딩 룸을 공개해준 16명의 트레이더에게 진심으로 감사의 말씀을 전한다. 열린 마음으로 거래 내역을 보여주고 자신의 장(章)을 너그러이 검토해줘서 감사하다고 이야기하고 싶다. 앞으로도 계속 연락하고 지낼 수 있기를 희망한다. 애초의 계획은 30명이 넘는 트레이더들에게 거래를 한 건씩 보여 달라고 부탁하는 것이었다. 하지만 친구이자 캠프에 꾸준히 참석하는 피터 캐머런 Peter Cameron이 이 계획의 문제점을 짚어냈다. "그러면 모두 이익 거래만 공개하지 않을까요? 어떤 불쌍한 독자가 박사님 책을 읽고는 이익 거래는 서른 건도 넘고 손실 거래는 한 건도 없는 것을 보고 트레이딩이 쉽다고 생각할 수도 있잖습니까." 피터는 이 책을 위해 인터뷰해달라는 나의 요청을 거절했다. 그는 돈을 많이 벌고 조세피난처에 살고 있으며 사람들의 관심을 끄는 것을 좋아하지 않는다. 그래도 피터 덕분에 나는 프로젝트에 수정을 가할 수 있었다. 나는 사람들에게 거래를 두 건 보여달라고 부탁했다. 나의 경험에 의하면 이익 거래보다는 손실 거래에서 배우는 점이 더 많은 만큼, 이익 거래와 손실 거래를 한 건씩 보여 달라고 부탁했다. 내가 운영하는 캠프를 매년 찾아주는 트레이더들에게도 감사 인사를 전한다. 그들이 날카로운 질문을 던지는 바람에 나는 한시도 긴장을 늦출 수 없었다. 나는 킴^{Kim}, 찰스 기슬러^{Charles Githler}와 그들의 유능한 스태프에게도 감사한다. 트레이더스 엑스포와 머니 쇼에 초대해준 덕택에 나는 수백 명의 트레이더를 만나는 멋진 기회를 얻을 수 있었다. 『시장의 마법사들』을 집필해 시장에 관련된 문헌의 새로운 장르를 개척한 잭 슈웨거^{Jack Schwager}에게도 감사를 표한다. 잭의 자취를 따라가는 것으로 이 책을 집필하기 시작했다. 존 와일리 앤 선스^{John Wiley & Sons}의 조앤 오닐^{Joan O'Neil}은 이 프로젝트를 추진한 장본인이며, 고맙게도 나에게 작업을 맡겨주었다. 그녀는 『진입과 청산』을 풀 컬러로 출판하는 위험을 감수했으며, 스터디 가이드를 만들도록 격려해주었다. 나의 오랜 친구 테드 보나노^{Ted Bonanno}는 이 책을 위해 에이전트 역할을 자처했다. 테드와 나는 일주일에 몇 번씩 만나서 같이 운동을 하는데, 운동을 하는 도중에 간간이 테드가 실용적이고 혁신적인 조언을 들려주었다. 폴 디노보^{Paul diNovo}는 내가 함께 일하고 싶은 아트 디렉터 0순위였다. 그의 예술적인 견식과 감각에 큰 존경을 표한다. 조애나 포머란츠^{Joanna Pomeranz}와 그녀의 직원들은 텍스트 파일과 차트가 잔뜩 들어 있는 폴더를 여러분이 들고 있는 책으로 만들어주었다. 캐롤 키건 케인^{Carol Keegan Kayne}은 최종 원고를 다듬어주었다. 나의 세 자녀 미리엄^{Miriam}, 니카^{Nika}, 대니^{Danny}는 원고를 편집하는 데 도움을 주었다. 니카는 디자인에 관계된 여러 가지 사안을 감독했다. 10년 넘게 나의 매니저로 일해준 이나 펠드먼^{Inna Feldman}은 내가 워드 프로세서에 얼굴을 박고 있는 동안 몇 주씩 사무실을 혼자 운영해야 했다. 그녀는 자기 밑에서 일하는 올레그 안드리예츠^{Oleg Andryyets}와 콘래드 크루핀스키^{Konrad Krupinski}의 도움으로 사무실을 활기차게 유지할 수 있었다. 마지막으로 감사 인사를 전할 분은 패트리샤 류^{Patricia Liu}이다. 그녀는 내가 이 책을 집필하는 동안 감정적으로 행복한 환경을 조성해주었다.

의학 박사 알렉산더 엘더는 뉴욕에 거주하는 프로 트레이더다. 그는 트레이더들 사이에서 현대판 고전으로 간주되는 『주식시장에서 살아남는 심리투자 법칙』과 『주식시장에서 살아남는 심리투자 법칙-스터디 가이드』의 저자다. 이 두 권의 세계적인 베스트셀러는 1993년에 출간되어 중국어, 네덜란드어, 프랑스어, 독일어, 그리스어, 일본어, 한국어, 포르투갈어, 폴란드어, 러시아어, 스페인어로 번역되었다. 그가 집필한 『나의 트레이딩 룸으로 오라』는 2002년에 '배론Barron의 올해의 책'으로 선정되는 쾌거를 이룩했다. 엘더 박사는 『루블에서 달러로Rubles to Dollars: Making Money on Russia's Exploding Financial Frontier』와 『무리에서 벗어나다: 뉴질랜드 여행Straying from the Flock: Travels in New Zealand』의 저자이기도 하다.

엘더 박사는 구소련의 레닌그라드에서 태어났다. 그는 에스토니아에서 성장기를 보낸 후 만 16세 때 그곳에서 의과 대학에 진학했다. 만 23세에는 선의(船醫)로 일하다가 아프리카에 정박해 있던 구소련의 배에서 뛰어내려 미국에 정치적 망명을 신청했다. 그 후 뉴욕에서 정신과 의사로 일하기도 하고, 컬럼비아대학교에서 학생들을 가르치기도 했다. 정신과 의사로서의 경험 덕택에 그는 트레이딩 심리에 관해 독특한 통찰력을 얻었다. 저서, 논문, 소프트웨어 리뷰를 통해 엘더 박사는 현존하는 최고의 트레이딩 대가 중 한 명으로 명성을 떨치게 되었다.

엘더 박사는 트레이더들이 일주일 과정의 강의를 듣기 위해 참석하는 트레이더스 캠프의 창시자다. 그는 스파이크 그룹Spike group의 창시자이기도 한데, 이 그룹의 회원들은 모두 전문적이거나 반직업적인 트레이더들이다. 스파이크 그룹에서는 상품을 두고 일주일에 한 번씩 자신이 선택한 최적의 종목을 공유하는 시간을 마련한다. 엘더 박사는 여전히 트레이더로 활동하고 있으며, 트레이더를 위한 온라인 세미나를 개최하고, 미국을 포함한 여러 국가에서 강의를 해달라는 요청을 자주 받는다. 이 책의 독자들은 그의 사무실에 연락하여 전자 뉴스레터를 무료로 구독하거나 트레이딩 기록일지의 템플릿을 언제든 요청하기 바란다.

elder.com

주소 | PO Box 20555, Columbus Circle Station, New York, NY 10023, USA
전화번호 | 718-507-1033 팩스 번호 | 718-639-8889
이메일 주소 | info@elder.com
웹사이트 주소 | www.elder.com

진입과 청산 전략

초판 1쇄 발행 2012년12월 21일
2 판 1쇄 발행 2024년 4월 19일

지은이 알렉산더 엘더
옮긴이 황선영

펴낸곳 ㈜이레미디어
전화 031-908-8516(편집부), 031-919-8511(주문 및 관리) | **팩스** 0303-0515-8907
주소 경기도 파주시 문예로 21, 2층
홈페이지 www.iremedia.co.kr | **이메일** mango@mangou.co.kr
등록 제396-2004-35호

편집 이병철 | **표지 디자인** 유어텍스트 | **본문 디자인** 에코북디자인
마케팅 김하경 | **재무총괄** 이종미 | **경영지원** 김지선

ISBN 979-11-93394-25-0 (03320)

· 가격은 뒤표지에 있습니다.
· 잘못된 책은 구입하신 서점에서 교환해드립니다.
· 이 책은 투자 참고용이며, 투자 손실에 대해서는 법적 책임을 지지 않습니다.

당신의 소중한 원고를 기다립니다.
mango@mangou.co.kr